續資治通鑑

第一册

宋太祖建隆元年庚申起
宋太宗至道三年丁酉止

卷一至
卷十九

中華書局

圖書在版編目(CIP)數據

續資治通鑑/(清)畢沅撰. —北京:中華書局,1957. 8
(2025. 9重印)
ISBN 978-7-101-00469-4

Ⅰ. 續… Ⅱ. 畢… Ⅲ. 中國-古代史-北宋-編年體
Ⅳ. K244. 043

中國版本圖書館 CIP 數據核字(2008)第 052721 號

責任印製:陳麗娜

續 資 治 通 鑑

(全十二册)

〔清〕畢 沅 撰

“標點續資治通鑑小組” 校點

*

中 華 書 局 出 版 發 行

(北京市豐臺區太平橋西里 38 號 100073)

http://www. zhbc. com. cn

E-mail:zhbc@ zhbc. com. cn

三河市鑫金馬印裝有限公司印刷

*

850×1168 毫米 1/32 · 190⅝印張 · 24 插頁 · 3600 千字

1957 年 8 月第 1 版 2025 年 9 月第 19 次印刷

印數:62151-62750 册 定價:768. 00 元

ISBN 978-7-101-00469-4

標點續資治通鑑說明

清康熙中，徐乾學以明人陳桱的通鑑續編和王宗沐、薛應旂兩家的宋元資治通鑑疏舛過甚，於是邀請萬斯同、閻若璩、胡渭等纂成資治通鑑後編一百八十四卷。這部書雖是出自幾位名家之手，且已著錄於四庫全書，但缺點仍然不少，因之畢沅又約人重加修訂，於乾隆末年完成續資治通鑑二百二十卷。

續資治通鑑比資治通鑑後編晚出約一百年，有些重要的資料，如李心傳建炎以來繫年要錄之類，徐乾學等未能見到的，畢沅等都見到了，所以能有不少的增補改正，就質量上來看，它的確達到了「後來居上」的地步。但這並不是說它已無可非議之處，它的大大小小的錯誤還是很多的。不過，水平確已超過以前諸作，而且對於瞭解宋、遼、金、元這一階段史實來說，終究有一定的用處，因此我們把它略事校補，標點重印出來，以供學習歷史的人們做參考。

續資治通鑑初刻僅至一〇三卷，其餘一一七卷是嘉慶六年馮集梧補刻的，這次標點排印工作所根據的就是馮氏補刻本。現將標點和校補的辦法分述如下：

一、標點、分段

除破折號（——）、曳引號（～～）和疑歎號（?!）以外，其餘一般通用的標點符號，在標點這部書時都使用了，有些用法需要在這裏說明。

（一）人名標號

凡廟號、謚號、尊號，一律加標號。如「太祖」、「啓運立極英武睿文神德聖功至明大孝皇帝」、「應元崇德仁壽慈聖太后」。

爵名如「淮海國王」、「晉王」、「咸安郡王」、「魏國公」、「昏德公」、「違命侯」之類，在爵銜之上有的冠以地名，有的冠以封號，爲求統一起見，一律於爵銜之旁加標號。惟如「遼主」、「金主」之類，因主字爲泛稱，其旁不加標號。

有的人名和官名往往連在一起稱呼，則作爲一個名詞，連同官名加標號，如「司馬相公」、「童太師」、「呂司空」等是。也有在人名之上加封爵的，則分別在封爵與名字之旁加標號，如「遼王杲」、「梁王宗弼」等是。

（二）地名標號

凡地名，不論所指區域大小，一律加標號。如「中華」、「湖廣行省」、「山南東道」、「京東東路」、「臨潢府」、「韓州」、「析津縣」、「河西務」、「小吳埽」、「栲栳砦」、「汴河」、「中條山」、「景福殿」、「龍圖閣」。

河如指黃河，江如指長江，也加標號；一般泛稱江河則不加標號。

凡民族專名，同地名一樣加標號；但有時民族專用名詞變爲普通名詞，則不加標號。如「胡」、「夷」在從前本各有所專指，到宋代已變爲浮泛的名稱，所以都不加標號。

(三)代名標號

朝代名有時加次序、方位及統治者姓氏，以示區別於其他同名的朝代，則連同所添之字加標號，如「前漢」、「後漢」、「西晉」、「東晉」、「曹魏」、「元魏」。

(四)書名標號

凡簡稱書的作者及其所作之書，如「李氏續長編」、指李燾續資治通鑑長編。「薛鑑」指薛應旂宋元資治通鑑。則加人名標號及書名標號。

歌舞名稱，如「文德之舞」；曆法名稱，如「會天曆」，皆加書名標號。

(五)引號

凡互相問答之語加引號，續資治通鑑正文及考異引書皆加引號。至於詔令、奏議，視其行文語氣，酌加引號。

一般人常說的成語也加引號，如「楊存中號爲『髯閹』，以其多髯而善逢迎」。

(六)分段

原書一卷中，每年提行；一年中，依事分段，各空一格。現將年分獨立成一行，頂格排印。年下紀事，每段一律提行，首行低兩格排，加標1、2……等號碼，藉以保存分段面目。至每事細爲分段，則不標號碼，表示是此次校閱者所加。但馮刻本分段，間有應空格而不空格、或不應空格而誤空格處，現在都糾正過來。

二、校補工作

續資治通鑑修的既不够精審，刻的也不大仔細，以致訛脫顚倒的地方很多。我們根據宋史、遼史、金史、元史和李燾續資治通鑑長編、秦緗業等續資治通鑑長編拾補、李心傳建炎以來繫年要錄、徐夢莘三朝北盟會編以及葉紹翁四朝聞見錄、周密癸辛雜識、陶宗儀輟耕錄等書，作了一點初步校補工作，現在分別舉例於下：

（一）訛誤

凡校出訛字，就於該字下面用方弧〔 〕括注正字，字體和原文一般大小，如：

1. 卷三、頁七一，宋太祖乾德元年十二月殿中侍御史鄭起貶官一條，原文將「中」字誤作「前」字，現在改爲：

以殿前〔中〕侍御史鄭起爲西河令。

2. 卷一二四、頁三二九六，宋高宗紹興十一年十月胡世將奏吳璘戰功一條，原文「據提刑蕃人供」，其中「提刑」是「捉到」之誤，現在改爲：

據提刑〔捉到〕蕃人供，金國中稱璘有『勇似其兄』之語。

（二）遺漏

凡校出遺漏，就用圓弧（）括注其應補字句，字體也和原文一般大小，如：

1. 卷一一五、頁三〇五五，宋高宗紹興五年閏二月，原文：帝顧趙鼎曰：「樞密非故也，……」一條，因刪節草率，致將趙鼎所言誤作宋高宗的話，現在這樣增補：

帝顧趙鼎曰：（「已與卿議定，今參知政事並兼權樞密院矣。」鼎曰：）「樞密非故也，……」

2. 卷一一六、頁三〇八三，宋高宗紹興五年十二月，原文「金主以鮫魚皮爲甲」一條，也因刪節草率，致意義大謬，現在這樣增補：

是冬，金主（以蒙古叛，遣領三省事宋國王宗磐提兵破之。蒙古在女眞之東北，其人勁悍善戰，）以鮫魚皮爲甲，可捍流矢。

（三）衍文

凡校出衍文，就在該字句下用圓弧（）括注「校者按：某字或幾字衍」，字體排小五號，比原文小一些，如：

1. 卷一、頁六，宋太祖建隆元年正月，馬軍都指揮使高懷德職銜誤衍「步」字，現在這樣注明：

以寧江節度使、馬步（校者按：步字衍。）軍都指揮使常山高懷德爲義成節度使、殿前副都點檢。

2. 卷一五七、頁四二三一，宋寧宗嘉泰四年七月，免兩浙逋租一條，誤衍「州縣」二字，現在這樣注明：

辛未，蠲兩浙州縣（校者按：二字衍。）闕雨州縣逋租。

（四）顛倒

凡校出次序顛倒，就在該條下注明「校者按：此條應移某條前或後，或某年某條前或後。」按語括以圓弧，用小五號字排印，如：

1. 卷二一〇、頁五七二三，元順帝至正十一年十一月，中書省請禁軍馬踏踐田畝一條，本是至正十二年正月的事，誤載於此，現於該條下注明：

壬子，中書省言：「河南、陝西、腹裏諸路，供給繁重，調兵討賊，正當春首耕作之時，恐農民不能安于田畝，守令有失勸課。宜委通曉農事官員，分道巡視，督勒守令，親詣鄉邨，省諭農民，依時播種，務要人盡其力，地盡其利。……仍命總兵官禁止屯駐軍馬，毋得踐踏，以致農事廢弛。」從之。（校者按：此條應移下年4前。）

2. 卷二一二、頁五七九〇，元順帝至正十五年十二月己未，哈瑪爾嬌詔害死托克托一條，誤列於己巳之後，（己未在己巳前十天。）現於該條下注明：

己未，哈瑪爾嬌詔遣使賜托克托鴆，遂卒，年四十二。……托克托……以惑羣小，急復私讎，君子病焉。（校者按：此條應移58前。）

(五)重複

凡校出重複，就於各條酌加「校者按」指出，括以圓弧，用小五號字排印，如：

1. 卷九四、頁二四五六，宋徽宗宣和五年正月丁巳，卷九五、頁二四六七，宣和五年五月癸酉，載和勒博稱帝被殺，宣和五年八月乙未，又載蕭幹稱帝被殺。和勒博即蕭幹，此因名字不同誤爲二事，現在於前兩條分別予以注明：

宣和五年，春，正月，丁巳，遼知北院樞密事奚王和勒博舊作回离保，今改。（校者按：回离保，一作夔离不，即蕭幹也，下文又有蕭幹爲奚帝事，謬複。）即箭笴山自立爲奚國皇帝……

宣和五年，五月，癸酉，和勒博舊作回禽(离)保，今改。南寇燕地，敗於景、薊間，其衆奔潰，耶律裕古澤舊作與古哲，今改。等殺之。……（校者按：卷九十四，宣和五年正月書和勒博稱帝，至此書被殺，下文又云蕭幹爲其下所殺，蕭幹即和勒博，一事重出。）

2. 卷一九一、頁五二一八，元世祖至元三十一年五月庚申，載「伊實特穆爾進秩太師」，戊寅又載「以伊囉勒爲太師」，實則伊囉勒卽伊實特穆爾，此處又因名字不同誤爲二事，現在於前一條予以注明：

至元三十一年……五月……庚申，……伊實特穆爾進秩太師，賜以上方玉帶……（校者按：此與18「以伊囉勒爲太師」重複，因伊實特穆爾卽伊囉勒也。）

（六）疑誤

凡校出疑有脫漏或重複處，都加「校者按」指出，括以圓弧，用小五號字排，如：

1. 卷七、頁一七九，宋太祖開寶七年三月，載遼使耶律昌珠聘宋，卷八、頁一八六，開寶七年十一月，又載遼使耶律琮致書請與宋修好，兩條疑爲一事重出，耶律昌珠似爲耶律琮之契丹名字，現於兩條下各予注明：

開寶七年……三月，遣使如遼，遼使涿州刺史耶律昌珠（舊作昌朮。）加侍中來聘，議和。（校者按：此條從遼史。下卷開寶七年十一月甲午，「遼涿州刺史耶律琮致書於權知雄州孫全興」一條從續資治通鑑長編，二條疑本一事，遼宋紀述偶有不同耳。）

開寶七年……十一月，……遼涿州刺史耶律琮致書於權知雄州孫全興，其略云：「兩朝初無纖隙，若交馳一介之使，顯布二君之心，用息疲民，長爲鄰國，不亦休哉！」辛丑，全興以琮書來上，帝命全興答書，許修好。【考異】遼史：應曆七年春正月甲戌朔，宋遣使來賀。此時和議未成，宋不當遣賀，或是遣人議和耳，今不取。（校者按：此條所述疑與上卷開寶六年三月「遣使如遼」一條本爲一事。）

2. 卷一五〇、頁四〇一一，宋孝宗淳熙十二年十一月甲申，載黄啓宗加銜爲「祕閣」，顯有遺漏，揆以宋制，似應增一「直」字，就這樣加以指明：

以知漳州黄啓宗清廉律己，撫字有勞，除祕閣，（校者按：「祕閣」上似應有「直」字。）再任。

（七）諱字改正

凡畢氏因避清代帝諱更改之字，如「大衍曆」之改作「大衍歷」，「玄妙觀」之改作「元妙觀」，「劉熚」之改作「劉煜」，「葉顒」之改作「葉容」，又因避孔子諱改「丘崈」爲「邱崈」，現在都予改回原字，不加注明。但「弘」字在宋代卽已諱避，如「弘辭」之作「宏辭」，因此凡是宋代人地事物名詞之避用「弘」字者皆仍其舊；若屬於遼、金、元三朝者，則都予改回原字，如「張宏範」之改作「張弘範」卽是一例。

（八）關於採用乾隆改訂三史譯名問題

畢氏採用了乾隆改譯的遼、金、元三史人地等名，他本想在某一改譯名稱初見於某一卷時，卽於其下用小字注上「舊作××，今改，」如「額埒布格舊作阿里不哥，今改。」但他作的不够仔細，有時忘記注上。現在我們凡遇到畢氏遺而未注「舊作」者，都分別予以補入，括以圓弧。如卷一七四、頁四七三四，宋理宗寶祐元年正月，蒙古皇弟呼必賚召見郝經一條，「呼必賚」下即未注舊日譯名，現在我們給他補入「(舊作忽必烈。)」凡增補的都不加「今改」二字，以示與原注的有所區別。又畢氏常有將譯名弄錯的地方，倘這種錯誤不是二三字所能指明者，則略加辨正，如：

1. 卷一七五、頁四七七五，宋理宗寶祐六年四月丁未，蒙古侵宋，萬戶孛里乂與諸王穆格分道出兵，畢氏將孛里乂改譯作額埒布格，甚爲謬誤，我們加上這樣的辨正：

……諸王穆格舊作莫(木)哥，今改。由洋州趣米倉道，萬戶額埒布格舊作孛里乂，今改。(校者按：額埒布格乃阿里不哥之改譯，與孛里乂之音相去甚遠，據元史憲宗紀，此次與諸王穆格分道出兵者實孛里乂，非額埒布格，畢氏誤。)由潼關趣沔州。

2. 卷二〇二、頁五五〇一，元泰定帝泰定元年五月，記回回事，有「回回，博果密之子，庫庫之兄也」一句。庫庫是巎巎的改譯，讀音大謬。現在於「庫庫」下加上這樣的辨正：

庫庫(校者按：舊作巎巎。按巎，奴刀切，同猱，與巙之渠龜切音逵者本非一字。因元史卷一四三書作巙巙，後世遂多讀爲逵逵，乾隆時乃改譯爲庫庫，實大誤也。)

(九) 其他的加工

續資治通鑑依照資治通鑑的辦法，以爾雅釋天中歲陽、歲陰諸名詞作紀年符號，但這些名詞早已不通用，因此注上干支，如卷一、頁一、宋紀一「上章涒灘」下括注「庚申」二字。又在每年之下括注干支和公曆，如宋太祖建隆元年下注「庚申、九六〇」等字。這樣對於讀者或不無方便之處。

（十）選錄有關續資治通鑑編纂經過的文字

畢沅修續資治通鑑既成，曾請邵晉涵訂正。但章學誠則謂邵氏審定之本已「不可訪」（見章撰邵與桐別傳），付刻者乃畢氏「賓客初定之本」。這段公案，今天似乎已成定論。現在我們選錄章學誠代畢沅致錢大昕書和邵與桐別傳，以作瞭解續資治通鑑編纂經過的參考。

這次標點工作是由容肇祖同志擔任的，校閱工作則由聶崇岐同志負責。前面所提本書的各種缺點，大大小小的統計約近二千四百條，其中標點時發見的約一百八十條，校閱時發見的約一千九百餘條，古籍出版社校閱同志發見的約二百餘條。這僅是初步校勘的結果，其他未發見的毛病恐怕還不在少數。

本書付排時，承古籍出版社校閱同志提出一些意見，又加以修改；同時聶崇岐同志校看了全書校樣，也作了若干的更正。雖然我們努力使它沒有錯誤，可是限於能力，又因爲時間倉促，沒有來得及廣泛地參考書籍，錯誤一定還很不少，希望讀者們多提意見，以便再版時更正。

標點續資治通鑑委員會

馮序

鎮洋故尙書畢秋帆先生著續資治通鑑。蓋自司馬溫公作資治通鑑，而明王氏宗沐、薛氏應旂各有續通鑑之書。國朝徐氏乾學，復有通鑑後編，卽王氏、薛氏本而增損之，今原稿塵存，亦不無淩亂闕佚。茲書以宋、遼、金、元四朝正史爲經，而參以續資治通鑑長編、契丹國志等書，以及各家說部、文集，約百十餘種，仿通鑑考異之例，著有考異，幷依胡氏三省分注各正文下，事必詳明，語歸體要。經營三十餘年，延致一時軼才達學之士，參訂成稿，復經餘姚邵二雲學士核定體例付刻，又經嘉定錢竹汀詹事逐加校閱。然刻未及半，僅百三卷止。集梧于去歲買得原稿全部及不全板片，惜其未底于成，乃爲補刻百十七卷，而二百二十卷之書居然完好。緣係畢氏定本，故稍爲整理，不復再加考訂。其繙譯人、地、官名，亦依原書遵四庫館書通行條例改定。

考司馬氏資治通鑑係神宗賜名，李燾亦云：「臣此書詎可便謂續資治通鑑，姑謂續資治通鑑長編可也。」故孝宗于燾卒後，謂「朕嘗許燾大書續資治通鑑長編七字」。然則後人著書，似祇可云資治通鑑後編或續編，而不當云續資治通鑑也。第畢氏原名如是，宜從其舊。

又，畢氏未刻稿本，卷中凡分年處，俱各冠年號，與前已刻一百三卷體例不合，亦姑仍之。

嘉慶六年，三月日，桐鄉後學馮集梧識。

詹事錢先生書

鷺庭先生閣下：

續通鑑刊刻告竣，俾秋帆數十年苦心不至泯沒，此先生之高誼，秋帆亦當感切於重泉者也。

前晤時，屢承見委作序，而弟逡巡未敢應者，實以古來紀傳編年之書，只有本人自序，如史、漢、休文、延壽之例，未有他人爲之序者。溫公通鑑，則神宗御製序；李氏長編，孝宗欲賜序未果；徐東海書亦未聞有序。蓋史以寓褒貶，其用意所在，唯著書人可以自言之。今秋帆既未有序，身沒之後，先生得其遺稿續成之，大序但志刊刻始末，不言其撰述之旨，最爲得體。若別爲製序，創古人所未有，則弟名位既卑，何足以重秋帆之書；況衰病龍鍾，豈敢任此！

專此奉復。

大昕頓首

爲畢制軍與錢辛楣宮詹論續鑑書

章學誠

宋元編年之役，垂二十年，始得粗就隱括，拾遺補闕，商榷繁簡，不無搔首苦心。古人著書，貴有家法，聞見猥陋，不足成家，而好騁繁富，不知所裁，亦失古人著書宗旨。大約頰上添毫與蛇下畫足，相去止在幾希之間；要於著之有故，則稗稊亦珍，否則新奇亦塵垢耳。此中甘苦，難爲博雅者流攡其盛氣，知高明必有以裁取之也。

按司馬氏書，於南北朝之爭相雄長，五代十國之角掎鼎峙，其詳略分合，本於左氏春秋之詳齊晉；而陳、王、薛三家，紛紛續宋元事，乃於遼金正史束而不觀，僅據宋人紀事之書，略及遼金繼世年月，其爲荒陋，不待言矣。徐崑山書最爲晚出，一時相與同功如萬甬東、閻太原、胡德清諸君，又皆深於史事，宜若可以爲定本矣。顧永樂大典，藏於中祕，有宋東都則丹稜李氏長編足本未出，南渡則井研李氏繫年要錄未出，元代則文集說部散於大典中者亦多逸而未見，於書雖稱缺略，亦其時勢使然，未可全咎徐氏。然遼、金正史止閱本紀，間及一二名人列傳，而諸傳志表，全未寓目；宋嘉定後，元至順前，荒略至於太甚，則不盡闕遺編逸事之未出矣。至於偶據所見，騁其繁富，如西夏備述姻戚世系，元末瑣事取資鐵崖樂府，編年之書，忽似譜牒，忽似詩話，殊爲失於裁制。然其徵材較富，考核較詳，已過陳、王、薛氏數倍，則後起之功，易於藉手，亦其道也。

夫著書義例，雖曰家法相承，要作者運裁，亦有一時風氣；即如宋元編年諸家，陳、王、薛氏雖曰未善，然亦各有所主。陳氏草創於始，亦不可爲無功；薛氏值講學盛行之時，故其書不以孤陋嫌爲，而惟詳於學派；徐氏當實學競出之際，故其書不以義例爲要，而惟主於多聞。鄙則以爲風尚所在，有利即有其弊，著書宗旨，自當因弊以救其偏，但不可矯枉而至於過爾。今茲幸值右文盛治，四庫搜羅，典章大備，遺文祕册，有數百年博學通儒所未得見而今可借鈔於館閣者，縱橫流覽，聞見廣於前人，亦藉時會乘便利有以致此，豈可以此輕忽先正苦心，恃其資取稍侈，憪然自喜，以謂道即在是！正恐起涑水於九原，乃有「賜也賢乎，我則不暇」之誚，則謂之何耶！

今宋事據丹稜、井研二李氏書而推廣之，其遼金二史所載大事，無一遺落，又據旁籍以補其逸，亦十居三四矣；元事多引文集，而說部則愼擇其可徵信者。仍用司馬氏例，折衷諸說異同，明其去取之故以爲考異，惟不別爲書，注於本文之下以便省覽，即用世傳胡天台注本考異散附本文之義例也。計字二百三十五萬五千有奇，爲書凡二百卷，較之涑水原書，已及三分之二。

或疑涑水以二百九十四卷記載一千三百六十二年之事，而宋元二代，紀年四百六十有八，爲書已占三分之二，似乎繁簡懸殊。然史家詳近略遠，自古以然。卽如左氏一書，莊閔以前與僖文而後，不可一概爲例；涑水身生宋世，其所閲涉，自詳於唐而略於漢魏以上，亦其理也。鄙見區區自謂此書差有功於前哲，然眉睫之喻，實著書之通患，高明何以教之？

邵與桐較訂頗勤，然商定書名，則請姑標「宋元事鑑」，言說文史訓記事，又孟子趙注，亦以天子之事爲天子之史，見古人卽事卽史之義，宛轉遷避，蓋取不敢遽續通鑑，猶世傳李氏謙稱爲長編爾。章實齋因推孟子其事其文之義，且欲廣呂伯恭氏撰輯，別爲宋元文鑑，將與事鑑並立，以爲後此一成之例。鄙以爲李氏續編，今已不見原書，通考言其分別子目多至千有餘卷，癸辛雜識稱韓彥古盜寫其稿至盈二廚；通鑑不宜如此之多，則長編自是李氏著書本旨，非謙避續鑑名也。通鑑起周威烈王二十三年，示不敢續春秋，謹避聖經，則有其理矣。後世編年之史，本與紀傳同垂，紀傳至漢書而模規始定，猶編年至通鑑而法式始□，同一理也。班書而後，范、沈、蕭、李所爲紀傳，其文雖去班書遠甚，未嘗謙避而不敢名「書」，人不以爲僭也；則馬鑑而後，續者似可不以通鑑爲諱。且書之優劣，不在名目異同，蓋詩文之名一定，而工拙本自萬殊，詩卽甚劣，未嘗不名爲詩，文卽不工，未嘗不名爲文；名爲通鑑，而書之可嗣涑水與否，則存乎後人之衡度矣。尊意以爲何如？

惟涑水之書，中有評論，亦本左氏設辭「君子」以示學者；司馬則著「臣光曰」字以進於朝，徐氏亦仿之而著「臣乾學」云云，其例皆有所授。鄙則以為據事直書，善惡自見，史文評論，苟無卓見特識，發前人所未發，開後學所未聞，而漫為頌堯非桀，老生常談，或有意騁奇，轉入迂僻。前人謂如釋氏說法，語盡而繼之以偈，文士撰碑，事具而韻之以銘，斯為贅也。今則姑從缺如，未為失司馬氏意否？其年經國緯，撮其精要以為目錄，亦歲內可以訖功，大約明歲秋冬，擬授刻矣。

而章實齋乃云：「紀傳之史，分而不合，當用互注之法以聯其散；編年之史，渾灝無門，當用區別之法以清其類。」就求其說，則欲於一帝紀中，略倣會要門目，取后妃、皇子、將相、大臣、方鎭、使相、諫官、執事、牧守、令長之屬，各為品類，標其所見年月，定著別錄一篇，冠於各帝紀首，使人於編年之中，隱得紀傳班部，以為較涑水目錄舉要諸編尤得要領，且欲廣其例而上治涑水原書，以為編年者法，其說甚新。然續書而遽改原書規模，嫌於無所師授；實齋則言其意本於杜氏治左，別有世卿公子諸譜例耳。鄙意離合參半，未能抉擇。凡此一皆就質高明，如何如何？

全書並錄副本呈上，幸為檢點舛誤，所謂校書如掃落葉，討論不厭多往復也。昔司馬氏書所以裁成絕業，非第十九年之用心；亦以一時相與商榷，如二劉范氏，並一時碩學，今觀所存辨難之辭，如攻堅扣巨，皆足開拓後人識力，不特爲一書發明也。鄙則何敢希蹤古人，而高明之有以敎正，所益或過於古人矣。

聞大著元史，比已卒業，何時可以付刻？嘉惠後學，爭先快覩，引領望之！筆削義例，有可先示其要領者耶？無任翹企！

邵與桐別傳

章學誠

餘姚邵氏殁，貽選謹按：先師諱晉涵，字與桐，號二雲，乾隆乙酉科舉人，辛卯科進士，徵入四庫館纂修，授翰林院庶吉士、散館編修，庚戌大考，遷左中允，歷侍講，久之轉侍講學士，充日講起居注官，預修國史、萬壽盛典、八旗通志，校勘石經春秋三傳，由文淵閣校理進直閣事，咸安宮官學總裁，國史館提調，庚子廣西正考官，丁未□□教習庶吉士。生乾隆八年癸亥，卒嘉慶元年丙辰，年五十四。祖向榮，康熙壬辰科進士；父佳鈗，增廣生。傳文略而不載，蓋別傳體也，今補注備考。名流多爲狀、述、碑、誌，余自度文筆未足抗也。邵氏弟子大興朱錫庚，屢書責余爲文，謂余有一二知深，宜不可默，余誼不敢辭。然君卒數年矣，余屢就其家求其遺書墜緒，庶幾徵予所知，乃竟不可得。今目廢不能書，疾病日侵，恐不久居斯世，苟終無一言，不特負死友於九原，亦且無以報錫庚之責。口授大略，俾兒子貽選書之；貽選固嘗受學於君者也。辭意未備，或稍資補注焉。

昔史遷著書，自命春秋經世，實本董氏天人性命之學，淵源甚深；班氏而下，其意微矣。貽選謹按：司馬遷嘗受公羊春秋於董仲舒，觀自敍答壺遂語意可見。班固儒林傳，於春秋傳授無司馬遷名，是固不知遷學所自出也。而藝文志尚列太史公於春秋家，仍劉向七錄之文耳，劉向固受公羊春秋者也。南宋以來，浙東儒哲，講性命者多攻史學，歷有師承。宋明兩朝紀載，皆稿薈〔薈萃〕於浙東，史館取爲衷據；其間文獻之徵，所見所聞所傳聞者，容有中原耆宿不克與聞者矣。

邵氏先世多講學，至君從祖廷采，善古文辭，著思復堂文集，發明姚江之學，與勝國遺聞軼事經緯成一家言，蔚然大家。惜終老諸生，其書不顯於世，事詳大興朱先生筠所撰墓表。貽選謹按：廷采，號念魯先生。思復堂文集之外，尚有東南紀事、西南紀事、姚江書院志略等書，大抵講性命而又長史學者也。君宿慧英敏，自童子塾時，讀書無難易，三數過卽終身不忘；稍長，益涉獵，博聞強識，見者驚猶鬼神。乾隆三十年乙酉，始舉於鄉，期集京師，都士爭求識面。辛卯，禮部會試第一，賜第，罷歸。會四庫館開，特詔徵君與歷城周永年、休寧戴震等五人入館編校，授職翰林；天下榮之，君自視泊如也。

君之於學，無所不通，然亦以是累，志廣猝不易裁。見大興朱先生，則曰：「經訓之義荒久矣，雅疏尤蕪陋不治。以君之奧博，宜與郭景純氏先後發明，庶幾嘉惠後學。」君由是殫思十年，乃得卒業，今所傳爾雅正義是也。

然君才尤長於史，自其家傳鄉習，聞見迥異於人；及入館閣，肆窺中祕，遂如海涵川匯，不可津涯。當辛卯之冬，余於同客於朱先生安徽使院時，余方學古文辭於朱先生，苦無藉手，君輒據前朝遺事，俾先生與余各試爲傳紀以質文心；其有涉史事者，若表志、紀注、世繫、年月、地理、職官之屬，凡非文義所關，覆檢皆無爽失；由是與余論史，契合隱微。余著文史通義，不無別識獨裁，不知者或相譏議。君每見余書，輒謂如探其胸中之所欲言；間有乍聞錯愕，俄轉爲驚喜者，亦不一而足。以余所知解，視君之學，不啻如稊米之在太倉，而君乃深契如是，古人所稱昌歜之嗜，殆有天性不可解耶！

方四庫徵書，遺籍秘册，薈萃都下，學士侈於聞見之富，別爲風氣，講求史學，非馬端臨氏之所爲整齊類比，卽王伯厚氏之所爲考逸搜遺；是其研索之苦，襞績之勤，爲功良不可少，然觀止矣。至若前人所謂決斷去取，各自成家，無取方圓求備，惟冀有當於春秋經世，庶幾先王之志焉者，則河漢矣。余嘗語君：「史學不求家法，則貪奇嗜瑣，但知日務增華，不過千年，將恐大地不足容架閣矣。」君撫膺歎絕，欲以斯意刊定前史，自成一家。時議咸謂前史榛蕪，莫甚於元人三史，而措功則宋史尤難，君遂慨然自任。貽選謹按：先師嘗謂：宋史自南渡以後，尤爲荒謬；以東都賴有王氏事略故也，故先輯南都事略，欲使前後條貫粗具，然後別出心裁，更爲趙宋一代全書。其標題不稱宋史而稱宋志，亦見先師有微意焉。然南都尙未卒業，而宋志亦有草創，皆參差未定稿也。諸家狀、志，但稱南都事略，當屬傳聞未審。貽選嘗親承其說於先師，其實如此。嘗據宋事與史策流傳大違異者凡若干條，宴閒屢爲學者言之。貽選謹按：家藏殘稿中或尙有可訪。識者知君筆削成書，必有隨刊疏鑿之功，蔚爲藝林鉅觀。詎知竟坐才高嗜博，宦程私課，分功固多，晚年日月益促，又體羸善病，人事蹉跎其間，遂致美志不就，淹忽下世。以數百年聞叢見集，若將有待以大其成者，一旦失散，不可復聚；不特君之不幸，亦斯文之厄也已！

故總督湖廣尚書鎮洋畢公沅，嘗以二十年功，屬某客續宋元通鑑，大率就徐氏本稍爲損益，無大殊益。公未愜心，屬君更正，君出緒餘爲之覆審，其書卽大改觀。時公方用兵，書寄軍營，讀之，公大悅服，手書報謝，謂迥出諸家續鑑上也。貽選謹按：先師爲畢公覆審續鑑，其義例詳家君代畢公論續通鑑書，與畢氏所刻僅就徐氏增損之本迥異。聞邵氏尚有殘稿，恐未全耳。公旋薨於軍，其家所刻續鑑，乃賓客初定之本；君之所寄，公薨後家旋籍沒，不可訪矣。

嗟乎！昊天生百才士，不能得一史才；生十史才，不能得一史識；有才有識如此，而又不佑其成，若有物忌者然，豈不重可惜哉！貽選謹按：先師所著，爾雅正義外，尚有孟子述義、穀梁正義、韓詩內傳考、皇朝大臣諡迹錄、輶軒日錄；在館修輯，則有薛氏舊五代史。

君居家孝友，與人忠信，度諸家傳、誌所已詳者，余不贅也。惟於予愛若弟兄，前後二十餘年，南北離合，歷歷可溯；得志未嘗不相慰悅，至風塵潦倒，疾病患難，亦強半以君爲依附焉。今君下世五年，而余又衰病若此，追念春明舊游，意氣互相激發，何其盛也；而今安在哉，悲夫！

論曰：乾隆癸卯之春，余臥病京旅，君載予其家，延醫治之。余沉困中，輒喜與君論學，每至夜分，君恐余憊，余氣益壯也。因與君論修宋史，謂俟君書成後，余更以意爲之，略如後漢、晉史之各自爲家，聽抉擇於後人。君因詢予方略，余謂當取名數事實先作比類長編，卷帙盈千可也；至撰集爲書，不過五十萬言，視始之百倍其書者，大義當更顯也。君曰：「如子所約，則吾不能，然亦不過參倍於君，不至騖博而失專家之體也。」貽選謹按：先師深契家君專家宗旨之議，故以宋史主於約馭博也。爾雅正義既成，自謂此書苦心，不難博證，而難於別擇之中能割所愛耳。乃外人竟有病其略者，斯事所以難言。余因請君立言宗旨，君曰：「宋人門戶之習，語錄庸陋之風，誠可鄙也；然其立身制行，出於倫常日用，何可廢耶！士大夫博學工文，雄出當世，而於辭受取與出處進退之間，不能無簞豆萬鍾之擇，本心既失，其他又何議焉！此著宋史之宗旨也。」余聞其言而聳然。乾隆己酉、庚戌之間，君以才學爲權要人所知，稍誘進之，君毅然弗屈，故以是齟齬終身，君不自卹也。嗚呼！著書之貴有宗旨，豈漫然哉！

續資治通鑑目錄

右自宋太祖建隆元年起，至元順帝至正二十八年七月，凡二十六主，四百一十一年。

續資治通鑑卷第一

賜進士及第兵部尚書兼都察院右都御史總督湖北湖南等處地方軍務兼理糧餉世襲二等輕車都尉 畢沅 編集

宋紀一 起上章涒灘（庚申）正月，盡十二月，凡一年。

太祖啓運立極英武睿文神德聖功至明大孝皇帝

帝諱匡胤，姓趙氏，涿郡人。高祖朓，唐幽都令；曾祖珽，唐御史中丞；祖敬，涿州刺史；考弘殷，周檢校司徒、天水縣男，贈太尉；母杜氏。後唐天成二年，帝生於洛陽夾馬營，赤光繞室，異香經月不散。既長，容貌雄偉，器度豁如，識者知非常人。事周世宗，累官殿前都點檢；恭帝即位，改宋州節度使，進封開國侯，依前都點檢。

建隆元年 遼應曆十年。（庚申、九六〇）

1 春，正月，乙巳，周歸德軍節度使檢校太尉、殿前都點檢趙匡胤稱帝。

先是辛丑朔，周羣臣方賀正旦，鎮、定二州馳奏，遼師南下，與北漢合兵，周帝命匡胤率宿衞諸將禦之。【考異】薛居正舊五代史周恭帝紀云：顯德七年，正月，辛丑朔，文武百寮進名奉賀。鎮、定二州馳奏契丹入邊，河東軍自土門東下，與契丹合勢。據遼史穆宗紀，應曆十年正月無用兵事。又，遼史蕭思溫傳云：周師陷易、瀛、莫等州，人皆震駭，往往遁入西山。是年聞周喪，燕民始安。以事勢度之，顯德六年，周師取三關，遼人敗衄之餘，羣情震恐，斷不能甫踰月即舉兵南下也。遼史不載此事，得其實矣。東都事略云：鎭、定馳驛上言太原劉承鈞〔鈞〕結契丹入寇。宋人紀事之書，俱言太祖因北征受命，今承其舊書之。匡胤掌軍政六年，得士卒心，數從世宗征伐，屢著功績，爲人望所歸，至是主少國疑，將士陰謀推戴。

壬寅，殿前副點檢、鎭寧軍節度使太原慕容延釗將前軍先發，癸卯，大軍繼之。【考異】袁文甕牖閒評云：太祖北征，其未行也，羣公祖道於芳林園，陶穀堅欲致拜，曰：「回來，難爲揖酌也！」按穀雖歸心太祖，不應於祖道時預泄其謀。今不取。時京師多聚語云：「策點檢爲天子。」軍中知星者河中苗訓，見日下復有一日，黑光摩盪，指謂匡胤親吏楚昭輔曰：「此天命也。」

是夕，次陳橋驛，將士相與謀曰：「主上幼弱，我輩出死力破敵，誰則知之！不如先立點檢爲天子，然後北征。」都押衙李處耘，具以其事白匡胤弟內殿祗候供奉官都知匡義及歸德節度掌書記薊人趙普，普初見顯德三年二月。語未竟，諸將露刃突入，大言曰：「軍中定議，欲策太尉爲天子。」匡義因曉之曰：「興王易姓，雖云天命，實繫人心。汝等各能嚴飭軍士，勿令剽掠，都城人心安，則四方自定，汝等亦可共保富貴矣。」衆許諾，乃共部分。夜，遣衙隊軍使郭延贇馳告殿前都指揮使石守信、殿前都虞候王審琦，審琦初見顯德三年。守信、審琦皆素歸心匡胤者。將士環列待旦。

匡胤醉臥，初不省。甲辰，遲明，諸將擐甲執兵，直叩寢門曰：「諸將無主，願策太尉爲天子！」匡胤驚起，未及應，即被以黄袍，羅拜，呼萬歲，掖乘馬南行。匡胤度不能免，乃攬轡誓諸將曰：「汝等貪富貴，立我爲天子，我有號令，汝等能稟乎？」衆下馬曰：「唯命。」匡胤曰：「太后、主上，吾北面事之；朝廷大臣，皆我之比肩也。汝等不得驚犯宮闕，侵淩朝貴及犯府庫。用命有厚賚，違則孥戮。」皆應曰：「諾。」乃整軍自仁和門入，秋毫無所犯。翼日，先遣客省使大名潘美見執政喻意，又遣楚昭輔慰安家人。【考異】朱弁曲洧舊聞云：太祖在周朝受命北征，至陳橋驛，爲三軍推戴。時杜太后眷屬以下盡在定力院，有司將搜捕，主僧悉令登閣而固其扃鐍。俄而大搜索，主僧紿云：「皆散走，不知所之矣。」甲士入寺，升梯，且發鑰，見蟲網絲布滿其上，而塵埃凝積，若累年不曾開者，乃相告曰：「是安得有人！」遂皆返去。有頃，太祖已踐阼矣。按陳橋之變，起於倉卒，而宿衛多素歸心者，必無搜捕眷屬之事，疑後來神奇其説而爲之也，今不取。

時宰相大名范質，太原王溥，早朝未退，聞變，質下殿執溥手曰：「倉卒遣將，吾輩之罪也。」爪入溥手幾出血。溥噤不能對。

天平節度使、同平章事、侍衛馬步軍副都指揮使太原韓通，自內庭惶遽奔歸，將率衆備禦。散員都指揮使洛陽王彥昇遇通於路，躍馬逐之，馳入其第，殺通及其妻子。【考異】宋史周三臣傳云：通未及闔門，爲彥昇所害，妻子皆死。蘇轍龍川別志云：通以親衛戰闕下敗死。王鞏聞見近錄云：太祖入御營門，伏弩右掖門外，通出，死矢下。蓋傳聞之異詞也。長編與宋史同，當得其實，今從之。

諸將翼匡胤登明德門，匡胤令甲士還營，退歸公署，釋黃袍。有頃，諸將擁范質等至，匡胤嗚咽流涕曰：「吾受世宗厚恩，爲六軍所迫，一旦至此，慚負天地，將若之何？」質等未及對，散指揮都虞候太原羅彥瓌按劍厲聲曰：「我輩無主，今日須得天子！」質等相顧不知所爲；王溥降階先拜，質不得已亦拜。【考異】王偁東都事略范質傳云：質見太祖曰：「先帝養太尉如子，今身未冷，柰何？」又云：質知勢不可遏，曰：「事已爾，無太倉卒。自古帝王有禪位之禮，今可行也。」因具陳之。且曰：「太尉既以禮受禪，則事太后如母，養少主如子，無負先帝舊恩。」太祖揮涕許諾，然後率百官成禮。薛應旂通鑑用之。今考宋史范質傳無此語，長編與宋史同。惟司馬光涑水記聞，云質頗誚讓太祖，蓋傳聞之詞，不足爲據。今從宋史。

遂請匡胤詣崇元殿行禪代禮。召文武百僚，至晡，班定，翰林學士承旨新平陶穀，袖中出周帝禪詔，【考異】涑水記聞云周帝內出詔書，見聞近錄云范質與帝約賓禮柴氏，乃召穀草制，皆誤也，今從東都事略。宣徽使高唐昝居潤，引匡胤就龍墀北面拜受。【考異】李燾長編云實錄無宣徽使姓名。宋史本紀亦不載。考東都事略，宣徽使昝居潤出餞，即其人也。宰相掖升崇元殿，服衮冕，即皇帝位。羣臣拜賀。奉周帝爲鄭王，符太后爲周太后，遷居西宮。【考異】長編作周太后遷居西京，疑傳寫之誤。蓋五代史恭帝紀，但云奉皇太后爲周太后，而不言其遷居。至周后妃傳則但紀世宗前符后，而於後符后闕而不書，蓋薛居正修史時，周太后尙存也。據文獻通考，云世宗後符后後爲尼，當得其實。今附識於此，以存一代后妃之始末云。

詔定有天下之號曰宋，因所領節度州名也。改元，大赦。內外馬步軍士等第優給。命官分告天地、社稷。遣中使乘傳齎詔諭天下，其諸道節度使，別以詔賜焉。

華山隱士陳摶聞帝代周，曰：「天下自此定矣！」

2 汴都仰給漕運，河渠最爲急務。先是歲調丁夫開濬淤淺，糗糧皆民自備，丁未，詔悉從官給，遂著爲令。又以河北歲稔穀賤，命高其價以糴之。

3 戊申，贈周韓通爲中書令，以禮葬之。

初，通與帝同掌宿衞，軍政多決于通。通性剛而寡謀，言多忤物，人謂韓瞠眼。其子頗有志略，見帝得人望，勸通早爲之所，通不聽，卒及於難。

帝怒王彥昇專殺，以開國初，隱忍不及罪。【考異】宋史周三臣傳云：太祖幸開寶寺，見通及其子畫像於壁，遽命去之。是太祖實心忌韓通也。涑水記聞云：太祖欲斬彥昇，既乃終身廢棄。考東都事略，則彥昇方膺邊州重任也。

4 賜南唐主詔書。

先是，南唐中書舍人北海韓熙載使於周，及歸，南唐主歷問周之將帥，熙載曰：「趙點檢顧視非常，殆難測也。」至是，人服其識。

5 辛亥，論翊戴功，以周義成節度使、殿前都指揮使石守信爲歸德節度使、侍衞馬步軍副都指揮使，以寧江節度使、馬步（校者按：步字衍。）軍都指揮使常山高懷德爲義成節度使、殿前副都點檢，【考異】宋史太祖紀、高懷德傳皆作江寧。考其時昇州未入版圖，亦尙無江寧軍之名，當是寧江之誤。寧江者，夔州軍號也。懷德易鎭，而以張光翰代之。長編於光翰書寧江，懷德書江寧，蓋轉寫有誤耳。今皆改從寧江軍，庶無岐混。以武信節度使、步軍都指揮使厭次張令鐸爲鎭安節度使、馬步軍都虞候，以殿前都虞候、睦州防禦使王審琦爲泰寧節度使、殿前都指揮使，以虎捷左廂都指揮使、嘉州防禦使遼人張光翰爲寧江節度使、馬軍都指揮使，以虎捷右廂都指揮使、岳州防禦使安喜趙彥徽爲武信節度使、步軍都指揮使，餘領軍者並進爵。

6 癸丑，放周顯德中江南降將周成等三十四人歸於南唐。

7 乙卯，遣使分賑諸州。

8 丁巳，命周宗正少卿郭玘祀周廟及嵩、慶二陵，因著令，以時朝拜。

9 先是，周侍衞馬步軍都虞候、武安韓令坤領兵巡北邊，慕容延釗復率前軍至眞定。帝既自立，遣使諭延釗、令坤各以便宜從事，兩人皆聽命。己未，加延釗殿前都點檢、昭化軍節度使、同中書門下二品，東都事略云：以延釗父名章，故不曰平章事。令坤侍衞馬步軍都指揮使、天平節度使、同平章事。

10 宰相表請以二月十六日爲長春節，帝生日也。

11壬戌，以趙普爲右諫議大夫、樞密直學士。

初，帝領宋鎮，普爲書記，與節度判官寧陵劉熙古、觀察判官安次呂餘慶、攝推官太康沈義倫皆在幕府。至是普以佐命功遷，乃召熙古爲左諫議大夫，餘慶爲給事中、端明殿學士，義倫爲戶部郎中。【考異】洛陽搢紳舊聞記云：太祖龍潛，留沈相門下，遂成魚水雲龍之契。太祖登極，召見沈相，未除官，先賜緋袍、牙笏，數日，稱賜緋人。及中書取進止，上曰：「合與何官？」中書見上顏色，遽曰：「欲除京官。」上不答。中書再欲除昇朝官，上曰「除何官？」中書相顧未奏。上曰：「且與除郎中。」遂除戶部郎中。按義倫自太祖領同州節制，即辟幕府，至是與熙古、餘慶並命，非由特授也。今從長編。

12癸亥，以天雄節度使宛丘符彥卿守太師，雄武節度使掖人王景守太保，封太原郡王，定難節度使西平王李彝殷守太尉，荆南節度使高保融守太傅，餘領節鎮者普進爵。

13甲子，皇弟匡義加睦州防禦使，賜名光義。

14幸國子監。

15將立宗廟，詔百官集議。己巳，兵部尚書濮陽張昭等奏曰：「堯、舜、禹皆立五廟，蓋二昭二穆與其始祖也。有商改國，始立六廟，蓋昭穆之外祀契與湯也。周立七廟，蓋親廟之外，祀太祖及文王、武王也。漢初立廟，悉不如禮。魏、晉始復七廟之制，江左相承不改；然七廟之中，猶虛太祖之室。隋文但立高、曾、祖、禰四廟而已。唐因隋制，立四親廟，梁氏而下，不易其法，稽古之道，斯爲折衷。伏請追尊高、曾、祖、禰四代號謚，崇建廟室。」制可。於是定宗廟之制，歲以四孟月及季冬凡五享，朔、望薦食、薦新。三年一祫，以孟冬；五年一禘，以孟夏。皆兵部侍郎漁陽竇儀所定也。

16 鎭州報遼及北漢兵自退。【考異】東都事略：契丹與河東連兵寇鎭、定，俄聞太祖卽位，驚曰：「中國有英主矣！」於是遁去。此史家緣飾之詞。十國春秋、北漢紀作遼師謀會兵攻鎭、定。是雖有其謀，未嘗出師也。今從長編書之。

17 北漢戶部侍郎平章事滎陽趙華罷爲左僕射。

18 南唐主遣使誅鍾謨於饒州，詰之曰：「卿與孫晟同使北，晟死而卿還，何也？」謨頓首伏罪，縊殺之，幷誅張巒於宣州。謨流饒州，巒貶宣州副使，去年十月事。

19 二月，乙亥，尊母南陽郡夫人杜氏爲皇太后。后，安喜人。【考異】宋史后妃傳云：杜太后母范氏，生五子、三女，太后居長。又外戚傳云：杜審琦，昭憲皇太后之兄，太后昆仲五人，審琦最長。二傳互異。宋史前後自相矛盾，往往如此。東都事略祇云安喜人，今從之。陳橋之變，后聞之曰：「吾兒素有大志，今果然矣。」及尊爲皇太后，帝拜於殿上，羣臣稱賀，太后愀然不樂，左右進曰：「臣聞母以子貴，今子爲天子，胡爲不樂？」太后曰：「吾聞爲君難。天子置身兆庶之上，若治得其道，則此位誠尊；苟或失馭，求爲匹夫而不可得，是吾所憂也。」帝再拜曰：「謹受敎。」

20 加宰相范質、王溥、魏仁浦等官　仁浦，汲郡人也　帝待周三相。並以優禮：質自司徒、平章事、昭文館大學士、參知樞密院事，加侍中；溥自右僕射、平章事、監修國史、參知樞密院事，加司空；仁浦自樞密使、中書侍郎、平章事、集賢殿大學士，加右僕射。自唐以來，三大館職皆宰相兼之，首相昭文，次監修，次集賢，宋因之。質、溥尋皆罷參知樞密。又命樞密使太原吳廷祚仍加同中書門下二品。【考異】曾鞏隆平集吳廷祚傳云：宋興，加中書門下三品。宋史亦作三品。據宋敏求春明退朝錄云：唐大帝時，始有同中書門下三品，其時中書令、侍中皆正三品，大曆中並升爲二品。國初，樞密吳廷祚，以父諱璋，加同中書門下二品，用升品也。是隆平集作三品者誤矣。又考舊五代史職官志云：周顯德中，樞密使吳廷祚加同中書門下二品。則廷祚在周時已加二品，宋初仍其加品耳，東都事略作宋興加同中書門下二品，亦微誤。岳珂媿郯錄引五代會要，以爲起於後唐長興，是矣；然不知顯德中加二品，亦未博考。又按，廷祚，宋史列傳作延祚。「延」與「廷」字形相似，易於疑誤。今西安府學千字文石刻後列廷祚銜名，正作「廷」字，當從之。

舊制，凡大政事，必命宰臣坐議，常從容賜茶乃退。唐及五代，猶遵此制。及質等爲相，自以周室舊臣，內存形迹，又憚帝英睿，乃請每事具劄子進呈取旨，帝從之　由是坐論之禮遂廢　【考異】坐論之禮廢由於具劄子，見宋會要，與長編同。曲洧舊聞以爲太祖叱去之，恐非事實。聞見近錄又云：故事，執政奏事，坐論殿上。太祖即位之明日，執政登殿，上曰：「朕目昏，持文字近前。」執政至榻前，密遣中使徹其坐。執政立奏自此始也。困學紀聞引此以糾長編之遺漏。按宋祖優禮舊臣，何至密徹其坐！王氏近錄恐係誤記耳。今從長編。

21 己卯，以天下兵馬都元帥吳越國王錢俶爲天下兵馬大元帥。俶名上一字犯宋諱，故去之。

22 丙戌，長春節，賜羣臣衣各一襲。宰相率百官上壽，賜宴相國寺。

23 中書舍人安次扈蒙權知貢舉，庚寅，奏進士合格者京兆楊礪等十九人。自是歲以爲常。

24 辛卯，大宴于廣德殿。凡誕節後擇日大宴自此始。

25 三月，乙巳，改天下郡縣之犯御名、廟諱者。

26 丙辰，南唐主遣使來賀登極。

27 南漢宦者陳延壽言於南漢主曰：「陛下所以得立，由先帝盡殺羣弟故也。」南漢主以爲然，丁巳，殺其弟桂王璇興。

28 吳越王俶遣使來賀登極。南唐主復遣使來賀長春節。

29 宿州火，燔民廬舍萬餘區，遣中使安撫之。

30 壬戌，追尊祖考爲皇帝，妣爲皇后。謚高祖朓曰文獻，廟號僖祖，陵曰欽陵；妣崔曰文懿。謚曾祖珽曰惠元，廟號順祖，陵曰康陵；妣桑曰惠明。謚皇祖敬曰簡恭，廟號翼祖，陵

曰定陵；妣劉曰簡穆，諡皇考弘殷曰昭武，廟號宣祖，陵曰安陵

31 定國運受周木德，因以火德王，色尚赤，臘用戌。

32 癸亥，命武勝節度使洛陽宋延渥領舟師巡撫江徼，舒州團練使元城司超副之，仍貽書南唐主諭意。

33 己巳，以皇弟光美爲嘉州防禦使。

34 先是，北漢誘代北諸部侵掠河西，詔諸鎮會兵以禦之。是月，定難節度使李彝興言遣都將李彝玉進援麟州，北漢引衆去。彝興，即彝殷也，避宣祖諱，改爲興。

35 夏，四月，癸酉，兼判太常寺竇儼，請改周樂文舞崇德之舞爲文德之舞，武舞象成之舞爲武功之舞，改樂章十二順爲十二安，蓋取「治世之音安以樂」之意，詔行之。儼，儀之弟也。

36 鐵騎左廂都指揮使王彥昇，夜抵宰相王溥私第，溥驚悸而出。既坐，乃曰：「巡警而困甚，聊就公一醉耳。」然彥昇意在求貨，溥佯不悟，置酒數行而罷。翌日，溥密奏其事，帝益惡之，丁丑，出彥昇爲唐州團練使。唐本刺史州，於是始改焉。

37 遼人侵棣州，刺史河南何繼筠追破其衆於固安，獲馬四百匹。

38 帝加周昭義軍節度使太原李筠中書令。使者至潞州，筠即欲拒命；左右切諫，乃延使

者，置酒張樂，旋取周祖畫象懸廳壁，涕泣不已。賓佐惶懼，告使者曰：「令公被酒失常，幸毋怪。」北漢主鈞聞之，乃以蠟書結筠同舉兵，筠長子守節泣諫，筠不聽。

帝手詔慰撫，且召守節爲皇城使。筠遂遣守節入朝伺動靜，帝迎謂曰：「太子，汝何故來？」守節矍然，頭擊地曰：「陛下何言？此必有讒人間臣父也。」帝曰：「吾聞汝數諫，汝父不聽，故遣汝來，欲吾殺汝耳。汝歸語汝父：我未爲天子時，任自爲之；我既爲天子，汝獨不能小讓我邪？」守節馳歸告筠，筠遂令幕府爲檄數帝罪，癸未，執監軍周光遜等，遣牙將劉繼沖等送北漢納款求援，又遣兵襲澤州，殺刺史張福，據其城。

從事閭丘仲卿說筠曰：「公孤軍舉事，其勢甚危，雖倚河東之援，恐亦不得其力。大梁兵甲精銳，難與爭鋒。不如西下太行，直抵懷、孟，塞虎牢，據洛邑，東向而爭天下，計之上也。」筠曰：「吾周朝宿將，與世宗義同兄弟，禁衞之士，皆吾舊人，聞吾至，必倒戈歸我，何患不濟乎！」不用其計。

丙戌，昭義變聞。樞密使吳廷祚言於帝曰：「潞州巖險，賊若固守，未可以歲月破。然李筠素驕易無謀，宜速引兵擊之。」戊子，遣石守信、高懷德率前軍進討，帝敕守信等曰：「勿縱筠下太行，急引兵扼其隘，破之必矣。」【考異】石守信出軍，長編引實錄在癸巳，今從宋史作戊子。

帝召三司使清河張美調兵食，美言：「懷州刺史大名馬令琮，度李筠必反，日夜儲偫以待王師。」帝亟令授令琮團練使。宰相范質曰：「大軍北伐，藉令琮供億，不可移他郡。」遂升懷州爲團練，以令琮充使。

39 五月，己亥朔，日有食之。【考異】遼史不載是年日食，今從宋史及文獻通考、契丹國志。

40 庚子，命宣徽南院使昝居潤赴澶州巡檢；殿前都點檢、鎮寧節度使慕容延釗，彰德軍留後太原王全斌，【考異】宋史王全斌傳，全斌未討筠之先官至相州留後，非節度使也。太祖本紀作彰德節度使，非是。今從長編。率兵由東路與石守信、高懷德會。

41 辛丑，以洺州團練使博野郭進爲本州防禦使，兼西山巡檢，備北漢也。

42 北漢主遣內園使李弼以詔書、金帛、善馬賜李筠，筠復遣劉繼沖詣晉陽，請北漢主舉軍南下，己爲前導。北漢主遣使請兵於遼，遼師未集，繼沖述筠意，請無用契丹兵。北漢主卽日大閱，傾國自將出團柏谷，羣臣餞之汾水，左僕射趙華諫曰：「李筠舉事輕易，事必無成，陛下掃境內赴之，臣未見其可也。」北漢主不聽。

行至太平驛，筠身率官屬迎謁，北漢主命筠贊拜不名，坐於宰相衞融之上，封西平王。【考異】五代史記、九國志俱作隴西郡王，今從長編及宋史。筠見北漢主儀衞寡弱，內甚悔之，又自言受周氏恩不忍負。而北漢主與周世讎，聞筠言，亦不悅。筠將還，北漢主遣宣徽使盧贊監其軍，筠心益不平。贊嘗見筠計事，筠不應，贊怒，拂衣起。北漢主聞贊與筠有隙，遣衞融詣軍中和解之。

筠留其長子守節守上黨，而自率衆三萬南出。癸卯，石守信等破之於長平，又攻拔其大會寨。

甲辰，詔奪李筠官爵。

43 乙巳，遼主謁懷陵，太宗陵也。

44 己酉，西京作周六廟成，遣光祿卿郭玘奉遷神主。

45 乙卯，忠正節度使兼侍中楊承信來朝，設宴於廣政殿。自是爲例。

46 丁巳，詔親征。以樞密使吳廷祚爲東京留守，知開封府呂餘慶副之，皇弟光義爲大內都點檢。遣韓令坤率兵屯河陽。

己未，帝發大梁；壬戌，次滎陽。西京留守河內向拱勸帝：「濟河，踰太行，乘賊未集而擊之，稽留浹旬，則其鋒益熾矣。」樞密直學士趙普亦言：「賊意國家新造，未能出征；若倍道兼行，掩其不備，可一戰而克。」帝納其言。

47 丁卯，石守信、高懷德破李筠軍三萬餘於澤州南，獲北漢河陽節度使范守圖，殺盧贊。筠遁入澤州，嬰城自固

48 是月，永安節度使雲中折德扆破北漢沙石寨，斬首五百級。德扆，從阮之子也。【考異】

宋史本紀作六月壬午，十國春秋與宋史同。今從長編。

49 六月，己巳朔，帝至澤州，督軍攻城，踰旬不下。帝召控鶴左廂都指揮使薊人馬全義【考異】「全義」長編作「全乂」，蓋避太宗諱改也。據宋史本傳，全義卒於太祖時，則是史臣追改，非當時本稱也。今從宋史。問計，全義請併力急攻，遂率敢死士先登，飛矢貫臂，全義拔鏃進戰，帝親率衞兵繼之。辛巳，克其城。【考異】宋史本紀作辛未，今從長編作辛巳。李筠赴火死。獲衞融。【考異】宋史本紀誤作魏融，今從東都事略及長編。

甲申，免澤州今年田租。

乙酉，進攻潞州；丁亥，筠子守節以城降，赦之。升單州爲團練，用守節爲使。是日，帝入潞州，宴從官於行宮。

辛卯，大赦。免附潞三十里今年田租，錄陣歿將校子孫，丁夫給復三年。

李筠性雖暴，事母甚孝。每怒，將殺人，母屛風後呼筠，筠卽趨至，母曰：「聞將殺人，可免乎？爲吾曹增福耳。」筠遽釋之。

北漢主聞筠敗，自太平驛遁還晉陽，謂趙華曰：「李筠無狀，卒如卿言，吾幸全師以歸，但恨失衞融、盧贊耳！」華旋請老，使食祿終身。北漢主以翰林學士承旨、兵部尚書薊人趙弘爲中書侍郎、兼兵部尚書、平章事。

遼師聞潞州破，不果出。

50 癸巳，安國節度使元城李繼勳來朝；乙未，命爲昭義節度使。

51 丁酉，帝發潞州；秋，七月，戊申，至京師。

初，衞融被執，帝詰融曰：「汝教劉鈞助李筠反，何也？」融對曰：「犬吠非其主，臣誠不忍負劉氏。」且云：「陛下縱不殺臣，臣必不爲陛下用。」帝怒，命左右以鐵撾擊其首，流血被面。融呼曰：「臣得死所矣！」帝曰：「忠臣也，釋之。」以良藥敷其瘡，因使致書北漢主，求周光遜等，納款，歸融太原，北漢主不報。辛亥，以融爲太府卿。

52 前司空趙國公汝陰李穀，初歸洛陽，李筠以穀周朝名相，遺錢五十萬，他物稱是，穀受之。及筠叛，穀憂恚發病，乙卯卒。帝爲廢朝二日，贈侍中。

穀雅善議論，辭氣明暢，尤能知人，汲引寒士，多至顯位。

53 戊午，宴韓令坤等於禮賢講武殿，賞平澤潞功也。

54 辛酉，遼政事令耶律壽遠、太保庫阿布舊作楚阿不，今改。等謀反，伏誅。

55 遼主以酒脯祀天地於黑山。

56 初，成德節度使金城郭崇，聞帝自立，追憶周室恩遇，時或涕泣。監軍陳思誨密奏其狀，且言常山近邊，宜謹備之，帝曰：「我素知崇篤於恩義，此蓋有所激發耳。」遣使覘之。崇憂憾失據，觀察判官孝義辛仲甫曰：「公首效誠節，且軍民處置，率循常度，朝廷雖欲加罪，何以爲辭！使者至，但率官吏郊迎，盡禮致恭。淹留伺察，當自辨明矣。」崇如其言。使者歸，奏崇無他，【考異】東都事略、宋史郭崇傳云：崇方對賓屬，坐池亭飲博，城中晏然。不言仲甫爲崇籌畫事，辛仲甫傳亦不言此事。今從長編。帝喜曰：「我固知崇不反也。」

57 以昝居潤權知鎭州。初以知州易方鎭也。

58 乙丑，(南)唐主景進白金，賀平澤潞。

59 詔殿前、侍衞二司各閱所掌兵，簡其驍勇者升爲上軍，而命諸州長吏選所部兵送都下，以補禁旅之闕。又選强壯卒定爲兵樣，分送諸道召募教習，俟其精練，卽送闕下。由是獷猂之士皆隸禁籍矣。又懲唐以來藩鎭之弊，立更戍法，分遣禁旅戍守邊城，使往來道路，以習勤苦，均勞逸。

自是將不得專其兵，而士卒不至于驕惰，皆趙普之謀也。

60 八月，戊辰朔，御崇元殿，設仗衞，行入閤儀，置待制、候對官，賜廊下食。入閤，唐制，起於天寶，明皇以無爲守成，詔晏朝喚仗，百官從官至閤門入。蓋唐前含元殿非正、至大朝會不御，次宣政殿，謂之正衙。每坐朝，必立仗於正衙。或御紫宸殿，卽喚正衙仗自宣政殿兩門入，是謂東、西上閤門，故謂之入閤。其後遂爲常朝之儀。五代以來，毀廢正衙立仗，而入閤亦希闊不講，至是復行之；然御前殿，非唐舊矣。崇元殿卽大慶殿前殿也。待制、候對者，亦唐制也。每正衙，待制官兩員；正衙退後，又令六品以下入延英候對，皆所以備顧問。其後每入閤，即有待制、次對官。後唐天成中廢。至是亦復行之。廊下食，起唐貞觀，其後常參官每日朝退賜食，謂之廊餐。唐末浸廢，但於入閤起居日賜食。宋循其制。

61 庚午，宴近臣於廣德殿，江南、吳越朝貢使皆預焉。

62 壬申，復升貝州爲永清軍節度

63 保義節度使河東袁彥，聞帝自立，日夜繕甲治兵。帝慮其爲變，命潘美往監其軍。美單騎入城，諭令朝覲，彥即治裝上道。帝喜，謂左右曰：「潘美不殺袁彥，成吾志矣。」丙子，徙彥爲彰信軍節度使。

64 忠正節度使楊承信爲護國軍節度使。承信至河中，或言其謀反，帝遣作坊副使相州魏丕賜承信生辰禮物，因察之，還，言承信無反狀。承信因是獲殁於鎮。

65 忠武節度使兼侍中陽曲張永德徙武勝節度使，入覲，從遊玉津園。時帝將有事於北漢，密訪策略，永德曰：「太原兵少而悍，加以契丹爲援，未可倉卒取也。臣以爲每歲多設遊兵，擾其田事，仍發間使諜遼，先絕其援，然後可圖。」帝曰：「善！」

66 壬午，以皇弟殿前都虞候、睦州防禦使光義領泰寧軍節度使。

67 甲申，立琅邪郡夫人王氏爲皇后。后，華池人，彰德節度使饒之女也。

68丙戌，作新權衡，頒於天下，禁私造者。【考異】李燾曰：十九日，本紀即云頒新量衡于天下。按此但新造，未頒也。今從本志。

69戊子，以趙普爲兵部侍郎，充樞密使。帝之征澤潞也，普請行，帝笑曰：「普豈勝甲胄乎！」至是師還論功，帝曰：「普宜在優等。」遂遷是職。

70荆南節度使、守太傅兼中書令南平王高保融寢疾，以其子繼沖幼弱，未堪承嗣，命其弟行軍司馬保勖總判内外軍馬事。甲午，保融薨。事聞，賜賻，贈太尉，謚貞懿。保融性迂緩，御軍治民皆無法，高氏始衰。

71乙未，南唐主遣使來賀帝還京。

72是月，遼主如秋山，遂如懷州。遼主嗜殺，以鎮茵石狻猊擊殺近侍古格。舊作古哥，今改。以後内侍、饔人及鹿人、雉人、狼人、彘人，多有以非罪死者。

73九月，壬寅，昭義節度使李繼勳焚北漢平遙縣。

74丙午，御崇元殿，備禮册四親廟。

75己酉，中書舍人懷戎趙行逢，坐從征避難，貶房州司戶參軍。【考異】趙行逢，宋史作趙逢，無「行」字，今從長編。

帝之親征澤潞也，山程狹隘多石，帝自取數石于馬上抱之，羣臣六軍皆爭負石開道。行逢憚涉險，僞傷足，留懷州不行。及師還，行逢當入直，又稱疾，請於私第草制，帝怒，下御史府劾其罪而黜之。

76 周檢校太尉、淮南節度使滄人李重進，周太祖甥也，始，與帝俱事世宗，分掌兵柄，以帝英武，心憚之。恭帝嗣位，重進出鎮揚州。及帝自立，命韓令坤代重進。重進請入朝，帝賜詔止之，重進愈不自安。

李筠舉兵澤潞，重進遣其親吏翟守珣間行與筠相結。守珣潛求見帝，言重進陰懷異志。帝厚賜守珣，使說重進稍緩其謀，無令二凶並作。守珣歸，勸重進未可輕發，重進信之。帝既平澤潞，隨欲經略淮南，徙重進爲平盧節度使，又遣六宅使陳思誨齎鐵券往賜，以慰安之。重進自以周室懿親，恐不得全，遂拘思誨，治城繕兵。遣人求援於南唐，南唐主不敢納。

帝聞重進舉兵，命石守信爲揚州行營都部署，兼知揚州行府事，王審琦爲副，李處耘爲都監，宋延渥爲都排陣使，帥禁兵討之。

77 寧國軍節度使吳延福，吳越王俶之舅也。或告延福有異圖，庚申，俶遣內牙指揮使薛溫以兵圍其第，收延福兄弟五人。睦州刺史延遇，恐懼自殺。衆欲殺延福兄弟，俶流涕曰：

「先夫人之同氣也，吾安忍置法！」皆除名，徙諸州，卒全母氏之族。

78 癸亥，詔削奪李重進官爵。

79 詔：「文武常參官請病告過三日，有司以名聞，遣太醫診視。」

80 是月，吳越始榷酒酤。【考異】吳越備史，榷酤在建隆二年九月。今從長編。

81 初，李筠舉兵，遣使邀建雄節度使眞定楊廷璋。廷璋之妹，故周祖妃也，帝疑其有異志，命鄭州防禦使信都荆罕儒爲晉州兵馬鈐轄，使伺察之。罕儒欲圖廷璋，每見，必懷刃；廷璋接以至誠，罕儒不敢發。【考異】沈作喆寓簡云：監軍荆罕儒，疑廷璋周之戚里近親也，欲殺之以爲己功。會春日當宴，罕儒夙興尙早，徘徊獨語曰：「事久則泄，今日不可失也。」因假寐，恍惚得異夢，悔泣，擲刀於地，徑造廷璋謝過。此蓋因罕儒欲圖廷璋而甚其詞。今從東都事略。會有詔召廷璋赴闕，廷璋卽日單車就道。冬，十月，己巳，徙廷璋爲靜難節度使。

82 壬申，河決棣州厭次縣，又決滑州靈河縣。

83 丙子，遼主從弟趙王喜袞舊作喜隱，今改。謀反，【考異】薛氏通鑑作宋王喜袞。據遼史，喜袞先封趙王，應曆中未嘗改封，至景宗保寧中乃封宋王耳。又，喜袞謀反在應曆十年十月，薛氏誤係于十二月，徐氏乾學後編復仍其誤，今改正。詞連其父魯呼舊作李胡，今改。及詳袞舊作詳隱，今改。韓匡嗣。魯呼，太祖第三子也，性殘酷，舒嚕舊作述律，今改。太后篤愛之，太宗時，立爲皇太弟，兼天下兵馬大元帥。太宗崩於欒城，永康王卽位鎭陽，是爲世宗，太后遣魯呼將兵擊之。兵敗，大臣耶律烏珍，舊作屋質，今改。面數魯呼酷暴失人心，太后無以應，兵遂解。世宗徙魯呼祖州，禁其出入，至是以喜袞詞逮，囚死獄中。匡嗣以善醫直長樂宮，皇后視之猶子，置不問。匡嗣，薊州玉田人。國語解云：詳袞者，諸官府治長官。

84 乙酉，晉州言：「兵馬鈐轄荆罕儒領千餘騎抵北漢汾州城下，焚其草市而還。夕次京土原，北漢主遣大將郝貴超領萬衆來襲，黎明，及之，罕儒遣都監閻彥進分兵以禦。罕儒錦袍裹甲，據胡床饗士，方割羊臂臑以食，聞彥進小卻，卽上馬，麾兵徑犯其鋒。北漢人橫戈春之，罕儒墜馬被獲，猶格鬬，手殺十餘人，乃遇害。北漢主素畏其勇，欲生致罕儒，及聞其死，求殺罕儒者戮之。」帝聞罕儒戰歿，痛悼不已，擢其子守勳爲西京武德副使；責將校不用命者，黜二人，斬二十九人。

罕儒輕財好施，在泰州，有煮鹽之利，歲入鉅萬，詔聽十收其八，用猶不足。家財入有籍，出不問其數。勇而善戰，常欲削平太原，志未果而及於敗，人皆惜之。

85 帝問趙普以揚州事宜，普曰：「李重進憑恃長淮，繕修孤壘，外絕救援，內乏資糧，宜速取之。」帝是其言。丁亥，下詔親征，以光義爲大內都部署，吳廷祚權東京留守，呂慶餘副之。

庚寅，帝發京師，百官六軍並乘舟東下。甲辰，次泗州，捨舟登陸，命諸將鼓行而前。

十一月，丁未，次揚州城下，即日拔之

初，城將陷，左右勸殺陳思誨，重進曰：「吾今舉族將赴火死，殺此何益！」即縱火自焚，思誨亦爲其黨所害。

帝入城，戮同謀者數百人。重進兄重興，初聞其拒命即自殺，弟重贇及其子延福，並死於市。帝購得翟守珣，補殿直，俄遷供奉官。

己酉，賑揚州城中民，人米一斛，十歲以下半之。脅隸爲軍者，賜衣屨遣還。

庚戌，詔重進家屬、部曲並釋罪。

86 乙卯，南唐主遣左僕射江都嚴續來犒師，庚申，復遣其子蔣國公從鎰、戶部尚書新安馮延魯來買宴，帝厲色謂延魯曰：「汝國主何故與吾叛臣交通？」延魯曰：「陛下徒知其交通，不知預其謀反。」帝詰其故，延魯曰：「重進使者館於臣家，國主令人語之曰：『大丈夫失意而反，世亦有之，但時不可耳。方中朝受禪之初，人心未定，上黨作亂，君不以此時反，今人心已定，乃欲以數千烏合之衆抗天下精兵，借使韓、白復生，必無成理；雖有兵食，不敢相資。』重進卒以失援而敗。」帝曰：「雖然，諸將皆勸吾乘勝濟江，何如？」延魯曰：「重進自謂雄傑無與敵者，神武一臨，敗不旋踵，況小國，其能抗天威乎！然亦有可慮者，本國侍衞數萬，皆先主親兵，誓同生死，陛下能棄數萬之衆與之血戰，則可矣。且大江天塹，風濤不測，苟進未克城，退乏糧道，事亦可虞。」帝笑曰：「聊戲卿耳，豈聽卿游說邪！」【考異】龍袞江南野錄載延魯對帝語，乃眞以爲如此拒重進，不知乃飾說也。又據（陳）彭年江南別錄云：太祖笑曰：「吾與江南大義已明，何至于此！」今從十國春秋。

87 帝使諸軍習戰於迎鑾，南唐主懼甚；其小臣杜著、薛良來奔，且獻平南策，帝惡其不忠，命斬著於下蜀市，良配隸廬州牙校，南唐主乃少安；終以國境蹙弱，遂決遷都之計。

88 乙丑，命宣徽北院使李處耘權知揚州。時揚州兵火之餘，闔境凋敝，處耘勤於撫綏，輕傜薄賦，揚州遂安。

89 十二月，己巳，帝發揚州；丁亥，至京師。

90 辛卯，唐清源節度使永春留從效稱藩。

91 帝初即位，欲陰察羣情嚮背，頗微行。或以爲諫，帝笑曰：「帝王之興，自有天命。周世宗見諸將方面大耳者殺之，我終日侍側，不能害我。」既而微行愈數，曰：「有天命者任自爲之，不汝禁也。」

帝一日罷朝，坐便殿，不樂者久之。左右請其故，帝曰：「爾謂天子容易邪？屬乘快指揮一事而誤，故不樂耳。」

嘗彈雀於後苑，或稱有急事請見，帝亟見之，其所奏乃常事耳，帝怒，詰之，對曰：「臣以爲尙急於彈雀。」帝愈怒，擧斧柄撞其口，墮兩齒。其人徐拾齒置懷中，帝罵曰：「汝懷齒，欲訟我乎？」對曰：「臣不能訟陛下，自當有史官書之。」帝悅，賜金帛慰勞之。

92 初作受命寶。鑄宋通元寶錢

93 是歲，北漢以郭無爲爲諫議大夫，參議中書事。

無爲，安樂人。方頳鳥喙，雜學多聞，善談辨。嘗衣褐爲道士，居武當山。周太祖討李守貞於河中，無爲詣軍門上謁，詢以當世之務，甚奇之。或謂周祖曰：「公爲漢大臣，握重兵居外，而延縱橫之士，非所以防微慮遠之道也。」無爲拂衣去，隱抱犢山。樞密使段恆【考異】五代史記東漢世家作「段常」，蓋歐陽氏避眞宗諱，追改之耳。通鑑周紀作「段恆」。長編亦作「段恆」。十國春秋從歐陽史作「段常」，蓋未詳考。今從長編書其本名。識之，薦其才，北漢主召與語，大悅，因授以政，復命恆及侍衞親軍使太原蔚進皆同平章事。

94 遼主弟太平王諳薩噶，舊作罨撇〔撒〕葛，今改。太宗第二子也，世宗時，詔許其與晉主往復以昆弟禮。至是見遼主耽酒嗜殺，陰懷異志；遼主不悟，委以國政，唯日事游畋，窮冬盛夏，不廢馳騁。侍臣有追咎師敗於周，三關失地爲非計者，遼主曰：「三關本漢地，今復還之，何失之有！」其不恤國事如此。

續資治通鑑卷第二

賜進士及第兵部尚書兼都察院右都御史總督湖北
湖南等處地方軍務兼理糧餉世襲二等輕車都尉　畢　沅　編集

宋紀二　起重光作噩(辛酉)正月，盡玄黓閹茂(壬戌)十二月，凡二年。

太祖啓運立極英武睿文神德聖功至明大孝皇帝

建隆二年　遼應曆十一年。(辛酉、九六一)

1 春，正月，丙申朔，御崇元殿受朝，退，羣臣詣皇太后宮門稱賀。

2 壬寅，幸新造船務觀習水戰。

3 戊申，太僕少卿王承哲，坐舉官失實，責授殿中丞。

4 己酉，帝御明德門觀燈，宴從臣，南唐、吳越使皆與焉。

5 壬子，商州鼠食苗，詔免其賦。

6 周顯德末，遣官度民田，多爲民所訴。至是，帝謂宰臣曰：「度田本欲勤恤下民，近多邀功滋弊，當慎選其人以副朕意。」丁巳，分遣常參官詣諸州度民田

7 詔浚蔡渠，通淮右之漕也，命右領軍衞上將軍陳承昭督其役 後改爲惠民河。

8 己未，遣郭玘饗周廟。

9 甲子，斬澤州刺史張崇詁，以其黨李重進也。

10 監修王溥等上唐會要一百卷，詔藏史館。

11 遣使賜吳越王戰馬、橐駝。

12 二月，丙寅，幸飛山軍營閱礮車。

13 遼主釋趙王喜袞於獄。喜袞雄偉，善騎射，性輕僄無恆，謀反有迹，遼主以親釋之。未幾，復謀反，仍下獄。

14 南唐主定計遷都南昌，立吳王從嘉爲太子，留金陵監國。以右僕射嚴續知樞密院事，湯悅佐之。舟行過當塗，大宴。至宋家洑，暴風飄御艦幾至北岸。翌日，從官皆乘輕舟奔問。

【考異】南唐遷都，自因疆土蹙弱。陸游南唐書云：元宗燕居，夢宋齊丘爲厲，叱之不退，遂遷南都。此本於江南餘載，俗說傳訛，殊不足信。

15 壬申，命給事中范陽劉載濬五丈渠，【考異】宋史作五丈河。今從長編。通東方之漕。帝謂侍臣曰：「煩民奉己之事，朕必不爲。開導溝洫以濟京邑，蓋不獲已耳。」後改爲廣濟河。

16 癸酉，權知貢舉竇儀奏進士張去華等合格者十一人。

17荊南高保勖進黃金什器。

18丁丑，南唐主遣使來賀長春節。己卯，命通事舍人王守貞使江南，勞南唐主遷都。

19先是藩鎮率遣親吏視民租入，概量增溢，公取餘羨；符彥卿在天雄軍，取民尤悉。帝于是遣常參官分主其事，乃出公粟賜彥卿以愧其心。

20禁民二月至九月無得采捕彈射，著爲令。

21令：「文武官及百姓，自今長春節及他慶賀，不得輒有貢獻。」

22三月，南唐主至南昌。城邑迫隘，宮府營廨，十不容一二，力役雖煩，無所施巧，羣臣日夜思歸。南唐主北望金陵，鬱鬱不樂，欲誅始謀者，澄心堂承旨秦承裕，常引屛風障之。樞密副使、給事中唐鎬慚懼，發瘍卒。【考異】江南野史云：嗣主怒鎬阿旨，欲置極法，鎬懼誅，縊死。五代史記、長編云發病卒。今從南唐書。

23丙申，內酒坊火。坊與三司接，火作之夕，役夫突入省署盜官物。帝以酒坊使左承規等縱其爲盜，斬役夫三十八人，承規等皆棄市。

24辛亥，以雄武節度使兼中書令太原郡王王景爲鳳翔節度使，充西面沿邊都部署。景起兵伍，性謙退，每朝廷使至，雖卑位皆盡禮。或言：「王位崇，不宜自損抑。」景曰：「人臣重君命，固當如此，我惟恐不謹耳。」至是自秦州來朝，帝優待之，宴賜加等，復遣鎮鳳翔。

25北漢侵麟州，防禦使楊重勳擊走之。重勳，本名重訓，避周帝諱，改今名。

26遼司徒烏哩質舊作烏里尺，今改。子迭喇格，舊作迭剌哥，今改。誣告其父謀反，復詐乘傳及殺行人；以其父請，杖而釋之。【考異】遼史穆宗紀書此事以辛亥，繫二月。案二月無辛亥，蓋史脫三月字也。今從徐氏後編。

27癸亥，帝步自明德門，幸作坊宴射，酒酣，顧前鳳翔節度使臨淸王彥超曰：「卿曩在復州，朕往依卿，卿何不納我？」彥超降階頓首曰：「當時臣一刺史耳，勺水豈可容神龍乎！使臣納陛下，陛下安有今日！」帝大笑而罷。閏月，甲子朔，彥超上表待罪，帝遣使慰撫之，因謂侍臣曰：「沈湎於酒，何以爲人！朕或因宴會至醉，經宿未嘗不悔也。」侍臣皆再拜。【考異】宋史太祖紀云：閏三月，幸玉津園，謂侍臣曰：「沈湎非令儀，朕宴偶醉，恆悔之。」按幸玉津園在己巳，相去數日，必王彥超事誤移于下耳。李燾亦曰本紀及舊錄皆于閏月；甲子，初一日也，與癸亥實相接。蓋因王彥超上表待罪，故云。

28殿前都點檢、鎮寧軍節度使慕容延釗(罷)爲山南西道節度使，侍衞親軍都指揮使韓令坤罷爲成德節度使。自是殿前都點檢遂不復除授。

29遼主如潢河。

30 丁丑，金、商、房三州民飢，遣使賑之。

31 是春，令長吏課民種植，每縣定民籍爲五等。第一種雜木百，每歲減二十爲差；桑、棗半之。男女十歲以上，人種韭一畦，闊一步，長十步。無井者，鄰伍爲鑿之。令佐以春秋巡視其數；秩滿赴調，有司第其課而爲之殿最。又詔：「自今民有逃亡者，本州具戶籍頃畝以聞，即檢視之，勿使親鄰代輸其租。」

32 夏，四月，癸巳朔，日有食之。

33 甲午，詔檢田使、給事中常準奪兩官。先是館陶民郭贇，詣闕訴檢田不均，詔令他縣官按視，所隱頃畝皆實。帝怒，責準；本縣令程迪，決杖流海島。

34 壬寅，詔：「先代帝王陵寢，令所屬州府遣近戶守視；前賢冢墓隳壞者，即加修葺。」

35 己未，商河縣令李瑤，坐贓杖死；左贊善大夫申文緯，奉使按田，不能舉察，除籍。帝深惡贓吏，以後內外官贓罪，多至棄市。

36 漢初，犯私麴者棄市；周令至五斤死。帝以其法尙峻，庚申，詔：「民犯私麴十五斤，以私酒入城至三斗者，始處極典，其餘罪有差。」【考異】長編繫以壬申日，按四月無壬申，今從本紀。

又以前朝鹽法太峻，定令：「官鹽闌入禁地貿易至十斤，煮鹻至三斤者，乃坐死。民所受蠶鹽入城市，三十斤以上者，奏裁。」【考異】李燾云：太宗實錄：先是，官貨鹽于民，蠶事既畢，即以絲絹償官，謂之蠶鹽，令民從夏秋賦稅償其直。食貨志云：唐有蠶鹽，皆賦于民，隨夏稅收錢絹。與實錄少異。

37 是月，遼主射鹿，不視朝。

38 五月，癸亥朔，帝御崇元殿受朝。以皇太后疾，赦雜犯死罪以下。

39 乙丑，詔司天少監洛陽王處訥等重覈欽天曆。

先是欽天曆成，處訥私謂王朴曰：「此曆不久卽差。」亦指其當差處以示朴，朴深然之。

40 初，周世宗命國子司業兼太常博士洛陽聶崇義詳定郊廟禮器，崇義因取三禮舊圖，攷正同異，列爲新圖二十卷，至是來上，詔加褒賞，仍命太子詹事汝陰尹拙集儒臣參議。拙多所駁難，崇義復引經解釋，乃悉以下工部尚書竇儀，裁處至當，頒行。

41 甲戌，令殿前、侍衞司及諸州長吏閱所部兵驍勇者，升其籍，老弱怯懦者去之。初置剩員，以處退兵。

42 乙亥，遼司天王白、李正等進曆。

先是晉天福中，司天監馬重績奏上乙未元曆，號調元曆。及太宗滅晉入汴，收百司僚屬、技術、曆象，遷於中京，遼始有曆。白等所進，卽調元曆也。白，薊州人，明天文，善卜筮，晉司天少監，太宗入汴得之。

43 丁丑，詔以安邑、解縣兩池鹽給徐、宿、鄆、濟之民。先是數郡皆食海鹽，泝流而上，其費倍多，故釐革之。

44己卯，罷常參官序遷法。舊制皆以歲月序遷，帝謂宰相曰：「是非循名責實之道。」命監門衞將軍魏仁滌等治市征有羨利，並詔增秩，自是不以序遷矣。

45庚寅，供奉官李繼昭坐盜賣官船棄市。

46詔：「諸州勿復調民給傳置，悉代以軍卒。」

47五代以來，州郡牧守多武人，任獄吏，恣意用法。時金州民有馬漢惠者，殺人無賴，閭里患之，其父母及弟共殺漢惠；防禦使仇超，判官左扶，悉按誅之。帝怒超等持法深刻，並除名，流扶海島。自是人知奉法。

48六月，甲午，皇太后杜氏崩于滋德殿。后聰明有智度，每與帝參決大政，猶呼趙普爲書記，嘗勞撫之曰：「趙書記且爲盡心，吾兒未更事也。」尤愛光義，每出，輒戒之曰：「必與趙書記偕行。」疾革，召普入受遺命。后問帝曰：「汝自知所以得天下乎？」帝嗚咽不能對。后曰：「吾方語汝以大事，而但哭邪？」問之如初。帝曰：「此皆祖考及太后餘慶也。」后曰：「不然。正由柴氏使幼兒主天下，羣心不附故耳。汝與光義皆吾所生，汝後當傳位汝弟。四海至廣，能立長君，社稷之福也。」帝頓首泣曰：「敢不如太后教！」因謂普曰：「汝同記吾言，不可違也。」【考異】甕牖閒評云：觀建隆遺事載立晉王一節，皆太祖之心，初非出於杜太后也。按事略載太后遺言甚詳，與長編同，建隆遺事不足爲據。普卽就榻前爲誓書。於紙尾署曰：「臣普記。」藏之金匱，命謹密宮人掌之。【考異】涑水記聞稱太后欲傳立二弟，其意謂太宗及秦王廷美也。李燾曰：太后以周鄭王幼，羣情不附，故令太祖授天下於太宗。太宗當是時年二十三矣，太祖母弟也。若並及廷美則無謂，廷美當是時纔十四歲，而太祖之子魏王德昭亦十歲，其齒蓋不甚相遠也。舍嫡孫而立庶子，人情殆不然。然則太后顧命，獨指太宗，記聞誤也。正史新錄稱太宗亦入受顧命，而記聞不載，今從記聞。按太宗初疑趙普有異論，及普上章自訴，且發金匱，得普所書，乃釋然。若同于牀下受顧命，則親見普書矣，又何俟普上書自訴，且發金匱乎！太宗實錄載普自訴章，其詞略與記聞同，當顧命時太宗實不在旁也，正史新錄別加刪修，遂失事實耳。今按王宗沐、薛應旂續通鑑，據建隆遺事，謂太后欲傳位太宗、廷美以及德昭，獨李燾長編據杜后立長君之命，謂其時廷美、德昭年尚少，無緣卽有遞相傳代之語，則金匱誓書不及廷美，於情理固屬可信。其以廷美爲庶弟，非后所生，則出於太宗之口，欲以末減其推刃母弟之惡，而燾亦曲筆證成之，殊非信以傳信之義，今不取。辨見雍熙元年。

49 己亥，羣臣請聽政，從之。庚子，以太后喪，權停時享。辛丑，見百官於紫宸殿，庚申，帝釋服。

50 是日，南唐主景殂。先期，自書遺令，留葬南都之西山，累土數尺爲墳，且曰：「違吾言，非忠臣孝子。」

南唐主多材藝，好讀書，在位慈儉，有君人之度。然自附爲唐室苗裔，訹於斥大境土之說，及福州、湖南再喪師，知攻取之難，始議弭兵務農。嘗曰：「兵可終身不用。」會周師大舉，寄任多非其人，折北不支，至于蹙國降號，憂悔而殂。【考異】南唐主之殂，宋史作八月甲辰，東都事略作八月庚子，皆誤，今從南唐書。

51 壬戌，以太后殯，不受朝。

52 先是遼南京留守蕭思溫，以老人星見，乞行赦宥，遼主許之。草赦既成，留數月不出，翰林學士河間劉景曰：「唐制，赦書日行五百里，今稽期弗發，非也。」遼主亦不報。至是月，始赦。

53 秋，七月，南唐主喪歸金陵。【考異】王舉大定錄，景喪歸在七月，南唐書則云八月至金陵。長編以大定錄爲據，今從之。有司議梓宮不宜復入大內，太子從嘉不可，乃殯於正寢。

從嘉即位，改名煜，尊母鍾氏爲太后。后父名泰章，易其號曰聖尊后。立妃周氏爲國后。大赦境內。

罷諸道屯田務，歸本州縣。先是南唐主用尚書員外郎李德明議，興復曠土，爲屯田以廣兵食，所使典掌者多非其人，侵擾州縣，豪奪民利，大爲時患。至是悉罷使職，委所屬縣令佐與常賦俱徵，隋所租入，十分賜一以爲祿廩，民稍休息。

54 初，帝既克李筠及李重進，一日，召趙普問曰：「自唐季以來數十年，帝王凡易八姓，戰鬬不息，生民塗地，其故何也？吾欲息天下之兵，爲國家計長久，其道何如？」普曰：「陛下言及此，天地人神之福也。此非他故，方鎭太重，君弱臣强而已。今欲治之，惟稍奪其權，制其錢糧，收其精兵，則天下自安矣。」

時石守信、王審琦，皆帝故人，各典禁衞。普數言於帝，請授以他職，帝曰：「彼等必不吾叛，卿何憂？」普曰：「臣亦不憂其叛也。然熟觀數人者，皆非統御才，恐不能制伏其下。萬一軍伍作孽，彼亦不得自由耳。」帝悟，於是召守信等飲，酒酣，屏左右謂曰：「我非爾曹力，不及此。然天子亦大艱難，殊不若爲節度使之樂，吾終夕未嘗高枕臥也。」守信等請其故，帝曰：「是不難知，居此位者，誰不欲爲之！」守信等頓首曰：「陛下何爲出此言？今天下已定，誰敢復有異心！」帝曰：「卿等固然，設麾下有欲富貴者，一旦以黃袍加汝身，汝雖欲不爲，其可得乎？」守信等頓首涕泣曰：「臣等愚不及此，惟陛下哀矜，指示可生之途。」帝曰：「人生如白駒過隙，所爲好富貴者，不過欲多積金錢，厚自娛樂，使子孫無貧乏耳。卿等何不釋去兵權，出守大藩，擇便好田宅市之，爲子孫立永遠之業；多致歌兒舞女，日飲酒相歡以終其天年！朕且與卿等約爲婚姻，君臣之間，兩無猜疑，上下相安，不亦善乎！」皆拜謝曰：「陛下念臣等至此，所謂生死而肉骨也。」明日，皆稱疾請罷，帝從之，賞賚甚厚。庚午，以石守信爲天平節度使，高懷德爲歸德節度使，王審琦爲忠正節度使，張令鐸爲鎭寧節度使，皆罷軍職；獨守信兼侍衞(都)指揮使如故，其實兵權不在也。殿前副點檢自是亦不復除云。【考異】聞見近錄云：太祖即位，方鎭多偃蹇，所謂十兄弟者是也。上一日召諸方鎭，授以弓劍，人馳一騎，與上私出固子門大林中，下馬酌酒，上語方鎭曰：「此處無人，爾輩要作官家者，可殺我而爲之。」方鎭伏地戰恐。上再三喩之，伏地不敢對。上曰：「爾輩是眞欲我爲主邪？」方鎭皆再拜稱萬歲。上曰：「爾輩旣欲我爲主，爾輩當盡臣節，今後毋或偃蹇。」方鎭復再拜呼萬歲，與飮盡醉而歸。按此因解諸將兵權而傳聞之誤。宋祖雖猜忌功臣，不應爲此嘗試也。涑水記聞云：守信皆以散官就第。李燾辨之云：太祖與趙普意，但不欲守信等典軍耳，豈不令守信等各居方鎭也！太祖云：「爲天子不若爲節度使樂，」是欲守信等出爲節度使也。及開寶三年冬十月，乃罷王彥超等節度使。蓋記聞誤并二事爲一耳。邵伯溫見聞錄，又云王審琦坐擅入禁中救火故罷。不知同時罷者凡四人，初不緣入禁中救火也，今不取。

55 壬申，以光義行開封尹、同平章事，廷美爲山南西道節度使。【考異】宋史、東都事略、薛氏、王氏通鑑皆作壬申，惟李燾長編作壬午，今從壬申。先是范質奏疏言：「光義、廷美皆品位未崇，典禮猶闕，乞並加封册，或列於公台，或委之方鎭；皇子、皇女雖襁褓者，乞下有司，許行恩制。」故有是命。

質又言：「宰相者，以舉賢爲職，以掩善爲不忠。竊見端明殿學士呂餘慶、樞密副使趙普，精通治道，經事霸府，歷年滋深，皆公忠可倚任，乞授以台司，俾申大用。」帝嘉納之。

56 是月，陳承昭塞棣、滑決河役成，賜錢三十萬。

57 吳越自五月不雨至七月。

58 八月，甲辰，（南）唐桂陽郡公徐邈奉其主景遺表來上。嗣主煜請追復帝號，許之。旋謚景爲明道崇德文宣孝皇帝，廟號元宗。

59 義武節度使、同平章事淸苑孫行友，代兄方簡鎭易定踰八年，而狼山妖尼深意黨益盛。帝初卽位，行友不自安，累表乞解官歸山，帝不許，行友懼，乃繕治甲兵，將棄其孥，還據山寨以叛。兵馬都監藥繼能密表其事，帝遣閤門使武懷節馳騎會鎭、趙之兵，僞稱巡邊直入定州。行友不之覺，旣而出詔示之，令擧族歸朝，行友倉皇聽命。旣至，命侍御史李維岳卽訊，得實，己酉，制削奪行友官爵，禁錮私第；取深意尸，焚之都城西北隅。

60 女眞國遣使貢名馬。

女眞之先，居古肅愼地，元魏時號勿吉，至隋，改號靺鞨，唐初，有黑水、粟末兩部，後粟末盛强，號渤海國，黑水因役屬之。五代時，遼盡取渤海之地，黑水部民居混同江之南者，繫籍於遼，號熟女眞；居江之北者，不繫籍於遼，號生女眞，至是以馬入貢。詔蠲登州沙門島居民租賦，令專治舟船渡所貢馬。

61 詔：「緣邊諸寨有犯大辟者，送所屬州軍鞫之，無得輒斬。」【考異】宋史在壬寅日，今從長編。

62 國子博士洛陽郭忠恕，被酒與太子中舍符昭文喧競於朝堂，御史彈奏，忠恕叱臺吏，奪其奏毁之。己未，責忠恕乾州司戶參軍，昭文免所居官。

63 庚申，周世宗實錄成，四十卷，賜監修國史王溥、修撰官扈蒙器幣有差。

64 南唐主煜遣中書侍郎馮謐來進金銀繒綵。謐，即延魯也。且表自陳紹襲之意，帝優詔以答。初，周世宗既取江北，貽書江南，如唐與回鶻可汗之式，但呼國主而已。於是始改書稱詔。

65 九月，甲子，以高保勖爲荆南節度使。保勖淫恣，好營造臺榭，窮土木之功，軍民咸怨，記室孫光憲諫，不聽。

66 遼諧里舊作解里，今改。來降。

67 高保勖遣其弟保寅來朝。先是，保融於城北瀦江水七里以閡行者，及保寅歸，諭令決去，使道路無阻。保寅還，言於保勖曰：「區宇將一，宜首奉土歸朝，無爲他人取富貴。」保勖不聽。

68 戊子，遣鞍轡庫使梁義如江南弔祭，帝召見，面賜約束。因謂左右曰：「朕每遣使四方，常諭以謹飭，頗聞鮮克由禮，遠人何觀焉！自今出使四方，要當審擇其人。」

69 詔罷大宴，以皇太后喪故也。

70 冬，十月，癸巳，南唐主遣戶部侍郎韓熙載、太府卿田霖助葬皇太后山陵。

71 丙申，命樞密承旨方城王仁贍使江南，賀南唐主新立。

72 戊戌，敕：「沿邊諸州，禁民無得出寨〔塞〕侵盜戎馬，前所盜者，悉令還之。」

73 丙午，祔葬明憲皇太后於安陵。

74 是月，命知制誥河南盧多遜看詳進策獻書人文字升降以聞。

75 十一月，甲子，皇太后祔廟。

76 己巳，幸相國寺，遂幸國子監。

77 以恩州團練使雲中李漢超爲齊州防禦使，尋命兼關南兵馬都監。漢超任關南，力修政治，吏民愛之。

78 濠、楚民飢，詔令長吏開倉賑貸。

79 西山巡檢使郭進敗北漢軍於汾西，獲馬、牛、驢數千計。

進威令嚴肅，帝每遣戍卒，必諭之曰：「汝輩謹奉法，我猶貸汝，郭進殺汝矣。」嘗有軍校誣訟進不法事，帝詰知其情，送進，令殺之。會北漢來寇，進語其人曰：「汝敢論吾，信有膽氣。今貰汝罪，汝能掩殺敵兵，當卽薦汝。」其人踴躍赴戰，大捷，進具其事送之於朝，請賞以官，帝曰：「爾誣害我忠良，此纔可贖罪耳。」命以其人還之。進復請曰：「使臣失信，則不能用人矣。」帝乃從之。

80 十二月，乙未，昭義節度使李繼勳奏敗北漢軍千餘人，斬首百餘級，獲遼州刺史傅廷彥弟劉以獻。

81 代州刺史折仁理，党項蕃部之大姓也，世居河西，帝以其有扞邊功，召令入見，復命歸領刺史如故。

82 周廣順初，鎭州諸縣，十戶取才勇者一人爲弓箭手，餘九戶資以器甲芻糧。是歲，詔釋之，凡一千四百人。

83 始置藏冰務，常以孟夏命官用幣，以黑牲祭玄冥之神，乃開冰，祭於太廟。

84 初，南漢女巫樊胡子，自言玉皇降其身，因宦者陳延壽以見其主鋹。鋹於內殿設幄帳，陳寶器，胡子冠遠遊，衣紫袍，坐帳中宣禍福，呼鋹爲太子皇帝；國事皆決於胡子，內太師龔澄樞、女侍中盧瓊僊等附之。是歲，芝菌生宮中，野獸觸寢門，苑中羊吐珠，井旁石自起，行百餘步乃仆；胡子以爲符瑞，諷羣臣入賀。

三年　遼應曆十二年。（壬戌、九六二）

1 春，正月，庚申朔，以喪不受朝賀。

2 己巳，命淮南道官吏發倉廩以賑飢民。初，戶部郎中沈義倫使吳越歸，言：「揚、泗飢民多死　郡中軍儲尚百餘萬，可貸民，至秋，乃收新粟。」沮之者曰：「若歲荐饑，將無所取償，孰執其咎？」帝以詰義倫，對曰：「國家以廩粟濟民，自宜感召和氣，立致豐稔，寧復憂水旱邪！」帝悅，故有是命。【考異】義倫名犯太宗偏諱，故史稱沈倫。李燾曰：倫傳不載其年，故事稱元年，寶訓稱二年，亦不知的是何日。按倫於元年二月壬戌初除戶部郎中，四月乙卯受詔分督在京諸倉，則使吳越必在督倉以後，安得尚指秋粟！其稱元年者誤也，稱二年者亦無所證據。而此年正月乃有是命，疑此即太祖用倫之言，故載於此。

3 甲戌，廣皇城，命有司畫洛陽宮殿，按圖修治。

4 令諸州長吏勸農課桑。自後歲首必下此詔。

5 詔州縣不得役僑居民。

6 癸未，幸國子監。

7 丁亥，以監察御史劉湛爲膳部郎中。湛榷茶蘄春，歲入增倍，遷拜越級，非舊典也。

8 遼諸王多坐事繫獄，遼主以御史大夫蕭護斯舊作護思，今改。有才幹，詔窮治，稱旨。二月，己丑朔，遷護斯爲北院樞密使，賜對衣、鞍馬，仍命世預宰相選，護斯辭曰：「臣子孫賢否未可知，得一客省使足矣。」從之。遼主嗜酒，用刑多濫，護斯居要地，斷斷自保，未嘗一言匡救，議者以是少之。

9庚寅，令：「翰林學士、文班常參官曾任幕職、州縣者，各舉堪爲賓佐、令錄者一人；異時貪濁畏懦、職事曠廢者，舉主坐之。」

10甲午，詔：「翰林學士、文班常參官每五日內殿起居，以次轉對，並須指陳時政得失，朝廷急務，刑獄冤濫，百姓疾苦，不得將閑慢事應詔。關急切者許非時上章，無以觸諱爲懼。」

11己亥，更定竊盜律，贓滿五千足陌者乃處死。

12蜀主以秦王玄喆爲皇太子，令起居、前導者皆呼殿下，毋得斥言太子；宰相成都李昊疏其不可，乃止。

13壬寅，帝謂侍臣曰：「朕欲武臣盡令讀書，俾知爲治之道。」左右皆莫對。

14丁未，詔：「宰相、樞密使帶平章事兼侍中、中書令、節度使者納禮錢，宰相、樞密使三百千，藩鎮五百千，充中書門下公用。」依唐制也。

15甲寅，北漢侵潞、晉二州，守將擊走之。

16丙辰，幸國子監；遂幸迎春苑，宴從官。

17三月，戊午朔，控鶴右廂都指揮使浚儀尹勳，配隸許州爲教練使。勳督浚五丈渠，陳留丁夫夜潰，勳擅斬其隊長十餘人，又追獲亡者七十餘人，皆馘其左耳。有詣闕伸冤者，兵部尚書京兆李濤，臥病家居，力疾草奏，乞斬勳以謝百姓。濤家人曰：

「公久病，宜自愛。」朝廷事，姑置之。」濤憤然曰：「死者人之常，吾豈能免！但我掌兵柄，軍校無辜殺人，豈得不論！」帝覽其奏，嘉之；然念勳忠勇，止薄責焉。

18 甲子，詔沂州民飢，賜以種食。

19 帝謂宰臣曰：「五代諸侯跋扈，多枉法殺人，朝廷置而不問，刑部之職幾廢。自今決大辟者，錄案聞奏，委刑部詳覆。」

20 丙子，權知貢舉單父王著奏進士馬適等合格者十五人。

21 丁丑，女眞來貢。

22 己卯，封丘縣令蘇允元，坐申雨降不實免官。

23 丁亥，徙北漢降民於邢、洺州，計口賦粟。

24 禁民火葬。

25 初，泉州節度使留從效卒，兄從願之子紹鎡嗣領軍務。未幾，衙將臨淮陳洪進，誣紹鎡謀附錢氏，執送於南唐，推統軍副使張漢思爲留後。【考異】五國故事云：建隆壬戌歲，從效自五月發疽，至於七月不愈，中外音問不通，羣校頗有異議。一日，先鋒指揮使王，忘名，請入省疾，而從效危篤，乃以鬭踣之，從效死，衆立張漢思爲帥。按宋史，從效以疽發背死，無所謂以鬭踣之也。從效既死，其嗣子紹鎡典留務者月餘，非即推漢思爲帥也。五國故事不足爲據，今從長編。

26 夏，四月，乙未，延、寧二州大雨雪，溝洫冰。

27 丙申，以趙贊爲彰武節度使，別受密旨，許便宜行事。贊將至延州，乃分置步騎，前後絡繹，林莽之中，遠見旌旗，羌、渾迎者莫測其數，無不畏服。贊，延壽子也。

帝注意謀帥，既命贊屯延州，又命董遵誨守環州，王彥昇守原州，馮繼業鎭靈武，以備西夏。李漢超屯關南，馬仁瑀守瀛州，韓令坤鎭常山，賀惟忠守易州，何繼筠領棣州，以拒契丹。又以郭進控西山，武守琪戍晉州，李謙溥守隰州，李繼勳鎭昭義，以禦太原。諸臣家族在京者，撫之甚厚；郡中筦榷之利悉與之，恣其圖回貿易，免所過征租。由是邊臣皆富於財，得以養募死士，使爲間諜，洞知敵情；每入邊，必能先知預備，設伏掩擊。自此累年無西北之虞，得以盡力東南，取荆、湖、川、廣、吳越之地。

28 邢州言北漢民四百餘人來降。

29 己巳，贈兄光濟爲邕王，弟光贊爲夔王；追册會稽郡夫人賀氏爲皇后。

30 戊申，北漢攻麟州，防禦使楊重勳擊走之。

31 定難節度使李彝興，遣使貢馬三百匹。帝方命玉工治帶，召其使，問彝興腹圍幾何，使言彝興大腰腹，帝曰：「汝帥眞福人。」卽遣使以帶賜之，彝興感服。

32 五月，甲子，幸相國寺禱雨。

時遼亦旱，庚午，遼主命左右以水相決，頃之果雨、

33 乙亥，發潞州民開太行道，通餽運。

34 丙子，以河北諸州旱，遣使乘傳檢旱苗。

35 甲申，復幸相國寺禱雨； 乙酉，詔撤樂，大官進蔬食。

36 是月，大治宮闕，倣西京制，命殿前都指揮使武安韓重贇董其役。

37 六月，癸巳，以樞密使吳廷祚爲雄武節度使，知秦州。州西北夕陽鎭，古伏羌縣地，西北接大藪，材植所出，戎人久擅其利。及尚書左丞壽陽高防知秦州，建議置采造務，取其材以給京師。蕃部尙巴約舊作尙波于，今改。帥衆來爭，【考異】宋史太祖本紀：六月，壬子，蕃部尙巴約等爭采造務，以兵犯渭北，知秦州高防擊走之。按是月癸巳，以吳廷祚代防，如紀所書之日。則防以狀聞擊走，在命廷祚後二旬，恐誤。今從長編。帝不欲邊境生事，乃遣廷祚代之、先一日，謂之曰：「卿年高，久掌樞務，今與卿秦州，庶均勞逸。明日制出，恐卿以離朕左右，不能無憂，故先告卿也。」

38 甲午，遼主祀木葉山及潢河。遼自太祖以前卽有祭山儀。其儀設天神、地祇位於木葉山，東鄉，中立君樹，前植羣樹，以像朝班，又偶植二樹以爲神門，帝、后親致奠焉。其後累代行之，以示不忘舊俗。

39 先是周世宗之二年，始營國子監，置學舍。帝旣卽位，卽命增葺祠宇，塑繪先聖、先師

之像。帝自贊孔、顏，命宰臣、兩制以下分撰餘贊，車駕屢臨幸焉。於是左諫議大夫河南崔頌判監事，始聚生徒講書，帝聞而嘉之。乙未，遣中使偏賜酒果。尋又詔用一品禮，立十六戟於文宣王廟門。【考異】李燾曰：據實錄、本紀及會要，太祖以建隆二年十一月始幸國子監，三年正月又幸。而祖宗故事乃云元年正月初幸，二月再幸，因詔增葺祠宇，繪塑聖賢。其年月與諸書特異，今不取。若增葺祠宇，塑繪聖賢，則會要固以爲國初事，不緣幸監然後有此詔也，故事蓋誤耳。

40 丁酉，右補闕袁鳳，坐檢田不實，責授曲阜縣令。

41 己亥，以旱故，減京畿及河北諸州死罪以下。

42 壬寅，京師雨。

43 丁未，命吳廷祚齋詔赴秦州，赦尙巴約等罪，所繫戎俘並釋遣之；遂罷采造務。

44 秋，七月，己未，禁諸州中元張燈。

45 壬戌，放南唐降卒弱者數千人歸國。

46 乙丑，知舒州、左諫議大夫歷城馮瓚言：「州界有菰蒲魚鱉之利，居民舊以自給。前防禦使司超增收爲市征，漁奪苛細，疲俗告病，宜蠲除其稅。」從之。

47 文思使常岑子勳詐稱供奉官，爲泗州長吏所覺，捕送闕下。乙亥，斬勳于東市。

先是雲捷軍士有僞刻侍衞司印信者，捕得，斬之。帝曰：「諸軍比加簡練，尙如此不

逞邪！」命搜索，悉配沙門島。於是姦猾斂迹

48 己卯，北漢捉生指揮使路貴來降。

49 辛巳，遣給事中劉鉞等按行河北旱田。

50 詔：「朝臣出使，還日，具所見民生利病以聞。」

51 右衞率府率薛勳掌常盈倉，受民租，槪量重，詔免勳官，配隸沂州，倉吏棄市。

52 八月，丙戌朔，敕大理卿范陽劇可久爲光祿卿，致仕。可久年踰七十，無請老意，帝特命之。

53 庚寅，以鎭海、鎭東節度副使錢惟濬爲建武節度使。惟濬，吳越王俶子也。俶請授以嶺南旄鉞，帝從之。

54 癸巳，蔡河務綱官王訓等四人，坐以穅土雜軍糧，磔於市。

55 是日，遣引進使郭永遷會秦州吳廷祚率兵往尙書寨，驅蕃族歸本部。

56 乙未，左拾遺、知制誥河中高錫上言：「近廷臣承詔各舉所知，或有因行賂獲薦者，請自今許近親、奴婢、鄰里告訴，加以重賞。」又請注授法官及職官，各宜問書法十條，以代試判，皆施行之。

57 九月，丙辰朔，以昭憲太后之兄杜審瓊爲左龍武大將軍，其弟審璧〔肇〕爲左神武大將

軍，審進爲左武衛大將軍，並致仕，賜第京師。

58 詔：「及第舉人不得呼知舉官爲恩門、師門及自稱門生。」

59 戊午，天平節度使、侍衛馬步軍都指揮使、同平章事石守信表解軍職，許之，特加爵邑。

60 庚午，吐蕃尙巴約獻伏羌縣地。

61 壬申，修武成王廟。

62 癸酉，以百官次對章奏下尙書省，集丞、郎以上及御史中丞、兩省五品以上參詳，其有裨政治者以聞。

63 丙子，禁民伐桑棗爲薪。又詔黄、汴河兩岸，每歲委所在長吏課民多栽榆柳，以防河決。

64 癸未，復置書判拔萃科。【考異】宋史太祖紀，于八月乙未卽書舉此科，今從長編，蓋乙未始令有司條奏，而施行固在癸未也。

65 甲申，武平節度使兼中書令周行逢疾革，召將吏屬其子保權曰：「衡州刺史張文表，與吾同起隴畝，以不得行軍司馬，志常快快，吾死，必爲亂，當令楊師璠討之。」行逢薨，保權領軍務，時年十一。【考異】九國志，保權以九月襲位，十國紀年亦繫之九月，而太祖實錄乃于十月乙未書行逢卒，蓋以奏到之日書也，今從紀年、九國志。李燾長編言行逢崇信釋氏，廣度僧尼，齋讖不輟，每見僧，無老少，輒拜之，捧具執拂，親爲滌洗。因謂左右曰：「吾殺人多矣，不假佛力，何以免其冤乎！」按五代、宋史、十國春秋諸書俱不言行逢佞佛，惟云保權大會齋僧，見被緇之輩，雖三尺童子，必搶地伏拜。今不取李氏之說。

66 是月，遼主如黑山、赤山射鹿。

67 冬，十月，丙戌，幸造船務觀習水戰。

68 戊子，以棣州團練使何繼筠爲關南兵馬都監。

69 癸巳，班循資格及長定格、編敕格各一卷。

70 己亥，幸岳臺，命諸軍習騎射。

71 廣濟縣令李守中，坐贓，決杖配沙門島。

72 辛丑，以樞密副使、兵部侍郎趙普爲檢校太保，充樞密使。樞密使不帶正官自普始。

73 張文表聞周保權立，怒曰：「我與行逢俱起微賤，立功名，安能北面事小兒乎！」會保權遣兵更戍永州，路出衡陽，文表遂驅以叛，僞縞素，若將奔喪武陵者。

過潭州時，行軍司馬廖簡知留後，素輕文表，不爲之備。方宴飲，外白文表兵至，簡殊不介意，謂四座曰：「文表至則成擒，何足慮也！」飲笑如故。俄而文表率衆徑入府中，簡不能執弓，但箕踞大罵，遂遇害。文表取其印綬，自稱權留後，具表以聞。

保權卽命楊師璠悉衆討文表，告以先人之言，感激泣下。師璠亦泣，顧謂其衆曰：「汝見郎君乎，未成人而賢若此！」軍士皆奮。

保權又乞師荊南，且來求援。文表亦上疏自理。【考異】李燾曰：據渤海行年紀，張文表攻下潭州在當年十月，而國史周保權傳乃云明年，史蓋誤也。按實錄，十二月甲辰已遣趙璲持詔宣諭文表，豈得卻在明年春始叛！蓋明年正月，文表尚處潭州耳。

74 十一月，癸亥，詔：「縣令考課，以戶口增減爲黜陟。」

75 甲子，大閱於西郊。帝謂近臣曰：「晉、漢以來，衞士不下數十萬，然可用者極寡。朕頃按籍閱之，去其冗弱，親校其擊刺騎射之藝，今悉爲精銳矣。」

76 南唐遣水部郎中顧彝來貢。【考異】宋史在丙寅日，南唐書無日，今從長編。

77 刑部尚書薊人邊歸讜請老，授戶部尚書，致仕。

78 荊南節度使高保勗寢疾，召牙內都指揮使京兆梁延嗣曰：「我疾將不起，孰可付後事者？」延嗣曰：「先主舍其子繼沖，以軍府付公，今繼沖長矣。」保勗曰：「子言是也。」即以繼沖權判內外軍馬事。甲戌，保勗薨。【考異】九國志，保勗卒于明年，非是。渤海行年紀云卒于是年十一月二十日，長編從之，今取其說。

79 壬午，始頒曆於南唐。

80 十二月，丙戌，左贊善大夫段昭裔坐檢視民田失實，責授海州司法參軍。

81 丁亥，以武平節度使副使、權知朗州周保權爲武平節度使。

82 舊制，强盜贓滿十匹者絞；庚寅，詔改爲錢三千足陌者處死。

83 癸巳，詔：「縣復置尉一員，在主簿下，凡盜賊、鬭訟，先委鎭將者，命令與尉領其事；自萬戶至千戶，各置弓手有差。」

五代以來，節度使補署親隨爲鎭將，與縣令抗禮，凡公事專達于州，縣吏失職。至是還統于縣，鎭將所主，不及鄉邨，但郭內而已。從樞密使趙普言也。【考異】宋史太祖紀，是月丙戌詔：「縣置尉一員，理盜訟；置弓手，視縣戶爲差。」當卽此事，而月不同。今從長編。

84 戊戌，蒲、晉、慈、隰、相、衞六州饑，詔所在發廩賑之。

85 庚子，班捕盜令：「給以三限，限各二十日。第一限內獲者，令、尉各減一選；獲踰半者，減兩選。第二限內獲者，各超一資；踰半，超兩資。第三限內獲者，令、尉各加一階；踰半，加兩階。過三限不獲，尉罰一月俸，令半之。尉三罰，令四罰，皆殿一選；三殿，停官。令、尉與賊鬭而盡獲者，並賜緋，尉除令，仍超兩資，令別加升擢。」

86 甲辰，遣中使趙璲等齎詔宣諭潭、朗，聽張文表歸闕；且命荆南發兵助周保權。

87 帝以西鄙羌戎屢爲寇，改虢州刺史盧龍姚內斌爲慶州刺史。

88 是歲，遷周鄭王於房州。【考異】宋史及東都事略、九朝編年、李燾長編皆云建隆三年出居房州，不載月日。

惟陳桱通鑑續編繫于是年冬十月，王、薛通鑑皆因之。王皥唐餘錄以爲開寶三年自西宮出，則誤矣。

89 河北、陝西、京東諸州旱、蝗，悉蠲其租。

90 遼國舅帳郎君蕭延之奴海哩，舊作海里，今改。强陵蘇拉舊作拽剌，今改。圖里舊作禿里，今改。年未及之女，以法無文，加之宮刑，仍付圖里以爲奴。著爲令。

91 蜀主命官追督四鎭、十六州逋稅，龍游令田淳上疏諫曰：「今甲子欲交，陰陽變動，天運人事，合有改更。如采厚斂之末議，必亂經國之大倫。」又言：「四海財貨，盡屬至尊，百姓足則君莫不足。今務奪百姓，專贍六軍，非本計也。」蜀主不能用。淳謂所親曰：「吾觀僭僞紛紛改制，妃后妻妾，卿相僚佐，何如常稱成都尹，乃無滅族之禍乎！」或勸淳遜詞抑節以取貴仕，淳曰：「吾安能附狗鼠求進哉！」蓋指樞密使王昭遠輩也。

92 南漢許彥眞既殺鍾允章，益恣橫，惡龔澄樞等居己上，頗侵其權，澄樞怒。會有告彥眞與先主李麗妃私通者，澄樞發其事。彥眞懼，與其子謀殺澄樞。澄樞使人告彥眞謀反，下獄，族誅。

93 南漢主納李託二女，長爲貴妃，次爲美人，皆有寵。拜託爲內太師，政事必先稟託而後行。

續資治通鑑卷第三

賜進士及第兵部尙書兼都察院右都御史總督湖北湖南等處地方軍務兼理糧餉世襲二等輕車都尉　畢沅　編集

宋紀三　起昭陽大淵獻（癸亥）正月，盡閼逢困敦（甲子）三月，凡一年有奇。

太祖啓運立極英武睿文神德聖功至明大孝皇帝

乾德元年　遼應曆十三年。（癸亥、九六三）

1 春，正月，甲寅朔，不御殿。

2 丁巳，發近甸丁夫數萬，修築畿內河隄。

3 戊午，遣酒坊副使河間盧懷忠、氈毯使洛陽張勳、染院副使康延澤等率步騎數千人赴襄州。延澤，福之子也。

4 庚申，以山南東道節度使兼侍中慕容延釗爲湖南道行營都部署，樞密副使李處耘爲都監，發兵會襄陽以討張文表。

先是盧懷忠使荆南，帝謂曰：「江陵人情去就，山川向背，吾盡欲知之。」懷忠使還，報曰：「繼沖控弦之士不過三萬；年穀雖登，民困於暴斂，其勢日不暇給，取之易耳。」於是帝召宰相范質等謂曰：「江陵四分五裂之國，今假道出師，因而下之，蔑不濟矣。」遂以成算授處耘等。

5 癸亥，命太常卿陽曲邊光範權知襄州，戶部判官滕白爲南面軍前水陸轉運使。

6 乙丑，幸造船務觀造戰船。

7 丙寅，以張勳爲南面行營馬軍都監，盧懷忠爲步軍都監。

8 時議城益津關，遼人知之。南京留守高勳上書，請假巡徼擾其境，遼主然其奏，命勳及統軍使崔廷勳以兵擾之，乃不果城。

9 丙子，詔荆南發水兵三千人赴潭州。【考異】宋史作甲戌，今從長編。

10 庚辰，以荆南節度副使、權知軍府事高繼沖爲荆南節度使。

11 楊師璠之討張文表也，兵稍失利。相持既久，文表出戰，師璠大敗之，遂取潭州，執文表。

初，文表聞宋師來伐，潛送款於趙璲，具言奔喪朗州，爲廖簡所薄，因即私鬬，實無反心。璲自以奉詔諭文表，得其歸順，甚喜，即遣使撫慰之。師璠兵既入城，縱火大掠，而璲亦繼至。明日，享將吏於庭，指揮使高超語其衆曰：「觀中使之意，必活文表。若文表至闕，圖害朗州，吾輩無遺類矣。」乃斬文表於市，【考異】宋史云：二月壬辰，梟文表於朗陵市。今從長編。

臠其肉。及宴罷，璲召文表，超曰：「文表謀爲亂，已斬之矣。」璲太息久之。

12初命文臣知州事。

帝懲五代藩鎭强盛之弊。時異姓王及帶相印者不下數十人，至是用趙普謀，漸削其權，或因其卒，或因遷徙、致仕，或遙領他職，皆以文臣代之。

13二月，甲申朔，翰林學士、中書舍人王著，責授比部員外郎。

著不拘細行，嘗乘醉宿倡家，爲巡吏所執，旣知而釋之，密以事聞，帝置不問。於是宿直禁中，夜，叩滋德殿求見；帝令中使引升殿，近燭視著，著大醉，垂髮被面，帝怒，發前事，黜之。御史中丞洛陽劉溫叟等，並坐失於彈劾，奪兩月俸。

14丙戌，天雄節度使符彥卿來朝。帝欲使典兵，趙普以爲彥卿名位已盛，不可復委以兵柄，屢諫，不聽。宣已出，普復懷之請見曰：「惟陛下深思利害，勿復悔。」帝曰：「卿苦疑彥卿，何也？朕待彥卿至厚，彥卿豈能負朕？」普曰：「陛下何以能負周世宗？」帝默然，事遂中止。

15高繼沖自以年幼未能民事，刑政、賦役委節度判官孫光憲，軍旅、調度委衙內指揮使梁延嗣，謂曰：「使事事得中，人無間言，吾何憂也！」

李處耘至襄州，先遣閤門使臨洺丁德裕諭繼沖以假道之意，請薪水給軍。繼沖與其僚佐謀，以民庶恐懼爲詞，願供芻餼百里外。處耘又遣德裕往，光憲及延嗣請許之。兵馬副使李景威說繼沖曰：「王師雖假道以收湖、湘，恐因而襲我。願假兵三千設伏荆門險隘處，候其夜行，發伏攻其上將，王師必自退卻，回軍收張文表以獻於朝廷，則公之功業大矣。不然，且有搖尾乞食之禍。」繼沖不聽，曰：「吾家累歲奉朝廷，必無此事。」孫光憲曰：「景威，峽江一民耳，安識勝敗！且中國自周世宗時已有混一天下之志，宋興，凡所措置，規模益弘遠，今伐文表，如以山壓卵爾。湖、湘既平，豈有復假道而去邪！不若早以疆土歸朝廷，則荆楚免禍，公亦不失富貴。」繼沖以爲然。景威知計不行而歎曰：「大事去矣，何用生爲！」因扼吭而死。景威，歸州人也。繼沖遣延嗣與其叔父保寅奉牛酒來犒師，且覘師之所爲。

壬辰，師至荆門，處耘見延嗣等，待之有加。延嗣喜，馳使報繼沖以無虞。荆門距江陵百餘里，是夕，延釗召延嗣等宴，飲于其帳，處耘密遣輕騎數千倍道前進。繼沖但俟保寅、延嗣之還，遽聞宋師奄至，卽惶恐出迎，遇處耘於江陵北十五里。處耘揖繼沖，令待延釗，而率親兵先入，登北門。比繼沖與延釗俱還，宋師已分據衝要，布列街巷矣。繼沖大懼，江陵志餘云：宋兵入城，繼沖以轎覆井，紿內人入輿，多墮井死。遂盡籍其三州，十七縣，十四萬二千三百戶，奉表來歸。

16 癸巳，李處耘等益發兵，日夜趨朗州。周保權懼，召觀察判官臨桂李觀象謀之，觀象曰：「文表已誅而王師不還，必將盡取湖、湘之地。今高氏束手聽命，脣齒既亡，朗州勢不獨全。莫若幅巾歸朝，幸不失富貴。」保權將從之，指揮使張崇富等【考異】「崇富」，宋史作「從富」，今從長編。不可，乃相與爲拒守計。

17 庚子，荆南表至，帝復命高繼沖爲荆南節度使，遣樞密承旨王仁贍赴荆南巡檢。帝聞李景威之謀，曰：「忠臣也。」命仁贍厚卹其家。

18 帝遣使諭周保權及將校，言：「大軍既拯爾難，何爲反拒王師，自取塗炭？」保權不答，遂進討之。慕容延釗大破其軍於三江口，遂取岳州。【考異】宋史本紀作三月戊寅下岳州，東都事略亦云三月克岳州，惟長編繫于二月之末，蓋以十國紀年爲據也，今從之。長編又引解暉傳云：僞統軍使黃從志以岳州拒命，暉率舟師討平之，生擒從志及僞將校十四人。蓋即三江之捷，暉時爲戰櫂都指揮使也，今附見。

19 是月，權知貢舉淩儀薛居正奏進士蘇德祥等合格者八人。

20 遼主如潢河觀羣臣射，賜物有差。

21 三月，張崇富等出軍澧州南，與宋師遇，未及戰，望風先潰。李處耘逐北至敖山寨，賊棄寨走，俘獲甚衆。處耘擇所俘體肥者數十人，令左右啗之，黥其少壯者，縱歸武陵。武陵人聞擒者爲宋師爨食，俱大恐，縱火焚州城，奔竄山谷。壬戌，慕容延釗等入朗州，擒崇富於西山下，梟其首。大將汪端劫周保權匿江南岸僧舍，處耘遣麾下將田守奇捕之，端棄保權走，守奇獲保權以歸。湖南平，凡得州十四，監一，縣六十六，戶九萬七千二百八十八。

庚午，命戶部侍郎呂餘慶權知潭州。

22 癸酉，吏部尚書張昭等詳定五刑之制，凡流刑四，徒、杖、笞刑各五。

23 令州縣復置義倉，官所收二稅，每石別輸一斗貯之，以備凶儉。

24 夏，四月，甲申，減荊南、潭朗州死罪囚，流以下釋之，配役人放還；蠲三年以前逋稅及場院課利。

25 乙酉，始置諸州通判，凡軍民之政，皆統治之，事得專達，與長吏均禮。大州或置二員。又令節鎮所領支郡皆直隸京師，得自奏事，不屬諸藩，於是節度使之權益輕。用趙普之言也。

26 遣給事中饒陽李昉祭南岳，尋命權知衡州。

27 丁亥，幸國子監，遂幸武成王廟，宴射玉津園。

28 庚寅，出內府錢，募諸軍子弟數千人鑿池於朱明門外，引蔡水注之，造樓船百艘，選卒，號水虎捷，習戰池中。

[29]辛卯，王處訥上新定建隆應天曆，帝製序，頒行之。

[30]丙申，兵部郎中、監泰州稅曹匪躬棄市，海陵、鹽城兩監屯田副使張藹除名，並坐令人齎輕貨往江南、兩浙販易故也。

[31]戊戌，符彥卿辭歸鎮。

[32]庚子，以華州團練使大城張暉爲鳳州團練使兼西面行營巡檢壕寨使。暉前在華州，治有善狀。帝既誅李筠，將事河東，召暉入覲，問以策。暉曰：「澤潞瘡痍未起，軍旅荐興，民不堪命，當俟富庶後圖之。」帝慰勞遣還。於是始謀伐蜀，乃徙暉鳳州。暉盡得其山川險易，密疏進取之計；帝覽之，甚悅。

[33]清源留後張漢思，年老不能治軍務，事皆決于副使陳洪進。漢思患其專，乃設宴，伏甲將殺之。酒數行，地忽大震，同謀者懼，以告洪進。洪進亟出，甲士皆散，漢思由是嚴兵備洪進。

癸卯，洪進袖大鎖，常服安步入府中，叱去直兵，漢思方處內閤，洪進卽鎖其門，謂之曰：「軍吏以公耄荒，請洪進知留務，衆情不可違，當以印見授。」漢思錯愕不知所爲，乃自門扇間投印與之。洪進遽召將吏告之曰：「漢思不能爲政，授吾印矣。」將吏皆賀。即日，遷漢思外舍，以兵守之，遣使請命於南唐，南唐卽授以節鉞。洪進又遣牙將魏仁濟間道奉表來告，且請制命。漢思退居數年，以壽終。【考異】東都事略云：洪進叩頭，請以印見授。殊失實。九國志云：洪進遣使告南唐，南唐即以洪進爲清源節度使。李燾曰：李煜再上表，乞寢洪進恩命，安得便除節度使也。按陸游南唐書云：泉州副使陳洪進廢張漢思，自稱權知軍府來告，國主即以洪進爲節度使。與九國志合。事略亦同。是南唐實嘗授以節鉞矣。

34 慕容延釗言辰、錦、谿、敍等州各奉牌印請命。

35 甲辰，詔重鑿砥柱三門。

36 禁涇、原、邠、慶州不得補蕃人爲沿邊鎮將。

37 乙巳，幸玉津園，閱諸軍騎射。

38 丙午，以樞密直學士、戶部侍郎薛居正權知朗州。

39 辛亥，令諸州造輕車以給餽運。

40 五月，壬子朔，慕容延釗言南唐主遣使以牛酒來犒師。

41 己未，鳳翔節度使王景卒，贈太傅，謚元靖。

42 辛酉，命樞密直學士、尚書左丞高防權知鳳翔府。

43 甲子，高繼沖籍伶官一百四十三人來獻，詔悉分賜諸大臣。

44 乙丑，命鐵騎都將李懷義、內班都知趙仁遂增修宮闕，既成，帝坐寢殿中，令洞開諸門，皆端正通豁，謂左右曰：「此如我心，小有邪曲，人皆見之。」【考異】富弼三朝寶訓載在建隆三年正月，東都事略又載在是年四月。按宋史本紀云五月乙丑廣大內，即是事也。事略又云：規爲制度，並上指授。蓋至是始落成，故帝坐殿中而有是言爾。今從長編。

45 戊辰，以工部侍郎須城艾穎爲戶部侍郎，致仕。

帝命執政擇廷臣督在京諸倉，穎與焉。穎自以清望官，不宜親濁務，辭不肯爲，帝曰：「惟致仕乃可免耳。」穎遂請老

46 蜀宰相李昊言於蜀主曰：「臣觀宋氏啓運，不類漢、周；天厭亂久矣，一統海內，其在此乎！若通職貢，亦保安三蜀之長策也。」【考異】十國春秋此語在建隆元年十一月，今從長編。蜀主將發使，知樞密院事王昭遠固止之，乃以文思使景處瑭等率兵屯峽路，又遣使往涪、瀘、戎等州閱櫂手，增置水軍。

47 六月，乙酉，詔免潭州諸縣無名配斂。

48 壬辰，以大暑罷京城營造，賜工匠衫履。

49 遼主詔諸路錄囚。

50 初，帝幸武成王廟，歷觀兩廊所畫名將，以杖指白起曰：「起殺已降，不武之甚，何爲受享於此？」命去之。左拾遺知制誥高錫因上疏論王僧辯不克善終，不宜在配享之列。乃詔

吏部尚書張昭、工部尚書竇儀與錫別加裁定，取功業始終無瑕者。癸巳，昭等議升漢灌嬰、後漢耿純、王霸、祭遵、班超、晉王渾、周訪、宋沈慶之、後魏李崇、傅永、北齊段韶、後周李弼、唐秦叔寶、張公謹、唐休璟、渾瑊、裴度、李光顏、李愬、鄭畋、梁葛從周、後唐周德威、符存審二十三人；退魏吳起、齊孫臏、趙廉頗、漢韓信、彭越、周亞夫、後漢段紀明、魏鄧艾、晉陶侃、蜀關羽、張飛、晉杜元凱、北齊慕容紹宗、梁王僧辯、陳吳明徹、隋楊素、賀若弼、史萬歲、唐李光弼、王孝傑、張齊丘、郭元振二十二人。詔塑齊相管仲像於堂，畫魏西河太守吳起於廡下，餘如昭等議。

乙未，祕書郎直史館管城梁周翰上言曰：「凡名將悉皆人雄，苟欲指瑕，誰當無累！一旦除去神位，吹毛求異代之非，投袂忿古人之惡，似非允當。臣心惑焉。」不報。

51 詔：「荆南兵願歸農者聽，官爲葺舍，給賜耕牛、種食。」

52 丙申，令有司三歲一舉先代帝王祀典，各以功臣配享。高辛、堯、舜、禹、湯、文、武、漢高祖皆因其故廟。又別建漢世祖廟於南陽，唐太宗廟於醴泉；世祖以鄧禹、吳漢、賈復、耿弇配，太宗以長孫無忌、房玄齡、杜如晦、魏徵、李靖配，並畫像廟壁。

53 丁酉，命王仁贍權知荆南軍府事。

54 先是帝命典軍列校遙領湘南諸郡，不踰歲，果得其地。辛丑，復以龍捷左廂都指揮使、岳州防禦使夏津馬仁瑀等爲漢、彭等州防禦使。

55 己酉，命鎭國節度使宋延渥率禁旅數千習戰于新池，帝數臨觀焉。

56 庚戌，命大理正奚嶼知館陶縣，監察御史王祐知魏縣，楊應夢知永濟縣，屯田員外郎于繼徽知臨濟縣。常參官知縣，自嶼等始也。祐，大名人。時符彥卿久鎭大名，專恣不法，屬邑頗不治，故特選强壯者往涖之。

其後右贊善大夫周渭亦知永濟，彥卿郊迎，渭揖於馬上，就館，始與彥卿相見，略不降屈。縣有盜傷人而逸，渭捕獲，暴其罪，斬之，不以送府。渭先爲白馬主簿，縣大吏犯法，渭卽斬之。帝奇其才，故擢右贊善大夫。

57 秋，七月，甲寅，以湖南死事靳彥朗男承勳等三十人補殿直。

58 監修國史王溥上新修梁、後唐、晉、漢、周五代會要三十卷。

59 安國節度使王全斌與洺州防禦使郭進、趙州刺史陳萬通、登州刺史高行本、客省使曹彬等率兵攻北漢，丁巳，以俘獲來獻，詔釋之。

彬，靈壽人，從母爲周太祖貴妃，帝典宿衛，尤器重彬。彬非公事未嘗造門，平居燕會亦罕與。帝卽位，自晉州都監召入見，謂曰：「疇昔我親汝，何故疏我？」彬頓首謝曰：「臣周室近親，列職禁庭，敢交結尊貴！」帝益嘉奬焉。

60 戊午，頒量衡於澧、朗諸州，懲割據厚斂之弊也。

61 唐、鄧之俗，家有病者，雖父母亦棄去，故病者輒死。武勝軍節度使張永德以爲言，己未，詔禁之。

62 丁卯，幸武成王廟，遂幸新池，觀習水戰。

63 己巳，權知朗州薛居正，言汪端以數萬人寇州城，都監尹重睿擊走之。

64 賜荊南管內民今年夏租之半。

65 甲戌，周保權詣闕待罪，詔釋之，以爲右千牛衞上將軍。

66 乙亥，命增築朗州城，浚其壕，賜管內民今年夏租。

67 己卯，判大理寺事竇儀等上重定刑統等書，詔刊板摹印頒天下。儀等參酌輕重，時稱詳允。

68 北漢宿衞殿直行首王隱、劉昭、趙鸞等謀叛，事覺，被誅，詞連樞密使段恒。初，北漢主嬖郭姬，將立爲妃，恒以其所出微，諫止之，又抑其昆弟親戚不用。姬怨恒不助己，譖成其罪，出爲汾州刺史，尋縊殺之。恒有幹才，勤於其職，死不以罪，遼主聞之，爲之不平。

北漢以趙弘爲樞密使，以郭無爲爲左僕射兼中書侍郎、平章事。無爲與弘不協，旋出弘爲汾州刺史，無爲兼樞密使，軍國之務，一以委焉。無爲又譖弘在汾州不治，徙嵐州。

69 八月，庚辰朔，詔以冬至有事於南郊　既而有司言冬至乃十一月晦前一日，皇帝始郊，不應近晦，請改用十六日甲子，詔可。【考異】李燾曰：乾德元年初郊，有司以冬至迫近晦日，請用十一月十六日甲子。按章得象所編三朝會要初不及此，而王珪等所編五朝會要始載近晦事。蓋五朝會要得之於姚闢所修太常因革禮所載，實得之宋敏求春明退朝錄云。

70 壬午，殿前都虞候、嘉州防禦使館陶張瓊自殺。

時軍校史珪、石漢卿等方得幸，瓊數輕侮之，漢卿因譖瓊養部曲百餘人，自作威福，且毁皇弟光義爲殿前都虞候時事。帝召瓊，面訊之，瓊不伏。帝怒，令擊之，漢卿卽奮鐵檛擊其首，氣垂絕，乃曳出，下御史府案鞫，瓊自殺。帝旋聞其家無餘財，止有奴三人，甚悔之，責漢卿曰：「汝言瓊部曲百人，今安在？」漢卿曰：「瓊所養者一敵百耳。」帝亟命優卹瓊家，然亦不罪漢卿。

71 先是，龍捷左廂都指揮使馬仁瑀，常私以士屬知貢舉薛居正，居正實不許而陽諾之；榜出，無其人。及聞喜宴日，仁瑀乘醉攜所屬士嫚駡居正，御史中丞劉溫叟劾奏仁瑀，帝曲爲容忍。

龍捷左廂都指揮使王繼勳，皇后母弟也，挾勢驕倨，多陵蔑將帥。仁瑀獨與抗，相忿爭，輒攘臂欲毆繼勳。繼勳憚其勇，頗爲屈，而怨隙愈深。於是受詔都試郊外，兩人因欲相圖，陰勒所部兵，私市白梃。帝微聞其事，卽詔罷講武。甲申，出仁瑀爲密州防禦使，置繼勳不問。

72 以泰州團練使潘美爲潭州防禦使。南漢人數寇桂陽及江華，美擊走之。谿洞蠻獠，自唐末之亂不供王賦，頗恣侵掠，爲居民患。美帥兵深入，窮其巢穴，斬首百餘級，餘黨散潰。美悉令招誘，貸其罪，以己俸市牛酒宴犒，賜金帛撫慰之，夷落遂定。

73 甲申，遼主以生日，縱五坊鷹鶻。

74 先是北漢遣使告於遼，欲巡邊徼，乞張聲援。丁亥，王全斌復與郭進、曹彬等帥師攻北漢樂平縣，降其拱衞指揮使王超等。北漢將蔚進、郝貴超悉蕃、漢兵來救，三戰，皆敗之，遂下樂平，卽建爲平晉軍。【考異】九國志云郝貴超被擒，按貴超明年復戰遼州，以爲被擒者誤也，今從長編。「平晉軍」，一作「樂平軍」，今從宋史。

75 壬辰，詔：「九經舉人落第者，宜依諸科舉人例許再試。」

76 癸巳，女眞遣使貢名馬。

77 丙申，北漢靜陽等十八寨首領相帥來降。

78 泉州陳洪進遣使來貢。

79 齊州河決。

80 戊戌，遼主如近山，呼鹿射之，旬有七日而後返

81 己亥，遼幽州岐溝關使柴庭翰等來降。

82 丁未，戶部侍郎呂餘慶丁母憂。時餘慶權知襄州，詔遣中使護喪，官給葬具，尋起復。

83 詔蠲登州沙門島居民租賦，令專治舟渡女眞所貢馬。

84 是月，南唐以吏部尚書建安游簡言知尚書省事，尋遷右僕射。

85 九月，庚戌朔，戶部判官、水陸轉運使滕白免官，以軍儲損敗也。

86 遼主以青牛、白馬祭天地，飲於野次，終夕乃罷。翼日，以酒脯祭天地，復終夜酣飲。

87 甲寅，羣臣三上表請加尊號曰應天廣運聖文神武，從之。【考異】宋史本紀作「大聖神武」，長編作「仁聖文武」，惟東都事略作「聖文神武」。錢辛楣曰：開寶六年修周武王廟碑所載尊號與事略同，石刻爲可據矣。

88 高麗國王王昭遣使時贊等入貢，涉海，值大風，溺死者九十餘人，贊僅而獲免，詔勞卹之。

89 詔：「開封府選樂工八百三十人，權隸太常寺習樂。」將行郊祀禮也。

90 詔：「諸州府長吏禁以僕從人干預政事。」

91 丙寅，大宴廣政殿，始用樂。

92 丁卯，宣徽南院使兼樞密副使李處耘，責授淄州刺史。處耘以近臣護軍，臨事專斷，與

慕容延釗不協，更相論奏。帝以延釗宿將，赦其過，止罪處耘，處耘亦恐懼不敢自明。

93 戊辰，女眞復貢名馬。

94 丙子，詔：「朝臣無得公薦貢舉人。」故事，每歲知貢舉官將赴貢院，臺閣近臣得薦抱才藝者，號曰公薦，然去取不能無所私，至是禁之。

95 慕容延釗獲汪端，磔於朗州市。

端初攻州城，不克，與其黨聚山澤爲盜。監軍使疑城中僧千餘人謀應端，悉捕繫，欲誅之，薛居正以計緩其事；及端被禽，詰之，僧無與謀者，皆得全活。

96 是月，北漢主誘遼兵攻平晉軍，郭進、張彥進、曹彬、陳萬通領步騎往救之，未至一舍，北漢引兵去。

97 冬，十月，癸未，令襄州盡索湖南行營諸軍所掠生口，遣吏分送其家；放潭、邵州鄉兵數千人歸農；減江陵府民舊租之半。

98 丁未，吳越王遣其子惟濬入貢，助南郊。

99 翰林學士、中書舍人扈蒙，以僕夫扈繼遠爲從子，屬之同年生淮南轉運使仇華，使釐務。繼遠盜官鹽，事發，戊申，蒙坐奪金紫，黜爲左贊善大夫。

100 魏仁濟以陳洪進表至。洪進自稱清源節度副使，權知泉、南等州，聽命於朝　帝遣通事舍人王班齎詔撫諭之。

[101]十一月，丁巳，賜南唐主詔，具言所以納洪進之意，且將授旄鉞也。

[102]癸亥，饗太廟。是夕，陰晦，至夜分，開霽。帝初詣太廟，乘玉輅。左諫議大夫崔頌攝太僕，問儀仗名物甚悉，頌應對詳敏，帝大悅。甲子，合祭天地於南郊，以宣祖配。還，御明德門，大赦，改元乾德。羣臣奉册上尊號於崇政殿。

先是帝謂大禮使范質曰：「中原多故，百有餘年，禮樂儀制，不絕如綫，今幸時和歲豐，克舉禋祀。報神資乎備物，卿與五使宜講求遺逸，遵行典故，無或廢墜，副朕寅恭之意。」於是質與陶穀、張昭等討尋故事，詳定新制，曰南郊行禮圖，又令司天監定從祀星辰圖，上之。又言：「享廟郊天，從祀羣臣合前七日受誓戒於尚書省，今併於一日受之，有虧誠慤，望令分日各誓百官。」並從之。

將升壇，有司具黃褥爲道，帝曰：「朕潔誠事天，不必如此。」命撤之。還宮，將駕金輅，顧左右曰：「於典故，可乘輦。」

初，有司議配享，請以僖祖升配，張昭獻議曰：「隋、唐以前，雖追立四廟，或立七廟，而無徧加帝號之文。梁、陳南郊祀天，皆配以皇考。北齊圜丘祀昊天，以神武升配。隋祀昊天於圜丘，以皇考配。唐貞觀初，以高祖配圜丘。梁太祖郊天，以皇考烈祖配。恭惟宣祖積累勳伐，肇基王業，伏請奉以配饗。」從之。

103 丙寅，南唐主遣使來助祭南郊及賀册尊號。

104 丁卯，詔：「防禦、團練、刺史州舊有都督府號者並停，仍爲上州。」

105 庚午，遼主出獵，飲於虞人之家，凡四日。

106 壬申，以南郊禮成，大宴廣德殿，號曰飲福宴。自是爲例。

107 帝謂宰相曰：「北門深嚴，當擇審重士處之。」范質曰：「竇儀淸介謹厚，然在前朝已自翰林遷端明，今又爲兵部尚書，難於復召。」帝曰：「禁中非此人不可，卿當諭朕意，勉再赴職。」癸酉，復命儀爲翰林學士。【考異】薛氏續通鑑載此事於建隆元年。今據學士年表，儀以兵部尚書拜翰林學士在乾德元年十月，長編載於是年十一月。蓋被命在十月，而入院在十一月，今從之。

帝嘗召儀草制，至苑門，儀見帝岸幘跣足坐，卻立不進，帝爲之冠帶而後召入。儀曰：「陛下創業垂統，宜以禮示天下。」帝改容謝之。自是對近臣未嘗不冠帶。

108 十二月，庚辰，殿前散祗候李璘，以父讎殺寮員陳友於市。璘自首，帝壯而釋之。

109 辛巳，進羣臣階、勳、爵、邑有差。司徒兼侍中蕭國公范質，改封魯國公。

110 荆南節度使高繼沖表乞陪祀，許之，因舉族歸朝。癸未，改命繼沖爲武寧節度使。

111 甲申，皇后王氏崩。翰林醫官王守愚，坐進藥不精審，減死，流海島。

112 戊子，遼主射野鹿，賜虞人物有差

113 己亥，以殿前〔中〕侍御史鄭起爲西河令。顯德末，起爲殿中侍御史，見帝握禁兵，有人望，乃貽書范質，極言其事，質不聽。嘗遇帝於路，橫絶前導而過，帝初不問。於是出掌泗州市征，時刺史張延範官檢校司徒，起〔吏〕輒呼以太保。起貧，常乘騾，一日，從延範出近郊，延範揖起行馬，起曰：「此騾也，安用過呼！」延範深銜之，密奏起嗜酒廢職，遂左遷。

右拾遺浦城楊徽之，亦嘗言於世宗，以帝有人望，不宜典禁兵。帝即位，將因事誅之，光義曰：「此周室忠臣也，不宜深罪。」於是亦出爲天興令。

114 庚子，尚書左丞高防卒於鳳翔，帝甚悼惜之，遣供奉官陳彥珣部署歸葬西洛，凡所費用，並從官給。防性淳厚，守禮法，所踐歷皆有能名。

115 乙巳，南唐主上表乞呼名，詔不允。

116 禁道州調民取朱砂，除衡、岳州二稅外所賦米，并毋得發民烹銅鑛及作炭。

117 遣內客省使曹彬、通事舍人王繼鎔分詣晉、潞州，與節度使趙彥徽、李繼勳會兵入北漢境，收其邊邑及遼、石州。

118 閏月，乙卯，山南東道節度使慕容延釗卒，贈中書令，追封河南郡王。

帝雅與延釗善，常兄事之，及即位，猶呼爲兄。延釗寢疾，帝自封藥以賜；聞其卒，哭之慟。禮官言爲近臣發哀，哭聲宜有常，帝曰：「吾不知哀之所從出也。」

119龍捷軍校王明詣闕獻陣圖，請討幽州；帝嘉之，賜以錦袍、銀帶、錢十萬。【考異】宋史王明傳：大名成安人，宋初爲武寧軍節度掌書記，乾德初，召爲左拾遺。未嘗爲軍校，亦無請討幽州事。此當別是一人。

或言帝將北征，大發民餽運，河南民相驚逃亡者四萬家，帝憂之。丙寅，命樞密直學士薛居正馳傳招集，踰旬乃復故。

120初，宣祖葬安陵，在京城東南隅。辛未，命司天監浚儀趙修己、內客省使王仁贍等改卜安陵於西京鞏縣之鄧封鄉。

121乙亥，詔乘輿所服冠冕去珠玉之飾。

122永安節度使折德扆敗北漢軍數千人於府州城下，獲其衞州刺史楊璘。

123國子博士聶崇義上言：「皇家以火德上承正統，請奉赤帝爲感生帝，每歲正月別尊而祭之，爲壇於南郊，奉宣祖升配，常以正月上辛奉祀。」

124初，北漢主嗣位，所以事遼者多略，不如舊時。於是遼主遣使責之曰：「爾不稟我命，其罪三：擅改年號，一也；助李筠有所覬覦，二也；殺段恆，三也。」北漢主恐懼，遣從子劉繼文往謝曰：「父爲子隱，願赦之。」遼執其使而不報。

北漢地狹產薄，又歲輸於遼，故國用日削，乃拜五臺僧繼容爲鴻臚卿。繼容，故燕王劉守光之孽子，爲浮屠，居五臺山，能講華嚴經，四方供施，多積蓄以佐國用。五臺近遼界，常得其馬以獻，號添都馬，歲率數百匹。又於柏谷置銀冶，募民鑿山取礦烹銀，北漢取其銀以輸遼，歲千斤，因卽其冶建寶興軍。

二年　遼應曆十四年。（甲子、九六四）

1 春，正月，辛巳，大雨雪，震電。

2 詔諸州長吏勸課農田。

3 甲申，帝以選人食貧者衆，詔吏部流內銓聽四時參選，仍命翰林學士承旨陶穀等與本司官重詳定循資格及四時參選條。

4 宰相范質、王溥、魏仁浦等再表求退，戊子，以質爲太子太傅，溥爲太子太保，仁浦爲左僕射，皆罷政事。

質在相位，下制敕未嘗破律；命刺史、縣令，必以戶口版籍爲急；使者按民田及獄訟，皆召見，爲述天子憂勤之意，乃遣之。時號賢相。

5 庚寅，以樞密使趙普爲門下侍郎、平章事、集賢院大學士，宣徽北院使、判三司上黨李崇矩爲檢校太尉，充樞密使。

帝既除普及崇矩，乃無宰相署敕，帝時在資福殿，普因入奏其事，帝曰：「卿但進敕，朕爲卿署字，可乎？」普曰：「此有司所行，非帝王事也。」乃使問翰林學士求故實。陶穀建議，以爲：「自古輔相未嘗虛位，惟唐大和中甘露事後，數日無宰相，時左僕射令狐楚等奉行制書。今尙書亦南省長官，可以署敕。」竇儀曰：「穀所陳非承平令典，不足援據。今皇弟開封尹、同平章事，卽宰相任也。」帝從儀言。

6 壬辰，詔曰：「先所置賢良方正能直言極諫、經學優深可爲師法、詳嫺吏理達於敎化等三科，並委州府解送吏部，試論三道，限三千字以上。而自曩及今未有應者，得非抱倜儻者恥肩於常調，懷讜直者難效於有司，必欲與自朕躬乎？繼今不限內外職官、前資見任、布衣黃衣，並許詣閤門進狀，朕親試焉。」

7 己亥，以樞密承旨王仁贍爲左衞大將軍，充樞密副使。

8 庚子，改清源軍爲平海軍，命陳洪進爲節度使。洪進每歲貢奉，多厚斂於民，又籍民貲百萬以上者令入錢，補協律、奉禮郎，而蠲其丁役。子弟親戚，交通賄賂，二州之民甚苦之。

9 壬寅，敕趙普監修國史。

10 丁未，詔：「縣令、簿、尉，非公事毋至邨落。」

11 李繼勳等攻北漢遼州，北漢告急於遼。二月，戊申朔，遼州刺史杜延韜舉城降。壬子，遼主遣西南面招討使耶律達里（舊作撻烈，今改。）率六萬騎援北漢，敗繼勳兵於石州。達里用兵，賞罰信明，得士卒心。河東單弱，不遽見吞併者，達里有力焉。

先是遼主知達里沈厚多智，有任重才，卽位初，卽擢南院大王。達里在治所，不修邊幅，均賦役，勸耕稼，戶口豐殖。時耶律烏珍（舊作屋質。）爲北院大王，與達里俱有政迹，朝議以爲「富民大王」，故遼主雖暴虐而境內粗安。

12 癸丑，遣使賑陜州饑。

13 命右(神)武統軍陳承昭帥丁夫數千鑿渠，自長社引溵水至京，合閔河。渠成，民無水患，閔河之漕益通流焉。

14 吏部尚書張昭與翰林學士陶穀同掌選，穀與給事中李昉有隙，乃誣奏左諫議大夫崔頌以所親屬昉，求爲東畿令，引昭爲證。帝召昭質之，昭不直穀所爲，遽免冠，抗聲言穀罔上。帝不悅。三月，丁丑朔，昉責授彰武行軍司馬，頌爲保大行軍司馬。昭遂三上章請老，乙酉，聽其致仕。

15 權知貢舉陶穀奏進士李景陽等合格者八人。

16 乙未，北漢耀州團練使周審玉等來降。審玉賜名承瑨，以爲左千牛衛大將軍，領汾州團練使。

17 辛丑，改上明憲皇太后謚曰昭憲；謚皇后賀氏曰孝惠，王氏曰孝明。

18 初，南唐廢永通大錢，更用韓熙載之議，鑄當二鐵錢。熙載由中書舍人遷戶部侍郎，充鑄錢使。宰相嚴續數言鐵錢不便，熙載爭於朝堂，聲色俱厲，左遷祕書監，不踰年，復拜吏部侍郎。是月，始用鐵鑄，擢熙載兵部尚書、勤政殿學士　民間多藏匿舊錢，舊錢益少，商賈出境，輒以鐵錢十易銅錢一，官不能禁，因從其便。官吏皆增俸，而以鐵錢兼之，由是物價益貴。熙載頗亦自悔。

續資治通鑑卷第四

賜進士及第兵部尚書兼都察院右都御史總督湖北湖南等處地方軍務兼理糧餉世襲二等輕車都尉　畢沅　編集

宋紀四　起閼逢困敦(甲子)四月,盡柔兆攝提格(丙寅)十二月,凡二年有奇。

太祖啓運立極英武睿文神德聖功至明大孝皇帝

乾德二年　遼應曆十四年。(甲子、九六四)

1 夏,四月,丁未朔,以前博州軍事判官潁贄爲著作佐郎。贄應賢良方正能直言極諫科,策試稱旨故也。

2 戊申,賑河中饑。

3 己酉,免諸道今年夏稅之無苗者。

4 乙卯,改葬宣祖昭武皇帝、昭憲皇后於安陵,孝惠皇后賀氏、孝明皇后王氏祔焉。

5 帝欲爲趙普置副而難其名稱,召翰林學士承旨陶穀問曰:「下丞相一等者何官?」對曰:「唐有參知機務、參知政事。」乙丑,以兵部侍郎薛居正、呂餘慶並本官參知政事,不宣制,不押班，不知印，不升政事堂，止令就宣徽使廳上事，殿庭別設磚位於宰相後，敕尾署銜降宰相數字，月俸雜給皆半之，蓋帝意未欲令居正等與普齊也。【考異】李燾曰：太宗實錄云：普在相位幾十年，獨斷政事，太祖疑其專恣，欲用薛居正、呂餘慶爲相。普惡其與己同列，但令參知政事，於宣徽廳赴上，位在丞相後，但奉行制書，不得與奏事，以明其異等。中書印惟宰相得知，事無大小，盡決于普，居正等備位而已。太祖患之，會爲趙玭所訐，盧多遜又旦夕攻之，雷有鄰訟中書不法事，太祖因令居正等知印、押班以分普權。按置參政乃陶穀議，且此時太祖方獨任普，未始厭其專恣也，今不取。又，太祖新錄竇儀傳，太祖屢對大臣稱儀有執守，欲用爲相，趙普忌儀剛直，遽引薛居正參知政事。據此，則居正乃普所引，非太祖意也，足明太宗實錄所書非實也。

6 壬申，徙永州諸縣民之畜蠱者三百二十六家於縣之僻處，不得復齒於鄉。

7 以秦再雄爲辰州刺史。

再雄，辰州傜人，武健有奇略，素爲蠻黨畏服 帝召至汴，察其可任，擢爲刺史，使自辟吏，予以租賦。再雄至州，日訓士兵，得三千人，能披甲渡水，歷水飛塹；又遣人分賜諸蠻，傳朝廷懷徠之意，降附日衆 自是荆、襄無復邊患。

8 五月，己卯，知制誥高錫，坐受藩鎮賂貶萊州司馬。

9 辛巳，宗正卿趙礪，坐贓，杖除籍。

10 遼主射舐鹻鹿於白鷹山，至於浹旬；六月，丙午朔，獵於玉山，竟月忘反。國語解云：鹿性嗜鹹，灑鹻于地以誘鹿，射之。

11 御史臺、太常禮院奏：「東宮三師官一品，僕射二品，若百官上表，未知所先。」詔兩制議之。戊辰，翰林學士竇儀等奏：「僕射師長百僚，東宮三師臣子之官，當以僕射爲表首。」從之。

12 己酉，以光義爲中書令，光美同中書門下平章事，子德昭貴州防禦使。故事，皇子出閤卽封王，帝以德昭未冠，特殺其禮。

13 秋，七月，詔曰：「惟彼銓衡，止憑資歷，慮有英俊沈于下僚。自今常調赴集選人，委吏部南曹取歷任中多課績而無闕失者，當與量材甄敍。」

14 辛卯，詔陶穀等四十三人【考異】寶訓作「四十七人」，今從長編。各於見任幕職、京官及州縣中舉堪爲藩郡通判者一人，職任乖方事狀連坐。

15 甲午，令藩鎮無以初官爲掌書記，須歷兩任有文學者乃許奏辟。

16 八月，戊申，遼主以生日值天赦，不受賀，曲赦京師囚；乙酉，錄囚。

17 九月，甲戌朔，周易博士奚嶼，責乾州司戶，庫部員外郎王貽孫，責左贊善大夫，並坐試任子不公也。

18 辛丑，太子太傅魯國公范質卒。

質寢疾，帝數幸其第臨視，又令內夫人問訊。質家迎奉器皿不具，內夫人奏之，帝卽命翰林司賜以果牀、酒器，復幸其第，謂曰：「卿爲宰相，何自苦如此？」質對曰：「臣曩在中書，門無私謁，所與飲酌，皆貧賤時親戚，安用器皿！因循不置，非力不及也。」

質性卞急，以廉介自持，好面折人過。嘗謂同列曰：「人能鼻吸三斗醋，斯可爲宰相矣。」五代宰相多取給於方鎭，質始絕之。所得祿賜，徧及孤遺。疾革，戒其子旻毋請諡，毋刻墓碑。及卒，帝甚悼惜之，贈中書令，賻賚甚厚。後因講求輔弼，謂左右曰：「朕聞范質居第之外不殖貲產，眞宰相也！」

19 壬寅，潘美等克郴州。

20 冬，十月，丙辰，遼主以掌鹿矧思爲闡撒狘，國語解云：闡撒狘，抹里司官，亦掌宮衞之禁者。賜金帶、金盞，銀二百兩，所隸死罪以下得專之。

21 初，南漢內常侍邵廷琄言於其主曰：「漢承唐亂，居此五十餘年，幸中國多故，干戈不及，而吾亦驕于無事。今兵不識旗鼓，人主不知存亡，請飭兵備，且通好於宋。」鋹不能用，至是始懼，以廷琄爲招討使。

22 帝素謀伐蜀。會蜀山南節度判官張廷偉說知樞密院事王昭遠曰：「公素無勳業，一旦位至樞密，不自建立大功，何以塞時論！莫若通好幷門，令發兵南下，我自黃花、子午谷出兵應之，使中原表裏受敵，則關右之地可撫而有也。」昭遠然其言，勸蜀主遣孫遇、趙彥韜、楊蠲等以蠟丸帛書間行遺北漢主，言已於褒、漢增兵，約北漢濟河同舉。【考異】玉壺清話以蜀遣孫遇往太原爲乾德三年事，蓋傳聞之誤。今從東都事略。遇等至都下，彥韜潛取其書以獻。彥韜，興州人也。

有穆昭嗣者，初以方伎事高氏，於是爲翰林醫官，帝數召問蜀中地理，昭嗣曰：「荆南即西川、江南、廣南都會也。今已克此，則水陸皆可趨蜀。」帝大悅。後數日，得彥韜所獻書，笑曰：「吾西討有名矣！」并赦遇、蠲，使指陳山川形勢、戍守處所、道里遠近，畫圖以進。【考異】東都事略孟昶傳，云諜者孫遇爲朝廷所獲，五代史記蜀世家，亦云孫遇爲獲。據長編則由於彥韜潛獻，宋史及十國春秋與長編同。

十一月，甲戌，命忠武節度使王全斌爲西川行營鳳州路都部署，武信節度使大名崔彥進副之，樞密副使王仁贍爲都監，寧江節度使范陽劉光義【考異】光義，即宋史之劉廷讓也，與太宗同名，後來改爲廷讓耳。宋史云廷讓字光乂，失其實矣。他書亦作「劉光毅」，「毅」與「乂」皆取音相近也。「寧江」，宋史作「江寧」，誤。爲歸州路副都部署，【考異】宋史，王全斌與劉光義皆爲都部署，陳桱亦云全斌、光義爲都部署。惟長編以光義爲副都部署，王宗沐宋元通鑑亦云副之，今從長編。樞密承旨曹彬爲都監，合步騎六萬分路進討，給事中沈義倫爲隨軍轉運使，均州刺史大名曹翰爲西南面轉運使。【考異】王仁贍以樞密副使爲行營都監，在節度使下，蓋此時西府品秩殊未崇也。帝諭行營：「所至毋得焚蕩廬舍，驅略吏民，開發丘墳，翦伐桑柘，違者以軍法從事。」命將作司度右掖門，南臨汴水，爲蜀主治第，以待其至。

乙亥，全斌等辭，宴於崇德殿，帝出畫圖授全斌等，因謂曰：「凡克城寨，止籍其器甲、芻糧，悉以錢帛分給戰士，吾所欲得者，其土地耳。」

23 遼主遊畋無度，壬午，日南至，宴飲達旦，自是晝寢夜飲。

24 蜀主聞有北師，命王昭遠爲西南行營都統，趙崇韜爲都監，韓保正爲招討使，李進爲副招討使，帥兵拒戰。蜀主謂昭遠曰：「今日之師，卿所召也，勉爲朕立功！」昭遠頗以方略自任，始發成都，蜀主命宰相李昊等餞之城外。昭遠手執鐵如意，指揮軍事，自方諸葛亮，酒酣，攘臂謂昊曰：「吾此行何止克敵，當領此二三萬雕面惡少兒，取中原如反掌耳！」

25 十二月，辛酉，王全斌等攻拔乾渠渡、萬仞、燕子等寨，遂取興州，敗蜀兵七千人，獲軍糧四十餘萬斛，蜀刺史藍思綰退保西縣。全斌又攻石圌、魚關、白水閣二十餘寨，皆拔之。

26 蜀韓保正聞興州破，遂棄山南，退保西縣。馬軍都指揮使史延德以先鋒至，保正懦，懼不敢出，遣兵數萬人，依山背城，結陣自固，延德擊走之，追擒保正及其副李進，獲其糧三十餘萬斛。崔彥進與馬軍都監康延澤等逐北過三泉山，遂至嘉州，殺擄甚衆。蜀軍燒絕棧道，退保葭萌。

27劉光義等入峽路，連破松木、三會、巫山等寨，殺其將南光海等，死者五千餘人，【考異】宋史，斬南光皮等八千餘級。今從長編。生擒戰棹都指揮使袁德弘等，奪戰艦二百餘艘，又斬獲水軍六十餘衆。

初，蜀於夔州鎖江爲浮梁，上設敵栅三重，夾江列礮具。光義等行，帝出地圖，指其處謂光義曰：「泝江至此，切勿以舟師爭戰，當先遣步騎潛擊之，俟其稍卻，乃以戰棹夾攻，可必取也。」光義等至夔，距鎖江三十里許，舍舟，先奪浮梁，復引舟而上，遂破州城，頓兵白帝城西。

蜀寧江節度使太原高彥儔，謂副使趙崇濟、監軍武守謙曰：「北軍涉險遠來，利在速戰，宜堅壁待之。」守謙曰：「寇據城下而不擊，又何待也？」戊辰，守謙獨領麾下千餘人以出，光義遣馬軍都指揮使陵川張廷翰等引兵與守謙等戰於猪頭鋪，守謙敗走，廷翰等乘勝登其城，拔之。彥儔力戰不勝，身被十餘槍，左右皆散去。彥儔奔歸府第，整衣冠，望西北再拜，登樓，縱火自焚。後數日，光義等得其骨於灰燼中，以禮葬之。【考異】九國志云：王師壞門而入，彥儔挺劍拒之，殺十餘人，乃登樓，縱火自焚而死。今從長編及十國春秋。

王全斌以蜀人斷棧，大軍不得進，議取羅川路入蜀。康延澤潛謂崔彥進曰：「羅川路險，衆難並濟，不如分兵修棧，約會大軍於深渡可也。」彥進遣白全斌，全斌許之。不數日，閣道成，遂進擊金山寨，又破小漫天寨，而全斌亦以大軍由羅川至深渡，與彥進會。蜀人依江而陣，彥進遣步軍都指揮使張萬友等擊之，奪其橋。會暮夜，蜀人退保大漫天寨。明日，彥進、延澤、萬友分兵三道擊之，蜀人悉其精銳來拒，又大破之，乘勝拔其寨，擒寨主義州刺史王審超、監軍趙崇渥及三泉監軍劉延祚。大將王昭遠、趙崇韜引兵來戰，三戰三敗，追奔至利州北，昭遠等遁去，渡桔柏津，焚浮梁，退保劍門。壬申晦，全斌等入利州。【考異】宋史云，三年正月壬午全斌取利州，東都事略云三年正月克利州，皆非是，今不取。獲軍糧八十萬斛。【考異】李燾曰：九國志、十國紀年、蜀檮杌，皆言蜀人雖燒棧道，而江水淺涸，岸路平闊，王師皆徒涉而進，與國史不同，事恐不然，今不取。實錄載大漫天之戰，全斌擒其寨主王審超、監軍趙崇渥、三泉監軍劉延祚。全斌本傳，乃云趙崇渥逃出後，與三泉監軍劉延祚及王昭遠等來戰。按明年正月己丑，實錄書軍前部送大漫天寨主王審超、監軍趙崇渥，則似同時執獲也。今從實錄。

28是月，京師大雪，帝設氈帳於講武殿，衣紫貂裘帽視事。忽謂左右曰：「我被服如此，體尚覺寒，念西征將帥衝犯霜霰，何以堪此！」卽解裘、帽，遣中黃門馳驛齎賜全斌，且諭旨諸將，以不能徧及也。全斌拜賜感泣。

29初，遼太祖威服漠北，分設部帳官。突呂不、室韋部者，本名大、小二黃室韋，太祖以計降之，置爲二部，隸北府節度使。烏庫舊作烏古，今改。部者列於外十部，不能成國，附庸於遼，時修職貢。至是以遼主失政，黃室韋掠馬牛叛去。統軍楚固質舊作庫古只，今改。邀戰，敗之，降其衆。未幾，烏庫部叛，掠居民財畜，詳袞舊作詳穩，今改。藏引舊作僧隱，今改。與戰，敗績，藏引死之。【考異】遼史穆宗紀，黃室韋之叛在九月，部族表分見於九月、十二月，今據楚固質之奏，併於十二月。又，紀云藏引及女實死之。女實未詳，今從略。

30 南唐主酷信浮屠法，出禁中金錢募人爲僧，時都下僧及萬人，皆仰給縣官。南唐主退朝，與后服僧衣，誦佛書，拜跪手足成贅；僧有罪，命禮佛而釋之。帝聞其惑，乃選少年有口辯者，南渡見南唐主，論性命之說，南唐主信之，謂之一佛出世，由是不復以治國守邊爲意。

31 詔江北許諸州民及諸監鹽亭戶緣江採捕及過江貿易。先是江北置榷場，禁商人渡江及百姓緣江採樵，是歲，以江南荐饑，特弛其禁。

三年遼應曆十五年。（乙丑、九六五）

1 春，正月，蜀主聞王昭遠等敗，甚懼，乃益募兵守劍門，命太子玄喆爲元帥，侍中太原李廷珪、同平章事張惠安副之，帶甲萬餘。旗幟悉用文繡，綢其杠以錦，將發而雨，玄喆慮其沾濕，悉令解去，俄雨止，復飾之，則皆倒懸杠上。玄喆又輦其姬妾及伶人數十以從，見者莫不竊笑。

王全斌等自利州趨劍門，次益光，以劍門天險，會議進取之策。侍衞軍頭向韜曰：「得降卒言：益光江東越大山數重，有狹徑，名來蘇，蜀人於江西置栅，對岸可渡。自此出劍門南二十里，至青强店，與官道合，若大軍行此路，則劍門之險不足恃也。」全斌等卽欲卷甲赴之，康延澤曰：「蜀人數戰數敗，膽氣奪矣，可急攻而下也。且來蘇狹徑，主帥不宜自行，但可遣一偏將往耳。若抵青强，北與大軍夾擊劍門，昭遠等必成擒矣。」全斌等然之，命史延德分兵趨來蘇，跨江爲浮梁以濟，蜀人見之，棄寨而遁。延德遂至青强，王昭遠引兵退駐漢原坡，留其偏將守劍門，全斌等以銳兵奮擊，破之。及漢原，趙崇韜布陣，策馬先登，昭遠據胡床不能起。崇韜戰敗，猶手斬數人，乃被執，昭遠免冑棄甲而逃。甲戌，全斌等遂取劍州，殺蜀軍萬餘人。昭遠投東川，匿民舍，爲追騎所獲。

2 乙亥，詔瘞征蜀戰死士卒，被傷者給繒帛。

3 蜀太子玄喆與李廷珪等日夜嬉遊，不恤軍政，至緜州，聞劍門已破，將退保東川；翼日，棄軍西奔，所過盡焚其廬舍、倉廩乃去。

蜀主知劍州已破，玄喆亦奔還，惶駭不知所爲，問左右：「計將安出？」有老將石奉頵者對曰：「東兵遠來，勢不能久，請聚兵堅守以弊之。」蜀主歎曰：「吾父子以豐衣美食養士四十年，一旦遇敵，不能爲吾東向發一矢，今雖欲閉壁，誰肯效死者！」司空、平章事李昊勸蜀主封府庫以請降，蜀主從之，因命昊草表。己卯，遣通奏太原伊審徵奉降表詣軍前。

初，前蜀之亡也，降表亦昊所爲，蜀人夜書其門曰「世修降表李家」。

4 遼主以樞密使雅里克斯舊作雅里斯，今改。爲行軍都統，虎軍詳袞克蘇舊作楚思，今改。爲行軍都監，益以圖魯卜舊作突呂不，今改。部軍三百，合諸部兵討烏庫部。烏庫之叛也，布達齊舊作勃勒底，今改。獨不叛，詔褒之。未幾，烏庫部殺其酋長來降，既而復叛。【考異】烏庫降而復叛，穆宗紀載於二月，部族表載於正月。蓋本紀據奏聞之日而書之耳。今從表。

5 乙酉，王全斌等次魏城，伊審徵以蜀主降表至。全斌受之，遣通事舍人汝陰田欽祚乘驛入奏，又遣康延澤趣成都見蜀主，諭以恩信，慰撫軍民。

初，劉光義等發夔州，萬、施、開、忠、遂等州刺史皆迎降，【考異】宋史在正月癸巳，長編、東都事略皆無日，今從之。光義入城，盡以府庫錢帛給軍士。諸將所過，咸欲屠戮，獨曹彬禁之，乃止，故峽路兵始終秋毫無犯。帝聞之，喜曰：「吾任得其人矣！」賜彬詔褒之。

6 戊子，吏部郎中鄧守中試諸司吏書判不當，帝命覆試，黜數人，責守中本曹員外郎。

7 辛卯，王全斌至升仙橋，蜀主備亡國之禮，見於軍門；全斌承制釋之。蜀主復遣其弟雅王仁贄奉表求哀。【考異】李燾曰：九國志孟昶世家及蜀檮杌皆言全斌承制釋昶罪，昶翼日遂舉族歸朝。據國史昶傳，昶旣見全斌，復遣仁贇奉表，得太祖還詔，乃出蜀。又據全斌傳，全斌等入成都後十餘日，劉光義始自峽路至，昶餽遺光義及犒其師，並如全斌等。若全斌等十九日入成都，昶二十日遂行，安能餽光義且犒其師也！然所稱後十餘日，亦恐差誤。按新錄，光義遂州之奏以二十一日到京師，度其克遂州時必在中旬。且遂州距成都不遠，無緣滯留兩旬後始到也。當是全斌等於魏城得昶降表後十餘日再得降表。後十餘日，乃二十三四間，此時昶固未出蜀，猶可以餽遺光義且犒其師也。錦里耆舊傳云：二月四日，光義入城。續傳又云：十一日，南路大軍始入城。前傳差近之，續傳比全斌傳又增十餘日矣。今皆不取。昶舉族歸朝，疑在丁酉赦書到後。不然，二月間與僞官同發，恐不能待仁贇還詔矣。續耆舊傳云二月十九日離成都，至眉州乘船下峽，前傳云十七日。兩說不同，莫知孰是。或者全師雄作亂，二月間道路不通，故留眉州，三月上旬末始能下峽乎？仁贇以正月十九日赴闕，二月十九日見。昶復上表謝不名及呼國母，則三月七日也。

丙申，田欽祚至自西川，孟昶降表以其先人墳墓及老母爲請，帝優詔答之，并諭西川將吏、百姓，使皆安堵。

8 丁酉，赦蜀管內，蠲乾德二年逋租，賜今年夏稅之半，除無名科役及增益賦調，減鹽價，賑乏食，還擄獲生口。

自全斌等發京師至昶降，纔六十六日，凡得州四十六，縣二百四十，戶五十三萬四千二十九。

全斌既平蜀，欲乘勢取雲南，以圖獻，帝鑒唐天寶之禍起於南詔，以玉斧畫大渡河以西曰：「此外非吾有也。」【考異】雲南自天寶末沒於南詔蒙氏，晉天福中屬段氏，稱國號曰大理。時仍爲大理國，終宋之世，雲南不與中國通。

全斌等入成都後數日，劉光義等始至，孟昶餽遺光義等，及犒師之禮並如初。已而詔書頒賞諸軍，亦無差降，兩路將士爭功，始相疾矣。

先是全斌受詔，每制置必與諸將僉議，因是雖小事亦各爲異同，不能卽決。全斌及崔彥進、王仁贍等日夜宴飲，不恤軍務，縱部下擄掠子女貨財，蜀人苦之。曹彬屢請旋師，全斌等不聽。

9 二月，壬寅朔，日有食之【考異】宋史作當食不食，今從遼史。

10 癸卯，命參知政事呂餘慶權知成都府，樞密直學士馮瓚權知梓州。【考異】李燾曰：「舊錄在正月丁酉。丁酉，二十五日也。今從新錄及本紀。續耆舊傳云餘慶以二月十二日到。十二日，癸丑也，恐此時餘慶亦未能到，但計日到耳。

餘慶至成都，時盜四起，將士猶恃功驕恣，王全斌等不能禁。一日，藥市始集，街吏馳報有軍校被酒持刃，奪賈人物，餘慶立命捕斬之以徇，軍中畏服，民乃寧居

瓚至梓州，視事纔數日，會僞蜀軍校上官進嘯聚亡命三千餘衆，劫郫民數萬，夜攻州

城。贇曰：「此烏合之衆，乘夜奄至，必無固志，宜持重以鎭之，且自潰矣。」城中兵止三百，分守諸門。贇坐城樓，密令促其更籌，未夜分，擊五鼓，賊驚，遁去。因縱兵追之，擒進，斬於市，招降千餘人，並釋其罪，州境遂安。

11 以蜀興州馬步軍都指揮使趙彥韜爲興州刺史，酬其鄉導功也。

12 丙午，以西師所過，民有調發供億之勞，賜秦、鳳、隴、成、階、襄、荆南、房、均等州今年夏租之半；安、復、郢、鄧州、光化、漢陽軍十之二；居坊郭者勿輸半年屋稅。

13 丁巳，權知貢舉盧多遜奏進士劉察等合格者七人。

14 庚申，孟仁贄至自成都。孟昶所上表有「自量過咎，尙切憂疑」等語，詔答之，略曰：「旣自求於多福，當盡滌其前非。朕不食言，爾無過慮。」詔仍不名，又呼昶母爲國母。

15 三月，孟昶與其官屬皆挈族歸朝，由峽州而下。【考異】李燾曰：據實錄，此月戊寅，孟昶上表謝詔書不名及呼國母。戊寅，初七日也。昶傳稱昶得太祖還詔乃赴闕，故隱度附見其事於此月。然續耆舊傳云：二月十九日離府，自眉州乘船下峽，沿路多偵寇盜。蓋二月十九日初發成都，其發眉州，則續傳無其日，或少留滯，不可知也。得還詔乃赴闕，疑本傳必不妄，因附其事於此月。

16 初，詔發蜀兵赴闕，並優給裝錢，王全斌等擅減其數，仍縱部曲侵撓之。蜀兵憤怨，行至緜州，遂作亂，劫屬縣以叛，推蜀舊將全師雄爲帥，衆至十餘萬，號興國軍。全斌遣馬軍都監朱光緒往招撫之，光緒盡滅師雄之族，納其愛女及橐裝。師雄怒，遂無歸志，引衆急攻緜州，不克，攻破彭州，入據之，成都十縣皆起兵應師雄。師雄自號興蜀大王，開幕府，置節度二十餘人，分據要害。崔彥進、高彥暉等分道攻討，爲師雄所敗，彥暉戰死，賊衆益熾。師雄分兵斷劍閣，緣江置寨，聲言欲攻成都，自是隨師雄爲亂者一十七州，郵傳不通，全斌等大懼。

17 自唐天寶以來，方鎮屯重兵，多以賦入自贍，名曰留使、留州，其上供殊鮮。五代方鎮益强，率令部曲主場院，厚斂以自利。其屬三司者，補大吏臨之，輸額之外輒入己；或私納貨賂，名曰貢奉，用冀恩賞。帝始卽位，猶循前制，牧守來朝，皆有貢奉。及趙普爲相，勸革去其弊，申命諸州，度支經費外，凡金帛以助軍實，悉送都下，無得占留。又，方鎮闕帥，稍命文臣權知，所在場院，間遣京朝官廷臣監臨，復置轉運使，爲之條禁文簿，漸爲精密，由是利歸公上而外權削矣。

建隆初，貢賦悉入左藏庫，及取荆、湖，下西蜀，儲積充足，帝顧左右曰：「軍旅饑饉，當豫爲之備，不可臨事厚斂於民。」乃於講武殿後別爲內庫，以貯金帛，號曰封椿庫，凡歲終用度贏餘之數皆入焉。【考異】李燾曰：別置庫，本志及他書皆云在乾德初，未審何年，計必見平西川後也。

18 丁丑，遼部帳大室韋酋長寅尼吉叛。

癸未，五坊人四十戶叛入烏庫部。遼主好畋，喜怒無恆，司鷹者小失意輒死，或加炮烙、鐵梳之刑，故五坊人叛。

夏，四月，乙巳，小黃室韋叛。雅里克斯、克蘇擊之，爲室韋所敗，遣使詰讓。乙卯，以圖里代雅里克斯爲都統，以尼古舊作女古，今改。爲監軍，率輕騎進討，仍令岱馬舊作撻馬，今改。國語解云：岱馬，扈從之官。尋支里舊作尋古里，今改。持詔招諭。【考異】大黃室韋之叛，部族表繫於二月，小黃室韋之叛，繫於三月，較本紀所書俱先一月。然本紀分繫以日，視表爲詳，今從本紀。後俱倣此。

19 癸亥，導五丈河貫宮城，歷後院，內庭池沼，水皆至焉。

20 初，王全斌慮蜀降兵爲亂，徙置成都夾城中，至是，諸將欲盡殺之。康延澤請簡老幼疾病七千人釋之，餘以兵衞還，浮江而下，賊若來攻奪，殺之未晚，諸將不從。死者共二萬七千餘人。

21 先是，帝遣使以御府供帳迓孟昶於江陵，且命有司爲昶官屬治第，又遣使至江陵，分給鞍馬車乘。五月，乙酉，昶至近郊，開封尹光義勞之玉津園。丙戌，大陳諸軍於闕前。昶與弟仁贄、子玄喆、玄珏、宰相李昊等三十三人素服待罪明德門外，詔釋罪，賜昶等襲衣、冠帶。帝御崇元殿，備禮見之。禮畢，御明德門，觀諸軍按部還營。遂宴昶等於大明殿，賜物有差。

22 六月，甲辰，以孟昶爲開府儀同三司、檢校太師兼中書令，秦國公。庚戌，昶卒，帝爲輟五日朝，贈尚書令，追封楚王，謚恭孝，【考異】蜀檮杌作恭惠，今從東都事略及宋史。賻布帛千匹，葬事官給。

初，昶母李氏隨昶至京師，帝數命肩輿入宮，謂之曰：「國母善自愛無戚，若懷鄉土，異日當送母歸。」李氏曰：「使妾安往？」帝曰：「歸蜀耳。」李氏曰：「妾家本太原，倘獲歸老并門，妾之願也。」時帝已有北征意，聞其言，喜曰：「俟平劉鈞，卽如母所願。」因厚加賚賜。及昶卒，李氏不哭，舉酒酹地曰：「汝不能死社稷，貪生至今日。吾所以忍死者，爲汝在耳；今汝旣死，吾安用生！」因不食數日而死。

23 遼主之遣諭室韋也，欲撫降之，及尋支里至，諭之，不從，仍命雅里克斯率羣牧兵追討，戰於柴河，不利。室韋酋長寅尼吉，亡入德哷勒舊作敵烈，今改。部。德哷勒部者，遼國外十部之一也。是月，德哷勒部來降，室韋平，乃專討烏庫部。

24 劉光義、曹彬等屢破全師雄，賊鋒稍衄。未幾，虎捷指揮使呂翰又以嘉州叛，與師雄僞署將劉澤合，衆至五萬，殺逐刺史、通判。曹彬率兵會仁贍等圍翰於嘉州，翰棄城走，追襲，大破之，殺戮數萬人，翰走保雅州。

25 秋，七月，帝聞西川行營有大校割民妻乳而殺之者，亟召至闕，斬之都市。近臣營救頗切，帝因流涕曰：「興師弔伐，婦人何罪，而殘忍至此！當速置法以償其冤。」

26南漢主鋹殺其招討使邵廷琄。廷琄屯洸口，招輯亡叛，訓士卒，修戰備，國人賴以少安。或譖廷琄將圖不軌，鋹信之，賜廷琄死。

27珍州刺史田景遷內附。

28甲戌，遼雅里克斯奏烏庫部至河德濼，遣伊勒希巴、舊作夷離畢，今改。常斯等舊作常思，今改。【考異】表作常恩，紀作常思，今從紀。擊之。丁丑，烏庫部掠上京北楡林峪居民，遣林牙國語解云：掌文翰官，時稱爲學士。蕭幹、郎君耶律賢適討之。庚辰，雅里克斯等與烏庫部戰，不利。

29八月，己酉，詔以西川兵馬都監康延澤爲普州刺史。延澤詣王全斌請兵護送，全斌才給以百人。延澤至簡州，招集逃亡，凡得千餘人，教習戰陣，擁以去。及賊境，揭示威信，所招集又得三千人，遂破劉澤三萬餘衆，賊勢稍沮。

30辛酉，以左散騎常侍華陽歐陽炯爲翰林學士。炯性坦率，無檢束，雅喜長笛，帝聞召至便殿奏曲。【考異】宋史孟氏世家作「歐陽逈」，長編作「炯」，按「逈」乃「迥」字之譌，「迥」、「炯」音同，未知孰是，今姑從長編。御史中丞劉溫叟聞之，叩殿門求見，諫曰：「禁署之職，典司誥命，不可作伶人事。」帝曰：「孟昶君臣溺於聲樂，炯至宰相，尙習此伎，故爲我所擒。所以召炯，欲驗言者之不誣耳。」溫叟謝曰：「臣愚不識陛下鑒戒之微。」自是遂不復召。

溫叟常晚過明德門西闕前，帝方與中黃門數人登樓，騶者潛知之，以白溫叟，溫叟令傳呼依常而過。翼日，請對，且言：「人主非時登樓，則近侍咸望恩宥，輦下諸軍亦希賞給；臣所以呵導而過者，欲示衆以陛下非時不登樓也。」帝善之。

31 九月，己巳，帝御講武殿，閱諸道兵，得萬餘人，名馬軍曰驍雄，步軍曰雄武，並屬侍衞司。

32 冬，十月，丁未，遼常斯進討烏庫部，大敗之。烏庫部旋平。

33 十一月，丁卯朔，康延澤入普州。先是州城悉被焚蕩，乃依山設柵，且行且戰，取糧於遂州，復城普州。既而劉澤領衆來降，詔以延澤兼東川七州招安巡檢使。

34 祕書監、判大理寺尹拙等言：「後唐劉岳書儀，稱婦爲舅姑服三年，與律不同，然亦準敕行用，請別裁定之。」詔百官集議。左僕射魏仁浦等奏議曰：「謹按禮內則云：『婦事舅姑，如事父母。』舅姑與父母一也。古禮有期年之說，雖於義可稽；書儀著三年之文，實在禮爲當。蓋五服制度，前代增益已多。只如嫂叔無服，唐太宗令服小功；曾祖父母舊服三月，增爲五月；嫡子婦大功，增爲期；衆子婦小功，增爲大功；父在爲母服期，高宗增爲三年；婦人爲夫之姨舅無服，明皇令從夫而服；又增姨舅同服緦麻，又堂姨舅服袒免。訖今遵行，遂爲典制。況三年之內，几筵尙存，豈可夫衣衰麤，婦襲紈綺！夫婦齊體，哀樂不同，求之人情，實傷至治。況婦人爲夫有三年之服，於舅姑而止服期，是尊夫而卑舅姑也。且昭憲皇太后喪，孝明皇后親行三年之服，可以爲萬代法。」十二月，丁酉朔，始令婦爲舅姑三年齊斬，一從其夫。

35 己亥，詔西川管內監軍巡檢毋預州縣事。

36 是月，遼主駐黑山平淀。

四年　遼應曆十六年。（丙寅、九六六）

1 春，正月，丁卯朔，遼主被酒，不受賀。

甲申，遼主微行市中，賜酒家銀絹。

2 丁亥，以客省使丁德裕爲西川都巡檢使，與引進副使王班、內班都知張嶼同率兵赴西川。

3 是月，遼人侵易州，監軍任德義擊卻之。

4 二月，安國節度使羅彥瓌等敗北漢兵於靜陽，擒其將鹿英。

5 權知貢舉王祜言進士合格者六人，諸科合格者九人。帝恐有遺才，辛酉，令於下第選人內取其優長者，試而升之。

6 甲子，免西川今年夏租及諸徵之半，田不得耕者盡除之。

7三月，己巳，遼主東狩，旋以獲鵝，輒酣飲達旦。

8癸酉，罷義倉。

9夏，四月，壬子，罷光州貢鷹鷂。

10丁巳，遼天德軍節度使于延超之子來降。

11是日〔月〕，詔曰：「出納之吝，謂之有司。倘規致於羨餘，必深務於掊克。知光化軍張全操上言，三司令諸處場院主吏，有羨餘粟及萬石、芻五萬束以上者，上其名，請行賞典。此苟非倍納民租，私減軍食，何以致之！宜追寢其事，勿復頒行。除官所定耗外，嚴加止絕。」

12初，帝遣右拾遺孫逢吉至成都收蜀圖書、法物。五月，乙亥，逢吉還，所上法物皆不中度，悉命焚毀；圖書付史館。

孟昶服用奢僭，至於溺器亦裝以七寶，帝遽命碎之，曰：「自奉如此，欲無亡，得乎！」帝躬履儉約，常衣澣濯之衣，乘輿服用，皆尚質素，寢殿設青布緣葦簾，宮闈帟幕，無文采之飾。嘗出麻屨布裳賜左右曰：「此吾舊所服用也。」開封尹光義因侍宴禁中，從容言陛下服用太草率，帝正色曰：「爾不記居夾馬營中時邪？」

13初，帝改今元，命宰相譔前世所無年號以進。既平蜀，蜀宮人有入掖庭者，帝閱其奩具，得舊鑑，其背有「乾德四年鑄」字，帝大驚，出鑑以示宰相，皆不能答。乃召學士陶穀、竇儀問之，儀曰：「此必蜀物。昔僞蜀王衍有此號，當是其歲所鑄也。」【考異】耆舊續聞云：江南保大中，浚秦淮，得石誌，案其刻有「大宋乾德四年」字，他皆磨滅不可識，令諸人參驗，乃輔公祏反江東時年號。然則竇儀又不知輔公祏已有此號矣。帝乃嘆曰：「宰相須用讀書人。」由是益重儒臣。趙普初以吏道聞，寡學術，帝每勸以讀書，普遂手不釋卷。

14 甲申，遼主以歲旱，泛舟於池，禱雨；不雨，舍舟立水中，俄頃乃雨。

15 庚寅，帝親試制科舉人姜涉等於紫雲樓下。涉等文理疏略，不應策問，並賜酒食，遣之。

16 六月，詔：「人臣家不得私養宦者。內侍年三十以上，方許養一子。士庶敢有閹童男者不赦。」

17 王全斌破賊帥全師雄於灌口寨，擒其黨二千人，師雄以衆趨金堂。

18 秋，七月，丙寅，以歲穰，詔州縣長吏勸民儲積節儉，無游惰，及禁民蒲博。

19 禁將帥取軍中精卒爲牙兵。

20 戊辰，西南夷首領董暠等內附。

21 甲戌，以前永州刺史晉陽安守忠爲漢州刺史。守忠初護屯田兵於河陰，及師克蜀，帝召守忠，謂曰：「遠俗苛虐，南鄭走集之地，卿爲朕撫治之。」即遣守忠權知興元。於是移守漢州，時大兵來還，供億倍費，公帑不足，守忠助以私錢。帝每遣使，必戒之曰：「安守忠在蜀，能自律己，汝行見之，當效其爲人。」

22 壬午，遼主諭有司：「先期行幸頓次，必高立標識，令民勿犯。比聞低置其標於深草中，利民誤入，因之取財。自今有復然者，以死論。」

23 是月，以孔子四十四世孫宜爲曲阜縣主簿。宜舉進士不中，因上書述其家世，特命之。

24 八月，辛丑，召宰相、樞密使、開封尹、翰林學士竇儀、知制誥王祐等宴紫雲樓下，因論及民事，帝謂宰相趙普等曰：「下愚之民，雖不分菽麥，如藩侯不爲撫養，務行苛刻，朕斷不容之。」普對曰：「陛下愛民如此，乃堯、舜之用心也。」

25 庚戌，樞密直學士馮瓚，綾錦副使李美，殿中侍御史李檝，爲宰相趙普陷贓論死，會赦，流沙門島，逢恩不還。

26 丙辰，河決滑州，壞靈河縣大隄，發士卒丁夫數萬人治之，被泛者蠲其秋租。

27 閏月，詔求亡書：「凡吏民有以書籍來獻者，令史館視其篇目，館中所無則收之；獻書人送學士院試問吏理，堪仕職官者以聞。」是歲，三禮涉弼，三傳彭幹，學究朱載，皆應詔獻書，命分置書府，賜弼等科名。

28 甲子，以灌口鎭爲永康軍。

29 王全斌言破賊帥呂翰，克雅州。【考異】東都事略載本年七月甲寅克雅州，長編繫于閏八月，蓋以捷書到日爲據也,姑從之。

30乙丑,河溢入南華縣。

31遼主觀野鹿入馴鹿,立馬飲至晡。

32乙亥,詔:「民能樹藝桑棗、墾開荒田者,不加征;令佐能勸來者受賞。」【考異】東都事略載此詔於七月,今從宋史。

33九月,壬辰朔,虎捷指揮使孫進、龍衞指揮使吴環等二十七人,坐黨呂翰亂伏誅,族進家。

34庚子,遼主以重九宴飲,夜以繼日,旬餘乃罷。

35丙午,詔吴越立禹廟於會稽。

36西戎(川)戍卒多亡命在賊黨中,或請案誅其妻子。帝語樞密使李崇矩曰:「朕慮其間有被賊驅脅者,非本心也。」乃盡釋勿誅。

37冬,十月,辛酉朔,詔太常寺,自今大朝會復用二舞。先是中原多故,禮樂之器寖廢,帝始命判太常寺浚儀和峴講求修復之,别營宫懸三十六簴設於庭,登歌兩架設於殿,又置鼓吹十二案,及舞人所執旌纛、干戚、籥翟等與其服,皆如舊制。

帝以雅樂聲高,近於哀思,命和峴討論。峴上疏謂:「西京銅望臬可校古法,卽今司天臺影表上石尺是也。取王朴所定尺校之，短於石尺四分，樂聲之高蓋由此。」帝乃令依古法別造新尺，并黃鍾九寸之管，使工人校其聲，果下於朴所定管一律。又內出上黨羊頭山秬黍累尺校律，亦相契合，遂重造十二律管以取聲。由是雅樂音始和暢。

38 癸亥，詔諸郡立古帝王陵廟，置戶有差。

39 庚辰，遼以北漢主有母喪，遣使賻弔。

40 十一月，癸巳，日南至，帝御乾元殿受朝畢，常服御大明殿，羣臣上壽，初用雅樂登歌及文德、武功二舞。

41 諸州所置通判，多與長吏忿爭，常曰：「我監州也，朝廷使我來監汝。」長吏舉動多爲所制。或言其太甚，宜抑損之，乙未，詔：「諸州通判無得怙權徇私，須與長吏連署文移，方許行下。」

42 癸丑，翰林學士、禮部尚書竇儀卒。

帝以儀在滁州時弗與親吏絹，事在顯德三年三月。每嘉其有執守，屢對大臣言，欲用爲相。及趙普專政，帝患之，欲聞其過，召儀，語及普多不法，且譽儀早負才望。儀盛言普開國元勳，公忠亮直，帝不悅。儀歸，語諸弟曰：「我必不能作宰相，然亦不詣朱崖，吾門可保矣。」普素忌儀剛直，引薛居正、呂餘慶參知政事，陶穀、趙逢、高錫等又相黨附，共排儀，帝意中輟。至是卒，帝憫然曰：「天何奪我竇儀之速也！」贈右僕射。

43 庚申，妖人張龍兒等二十四人伏誅，族龍兒、李玉、楊密、聶贇家。

44 十二月，甲子，遼主幸殿前都點檢耶律伊賴哈（舊作克臘葛，今改。）家，飲宴連日。伊賴哈，檢校太師合魯之子也，初以父任入侍，遼主引爲布衣交，與謀機密。遼主酗酒，數以細故殺人。有監雉者，因傷雉而亡，獲之，欲誅，伊賴哈諫曰：「是罪不應死。」遼主竟殺之，以屍付伊賴哈曰：「收汝故人。」伊賴哈不爲止。復有監鹿詳袞亡一鹿，下獄，當死，伊賴哈又諫曰：「人命至重，豈可爲一獸殺之！」良久，得免。遼主雖不盡從伊賴哈之言，然愛之特甚。嘗從秋獮，善爲鹿鳴者呼一麚至。遼法，麚岐角者，惟天子得射，遼主命伊賴哈射之，應弦而麚踣，遼主大悅，賜賚優渥。及是，宴歡甚，復賜金盂、細錦及孕馬百匹，左右授官者甚衆。

45 丁德裕同西川兵馬都監張延通帥師破賊，擒其僞都統康祚，磔於市。延通，潞城人也。康延澤旣城普州，王可僚復合數州兵來攻，延澤擊走之，追奔至合州。全師雄病死金堂，德裕及王全斌等分往招輯，賊衆悉平。

46 是月，北漢復取遼州。

47 達勒達（舊作達達。）入貢。達勒達，本東北靺鞨之別種，唐元和後徙陰山，至是來貢。

續資治通鑑卷第五

賜進士及第兵部尚書兼都察院右都御史總督湖北
湖南等處地方軍務兼理糧餉世襲二等輕車都尉 畢沅 編集

宋紀五 起彊圉單閼（丁卯）正月，盡屠維大荒落（己巳）六月，凡二年有奇。

太祖啓運立極英武睿文神德聖功至明大孝皇帝

乾德五年（遼應曆十七年。）（丁卯、九六七）

1 春，正月，庚寅朔，御乾元殿受朝，升節度使班在龍墀內，金吾將軍上，故事節度使不帶平章事者，皆位在卿監下，於是特改焉。

2 遼林牙蕭斡、郎君耶律賢適討烏庫部（舊作烏古部。）還，遼主執其手賜卮酒；以雅里斯、楚思、霞里三人無功，賜醨酒辱之；授賢適右皮室詳袞。（舊作詳穩。）賢適嗜學，有大志，時朝臣多以言獲譴，賢適樂於靜退，游獵自娛，與親朋言，不及時事，至是始見擢用。

3 辛丑，賜西川諸州民今年夏租之半。

4 詔以時平年豐，增上元張燈爲五夜。

5 蜀臣民詣闕訟王全斌、王仁贍、崔彥進等破蜀時諸不法事，於是諸將同時召還。仁贍先入見，帝詰之，仁贍歷詆諸將過失，冀自解免，帝曰：「納李廷珪妓女，開豐德庫取金貝，此豈諸將所爲邪？」仁贍惶恐，不能對。帝以全斌等新有功，不欲付吏，令中書門下追仁贍及全斌、彥進與訟者質證，凡所取受隱沒共錢六十四萬六千八百餘貫，而蜀宮珍寶及外府他藏不著籍者不與焉。并按以擅克削兵士裝錢，殺降致寇之由，全斌、仁贍、彥進皆具伏。壬子，令御史臺集百官於朝堂，議全斌等罪。癸丑，百官言三人法當死，帝特赦之。甲寅，置崇義軍於隨州，昭化軍於金州，以全斌爲崇義留後，彥進爲昭化留後。【考異】宋史太祖紀，全斌、彥進皆責授節度使。按節度使非責授之官，蓋由節度使責授留後，故制詞云「止停旄鉞，猶委藩宣」也。唐時，方鎮各擅其地，未奉朝命者，往往自稱留後，其實與節度使無異。宋初除方鎮專擅之弊，留後與節度品級懸殊，云責授節度使者大誤。今從長編及王全斌傳。仁贍罷樞密副使，爲右衛大將軍。諸將士有受者，一切不問。

6 丁巳，以曹彬爲宣徽南院使，領義成節度使，劉光義改領鎭安節度使，張廷翰爲侍衞馬軍都虞候，領彰國節度使，李進卿爲步軍都虞候，領保順節度使。廷翰與進卿從光義平蜀，軍政不擾，故賞之。

初，王仁贍歷詆諸將，獨曰：「清廉畏謹，不負陛下任使者，惟曹彬一人耳。」帝於是賞彬特優。彬入辭曰：「諸將俱獲罪，臣獨受賞，何以自安！」帝曰：「卿有功無過，又不自矜伐，苟有纖芥之累，仁贍豈爲卿隱邪？懲勸國之常典，可無辭也。」

7帝以河堤屢決，分遣使行視，發畿甸丁夫繕治。自是歲以爲常，皆以正月首事，季春而畢。又詔開封、大名府、鄆、澶、滑、孟、濮、齊、淄、滄、棣、濱、德、博、懷、衞、鄭等州長吏並兼本州河隄使。

8二月，甲子，遼南京留守高勳，請以偏師攖益津關，從之。【考異】遼史高勳傳云：宋略地益津關，勳擊敗之。考是年宋未嘗略地也。今從穆宗紀。

9乙丑，以西川轉運使沈義倫爲戶部侍郎，充樞密副使。

初，義倫隨軍入成都，獨居佛寺蔬食，蜀羣臣有以珍異奇巧之物獻者，皆卻之，東歸，篋中所有，圖書數卷而已。帝嘗從容問曹彬官吏善否，彬曰：「臣止監軍旅，至於采察官吏，非所知也。」固問之，曰：「義倫可任。」帝亦聞義倫淸節過人，因擢用之。

10壬申，權知貢舉盧多遜奏進士李藹等合格者十人。復詔參知政事薛居正於中書覆試，皆合格，乃賜及第。

11左監門衞大將軍、權判三司趙玭，性狂躁訐直，多忤旨，帝每優容之。又與宰相趙普不協，因稱足疾，求解職。甲戌，玭守本官，罷判。【考異】宋史趙玭傳云：嘗廉得宰相趙普私市秦、隴大木事，潛以奏白，然懼普知，因稱足疾，求解職；五年春，罷使，守本官。按普以私販大木罷在開寶四年，非乾德中事也。今從長編。

時有譖殿前都指揮使韓重贇私取親兵爲腹心者，帝怒，欲誅之。趙普諫曰：「若重贇以讒誅，卽人人懼罪，誰敢爲陛下將親兵者！」帝乃止。【考異】宋史韓重贇傳作四年。今從長編連書之。出重贇爲彰德節度使。重贇聞普救己，他日，詣普謝，普拒弗見。

12 三月，戊戌，以前安國節度使張美爲橫海節度使。美至滄州，久之，有告其强取民女爲妾，又略民錢四千餘緡者，帝召告者，詰之曰：「張美未至，滄州安否？」對曰：「不安。」「既至，何如？」曰：「無復兵寇。」帝曰：「然則美之有造於滄州大矣。朕不難黜美，但念汝滄州百姓耳。」因命官爲給直，還其女。復賜美母錢萬緡，使謂美曰：「乏錢，當從朕求，勿取於民也！」美惶恐，折節爲廉謹，未幾，以政績聞。【考異】宋史及東都事略李漢超傳載漢超在關南取民女爲妾及貸而不償，與此小有異同，蓋以歸田錄爲據也。然長編據涑水記聞，則係張美事也，歸田錄誤記耳。今定作張美。

13 甲辰，詔：「翰林學士、常參官於幕職、州縣及京官內各舉堪任常參官者一人，不當者連坐。」

乙巳，詔諸道舉部內官吏才德優異者。

14丙午，門下侍郎、平章事趙普，加左僕射，充昭文館大學士。

15丙辰，北漢石盆砦招收巡檢使閻章以砦來降。

16是月，五星如連珠，聚降婁之次。初，竇儼善推步星曆，周顯德中爲諫官，謂同列盧多遜、楊徽之曰：「丁卯歲五星聚奎，自此天下太平，二拾遺見之，儼不與也。」卒如其言。

17南唐命兩省侍郎、諫議、給事中、中書舍人、集賢、勤政殿學士更直光政殿，召對咨訪，率至夜分。南唐主事佛甚謹，中書舍人全椒張洎，每見輒談佛法，由是驟有寵。當時大臣亦多蔬食持戒以奉佛，中書舍人會稽徐鉉獨否，然絕好鬼神之說。

18夏，四月，丙子，遼主射柳祈雨，復以水沃羣臣。

19給事中開封馬士元謁樞密副使沈義倫，適有吏白事，義倫與語，忘顧士元。士元遽辭出，歸，語家人曰：「我爲臺省近臣，不爲執政所禮，可以去矣。」己卯，遂致仕。

20陵州有陵井，蜀置監，歲煉鹽八十萬斤。廣政二十三年，井口摧圮，毒氣上如煙霧，煉匠入者皆死。後井益塞，民艱食。通判眞定賈璉，始建議開浚，刺史王奇謂浚之犯井龍，役夫不肯進，璉親執鍤興役，逾年而至泉脈，初煉鹽日三百斤，稍增日三千六百斤。璉上其事，即詔璉知州事。璉後卒於官，州人畫像祠之。

21五月，壬辰，遼北府丞相蕭哈哩舊作海璆，今改。卒。

哈哩貌魁偉，膂力過人，遼主嘉其勤篤，命總知軍國事。初，諸王多坐反逆，哈哩廉謹達政體，命按獄，多得其情，人無冤者。北漢主鈞每遣使入貢於遼，別致幣物，詔許哈哩受之。卒，年五十。遼主悼，輟朝三日，罷重五之宴。

22 乙巳，北漢鳩唐砦招收指揮使樊暉以砦來歸。

23 六月，戊午朔，日有食之。【考異】遼史不書是月日食，今從宋史。

24 遼主駐褭潭，好長夜之飲，因怒濫刑，醒亦悔之，諭大臣切諫。蕭思溫等畏懦，鮮能匡救，間有諫者，多不見聽。己未，支解鹿人壽格（舊作壽哥。）念古，命有司盡取鹿人之在繫者六十五人，斬所犯重者四十四人，餘悉痛杖之。中有欲置死者，賴王子必攝等諫，得免。

25 諸道銅鑄佛像，先是悉輦赴京毀之。秋，七月，丁酉，詔勿復毀，仍令所在崇奉，但毋更鑄。

26 八月，辛酉，遼主生日，以大臣有病亟者，不受賀。

27 是月，河溢入衞州城，民溺死者數百。

28 九月，丙戌朔，遼主獵於黑山、赤山，自是連獵者兩月。

29 庚子，定難節度使西平王李彝興卒，追封夏王，以其子行軍司馬光叡權知州事。

30 乙巳，太子少傅致仕柴守禮卒，周世宗之本生父也，命中使護其喪事

31冬，十月，癸酉，度支判官侯陟言：「三司凡二十四案，鹽鐵主其六，戶部主其四，餘皆度支主之。自荆、湖、西蜀之平，事務益衆，欲令三司均主其入。」詔三司推官張純分判度支案事。

32十一月，乙酉朔，工部侍郎毋守素，坐居喪娶妾免。

33庚子，遼司天奏月當食不虧，遼主以爲祥，歡飲達旦。

34十二月，丙辰，禁諸州輕小惡錢及鐵鑞錢；又命紕疏布帛毋鬻於市，及塗粉入藥者，捕之置罪。

35戊辰，以權知夏州李光叡爲定難節度使。

36己巳，置建寧軍於麟州；庚午，以防禦使楊重勳爲留後。

37宰相趙普丁母憂，丙子，起復。

38賜西川來歲夏租之半。

39是冬，遼主駐黑河平淀。

開寶元年 遼應曆十八年。（戊辰、九六八）

1春，正月，乙酉朔，遼主宴於宮中，不受賀。

2甲午，城京師。

3 丁酉，以陝、絳、懷等州饑，賑之。

4 己亥，遼主觀燈於市，以銀百兩市酒，命羣臣亦市酒，縱飲三夕。

5 乙巳，北漢偏城砦招收指揮使任守恩等來降。【考異】宋史作「任恩」，今從長編。

6 二月，册宋氏爲皇后，忠武節度使延渥長女也。延渥尋改名偓

7 三月，甲申朔，遼主如潢河。乙酉，獲駕鵝，祭天地。遼主命造大酒器，刻爲鹿文，名曰鹿甒，貯酒以祭天。

8 庚寅，增修縣令、尉捕賊功過令，頒行之。

9 權知貢舉王祐擢進士合格者十人。【考異】王、薛宋元通鑑皆作十八人，今從長編。陶穀子邴，名在第六，翌日，穀入致謝。帝謂左右曰：「聞穀不能訓子，邴安得登第！」遽命中書覆試，而邴復登第。因下詔曰：「造士之選，匪樹私恩；世祿之家，宜敦素業。如聞黨與，頗容竊吹，文衡公器，豈宜私濫！自今舉人，凡關食祿之家，委中書覆試。」

10 南漢西北面招討使潘崇徹以飛語見疑，南漢主遣內侍番禺郭崇岳覘其軍，戒之曰：「崇徹果有異志，即誅之。」崇岳至桂州，崇徹嚴兵見之，崇岳不敢發，還報曰：「崇徹日事飲樂，不恤軍政，非有反謀也。」會崇徹單騎自歸，南漢主釋不問，但奪其兵權而已。

11 戊申，南唐以樞密使、右僕射湯悅爲左僕射兼門下侍郎、平章事。悅素稱淸輝學士張

洎之才。洎能伺人主顏色，善搆同列短長，密奏悅非經綸才，南唐主以悅文學舊臣，罷洎學士，俄復故。

12 夏，四月，戊午，成德節度使兼侍中韓令坤卒。令坤有才略，識治道，鎮常山凡七年，北邊以寧。帝聞其喪，悼惜之，追封南康郡王。

13 己巳，遼主詔：「左右從班有才器幹局者不次擢用，老耄者增俸以休於家。」

14 丙子，戶部員外郎、知制誥盧多遜，充史館修撰，判館事。多遜喜任數，善爲巧發奇中。帝好讀書，每遣使取書史館，多遜預戒吏，令遽白所讀。上果引問書中事，多遜應答無滯，同列皆伏，帝益寵異之。

15 北漢軍校翟洪貴等來降。

16 五月，丁亥，重五，遼主以飲酒，不受賀。

17 以盛暑，詔諸州卹刑。帝謂侍御史馮柄曰：「朕每讀漢書，張釋之、于定國治獄，天下無冤民，此所望於卿也。」

18 乙未，詔：「諸道當輦送上供錢帛等舟車，並從官給，勿以擾民。」

19 丁酉，遼主與政事令蕭巴雅爾、舊作排押，今改。南京留守高勳等酣飲連日夜，旋命勳知南院樞密使。

20丙午，建雄軍節度使趙彥徽卒。帝微時，兄事彥徽，及卽位，擢領旄鉞，寵顧甚厚，卒，贈侍中。繼聞其專務聚斂，始薄其爲人。

21丁未，賜南唐米十萬斛，饑故也。南唐以勤政殿學士承旨韓熙載爲中書侍郎、百勝節度使兼中書令。熙載上疏論刑政之要，古今之勢，災異之變，及獻所撰格言，南唐主手詔褒答而有是命。

22六月，癸丑朔，詔：「民田爲霖雨、河水壞者，免今年夏稅及他徵物。」

23己未，遼主令殿前都點檢耶律伊賴哈（舊作夷臘葛。）置神帳，曲赦京畿囚。

24癸亥，詔：「荆、湖民祖父母、父母在者，子孫不得別財異居。」

25辛巳，以右補闕辛仲甫權知彭州。帝謂之曰：「蜀土始平，輕侈之俗未革，爾有文武才，是用命爾。」仲甫既至，州卒燕環誘屯戍軍，謀以長春節燕集日爲亂，仲甫禽斬之。

26秋，七月，乙未，中元張燈，帝御東華門，賜從官飲。

27以殿前都虞候涿人董遵誨爲通遠軍使。

遵誨父宗本，仕漢爲隨州刺史，帝微時嘗往依之。遵誨憑藉父勢，多所陵忽，嘗論兵戰事，遵誨理屈，卽拂衣起，帝乃辭宗本去。及帝卽位，遵誨累遷至驍武指揮使。一日，便殿召見，遵誨伏地請死，帝令左右扶起，慰之。俄而部下軍卒有擊登聞鼓訴其不法十餘事，遵誨惶恐待罪，帝曰：「朕方赦過賞功，豈念舊惡邪！汝可勿復憂，吾將錄用汝。」遵誨再拜感泣。帝問遵誨母所在，遵誨曰：「母在幽州，遭亂睽隔。」帝因令人重賂邊民，竊迎其母，送於遵誨，仍加優賜。至是帝以西蕃近邊，命遵誨守通遠軍。

遵誨既至，召諸族酋長，諭以朝廷威德，封羊釃酒，厚加宴犒，衆皆悅服。後數月，復入寇，遵誨率兵深入，擊走之，俘斬甚衆，獲牛馬數萬，戎落以定。帝嘉其功，就拜羅州刺史，使如故。遵誨嘗遣其外弟劉綜來貢馬，及還，帝解所服眞珠盤龍衣，使齎賜之，綜曰：「遵誨人臣，豈敢當此賜！」帝曰：「吾委遵誨方面，不以此爲嫌也。」

28 丙午，北漢烏王寨使胡遇等來降。

29 帝自卽位，數出微行，或過功臣家。趙普退朝，不敢脫衣冠。一夕，大雪，向夜，普聞叩門聲甚急，出，則帝立雪中，普皇恐迎拜。帝曰：「已約吾弟矣。」已而開封尹光義至，卽普堂中，設重裀地坐，熾炭燒肉，普妻行酒，帝以嫂呼之。普從容問曰：「夜久寒甚，陛下何以出？」帝曰：「吾睡不能著，一榻之外，皆他人家也，故來見卿。」普曰：「陛下小天下邪？南征北伐，今其時也。願聞成算所向。」帝曰：「吾欲取太原。」普默然良久，曰：「非臣所能知也。」帝問其故。普曰：「太原當西北二邊，使一舉而下，則邊患我獨當之，何不姑留！俟削平諸國，彼彈丸黑子，將何所逃！」帝笑曰：「吾意政爾，姑試卿耳。」因謂普曰：「王全斌平蜀多殺人，吾今思之猶耿耿，不可用也。」普薦曹彬、潘美可用，後悉從其言。

帝嘗因北漢界上諜者謂北漢主曰：「君家與周氏世仇，宜其不屈。今我與爾無所間，何爲困此一方人也？若有志中國，宜下太行以決勝負。」北漢主遣諜者復命曰：「河東土地甲兵，不足當中國之十一，區區守此，蓋懼漢室之不血食也。」帝哀其言，笑謂諜者曰：「爲我語劉鈞，開爾一路以爲生。」故終其世，不以大軍北伐。【考異】邵伯溫見聞錄載太祖雪夜幸趙普第，曰：「已約晉王矣。」宋史趙普傳與見聞錄同。李燾辨之曰：太宗至開寶六年乃封晉王，見聞錄誤也。改作「吾弟」，庶得其實，今從之。見聞錄又云，遂定下江南之策。李燾曰：此時猶未平荆也。改作「於是用師荆、湘，繼取西川」。按長編繫此事於開寶元年，則其時西川已平矣。據東都事略趙普傳，太祖方以王全斌平蜀多殺爲慮，普因薦曹彬、潘美。正開寶元年事也。今改正。又十國紀年云：北漢天會七年，宋帝使邢州人蓋留來，謂帝曰：「君家自與周室爲隙，何預我事，胡不改圖！使一方之民困苦兵戰，虜人多詐，終不足恃。君必與中原爭，何不下太行，與君匹馬較勝負於懷、洛間！」帝遣留歸曰：「爲我謝趙君，余家世非叛人，欲存漢氏宗祀耳。土地士馬不能敵君十一，安敢深入！君欲決勝負，當過團柏谷來，背城一戰。」宋帝笑曰：「存之何害！」終帝世，宋帝不復北伐。天會七年，乃乾德元年也。東都事略及宋史世家並載此語而不載其年，今從長編，連繫於此。

30 初，北漢世祖女爲晉護聖營卒薛釗妻，生子繼恩。釗死，妻改適何氏，生子繼元，而何與妻皆卒。世祖以北漢主鈞無子，使養繼恩及繼元，皆冒姓劉氏。繼恩事主盡恭，昏定晨省，禮無違者。及爲太原尹，選輭不治，北漢主憂之，嘗謂宰相郭無爲曰：「繼恩純孝，然非濟世才，恐不能了我家事，柰何？」無爲不對。是月，北漢主臥疾，召無爲，執其手，以後事付之。

繼恩始監國，無爲與侍衞親軍使蔚進不協，因出進守代州，又建議漸斥去公族，命繼恩弟繼忠守忻州。繼忠，亦孝和養子也，自稱嘗使契丹，得冷痼病，定襄地寒，願留養晉陽；繼恩責其觀望，趣令就道。繼忠頗出怨語，或以白繼恩，尋縊殺之。

戊申，北漢主殂，【考異】遼史作辛丑漢主承鈞殂，子繼元立。不書繼恩嗣位事，蓋闕漏也。宋史作戊申北漢主鈞卒，養子繼恩立，爲得其實。十國春秋亦作戊申，今從之。繼恩遣使告終稱嗣於遼，遼主許之，然後即位，上諡曰孝和皇帝，廟號睿宗。遼遣使弔祭。【考異】五代史及宋史世家俱不載北漢主廟號，今從十國春秋。

31 是月，令諸州察民有飢者，即發廩貸之。

32 左監門衞大將軍趙玭，既罷三司，累上密疏，皆留中不出，嘗疑趙普中傷之，乃詣閤門納所受誥命。八月，庚申，詔勒歸私第。玭請退居鄆州，不許。

33 丙寅，命客省使盧懷忠等二十二人領兵屯潞州，將有事於北漢也。

34 戊辰，命昭義節度使、同平章事李繼勳爲河東行營前軍都部署，【考異】昭義者，潞州軍額也。

繼勳時鎮潞州，與北漢接壤，故有前軍都部署之命。宋史太祖紀作昭化，誤，今從長編及繼勳傳。侍衛步軍都指揮使党進副之，宣徽南院使曹彬爲都監；棣州防禦使何繼筠爲先鋒部署，懷州防禦使康延沼爲都監；建雄節度使趙贊爲汾州路部署，絳州防禦使司超副之，隰州刺史李謙溥爲都監。

35 九月，癸未，監察御史楊士達，坐鞫獄濫殺棄市。

36 己丑，遼主登小山，祭天地。

37 戊戌，遼主知宋欲襲河東，諭西南面都統、南院大王塔爾舊作撻烈，今改。豫爲之備。

38 北漢主繼恩，惡郭無爲專政，欲逐之而未果，是月，加無爲守司空，外示優禮，內實疏遠之。繼恩服衰裳視事，寢處皆居勤政閣，其左右親信悉留太原府廨，或請召入令翊衞，繼恩弗聽。於是文武百官皆進秩，繼恩置酒宴諸大臣及宗子，飲罷，臥閣中，供奉官侯霸榮以刃揕其胸，殺之。無爲遣兵以梯登屋入，殺霸榮，并其黨，迎立繼恩弟太原尹繼元。繼恩立纔六十餘日。霸榮者，邢州人，多力善射，走及奔馬，嘗爲散指揮使，戍樂平，旋降於王全斌，補內殿直，未幾，復奔北漢，爲供奉官。於是殺繼恩，謀南歸，卒爲無爲所殺。或謂無爲實使霸榮作亂，亟誅霸榮以滅口，故人無知者。

繼元始立，宋師已入其境，乃亟遣使上表於遼，且請兵爲援。又遣侍衞都虞候劉繼業、馬進珂領軍扼團柏谷，以將作監馬峰爲樞密使，監其軍。峰至洞過河，【考異】朔記作「銅鍋河」，宋史作「銅淵河」，今從長編。與李繼勳等遇，何繼筠以先鋒擊破之，斬首二千餘級，禽其將張環、石斌，遂奪汾河橋，傅太原城下，焚延夏門。繼元遣殿直都知郭守斌領內直兵出戰，又敗，守斌中流矢，退入城中。

39 丁未，北漢在(佐)勝軍使李瓊來降。

40 初，潘美克郴州，獲南漢內品十餘人。有余延業者，自言爲扈駕弓官，授以弓，不能張，帝笑。問其國政，延業具言奢侈殘酷狀，帝驚駭曰：「吾當救此一方民。」於是道州刺史王繼勳言：「劉鋹昏暴，民被其毒，又數出寇邊，請王師南伐。」帝猶未欲加兵，乃命南唐主諭意，令南漢主先以湖南舊地來獻。唐主遣使致書，南漢主不從。

41 建隆中，緣舊制，祭東岳泰山於兗州，西岳華山於華州，北岳常山於定州，中岳嵩山於河南府。於是有司言：「祠官所奉止四岳。今按祭典，請祭南岳衡山於衡州，東鎮沂山於沂州，南鎮稽山於越州，西鎮吳山於隴州，中鎮霍山於晉州，東海於萊州，南海於廣州，西海、河瀆並於河中府，北海、濟瀆並於孟州，淮瀆於唐州；其江瀆準顯德五年敕，祭於揚州揚子江口，今請祭於成都；北鎮醫巫閭山在營州界，未行祭享。」從之。其後望祭北鎮於定州岳祠，既而五鎮之祭復闕。

42 遼以伊賴哈雍政事令，仍以黑山東默珍舊作抹眞，今改。之地數十里賜之。

是秋，遼主獵於西京諸山。

43 冬，十月，甲戌，屯田員外郎同州雷德驤，責受商州司戶參軍。

德驤判大理寺，其官屬與堂吏，附會宰相，擅增減刑名，德驤憤惋求見，欲面白其事，未及引對，即直詣講武殿奏之，辭氣俱厲，幷言趙普強市人第宅，聚斂財賂，帝怒，叱之曰：「鼎鐺猶有耳，汝不聞趙普吾之社稷臣乎？」引柱斧擊折其上齶二齒，命左右曳出，詔宰相處以極刑。既而怒解，止以闌入之罪黜之。【考異】德驤以判大理寺貶黜，東都事略與長編同。涑水記聞作御史中丞，誤。

44 丙子，吳越王俶遣其子建武節度使惟濬來朝貢，命知制誥盧多遜迎勞之。

45 是月，帝遣使齎詔至太原，諭北漢主繼元令降，約以平盧節度使授之。又別賜郭無爲、馬峯等詔四十餘道，許授無爲安國節度使，峯以下並與藩鎮。無爲得詔色動，但出繼元一詔，餘皆匿之，自是始有貳志，勸繼元納款，繼元不從。

初，帝使諜者惠璘僞稱殿前指揮使，負罪奔北漢，無爲知其謀，使爲供奉官。及宋兵入北漢境，璘即奔逃至嵐谷，候吏獲送太原，北漢主使無爲鞫之，無爲釋不問。有李超者，知璘狀，上告，無爲怒，幷超殺之以滅口。

46十一月，辛巳，詔曰：「盜賊漸息，減諸縣弓手有差，令、尉輒占留者，重置其罪。」

47先是，帝入太廟，見其所陳籩豆簠簋，問曰：「此何等物也？」左右以禮器對。帝曰：「吾祖宗寧識此！」亟命撤去，進常膳如平生。旣而曰：「古禮亦不可廢也。」命復設之。於是判太常寺和峴言：「按唐天寶中享太廟，禮料外每室如（加）常食一牙盤，五代以來，遂廢其禮，今請如唐故事。」詔：「自今親享太廟，別設牙盤食，禘祫、時享皆同之。」【考異】李燾曰：邵氏見聞錄：太祖初即位，朝太廟，見其所陳籩豆簠簋，則曰：「此何等物也？」侍臣以禮器爲對。曰：「我之祖宗寧識此！」命撤去，亟命進常膳。親享畢，顧左右曰：「卻設向來禮器，俾儒士行禮。」至今太廟先進牙盤食，後行禮。康節先生曰：「太祖其於禮也，可謂達古今之宜矣。」若據本志，則牙盤食乃和峴所請。且唐故事非太祖時行，當是峴揣知聖意，因獻此議。而國史所載不詳，見聞錄又偶不及唐故事，今並增益之。朔記云：上親享四室，見牲醴用生肉，曰：「我祖考豈能食此物也！」命設牙盤食，哭而祭之。乃繫其事於乾德元年，誤矣。今不取。

峴又言：「乾德初，郊祀上帝，就望燎位，而燎壇稍遠，有司不聞告柴燎之聲。臣時爲禮官，職當贊道，親聞德音，令擧燭相應。按史記封禪書，秦常以十月郊見，通權（爟）火，狀若桔槔，欲令光明遠照，通於祀所。望敕有司率循前制。」從之。

48壬寅，親享太廟。

49癸卯，日南至，合祭天地於南郊，改元開寶，大赦，蠲乾德五年以前逋租。御乾元殿，宰相趙普等奉玉册寶，上尊號曰應天廣運聖文神武明道至德仁孝皇帝。【考異】「聖文」，宋史本紀作「大聖」，今從長編。

50 是日，遼主以飲酒，不受賀。

51 是月，遼南院大王塔爾爲兵馬總管，統諸道兵援北漢，李繼勳等皆引歸，北漢因進掠晉、絳二州之境。

52 北漢主劉繼元弒其母郭氏。

53 南唐主納后周氏，昭惠后之妹也，美姿容，先已得幸於唐主。昭惠疾甚，忽見后入，顧問：「妹幾時進宮？」后幼未有知，以實對，曰：「數日矣。」昭惠怒，遂轉鄉而臥，不復顧。既殂，常出入禁中，至是納以爲后。其夕，燕羣臣，韓熙載等皆賦詩以風，南唐主亦不之譴也。

南唐主頗留情樂府，監察御史張憲上疏曰：「道路皆言以戶部侍郎孟拱宸宅與敎坊使袁承進。昔高祖欲拜舞人安叱奴爲散騎侍郎，舉朝皆笑。今雖不拜承進爲侍郎，而賜以侍郎居宅，事亦相類矣。」南唐主賜帛，旌其敢言，然終不能改。

54 是冬，遼主駐黑山東川。

55 遼太平王諳薩噶，舊作罨撒葛，今改。久預國政，遂謀亂。時司天魏璘善卜，因詣璘卜僭立之日。事覺，遼主貶諳薩噶西北邊戍，流璘於烏庫部。

二年（遼應曆十九年，二月改保寧元年。）（己巳、九六九）

1 春，正月，己卯朔，以出師，不御殿。

2 遼主宴宮中，不受賀。

3 己亥，以錢惟濬爲鎭海、鎭東節度使。惟濬奉其父命來助祭，將還，特詔增秩。

4 壬寅，遣殿中侍御史洛陽李瑩等分往諸州，調發軍儲赴太原。丙午，又遣使發諸道兵，屯於潞、晉、磁等州。

5 南唐樞密使、左僕射、平章事湯悅，罷爲鎭海節度使。悅不樂居藩，上章求解，於是改授太子太傅，監修國史，仍領鎭海節度使。

6 二月，乙卯，命曹彬、党進等各領兵先赴太原。

戊午，詔親征。己未，以開封尹光義爲東京留守，樞密副使沈義倫爲大內部署；昭義節度使李繼勳爲河東行營前軍都部署，建雄節度使趙贊爲馬步軍都虞候，先赴太原。【考異】宋史太祖紀，贊爲汾州路部署，與長編異。蓋先除都虞候，繼命爲部署耳。甲子，車駕發京師；丁卯，次王橋頓。彰德節度使韓重贇來朝，帝謂之曰：「契丹知我是行，必率衆來援，彼意鎭、定無備，將由此路入，卿可爲朕領兵倍道兼行，出其不意破之。」乃以重贇爲北面都部署，義武【考異】宋史作「彰德」。節度使郭延義副之。

7初，遼主惑女巫肖衮（舊作肖古。）言，取人膽合延年藥，殺人頗衆；繼悟其詐，以鳴鏑叢射騎踐殺之　自是嗜酒好殺，五坊掌獸及近侍給事諸人，或以細故，或奏對少失旨，或因遷怒，輒加炮烙、鐵梳之刑，甚者至於無算，或以手刃刺之，斬擊射燎，斷手足，折腰脛，劃口破齒，棄尸於野，且命築封於其地，死者至百餘人，京師署百尺牢以處繫囚。季年，暴虐益甚，嘗謂太尉華哈（舊作化哥。）曰：「朕醉中有處決不當者，醒當覆奏。」徒能言之，竟無悛意。是月，己巳，春蒐懷州。遼主射熊而中，侍中蕭思溫與伊勒希巴（舊作夷离畢，今改。）牙哩斯等進酒上壽，遼主醉，還行宮，夜，爲近侍胥格、（舊作小哥，今改。）盥人華格、（舊作花哥，今改。）庖人錫衮（舊作辛古，今改。）等所弒。年三十九，廟號穆宗。（重熙二十一年，謚曰孝安敬正皇帝。）

庚午，思溫與南院樞密使高勳、飛龍使尼哩（舊作女里。）等奉世宗第二子賢，【考異】遼史：景宗名賢，字賢寧，小字明扆。東都事略及長編俱作明記。率甲騎千人馳赴行在。賢慟哭，羣臣勸進，遂卽皇帝位於柩前，百官上尊號曰天贊皇帝，大赦，改元保寧。以殿前都點檢耶律伊賴哈、右皮室詳衮（舊作詳穩。）蕭烏哩濟（舊作烏里只。）宿衞不嚴，斬之。以尼哩爲行宮都部署，加政事令。

8權知貢舉趙逢奏進士安德裕等合格者七人。

9乙亥，車駕次潞州，以霖雨駐蹕。

時諸州餽餉畢集城中，車乘塞路。帝聞之，以爲非理稽留，將罪轉運使。趙普曰：「六師方至而轉運使獲罪，敵人聞之，必謂儲偫不充，非所以威遠之道，但當擇治劇者蒞此州耳。」丙子，命戶部員外郎、知制誥王祐權知潞州。祐即發遣車乘，行路無阻。

以樞密直學士趙逢爲隨駕轉運使，仍鑄印賜之。

10 北漢劉繼業、馮進珂屯於團柏谷，遣衙隊指揮使陳廷山領數百騎來偵邏。會李繼勳等前軍至，廷山即(以)所部降。繼業、進珂知衆寡不敵，亦奔還晉陽，北漢主怒，罷其兵柄。繼勳等遂圍城。

時遼使內侍韓知範【考異】長編作知璠。今從遼史。冊命北漢主爲帝，北漢主夜開門納之。明日，置宴，羣臣皆預，宰相郭無爲哭於庭中，拔佩劍自刺，北漢主遽降階，持其手引之升坐，無爲曰：「奈何以孤城抗百萬之師乎！」蓋無爲欲以此搖衆心也。

11 三月，丙戌，遼主次上京。以定策功，進蕭思溫爲北院樞密使，旋兼北府宰相；封高勳爲秦王，尼哩加守太尉。

時承穆宗失德之後，中外翕然望治。遼主數召翰林學士南京室昉，問古今治亂得失，奏對稱旨。思溫薦耶律色珍舊作斜軫，今改。有經國才，遼主曰：「朕知之；第佚蕩，豈可羈屈！」思溫曰：「外雖佚蕩，中未可量。」乃召問以時政，指陳剴切，遼主器重之，旋命節制西南面諸軍，援河東。時南院大王耶律塔爾加兼政事令，致仕，以色珍代之。[12]遼諳薩噶聞遼主立，大懼，亡入沙陀。遼主以伊勒希巴（舊作夷离畢，今改。）訥穆袞（舊作粘木袞，今改。）陰附諳薩噶，誅之。旋召諳薩噶還，釋其罪

[13]帝駐蹕潞州凡十有八日，獲北漢諜者，問之，對曰：「城中民罹毒久矣，日夜望車駕，恨其遲耳。」帝笑，給衣服縱之。壬辰，發潞州；戊戌，次太原；庚子，觀兵於城南，始命築長連城。辛丑，臨汾河作新橋。以兵部員外郎知制誥盧多遜知太原行府事。

壬寅，遣使發太原諸縣民數萬赴城下。

[14]癸卯，北漢憲州判官史昭文以州城來降，即命昭文爲刺史。

[15]乙巳，帝至城東南，命築長堤壅汾水。先是有欲增兵攻城者，左神武統軍陳承昭進曰：「陛下自有數千萬兵在左右，何不用也？」帝未悟。承昭以馬策指汾水，帝大笑，因使承昭董其役。丙午，決晉祠水灌城。

丁未，命李繼勳軍於城南，趙贊軍於西，曹彬軍於北，党進軍於東，爲四寨以逼之。北漢人乘晦突門，潛犯西寨，趙贊率衆與戰，弩矢貫贊足，未退。時党進遣東寨都監李謙溥伐木西山以給軍用，謙溥聞鼓聲，即引所部兵赴之，北漢人乃退。帝遽至戰所，怪赴援者非精甲，問之，則謙溥也，甚悅。劉繼業復以突騎數百犯東寨，党進挺身逐繼業，麾下數人隨之；

繼業走匿壕中，北漢兵出援之，繼業緣縋入城，獲免。

16 南唐右僕射、判省事游簡言，躬親簿領，督責稽緩，僚吏畏之；然暗於大體，不爲士大夫所重　數以疾辭，南唐主不許。是月，命簡言兼門下侍郎、平章事。

17 夏，四月，戊申朔，帝臨城東觀築堤。

辛亥，遣海州刺史孫萬進領軍數千人圍汾州。

壬子，帝復至城東，賜羣臣及諸軍時服，宴從臣。

初，棣州防禦使何繼筠爲石嶺關部署，屯陽曲。帝聞遼兵分道來援北漢，其一自石嶺關入，乃驛召繼筠詣行在所，授以方略，幷給精兵數千，使往拒之，且謂繼筠曰：「翌日亭午，俟卿捷奏至也。」時已盛暑，帝命太官設麻漿粉賜繼筠，食訖，辭去。戰於陽曲縣北，大敗遼兵，禽其武州刺史王彥符，斬首千餘級。己未，繼筠遣子承睿來獻捷。承睿未至，帝登北臺以俟，見一騎自北來，逆問之，乃承睿也。【考異】李燾曰：繼筠獻捷，本紀在壬子。今從實錄。北漢陰恃遼援，城久不下，帝以所獻首級示之，城中人氣奪。

18 遼主監穆宗暴虐，務行寬政。趙王喜袞（舊作喜隱。）久繫獄，聞之，自去其械而朝。遼主怒曰：「汝罪人，何得離禁所！」復縶之。既而躬錄囚徒，悉召而釋之。

是月，進封太平王諳薩噶爲齊王，改封喜袞爲宋王，封隆先爲平王，稍爲吳王，道隱爲蜀王，必攝爲越王，異里（舊作敵烈。）爲冀王，宛爲衞王。初，遼主弟質睦，（舊作只沒。）性敏給，通契丹、漢字，能詩，穆宗末年，質睦與宮人私，穆宗怒，榜掠數百，刺一目而宮之，繫獄，將棄市。遼主卽位，卽釋之，賜以所私宮人，封寧王。未幾，以隆先兼政事令、留守東京，道隱留守上京。隆先、道隱、稍，皆世宗之弟也。

19 五月，戊寅，遼分兵由定州來侵，韓重贇陳於嘉山以待之。遼人見旗幟，大駭，欲遁去，重贇亟擊之，大破其衆。癸未，使來告捷，帝大喜，手詔褒之。

20 甲申，帝臨城北，引汾水入新堤，灌其城。戊子，臨城東南，命水軍乘小舟載强弩進攻其城，內外馬步軍都軍頭王廷義親鼓之，免冑先登，流矢中其腦而顛。庚寅，廷義卒。辛卯，殿前都（校者按：都字衍。）指揮使都虞候石漢卿亦中流矢，溺死。癸巳，贈廷義建武節度使，漢卿袁州防禦使。

丁酉，帝幸城西，命諸軍攻其西門。

遣偏師圍嵐州，趙弘危蹙，請降。戊戌，弘來見，以避宣祖諱，賜名文度。

己亥，以右千牛衞將軍周承瑨爲嵐州團練使。

庚子，宴趙文度於行宮，後授重國節度使。

21 太原圍急，郭無爲謀出奔，因請自將出擊。北漢主信之，選精甲千人，命劉繼業、郭守斌爲之副，北漢主登延夏門自送之，且待其反。會夜雨晦冥，無爲行至北橋，駐馬召諸將，繼業以馬傷足，先收所部兵入城，守斌迷失道，呼之不獲，無爲不能獨前，乃與麾下數千人亦還。

22 帝以暑氣方盛，深念縲絏之苦，乃詔：「西京諸州令長吏督掌獄掾五日一至獄戶，檢視灑掃，洗滌杻械，貧困者給飯食，病者給藥，輕繫小罪即時決遣。」自是每歲仲夏，必申明是詔以戒官吏。此詔自戊子日降，今移見於後。

23 遼立貴妃蕭氏爲皇后。后，北府宰相思溫女也，早慧。思溫嘗觀諸女灑掃，唯后獨潔，喜曰：「此女必成家。」及立爲后，能參決朝政，遼主敬禮之。【考異】李燾長編云：納蕭守興女雅雅克爲皇后。按遼史后妃傳：景宗睿知皇后蕭氏，諱綽，小字雅雅克，北府宰相思溫女。不知長編何以作守興？東都事略，宋人紀事之書也，亦言后爲思溫女，知李燾爲傳聞之誤矣。徐乾學後編復仍李燾之誤，今從遼史。雅雅克，舊作燕燕，今改。

24 閏月，戊申，太原南城爲汾水所陷，水穿外城，注城中，城中大驚擾。帝臨長堤觀焉。水口漸闊，北漢人緣城設障，爲宋師所射，障不得施。俄有積草自城中飄出，直抵水口而止，宋師弩矢不能徹，北漢人因以施功，水口遂塞。

郭無爲復勸北漢主出降，北漢主不聽。閹人衞德貴，極言無爲反狀明白，不可赦，北漢主殺之以徇，城中稍定。

北漢人俄自西長連城潛出，將焚攻戰之具，宋師擊走之，斬首萬餘級。夜半，忽傳呼壁外云：「北漢主降。」帝令衞士環甲，將開壁門，八作使趙璲曰：「受降如受敵，詎可夜半輕諾乎！」帝使問之，果諜者詐爲也。

己酉，帝臨城南，命水軍乘輕舟焚其門。

25 右僕射魏仁浦卒。

先是仁浦侍春宴，因前上壽，帝密謂曰：「朕欲親征太原，如何？」仁浦曰：「欲速則不達，惟陛下審思。」帝嘉其對。宴罷，就第，賜上尊酒十石，御膳羊百口。既而從行，中途遇疾，還，卒於梁侯驛。贈侍中，謚宣懿。

26 太原城久不下，東西班都指揮使李懷忠率衆攻之，戰不利，中流矢，幾死。殿前指揮使都虞候趙廷翰，率諸班衞士叩頭，願先登急擊以盡死力，帝曰：「汝曹皆吾所訓練，無不一當百，所以備肘腋，同休戚也。我寧不得太原，豈忍驅汝曹冒鋒刃，蹈必死之地乎！」衆皆感泣。

時大軍頓甘草地中，會暑雨，多被腹病。會遼遣北院大王烏珍舊作屋質，今改。自白馬嶺率勁卒夜出，間道疾馳，駐太原西，鳴鼓舉火，北漢賴以自固。

太常博士李光贊言於帝曰：「陛下戰無不勝，謀無不臧，四方恃險之邦、僭竊帝王之號者，昔與中國爲鄰，今與陛下爲臣矣。蕞爾晉陽，豈須親討！重勞飛輓，取怨黔黎，得之未足爲多，失之未足爲辱。國家貴靜，天道惡盈，所慮向來恃險之邦，聞是役也，竭府庫之財，盡生民之力，忠心踴躍，各有窺覦。傳曰：『鄰之厚，君之薄也。』豈若回鑾復都，屯兵上黨！使夏取其麥，秋取其禾，既寬力役之征，便是蕩平之策。惟陛下裁之！」帝覽奏，甚喜，復問趙普，普亦以爲然，因使普召光贊慰撫之。

癸丑，移駐城東罕山之南，始議班師。

[27]己未，徙太原民萬餘家於山東、河南，給粟；庚申，分命使者十七人發禁軍護送之，因屯於鎮、潞等州，用絳人薛化光策也。化光言：「伐木先去枝葉，後取根柢。今河東外有契丹之助，內有人戶賦輸，竊恐歲月間未能下。宜於太原北石嶺山及河北界西山東靜陽邨、樂平鎮、黃澤關、百井社，各建城寨，扼契丹援兵，起其部內人戶，於西京、襄、鄧、唐、汝州給閑田，使自耕種，絕其供饋，如此，不數年間，自可平定。」帝嘉納之。

[28]壬戌，車駕發太原。時軍士陷敵者百人，帝遣驍雄副指揮使孔守正領騎軍往救，守正奮擊，盡奪以還。

北漢主籍所棄軍儲，得粟三十萬、茶、絹各數萬，喪敗罄竭，賴此少濟。

29戊辰，次鎮州，召道士蘇澄【考異】玉壺清話作「蘇澄隱」。今從長編。又玉壺清話云賜號頤素先生，今不取。入見，謂曰：「朕作建隆觀，思得有道之士居之，師豈有意乎？」對曰：「京師浩穰，非所安也。」壬申，幸其所居，謂曰：「師年逾八十而容貌甚少，盍以養生之術教朕！」對曰：「臣養生，不過精思練氣耳；帝王養生，則異於是。老子曰：『我無爲而民自化，我無欲而民自正。』無爲無欲，凝神太和，昔黃帝、唐堯享國永年，用此道也。」帝悅，厚賜之。

30遼有司請以遼主生日爲天清節，從之。

31是月，南唐右僕射兼門下侍郎、平章事游簡言卒。

32六月，己卯，以儀鑾使知易州賀惟忠爲易州刺史、兼易、祁、定等州巡檢使。惟忠捍邊數有功，故遷其秩而不易其任。

33庚辰，詔：「車駕所過，民無出今年秋租。」

34癸未，以右補闕大名王明爲荆湖轉運使，以用兵於嶺南也。

35己丑，次滑州。

南唐主遣其弟從謙來貢，辛卯，見於胙城縣。唐水部員外郎查元方掌從謙牋奏，帝命知制誥盧多遜燕從謙於館。多遜弈棊次，謂元方曰：「江南竟如何？」元方斂衽對曰：「江南事大朝十餘年，極盡君臣之禮，不知其他。」多遜愧謝曰：「孰謂江南無人！」元方，文徽子也。

36 癸巳，車駕至自太原，曲赦京城繫囚。

37 是月，北漢主決城下水，注之臺駘澤，水已落而城多摧圮。遼使者韓知範猶在太原，歎曰：「宋師之引水浸城也，知其一而不知其二。若知先浸而後涸，則幷人無類矣。」時遼南院大王耶律色珍率援師屯於太原城下，劉繼業言於北漢主曰：「契丹貪利棄信，他日必破吾國。今救兵驕而無備，願襲取之，獲馬數萬，因藉河東之地以歸中國，使晉人免於塗炭，陛下長享富貴，不亦可乎！」北漢主不從。數日，色珍北還，贈遺甚厚。其後北漢主復致幣於北院大王烏珍，烏珍以聞，遼主命受之。

續資治通鑑卷第六

賜進士及第兵部尚書兼都察院右都御史總督湖北湖南等處地方軍務兼理糧餉世襲二等輕車都尉　畢沅　編集

宋紀六　起屠維大荒落(己巳)七月，盡重光協洽(辛未)九月，凡二年有奇。

太祖啓運立極英武睿文神德聖功至明大孝皇帝

開寶二年　遼保寧元年。(己巳、九六九)

1 秋，七月，丙寅，以天雄軍節度使符彥卿爲鳳翔節度使。彥卿鎮大名十餘年，委任於牙校劉思遇。思遇貪而黠，軍府久不治，於是始議擇官代之。

2 戊辰，詔：「自今祀天地用太牢，餘當用牛者，代以羊豕。」

3 靈武節度使馮繼業殺兄，代父領鎮，頗驕恣，戎人不附；又撫士卒少恩，部下多攜貳；繼業慮其爲變，請舉族內徙。八月，庚辰，以繼業爲靜難節度使。

4 以棣州防禦使何繼筠領建武節度使，判棣州。

5 己亥，戶部員外郎、知制誥王祐，權知大名府。辭日，帝謂之曰：「大名，卿之故鄉，古人所謂晝錦者也。」

6 西京留守向拱，專務飲樂，政府不治，羣盜白日殺人於市。帝聞之，怒，庚子，徙拱爲安遠節度使。

7 九月，丁未，以左武衞大將軍長社焦繼勳知西京留守，諭之曰：「無復效向拱也！」繼勳視事月餘，都下清肅。

8 朝議擇可使代馮繼業者，時考功郎中段思恭知泗州，帝以思恭常有功眉州，乃召赴闕，命知靈州，先詔之曰：「馮繼業言靈州非蕃帥主之，戎人不服，雖衞、霍名將，必見逐矣。意謂非我，他人不能治也。汝能治之乎？」思恭曰：「謹奉詔。」帝壯之，又謂曰：「唐李靖、郭子儀，皆出儒生，立大功，豈我朝獨無人邪！」厚賜遣之，仍以途涉諸戎，令別齎金帛以遺之。思恭既視事，矯繼業之失，悉心綏撫，夷落安靜，周訪利病，多所條奏，甚得吏民之情。

9 庚申，以合州濃泗〔洄〕鎭爲廣安軍。

10 遼涿州刺史許周瓊來降，以爲右羽林將軍，仍領涿州刺史。

11 是月，初令民典買田土者，輸錢印契。

12 冬，十月，丁亥，詔曰：「昔西漢求吏民之明經術者，令與計偕，縣次續食，蓋優賢之道也。國家歲開貢部，敷求俊乂，四方之士，無遠弗屆，而經途遐阻，資用或缺，朕甚愍焉！自今西川、山南、荆湖等道舉人，往來給劵。」

13 辛卯，詔歸、峽州並直隸京師。

14 相、趙、深三州丁夫死太原城下者三百三十四人，詔復其家三年。

15 戊戌，遼右千牛衞將軍王甲以豐州來降，卽命其子廷美爲豐州衙門〔內〕指揮使。

16 己亥，帝燕藩臣於後苑，酒酣，從容謂之曰：「卿等皆國家宿舊，久臨劇鎭，王事鞅掌，非朕所以優賢之意也。」前鳳翔節度使兼中書令王彥超喻帝指，卽前奏曰：「臣本無勳勞，久冒榮寵。今已衰朽，骸骨歸丘園，臣之願也。」前安遠節度使兼中書令武行德，前護國節度使郭從義，前定國節度使白重贊，前保大節度使楊廷璋，競自陳攻戰閥閱及履歷艱苦，帝曰：「此異代事，何足論也！」庚子，以行德爲太子太傅，從義爲左金吾衞上將軍，彥超爲右金吾衞上將軍，重贊爲左千牛衞上將軍，廷璋爲右千牛衞上將軍。時節度與燕者，皆罷鎭改官。

17 太子太傅王溥，遷太子太師。

18 初，丁德裕、王玨、張瑱，同領兵屯西川，德裕頗自專恣，以兵馬都監張延通黨於瑱，嗛之。及歸闕，德裕誣奏延通言涉指斥及不法事，仍指瑱爲黨。癸卯，帝御後殿引問，延通抗對復不遜，卽日棄市，瑱、玨並杖配。

19 遼錫里、舊作舍利，今改。裕嚕舊作于魯，今改。等十六族來歸，授官有差。

[20]是月，遼主如褭潭。

[21]十一月，甲辰朔，遼主行柴册禮，祠木葉山，駐鶴谷。

[22]乙巳，遼北院樞密使蕭思溫封魏王，北院大王烏珍舊作屋質，今改。加裕悦。舊作于越，今改。

[23]庚申，回鶻、于闐皆遣使來貢方物。回鶻使者道由靈州，交易於市，知州段思恭遣吏市碙〔硇〕砂，吏與使者爭直忿競，思恭釋吏不問，械繫使者，數日，始貸之。使者歸，愬於其國，回鶻汗遣使齎牒詣靈州，詢械繫之由，思恭自知理屈，不敢報。自是數年，回鶻不復入貢。

[24]戊辰，詔中書舍人李昉、兵部員外郎·知制誥盧多遜分直學士院。直學士院，自昉及多遜始也。

先是堂吏以事至翰林，拜於堂下，學士略離席勞揖，事已卽退，未嘗與坐。昉前在翰林猶然，及是有白事者，遂拜堂上，更展敍中外，無復曩日之禮，昉愕然。詢於同列，則云如此承襲數年矣，莫詰其故也。禮部尚書楊昭儉喜譏訾，因揚言昉謟堂吏，常獲其剌字云。

[25]是月，南唐主校獵於青龍山，還，至大理寺，親錄囚，多所原宥。中書侍郎韓熙載劾奏：「獄多由有司，囹圄之中，非車駕所宜至。請有司罰內帑錢三百萬充軍儲。」

[26]十二月，乙酉，以房州防禦使王彥昇爲原州防禦使。彥昇善擊劍，軍中目曰王劍兒。性殘忍，在原州凡五年，戎人有犯漢法者，彥昇不加刑，召僚屬飲宴，引所犯戎人於前，手捽其

耳嚼之，下以巵酒，戎人流血被體，股慄不敢動。前後啗其耳者數百，戎人畏懼，不敢犯塞。

27 戊戌，以辛文悅知房州事。帝初從文悅肄業，及即位，召見，授太子中允，判太府寺。周鄭王時在房州，帝謂文悅長者，故有是命。

28 丁德裕奏西川轉運使、禮部郎中李鉉嘗醉酒指斥，帝驛召鉉，下御史獄鞫之。因言德裕在蜀日屢以事請求，多拒之，皆有狀。帝悟德裕之妄，止坐鉉酒失。己亥，責鉉爲左贊善大夫。

29 右贊善大夫王昭文，【考異】宋史作「王昭」，今從長編。以監大盈倉，其子與倉吏爲奸，配隸汝州。

30 鳳翔節度使符彥卿，被病輿赴西京，上言病亟，詔許就醫洛陽。假滿百日，受俸如故，爲御史所糾，帝以彥卿姻舊，釋之，但罷其節度。

31 遼以韓匡嗣爲上京留守，用藩邸舊恩也。頃之，封燕王，匡嗣令其子德讓入侍，遼主以爲謹飭，加授東頭供奉官，補樞密院通事。

三年 遼保寧二年。（庚午、九七〇）

1 春，正月，丁未，遼主如潢河。

2 癸丑，廢海州東海監復爲縣。

3辛酉，詔：「諸州官吏審察民有孝弟彰聞、德行純茂者，【考異】長編作德業純茂，宋史及東都事略俱作德行。按選舉志，宋有德行純茂科，今從之。滿五千戶聽舉一人；或有奇材異行，不限此數。所舉得實加賞，不如詔者罪之。」

4鎮寧軍節度張令鐸之罷軍職也，帝令皇弟光美取令鐸女爲夫人。及令鐸自鎮來朝，被病，帝親問之，賜賚甚厚。己巳，令鐸卒，贈侍中。令鐸性仁恕，嘗語人曰：「我從軍三十餘年，大小四十餘戰，多摧堅陷敵，然克捷之後，未嘗妄殺一人也。」及其卒，人多惜之。

5遼韓知範自太原歸，言晉陽多梗，而劉繼元無輔。南院樞密使高勳亦言於遼主曰：「我與晉陽父子之國，歲嘗遣使來覲，非其大臣卽其子弟，先帝以一怒而盡拘其使，甚無謂也。」遼主乃盡索北漢使者十六人，厚禮而遣之，仍命劉繼文爲保義節度使，李弼爲樞密使，俾輔繼元。繼文等久留遼，復受其命，歸秉國政，左右皆譖毀之，北漢主乃出繼文爲代州刺史，弼爲憲州刺史。遼主聞之，下詔責北漢主曰：「朕以爾國連喪二主，僻處一隅，期於再安，必賚共治。繼文汝之令弟，【考異】十國春秋以繼文爲北漢主之從兄。此或遼人之誤，今仍其原文。李弼爾之舊臣，一則有同氣之親，一則有耆年之故，遂行並命，俾效純誠，庶幾輯寧，保成歡好。而席未暇暖，身已棄捐，將順之心，於我何有！」北漢主得書，惶恐謝過，然繼文卒不召還。【考異】長編云：北漢主疑繼文報於契丹，乃遣使按責繼文，繼文以憂死。蓋以九國志爲據。按遼史，繼文於漢亡後在遼，九國志誤。

6 二月，壬申朔，以萬州梁山縣爲軍。

7 己卯，雄州刺史侯仁矩卒。帝特遣中使護喪，官給葬事。

仁矩子延廣，亦有勇略，仁矩在雄州日，方飲宴，遼數千騎入城，居民驚擾，延廣引親信數騎馳出，射殺部長一人，斬首數級，悉禽其餘黨。仁矩喜，拊其背曰：「興吾門者必汝也！」事聞，詔賜錦袍、銀帶。

8 北漢主以禮部侍郎李惲爲司空、同平章事，鴻臚卿劉繼顒爲太師兼中書令，領成德軍節度，三司使高仲曦爲樞密使，奄人衞德貴爲大內都點檢，嬖人范超爲侍衞親軍都虞候。超及德貴實分掌機務，惲等備位而已。惲，陽武人，嗜酒耽弈，不恤政事。北漢主多內寵，繼顒數獻簪珥，北漢主彌重信之。

9 三月，壬寅朔，詔：「禮部貢院閱進士諸科，十五舉以上曾經終場者以名聞。」甲辰，得司馬浦等六十三人。庚戌，得取十五舉未經終場者四十三人，並賜出身。仍詔自今勿得爲例。

【考異】宋史，詔閱進士十五舉以上司馬浦等百六人，並賜本科出身。蓋合兩事爲一事。今從長編。

10 忠武軍節度使宋偓市邸店於所部，帝聞之，不悅，戊申，徙爲靜難節度使。

11 己酉，以忠正節度使王審琦爲忠武節度使。

審琦鎮壽春凡八年，歲得租課，量入爲用，未嘗有所誅求，民頗安之。所部邑令以罪停其錄事史，幕僚白令不先諮府，請按之，審琦曰：「五代以來，諸侯强橫，令宰不得專縣事。今天下治平，我忝守藩維，而部內宰能斥去黠吏，誠可賞也，何按之有！」

12 辛亥，以處士酸棗王昭素爲國子博士，致仕。昭素少篤學，有志行，帝聞其名，召見便殿。時年已七十餘，帝問曰：「何以不仕？」昭素謝不能。令講乾卦，至「九五飛龍在天」，斂容曰：「此爻正當陛下今日之事。」引援證據，因示風諫微旨。帝甚悅，問以治世養身之術，昭素曰：「治世莫若愛民，養身莫若寡欲。」帝愛其語，書於屏風間。留月餘，數求歸，故有是命。年八十九，卒於家。【考異】李燾曰：本傳言爲李穆所薦。按穆開寶五年始召爲太子中允，此時方以洋州通判免官家居，則薦昭素者非穆也。僧文瑩湘山錄亦言穆薦，又言對太宗，皆誤。寶訓言卽授左拾遺，與正史、實錄不同，今不取。

13 夏，四月，辛未朔，日有食之。【考異】遼史不書是年日食，今從宋史。

14 乙亥，以內客省使丁德裕權知潞州，時昭義節度使李繼勳徙爲天雄節度使故也。

15 己卯，詔三司：「諸路兩稅折科物，非土地所宜者，勿得抑配。」

16 是月，遼主如東京，致奠於讓國皇帝及世宗廟。

17 初，蕭思溫以尙主，爲羣牧林牙，在軍中齷齪修邊幅，僚佐皆知其無將帥才。後爲將，果無功，事穆宗，無所匡輔，士論不與。至是以后戚蒙寵，居顯要，尋加尚書令，諸勳戚皆不平。五月，從遼主獵閭山，乙卯，盜殺思溫於盤道嶺。

18 六月，遼主還上京。

19 汴水決寧陵縣，發丁夫塞之，又塞汴口以殺水勢。

20 秋，七月，壬寅，詔：「民訴水旱災傷者，夏不得過四月，秋不得過七月。」

21 壬子，詔曰：「吏員猥多，難以求治；俸祿鮮薄，未可責廉。與其冗員而重費，不若省官而益俸。西川管內州縣官，宜以口數爲率，差減其員，舊俸月增給五千。天下州縣官宜依西州〔川〕例省減員數。」

22 遼以耶律賢適爲北院樞密使。賢適嘗侍遼主於藩邸，穆宗暴虐，遼主與韓匡嗣、尼哩（舊作女里。）游，言涉譏刺，賢適勸以早宜疏絕，由是得免穆宗猜忌，賢適之力也。遼主初立，多疑諸王或萌非望，陰以賢適爲腹心，故有是命。

23 丙寅，南唐中書侍郎韓熙載卒。

初，南唐主以熙載盡忠能直言，欲用爲相，而熙載任情棄禮，妓妾縱恣，南唐主以此難之。俄被劾，左遷右庶子，分司南都。熙載盡斥諸妓，單車就道，且上表求哀，南唐主喜，留之，尋復其位。已而諸妓稍稍復還，南唐主曰：「吾亦無如之何矣！」及卒，南唐主歎曰：

「吾終不能得熙載爲相也！」乃手書贈熙載平章事。熙載家無餘財，棺槨衣衾，皆南唐主賜之。【考異】據徐鉉集，熙載卒於此年七月二十七日丙寅，江南野錄載熙載事頗不雅馴，今取五代史、九國志增飾之。

24 八月，庚寅，以隰州刺史李謙溥爲濟州團練使。

謙溥在隰州十年，敵人不敢犯其境。有招收將劉進者，勇力絕人，謙溥撫之甚厚，常往來境上，以少擊衆。北漢人患之，爲蠟丸書以間進，佯遺其書道中，晉州節度使趙贊得之，以聞，帝令械進送闕下。謙溥召詰其事，進伏於庭，請死，謙溥曰：「我以舉宗四十口保汝矣。」即上言：「進爲北漢人所惡，此乃反間也。」奏至，帝悟，遽釋之，賜以禁軍都校戎帳服具。進感激，願擊賊自效。

25 帝嘗命有司爲洛州防禦使郭進治第，凡庭堂悉用甋瓦。有司言：「惟親王、公主始得用此。」帝怒曰：「郭進控扼西山踰十年，使我無北顧憂，我視進豈減兒女邪！亟往督役，勿妄言！」帝寵異將帥類此，故能得其死力。

26 南唐主復作書諭南漢主鋹歸款中國，遣給事中龔慎儀往使。鋹得書，大怒，遂囚慎儀，驛書答南唐主，甚不遜。南唐主以其書來上，帝始決意伐之。

九月，己亥朔，以潭州防禦使潘美爲賀州道行營兵馬都部署，朗州團練使鄆人尹崇珂副之，道州刺史王繼勳爲行營馬軍都監，仍遣使發諸州兵赴賀州城下。【考異】李燾曰：舊錄載命潘美等在八月二十二日辛卯。今從新錄、本紀、會要。

27 蕭思温之死，遼主以后故，求盜甚急，辛丑，得國舅蕭哈濟（舊作海只。）及哈里（舊作海里。）謀殺思温狀，皆伏誅，流其弟神覩於黄龍州，尋亦誅之。

28 甲辰，詔：「西京、鳳翔、雄、耀等州，周文、成、康三王，秦始皇，漢高、文、景、武、元、成、哀七帝，後魏孝文，西魏文帝，後周太祖，唐高祖、太宗、中宗、肅宗、代宗、德、順、文、武、宣、懿、僖、昭諸帝凡二十七陵，嘗被發者，令有司備法服、常服各一襲，具棺重葬，所在長吏致祭。」

29 潘美等克富州。

先是南漢舊將多以讒死，宗室翦滅殆盡，掌兵惟宦者數輩，城壁、壕隍，俱飾爲宮館、池沼，樓艦、器甲，輒腐敗不治。及師次白霞，賀州刺史陳守忠遣使告急，內外震恐，南漢主遣龔澄樞馳驛往賀州宣慰。時士卒久在邊，多貧乏，聞澄樞至，以爲必加賞賚，而澄樞出空詔撫諭，衆皆解體。宋師前鋒至芳林，澄樞惶懼，乘輕舸遁歸。癸丑，圍賀州。

南漢主召大臣議，皆請以潘崇徹將兵禦之。崇徹自罷兵柄，常怏怏，於是辭以目疾。南漢主怒曰：「何須崇徹，伍彥柔獨無方略邪！」遂使彥柔將兵來援。

戊午，宋師聞彥柔至，退二十里，潛以奇兵伏南鄉岸。彥柔夜泊南鄉，遲明，挾彈登岸，據胡牀指揮，而伏兵猝起，彥柔衆大亂，死者十七八。禽彥柔，斬之，梟其首以示城中，城中人猶堅守弗下。隨軍轉運使王明言於潘美曰：「援兵將至，當急擊之。」諸將頗猶豫，明乃率所部護送輜重卒百餘人，丁夫數千，畚鍤皆作，堙其塹，直抵城門，城中人大懼，開門以納，遂克賀州。

潘美等聲言順流趨廣州，南漢主憂迫，計無所出，乃加潘崇徹爲內太師、馬步軍都統，領衆三萬屯賀江。會宋師徑趨昭州，崇徹但擁衆自保而已。

冬，十月，辛卯，潘美等破南漢開建寨，殺數千人，禽其將靳暉。昭州刺史田行稠棄城遁，桂州刺史李承珪亦奔還，遂取昭州、桂州。

帝覽桂陽監歲入白金數，謂宰相曰：「山澤之利雖多，頗聞采納不易。」十一月，乙巳，詔減舊額三分之一以寬民力。

30 初，遼聚六萬騎攻定州，命判四方館事田欽祚領兵三千禦之，帝謂欽祚曰：「彼衆我寡，但背城列陣以待之，敵至即戰，勿與追逐。」

欽祚與遼戰於滿城，遼騎小卻，乘勝至遂城。欽祚馬中流矢而踣，騎士王超以馬授欽祚，軍復振，自旦至晡，殺傷甚衆，夜，入保遂城，遼人圍之。數日，欽祚度城中糧少，整兵，開南門，突圍一角出；是夕，至保塞，軍中不亡一矢。北邊傳言三千打六萬。

癸亥，奏至，帝喜，謂左右曰：「契丹數入寇邊，我以二十匹絹購一契丹人首，其精兵不過十萬人，止費二百萬絹，則敵盡矣。」自是益修邊備。【考異】王鞏隨手雜錄云：太祖一日召趙韓王於別殿，左右無一人，出取幽燕圖示之。趙熟視久之，曰：「此必曹翰所爲。」帝曰：「何以知之？」曰：「非翰莫能爲也。」帝曰：「何如？」趙曰：「舉必克之，須世世得曹翰守之乃可。」帝不語，攜圖而入，遂不復言幽燕之計。按太祖二百萬絹之策，即封樁庫所由始。太祖志在取燕，不以趙普一言而輟謀也。今不取。

81 是月，師克連州，南漢招討使盧收率其衆退保清遠。南漢主聞之，謂左右曰：「昭、桂、連、賀，本屬湖南，今北師取之足矣，其不復南也。」

82 十二月，庚午，翰林學士承旨、戶部尙書陶穀卒，命中使監護葬事，贈右僕射。

穀本姓唐，避晉祖諱，改焉。文翰冠絕一時，自以久次，意希大用。然爲人傾側佷媢，初作翰林承旨，力排竇儀，儀以是不得相位。及魏仁浦在中書，穀自言出於魏氏，以舅事仁浦，每見，輒望塵下拜。帝素薄之，選置宰輔，未嘗及穀。【考異】畫墁錄云：太祖嘗謂陶穀一雙鬼眼。按太祖薄其爲人，非惡其眼也，今不取。穀一日使其黨因事風帝，言穀在詞禁，宣力實多，帝笑曰：「我聞學士草制，皆檢前人舊本稍改易之，此諺所謂依樣畫葫蘆耳，何宣力之有！」穀因作詩題翰林壁，語頗怨望，帝遂決意不用。【考異】續湘山野錄：陶尙書乞罷禁林，太祖曰：「依樣畫葫蘆，且作且作，不許罷。」東軒筆錄則以穀希大用，其黨薦引，而太祖有是言也。今從長編。

83 潘美等長驅至韶州。南漢都統李承渥領兵十餘萬屯蓮華峯下，教象爲陣，每象載十數人，皆執兵仗，戰則置陣前以壯軍威。美盡索軍中勁弩射之，象奔踶，乘者皆墜，反踐承渥軍，軍大敗，承渥僅以身免，遂取韶州，禽其刺史辛延渥及諫議大夫鄧文遠。

延渥間道遣使勸南漢主迎降，觀軍器使李托深沮其議，國中震恐。南漢主始命塹東壕爲拒守計，顧諸將無可使者，宮媼梁鸞眞薦其養子郭崇岳可用，乃以爲招討使，與大將植廷曉統衆六萬屯馬逕，列栅以抗宋師。崇岳無謀勇，惟日禱於鬼神而已。

34 是冬，南唐南都留守建安林仁肇密表言：「淮南諸州，戍兵各不過千人，宋朝前年滅蜀，今又取嶺表，往返數千里，師旅罷敝。願假臣兵數萬，自壽春北渡，徑據正陽，因思舊之民，可復江北舊境。彼縱來援，臣據淮對壘而禦之，勢不能敵。兵起之日，請以臣舉兵外叛聞於宋朝，事成國家享其利，敗則族臣家，明陛下無二心。」南唐主懼不敢從。

初，宜春人盧絳詣樞密使陳喬獻書，喬異之，擢沿江巡檢，召募亡命，習水戰，屢要吳越兵於海門，獲舟艦數百。嘗說南唐主曰：「吳越，仇讎也，他日必爲北朝鄉導，掎角攻我，當先滅之。」南唐主曰：「大朝附庸，安敢加兵！」絳曰：「臣請詐以宣、歙州叛，陛下聲言討伐，且乞兵於吳越，兵至拒擊，臣躡而攻之，其國必亡。」南唐主亦不能用。

是歲，德哷勒舊作敵烈，今改。部叛，遼主命右伊勒希巴舊作夷离畢，今改。耶律希達舊作奚底，今改。討之。

四年遼保寧三年。(辛未、九七一)

1春，正月，戊戌朔，以出師，不視朝。

2潘美克英、雄二州，南漢都統潘崇徹來降。【考異】宋史載正月癸丑取英州、雄州，王宗沐宋元通鑑繫於二月。今從長編、東都事略，但云正月，不著日。

3丙午，令：「諸道州縣不得更差攝官，凡有闕員，即具聞，旋與注授；前所差攝官皆罷其職事，以見任官權管。」

4辛亥，通判閬州、殿中侍御史路沖言：「本州職役戶，負恃形勢，輸租違期，已別立版簿於通判廳，依限督責，欲望頒爲條制。」詔：「諸州府並置形勢版簿，令通判專掌其租。」

5禁河東諸州民徙內郡者私畜兵器。

6甲寅，遼耶律希達遣人獻德呼勒部之俘，遼主命賜有功將士。

7庚申，遼置登聞院。遼主以穆宗廢鐘院，窮民冤無所訴，故詔復之，仍命鑄鐘勒詞，著廢置之意。

8癸亥，遼兵侵易州，監軍任得義戰卻之。

9是月，潘美師次瀧頭，南漢主遣使請和，且求緩師。瀧頭山水險惡，潘美等疑有伏兵，乃挾其使而速度諸險。甲子，至栅口；乙丑，至馬逕，【考異】李燾曰：甲子，正月二十七日。此據露布所言，卽郭崇岳列柵處也。傳云去廣州十里，蓋誤。九國志，柵口去廣州才百里，王師所次去柵口又十里。露布言去廣州只一程，又言八十里槍旗競進，當得其實也。屯雙女山，直瞰郭崇岳柵。游騎數出挑戰，崇岳不從，但堅壁自守而已。

南漢主取舶船十餘艘，載金寶、妃嬪，欲入海；未及發，宦官樂範與衞兵千餘盜舶船以走。南漢主懼，乃遣右僕射蕭漼、中書舍人卓惟休奉表詣軍門乞降，潘美卽令部送赴闕。漼等不反，南漢主益懼，復令崇岳戒嚴。二月，丁卯朔，又遣其弟禎王保興率國內兵來拒。【考異】五代史記、九國志言保興率文武官屬來降，王師不納。李燾云：國史劉鋹傳，言保興來降，爲郭崇岳所遏。按崇岳本無鬭志，豈敢更遏保興令不降也！傳又言王師進攻崇岳，保興領衆拒戰，然則保興必不以降出。今從露布。十國紀年亦云保興先帥百官迎王師，潘美以南漢主不至，不納。二月一日，南漢主乃使保興拒戰。

植廷曉謂崇岳曰：「北軍乘席卷之勢，其鋒不可當，吾士旅雖衆，然皆傷痍之餘，今不驅策而前，亦坐受其斃矣。」庚午，廷曉乃領前鋒據水而陣，令崇岳殿後，禦其奔衝。既而宋師濟水，廷曉力戰不勝，遂死之，崇岳奔還其柵。美謂王明曰：「彼編竹木爲柵，若篝火焚之，必擾亂，因而夾擊之，此萬全之策也。」遂分遣丁夫各持二炬，間道造其柵，及夜，萬炬俱發。會天大風，煙埃坌起，南漢兵大敗，崇岳死於亂兵，保興逃歸。

龔澄樞、李托與內侍中薛崇譽等謀曰：「北軍之來，利吾國中珍寶耳，今盡焚之，使得空城，必不能久駐，當自還也。」乃縱火焚府庫、宮殿，一夕皆盡。【考異】澄樞等傳皆云：王師至白田，澄樞等乃縱火焚府庫。世家及十國紀年，則云焚府庫之明日，王師始至白田。今從世家及紀年。

辛未，師至白田，南漢主素服出降，潘美承制釋之。遂入廣州，【考異】東都事略：丁亥，克廣州。宋史：己丑，潘美克廣州。今從長編。俘其宗室、官屬九十七人，與南漢主皆縶於龍德宮。保興初匿民間，後乃獲之。有閹人百餘輩盛服請見，美曰：「是椓人多矣，吾奉詔伐罪，正爲此等。」命悉斬之。美以露布告捷，己丑，至京師。

庚寅，羣臣稱賀，遂賜宴。凡得州六十，縣二百十四，戶十七萬二百六十三。

辛卯，赦廣南管內州縣常赦所不原者，僞署官並仍舊，無名賦斂咸蠲除之。

10 知制誥盧多遜權知貢舉，奏進士合格者十人。

11 帝以令、尉捕賊，先定日限，其已被批罰者，或遂絕意追捕。乙未，詔：「自今雖限外獲賊者，令有司備書於籍以除其罰，但不得敍爲勸績。其累經殿降法當停免者，不用此制。」

12 是月，遼主東狩，以青牛、白馬祭天地。

13 三月，丙申，詔：「嶺南有買人男女爲奴婢轉利者，並放免；僞政有害於民者，除之。」

【考異】免奴婢詔，長編作庚子。除僞政詔，東都事略作乙巳。今從宋史統作丙申。

14 丁未，遼以飛龍使尼哩舊作女里，今改。爲契丹行宮都部署。

15初，右監門衞將軍趙玭，以罪勒歸私第，不勝忿恚，一日，伺趙普入朝，於馬前斥普短。帝聞之，召玭及普面質其事，玭大言詆普販木規利。先是秦、隴大木，官禁私販，普嘗遣親吏往市屋材，聯巨筏至京師治第，吏因之竊於都下貿易，故玭以爲言。帝怒，促閤門集百官，將下制逐普，詔問太子太師王溥等：「普當得何罪？」溥附閤門使奏云：「玭誣罔大臣。」帝意頓解，反詰責玭，命武士撾之。御史鞫於殿庭，普力營救，帝乃寬其罰。夏，四月，丙寅朔，責汝州牙校。

16壬申，命潘美、尹崇珂同知廣州，以儋、崖、振、萬安等四州隸瓊州，令廣州擇官分知州事。

17己卯，遼主祠木葉山，行再生禮。丙戌，遼主還上京，以韓德讓爲上京皇城使，遙授彰德節度使。自是德讓日見進用矣。

18戊子，永興軍節度使、同中書門下二品吳廷祚來朝。遇疾，帝親臨問，遣中使王繼恩監視之。庚寅卒，贈侍中。繼恩，陝人也。

19南唐主遣其弟吉王從謙來朝貢。

20潘美遣使部送劉鋹及其宗黨、官屬獻於京師。鋹至公安，邸吏龐師進謁，學士黃德昭侍鋹，鋹因問師進何人，德昭曰：「本國人也。」鋹曰：「何爲在此？」德昭曰：「高皇帝居藩日，歲貢大朝，輜重皆歷荆州，乃令師進置邸於此，造車乘以給餽運耳。」鋹歎曰：「我在位十四年，未嘗聞此言，今日始知祖宗山河及大朝境土也。」因泣下久之。

既至，舍玉津園，帝遣參知政事呂餘慶問反覆及焚府庫之罪，鋹歸罪於龔澄樞、李托、薛崇譽。帝復遣使問澄樞等，皆俛首不對，僞諫議大夫王珪謂托曰：「昔在廣州，機務並爾輩所專，火又自內中起，今尚欲推過何人？」遂唾而批其頰，澄樞等乃引伏。

五月，乙未朔，有司以帛係鋹及其官屬，先獻太廟、太社。帝御明德門，遣攝刑部尚書盧多遜宣詔責鋹，鋹對曰：「臣年十六僭僞號，澄樞等皆先臣舊人，每事，臣不得自由，在國時，臣是臣下，澄樞是國主。」對訖，伏地待罪。帝命攝大理卿高繼申引澄樞、托、崇譽，斬於千秋門外，釋鋹罪，并其弟保興及官屬各賜以冠帶、器幣、鞍馬。尋以保興爲左監門衞率府率。

初，議獻俘之禮，朝臣莫能知，乃遣使就問吏部尚書致仕張昭。昭臥病，口占以授使者，咸服其該博，遂用之。

[21]丁酉，以潭州防禦使潘美領山南東道節度使，朗州團練使尹崇珂領保信軍節度使，同知廣州如故。

[22]以王明爲祕書少監，領韶州刺史、廣南諸州轉運使。大兵南伐，明知轉運使，嶺道險

絕，不通舟車，但以丁夫負荷糗糧數萬，仰給無闕，每下郡邑，必先收其版籍，固守倉庫，頗亦參預軍畫。帝嘉其功，故擢用焉。

23初，(帝)使軍器庫使楚昭輔鉤校左藏庫金帛，數日而畢，條對稱旨，至是授左驍衛大將軍，權判三司。

24辛丑，宴劉鋹於崇德殿。【考異】宋史太祖紀云：大宴於大明殿，鋹預焉。事系乙未獻俘之下。今從長編。

25六月，辛未，命司農少卿李繼芳祭南海。劉鋹先尊海神爲昭明帝，廟爲聰正宮，其衣飾以龍鳳，詔削去帝號及宮名，易以一品之服。

26壬申，初置市舶司於廣州。

27丙子，詔御史中丞劉溫叟、中書舍人李昉重定開元禮，以國朝沿革制度附屬之。

28丁丑，回鶻遣使貢於遼。

29初，帝征晉陽，命密州防禦使馬仁瑀率衆巡邊，至上谷、漁陽，遼人素聞其名，不敢出，因縱兵大掠而還。明年，羣盜周弼等起兗州，詔仁瑀掩擊。仁瑀領帳下十數人入泰山禽弼，盡獲其黨。庚辰，徙仁瑀爲瀛州防禦使。仁瑀兄子因醉誤殺平民，繫獄當死，民家願以過失傷論，仁瑀曰：「我爲長吏而兄子殺人，此乃恃勢恣橫，非過失也，豈敢以私親而亂國法哉！」遂論如律。

30 壬午，以劉鋹爲右千牛衞大將軍，員外置，封恩赦侯，俸外別給錢五萬，米麥五十斛。鋹體質豐碩，眉目俱竦。性絕巧，有口辯，嘗自以珠結鞍勒爲戲龍之狀以獻，帝賞其精妙，給錢百五十萬償其直，因謂左右曰：「鋹好工巧，習以成性，倘能移於治國，豈至滅亡哉！」

鋹在國時，多置酖，毒臣下。一日，從帝幸講武池，從官未集，鋹先至，詔賜卮酒，鋹疑之，奉杯泣曰：「臣承祖父基業，違拒朝廷，勞王師致討，罪固當誅。陛下旣待臣以不死，願爲大梁布衣，觀太平之盛，未敢飮此酒。」帝笑曰：「朕推心置人腹，安有此事！」命取鋹酒自飮之，別酌以賜鋹，鋹大慚，頓首謝。【考異】李燾曰：鋹獻鞍轡，實錄在五年五月，今移入。

31 是月，嵐州破北漢兵於古台郮。

32 河決鄭州原武縣。汴水決宋州穀熟縣。

33 帝旣平廣南，欲行報謝之禮，秋，七月，甲午朔，詔以冬至有事於南郊。

34 乙未，御史中丞劉溫叟卒

溫叟爲中丞十二年，屢求解職，帝難其代，終不許。及被病，帝知其貧，遣中使就賜器幣。

溫叟性重厚方正，好古執禮，事繼母以孝聞，父名岳，非侍宴，終身不聽樂。

開封尹光義聞其清介，嘗遣府吏齎錢五百千遺之，溫叟不敢卻，貯廳事西舍中，令府吏封識乃去。明年，重午，復送黍角、紈扇，所遣吏即前送錢者，視西舍封識宛然，還，以告。光義曰：「我餽猶不受，況他人乎！」乃命輦歸府中。他日，光義侍宴，論當世名節士，具道溫叟辭錢事，帝歎賞久之。

溫叟既卒，帝難其繼，曰：「必得和厚如溫叟者乃可。」乃命太子賓客邊光範兼判御史臺事，居半歲，始眞爲中丞。

35 辛丑，遼以耶律賢適爲西北路兵馬都部署。賢適忠介膚敏，推誠待人，雖燕息不忘政治，故百司庶職罔敢媮惰，累年滯獄悉決之。

36 丙申，詔：「廣南諸州受民租皆用省斗，每一石外別輸二升爲雀鼠耗。」先是劉鋹私置大量，重斂於民，凡輸一石乃爲一石八斗。轉運使王明上言，故革之。

37 內侍養子多爭財起訟，戊午，詔：「自今年滿三十無養父者，始聽養子，仍以其名上宣徽院，違者抵死。」

38 建武節度使、判棣州何繼筠來朝，癸亥，卒於京師。帝親臨其喪，流涕謂左右曰：「繼筠捍邊有功，朕不早授藩鎭者，慮其數奇耳。今領旄鉞未幾，果至淪沒，豈不哀哉！」即命中使護喪事，令以生平所佩劍及甲冑同葬。

繼筠深沈有智略，與士卒同甘苦，得其死力，居北邊前後二十年，善揣知敵情，屢以少擊衆，遼人畏伏，多畫象祠之。

39平晉軍使攻北漢孟園、樂義二寨，破之。

40汴水決宋州宋城縣。

41八月，甲戌，遼主如秋山。

42甲申，羣臣奉表請加尊號曰興化成功，至再，訖不允。

43辛卯，遼主祭皇兄吼墓。吼，世宗之長子，早薨，墓號太子院，至是追册爲皇太子，謚莊聖。

44先是遼世宗爲察克舊作察割，今改。所弒，遼主時年四歲，【考異】長編作年九歲，今從遼史。或以氈裹之，匿於積薪下，得免。後養於永興宮，爲保傅者皆有恩。九月，乙巳，遼主賜傅父、保母等戶口牛羊有差。又以潛邸給使者爲塔瑪舊作撻馬，今改。部，置官主之。

45壬子，遼主如歸化州。甲寅，如南京。移上京留守韓匡嗣於南京，卽以其子德讓代爲東京留守。

續資治通鑑卷第七

賜進士及第兵部尚書兼都察院右都御史總督湖北湖南等處地方軍務兼理糧餉世襲二等輕車都尉畢沅編集

宋紀七 起重光協洽（辛未）十月，盡閼逢閹茂（甲戌）八月，凡二年有奇。

太祖啓運立極英武睿文神德聖功至明大孝皇帝

開寶四年 遼保寧三年。（辛未、九七一）

1 冬，十月，癸亥朔，日有食之。【考異】遼史不書是年日食，今從宋史。

2 己巳，詔：「僞作黃金者棄市。」

3 遼以黑、白羊祭神。

4 庚午，太子洗馬王元吉棄市，坐知英州月餘多受贓私故也。

5 知邕州范旻奏劉鋹時白配民物十數事，辛巳，悉命除之。邕州俗尚淫祀，被病者不敢治療，但益殺雞豚，徼福於淫昏之鬼。旻下令禁止，出俸錢，市藥物，親爲和合，民有病則給之，獲愈者千計。

會南漢所署知州鄧存忠劫土人二萬衆，攻圍州城七十餘日，旻屢出與戰，矢集於胸，猶力疾督戰，賊遂小卻。旻創甚，乃堅壁固守，遣使間道求援於廣州，前後十五輩始得達。援兵至，圍解。旻疾未平，詔令肩輿歸闕，所過僦丁夫，官給其直。旻，贇之子也。

6甲申，詔：「兩京、諸道，自十月後犯强竊盜，不得預郊祀赦；所在長吏，當告諭下民，無令冒法。」自後將郊祀，必申明此詔　【考異】李燾曰：寶訓載王旦言：「太宗時，每議郊祀，皆前下詔。又慮强盜恃恩犯法，乃詔不以赦原。而史館日曆並言竊盜。竊盜情輕，不可與强盜同科。今立刑法志，宜在酌中，而史官執稱不改日曆舊文。」眞宗曰：「當如何書？」且曰：「止可言强盜。」上曰：「理雖如此，然不可輒改，當從史官議，庶幾傳信。」今刑法志所書，實用眞宗聖語云。

7右補闕梁周翰上疏言：「陛下再郊上帝，必覃赦宥。臣以天下至大，其間有慶澤所未及，節文所未該者，宜推而廣之。方今賦入至多，加以科變之物，名品非一，調發供輸，不無重困。且西蜀、淮南、荆、潭、桂、廣之地，皆已爲王土，陛下誠能以三方所得之利，減諸道租賦之入，則庶乎德澤均而民力寬矣。」帝嘉納之。

周翰嘗監綾錦院，杖錦工過差，爲所訴。帝怒甚，召周翰切責，將亦杖之，周翰自言：「臣負天下才名，受杖不雅。」帝乃止。

帝初識周翰父彥溫於軍中，以周翰有文辭，欲用爲知制誥，天平節度使石守信入朝，帝語及之。守信與彥溫善，微露其言，周翰遽上表謝，帝不喜，其命遂寢。

8 癸未，北漢遣使貢於遼。

9 丙戌，詔：「嶺南諸州，劉鋹日煩苛賦斂，並除之。民爲兵者釋其籍，流亡者招誘復業。」

10 吐谷渾貢於遼。

11 十一月，癸巳朔，南唐主遣其弟鄭王從善來朝貢。於是始去唐號，改印文爲「江南國主印」，賜詔乞呼名，從之

先是國主以銀五萬兩遺宰相趙普，普告於帝，帝曰：「此不可不受，但以書答謝，少賂其使者可也。」普叩頭辭讓，帝曰：「大國之體，不可自爲削弱，當使之勿測。」及從善入覲，常賜外，密賚白金如遺普之數。江南君臣聞之，皆震駭，服帝偉度。

他日，帝因出，忽幸普第。時吳越王俶方遣使遺普書及海物十瓶列廡下，會車駕卒至，普亟出迎，弗及屏也。帝顧問何物，普以實對，帝曰：「海物必佳。」卽命啓之，皆滿貯瓜子金也。普惶恐，頓首謝曰：「臣實未嘗發書，若知此，當奏聞而卻之。」帝笑曰：「但受之無害，彼謂國家事皆由汝書生耳。」

12 丙申，吳越王俶遣其子鎮海、鎮東節度使惟濬來貢。

13 庚子，遼以臚朐河歸附戶分隸敦睦、積慶、永興三宮。

14 庚戌，詔曰：「取才之道，蓋非一端。近諸道攝官，悉令罷去，又慮荐更民政或著吏能者雷同退棄，良可惜也！宜悉令有司按其歷任，經三攝無曠敗，卽以名聞；受僞署者不在此限。」

15 河決澶州，東匯於鄆、濮，壞民田。帝怒官吏不時上言，遣使按鞫。庚戌，通判、司封郎中姚恕坐棄市，知州、左驍衞大將軍杜審肇免歸私第。恕初爲開封府判官，謁宰相趙普，會普宴客，閽者不卽通，恕怒而去。普亟使人謝焉，恕遂去不顧，普由是憾恕。及帝爲審肇擇佐貳，普卽請用恕，居澶州一年，竟坐法誅，投其屍於河。

16 戊午，親享太廟，始用繡衣、鹵簿。

17 己未，合祭天地於南郊，大赦，蠲開寶元年以前逋租。

18 壬戌，命潁州團練使曹翰塞澶州決河，濮州刺史安守忠副之。

19 初，帝擇孟昶親軍習兵馬者百餘輩爲川班內殿直，廩賜優給，與御馬直等。至是郊禮畢行賞，帝以御馬直扈從，特命增給錢人五千。而川班內殿直不得如例，乃相率擊登聞鼓陳乞，帝怒，遣中使諭曰：「朕之所與，卽爲恩澤，又安有例哉！」命斬其妄訴者四十餘人，餘悉配隸許州，遂廢其班。

時內臣有左飛龍使李承進者，逮事後唐，帝問曰：「莊宗以英武定中原，享國不久，何也？」承進曰：「莊宗好畋獵，務姑息將士，每出次近郊，禁兵衞卒必控馬首，告兒郎輩寒冷，望與救接，莊宗即隨其所欲給之。蓋威不行，賞賚無節也。」帝撫髀歎曰：「二十年夾河戰爭得天下，不能用軍法約束此輩，縱其無厭之求，以茲臨御，誠爲兒戲。朕今撫養士卒，固不吝惜爵賞，若犯吾法，惟有劍耳。」

20 十二月，癸酉，遼以青牛、白馬祭天地。

21 己丑，遼皇子隆緒生。

22 是冬，遼主駐金川。

23 江南以湯悅爲司空，判三司、尚書都省。

五年 遼保寧四年。（壬申、九七二）

1 春，正月，丁酉，禁鐵鑄浮圖與佛象及人物之無用者，慮愚民毀農器以徼福也。

2 前鄆州盧縣尉鄢陵許永，年七十有五，詣匭言：「父瓊年九十九，長兄年八十一，次兄年七十九，乞近地一官以就養。」庚子，召見瓊於便殿，問以近事，瓊歷歷能記，因厚賜之，即授永鄢陵縣令。【考異】宋史隱逸傳云授鄢城令，與長編異。永本鄢陵人，授本縣令，以便侍養耳。太祖紀亦作鄢陵令。今從長編及本紀。

3壬寅，吏部尚書致仕陳國公張昭卒。戒其子曰：「吾事數朝，無功德及人，勿請諡及立碑，以重吾過也。」

4北漢攻方山、雅爾兩寨，擊卻之。

5乙巳，罷襄州歲貢魚。

6二月，丙子，詔沿河十七州各置河隄判官一員。

7庚寅，以端明殿學士、兵部侍郎劉熙古守本官、參知政事。

8帝既平廣南，漸欲經理江南，因鄭王從善入貢，遂留之。國主大懼，是月，始損制度，下令稱教，改中書、門下省為左、右內史府，尚書省為司會府，其餘官稱，多所更定，宮殿悉除去鴟吻。

9閏月，壬辰，權知貢舉扈蒙奏合格進士安守亮等十一人，諸科十七人。帝召對於講武殿，始下詔放榜，新制也。

10癸巳，以江南進奉使李從善為泰寧節度使，賜第京師。國主雖外示畏服，修藩臣之禮，而內實繕甲兵，陰為戰守計。帝使從善致書風國主入朝，國主不從，但增歲貢而已。南都留守兼侍中林仁肇有威名，中朝忌之，潛使人畫仁肇像，懸之別室，【考異】圖畫見聞記：王霈長寫貌，太祖受禪，授圖院祗候，使江南，潛寫宋齊丘、韓熙載、林仁肇稱旨。是仁肇之像，霈所畫也。長編乃云賂其侍者竊取仁肇畫像，疑傳聞之誤。然見聞記亦有舛誤。宋初，宋齊丘已前死，不當復畫其像。今酌書之。引江南使者觀之，問何人，使者曰：「林仁肇也。」曰：「仁肇將來降，先持此爲信。」又指空館曰：「將以此賜仁肇。」國主不知其間，鴆殺仁肇。陳喬歎曰：「國勢如此，而殺忠臣，吾不知所稅駕矣！」

11 初，平嶺南，命太子中允周仁浚知瓊州，以儋、崖、振、萬安屬焉。帝謂宰相曰：「遐荒煙瘴，不必別命正官，且令仁浚擇僞官，因其俗治之。」辛卯，仁浚列上駱崇璨等四人，帝曰：「各授檢校官，俾知州事，徐觀其效可也。」

12 戊申，遼齊王諳薩噶舊作罨撒葛，今改。薨。三月，庚申朔，追册爲皇太叔。

13 先是，嶺南民有逋賦者，或縣吏代輸，或於兼并之家假貸，則皆納其妻子以質。甲申，知容州毋守素表其事，詔所在嚴禁之。

14 夏，四月，庚寅朔，遼追封蕭思溫爲楚國王。

15 帝按嶺南圖籍，州縣多而戶口少，命知廣州潘美及轉運使王明度其地里，幷省以便民，於是前後所廢州十六，縣四十九。

16 丙午，遣使檢視水災田。

17 隰州團練使兼沿邊都巡檢周勳，築壘界上，爲北漢人所襲破，戊午，責勳爲義州刺史。

18 五月，丙寅，詔：「廢嶺南道媚川都，選其少壯者爲靜江軍，老弱者聽自便，仍禁民不得以采珠爲業。」

先是，劉鋹於海門鎮募兵能采珠者二千人，號「媚川都」。凡采珠，必繫石於足，腰絙而沒焉，深或至五百尺，溺死者甚衆。鋹所居棟宇，皆飾以玳瑁珠翠，窮極侈靡。及爲宋師所焚，潘美等於煨燼中得所餘諸珍寶以獻，且言采珠危苦之狀，帝亟命小黃門持示宰相，速降詔罷之。

19 辛未，河大決澶州濮陰縣，壬申，命潁州團練使曹翰往塞之。翰辭於便殿，帝謂曰：「霖雨不止，又聞河決。朕信宿以來，焚香禱天，若天災流行，願在朕躬，勿施於民。」翰頓首拜曰：「昔宋景公諸侯耳，一發善言，災星退舍。今陛下憂及兆民，懇禱如是，固宜上格天心，必不爲災也。」

癸酉，帝又謂宰相曰：「霖雨不止，朕日夜焦勞，得非時政有闕邪？」趙普對曰：「陛下臨御以來，憂勤庶務，有弊必去，聞善必行，至於苦雨爲災，乃是臣等失職。」帝曰：「掖庭幽閉者衆，昨令徧籍後宮，凡三百八十餘人，【考異】後宮三百八十餘人，寶訓作不及三百；願歸者得百名，寶訓及本紀作五十餘人；未知孰是，姑從長編。因告諭，願歸其家者，具以情言，得百名，悉厚賜遣之矣。」

普等稱萬歲。

20河決大名府朝城縣，河南、北諸州皆大水。

21陝州民范義超，周顯德中以私怨殺同里常古眞家十二人，古眞年少，脫走得免，至是禽義超，訴於官。有司引赦當原，帝曰：「豈有殺一家十二人而可以赦論乎？」命斬之。

22六月，戊子朔，徙崖州於振州，遂廢振州。

23庚寅，河決陽武縣，汴水決鄭州、宋州。

24丁酉，詔：「沿河民田有爲水害者，有司具聞，除租。」

25戊申，發諸州兵士及丁夫凡五萬人塞決河，命曹翰護其役。未幾，河所決皆塞。是月，下詔曰：「近者澶、濮等數州，霖雨荐降，洪河爲患，朕以屢經決溢，重困黎元，每閱前書，詳究經瀆。至若夏后所載，但言導河至海，隨山濬川，未嘗聞力制湍流，廣營高岸。自戰國專利，堙塞故道，小以妨大，私而害公，九河之制遂墮，歷代之患弗弭。凡搢紳多士，草澤之倫，有素習河渠之書，深明疏導之策者，並許詣闕上書，附驛條奏，朕當親覽，用其所長。」

時東魯逸人田告，著纂禹元經十二篇，帝聞之，召見，詢以治水之道。善其對，將授以官。告固辭父年老，求歸奉養，詔從之。

26先是女眞攻白沙寨，略官馬三匹，民百二十八口。既而遣使以馬來貢，詔止之。至是首領復來貢，言已令部落送先所擄民及馬，詔切責其前寇略之罪而嘉其效順之意，放還貢馬使者。

27 是夏，遼主駐水〔冰〕井，觀從臣射柳。秋，七月，如雲州射柳。

28 戊辰，前保大節度使袁彥卒。

29 甲申，皇女永慶公主出降右衞將軍、駙馬都尉魏咸信。咸信，仁浦子也。

公主嘗衣貼繡鋪翠襦入宮，帝見之，謂主曰：「汝當以此與我，自今勿復爲此飾。」主笑曰：「此所用翠羽幾何！」帝曰：「不然，主家服此，宮闈戚里必相效。京城翠羽價高，小民逐利，展轉販易，傷生寖廣。汝生長富貴，當念惜福，豈可造此惡業之端！」主慚謝。

又，嘗因侍坐，與皇后同言曰：「官家作天子日久，豈不能用黃金裝肩輿，乘以出入？」帝笑曰：「我以四海之富，宮殿悉飾金銀，力亦可辦；但念我爲百姓守財耳，豈可妄用！古稱以一人治天下，不以天下奉一人。苟以自奉養爲意，百姓何仰哉！」【考異】談苑載此事，以爲魏國長公主。按魏國，太宗第七女也，當太祖時固未嘗封，不當云主家，恐有差誤。而此事實魏咸信言之，因附見公主出降之後。

30 三司言：「倉儲月給止及明年二月，請分屯田諸軍，盡率民船，以資江、淮漕運。」帝大怒，召權判三司楚昭輔切責之曰：「國無九年之蓄曰不足。爾不素爲計度，今倉儲垂盡，乃請分屯兵，括率民船，以給餽運，是可卒致乎？且設爾何用？苟有所闕，必罪爾以謝衆！」昭輔懼罪，詣開封府見皇弟光義，乞於帝前解釋，稍寬其罪，使得盡力，光義許之。

昭輔出，光義問押牙永城陳從信，對曰：「從信嘗游楚、泗間，見糧運停阻者，良由舟人乏食，日歷州縣勘給，故多凝滯。若自起發卽計日并支，往復皆然，可責其程限。又，楚、泗間運米入船，至京師輦米入倉，宜宿備運卒，皆令卽時出納。如此，每運可減數十日。楚、泗至京千里，舊定八十日一運，一歲三運；今若去淹留之虛日，則歲可增一運矣。又聞三司欲籍民船，若不許，則無以責辦，若盡取用之，則冬中京師薪炭殆絕。不若募其船之堅實者令運糧，其損敗者任民載樵薪，則公私俱濟。今市中米貴，官乃定價斗錢七十，商賈聞之，以其不獲利，無敢載至京師者，雖富人所儲，亦隱匿不糶，是以米益貴而民將餓殍也。」光義然之，明日，具告，帝悉從其言。由是事集，昭輔亦免責焉。

31 先是，大理正內黃李符知歸州，轉運司制置有不合理者，符卽上言，帝嘉之。秩滿歸闕，帝以京西諸州錢幣不登，八月，癸巳，命符知京西南面轉運事，書「李符到處，似朕親行」八字賜之，令揭於大旗，常以自隨。符前後條奏便宜凡百餘條，其四十八事皆施行，著於令。

32 丙申，命同知廣州潘美、尹崇珂並兼嶺南轉運使，其元轉運使王明爲副使，太子中允許九言爲判官。轉運判官，自九言始也。

33 九月，丁巳朔，日有食之。【考異】遼史不書是年日食，今從宋史。

34 樞密使李崇矩，與宰相趙普厚相交結，以其女妻普子承宗，帝聞之，不喜。故事，宰相、樞密使候對長春殿，同止廬中，帝始令分異之。

有鄭伸者，客崇矩門下十年，崇矩知其險詖無行，待之漸薄。伸怨恨，擊登聞鼓，告崇矩受太原人席羲叟黃金，私託翰林學士扈蒙與羲叟甲科，引軍器庫使范陽劉審瓊爲證，帝大怒，召審瓊詰問，審瓊具言其誣，帝怒稍解。癸酉，崇矩罷爲鎭國節度使，賜伸同進士出身，酸棗縣主簿。後伸死，其母貧餓，詣崇矩子繼昌乞丐，家人競前詬逐，繼昌獨召見，與白金百兩，時稱繼昌長者。

35 戊寅，徙建寧留後楊重勳爲保靜留後。

36 是月，禁玄象器物、天文、圖讖、七曜曆、太乙、雷公、六壬遁甲等，不得藏於私家，有者並送官。

37 冬，十月，丁亥朔，遼主如南京。

38 戊戌，詔：「邊遠官歲才三周，即與除代，所司專閱其籍，勿使踰時。」

是月，運江、淮米十萬石至京師，皆汴、蔡兩河公私船所載也

39 十一月，癸亥，禁釋、道私習天文、地理

40 己巳，詔：「諸道舉人，自今並於本貫州府取解，不得更稱寄應。」

41 庚辰，命參知政事薛居正、呂餘慶兼淮、湘、嶺、蜀轉運使。

42 詔翰林學士李昉及宗正丞洛陽趙孚等分撰岳瀆幷歷代帝王廟碑，遣使刻石。

43 十二月，甲午，遼詔內外官上封事。

44 是歲，大饑。

45 初，帝問趙普曰：「儒臣有武幹者何人？」普以知彭州、左補闕辛仲甫對。乃徙仲甫爲西川兵馬都監。於是召見，面試射，帝曰：「汝見王明乎？朕已用爲刺史。汝頗忠淳，若公勤不懈，不日亦當爲牧伯也。」仲甫頓首謝。【考異】玉壺清話：仲甫奏曰：「臣本學先王之道，願致陛下於堯、舜之上。陛下止以武夫之藝試臣，一弧一矢，其誰不能！」上慰之曰：「果有奇節，用卿非晚。」按太祖方選儒臣有武幹者，仲甫不應遽有此奏也，今不取。

帝因謂趙普曰：「五代方鎭殘虐，民受其禍，朕今選儒臣幹事者百餘，分治大藩，縱皆貪濁，亦未及武臣一人也。」

既而有司命仲甫檢視民田，帝曰：「此縣令職耳，卽令吏部銓擇官代之。」

仲甫在彭州日，州少種樹，暑無所休，仲甫課民栽柳蔭行路，郡人德之，名爲補闕柳。

46北漢始令民輸贍軍錢，文武官皆減俸，財用不給故也。

六年遼保寧五年。（癸酉、九七三）

1春，正月，丙辰朔，置川蜀水陸轉運計度使。【考異】蜀置轉運使，長編作甲子，今從宋史。

2甲子，遼特里袞舊作惕隱，今改。耶律休格舊作休哥，今改。伐党項，破之，上其俘獲之數。休格嘗從北府宰相蕭幹討室韋、烏庫二部有功，至是復以績著。

3北漢遣使貢於遼。

4庚午，遼主御五鳳樓觀燈。

5己卯，以太子洗馬權知蓬州朱昂權知廣安軍。會渠州妖賊李仙聚衆萬人，劫掠軍界，昂設策禽之，其連結者釋不問，蜀民遂安。昂，長沙人也。

6殿直傅廷翰爲棣州兵馬都監，謀叛入遼，知州、右贊善大夫周渭禽之。二月，丙戌，斬廷翰於京師。

7丁亥，遼近侍實圖哩舊作實魯里，今改。誤觸神纛，法當論死，遼主命杖而釋之。

8丙申，運米二萬石賑曹州饑。

9是月，高麗王王昭卒，子伷立。

10三月，乙卯朔，房州言周鄭王殂。帝素服發哀，輟視朝十日，謚曰恭帝，命還葬慶陵之側，號順陵。【考異】契丹國志作正月周鄭王殂於房州，誤也。東都事略、九朝編年備要及宋史俱作二月，今從長編書之。

11 遼封皇后之祖爲韓王，并贈其伯父官，皇后用事故也。

12 辛酉，新及第進士雍丘宋準等十八人、諸科二十八人詣講武殿謝，帝以進士武濟川、三傳劉睿材質最陋，應對失次，黜去之。時翰林學士李昉權知貢舉，濟川，昉鄉人也，帝頗不悅。會進士徐士廉等擊登聞鼓，訴昉用情，取舍非當。帝以問翰林學士盧多遜，多遜曰：「頗亦聞之。」帝乃令貢院籍終場下第者姓名，得三百六十人，癸酉，召見，擇其一百九十五人並準以下及士廉等各賜紙札，別試詩賦，命殿中侍御史李瑩、左司員外郎侯陟等爲考官。乙亥，帝御講武殿親閱之，得進士二十六人，士廉與焉，五經四人，開元禮七人，三禮三十八人，三傳二十六人，三史三人，學究十八人，明法五人，皆賜及第；又賜準錢二十萬以張宴會。責昉爲太常少卿，考官右贊善大夫楊可法皆坐責。由茲殿試爲常式。【考異】宋史文苑傳：宋準開寶中舉進士，太宗召準覆試。按殿試始於太祖，非太宗也。選舉志作六年，與長編同。

13 試朝臣死王事者子陸坦等，賜進士出身。

14 壬午，以教船池爲講武池，閔河爲惠民河，五丈河爲廣濟河。

15 禁銅錢不得入蕃界及越江海至化外。

16夏，四月，乙酉，詔：「諸州考試官，令長吏精選僚屬才學公正者充。知貢舉與考試官同看詳試卷，定其通否，否卽駁放，不得優假，虛令終場。申禁私薦屬舉人；募告者，其賞有差；舉人勒還本貫重役，永不得入科場。」

17辛丑，翰林學士盧多遜等上所修開寶通禮二百卷，義纂一百卷，並付有司施行。

18是日，遣盧多遜爲江南生辰國信使。多遜至江南，得其臣主歡心。及還，艤舟宣化口，使人白國主曰：「朝廷重修天下圖經，史館獨缺江東諸州，願各求一本以歸。」國主亟令繕寫與之。於是江南十九州形勢，屯戍遠近，戶口多寡，多遜盡得之，歸，卽言江南衰弱可取狀。帝嘉其謀，始有意大用。

19戊申，詔參知政事薛居正監修梁、後唐、晉、漢、周五代史。

20知制誥王祐等上重定神農本草二十卷，帝製序，摹印頒天下。

21先是江南饑，詔諭江南國主，借船漕湖南米麥以賑之。辛亥，國主遣使修貢謝恩。

22命錢文敏知瀘州，召見，帝謂曰：「瀘州近蠻獠，尤宜撫綏。聞知州郭思齊、監軍郭重進擅斂不法，卿爲朕鞫之，苟有一毫侵民，朕必不赦。」

23五月，癸丑，帝知堂吏擅中權，多爲姦贓，欲更用士人，而有司所選終不及數，遂召舊任者劉重華等四人，面加戒厲，令復故，歲滿無過，與上縣令；稍有愆咎，重置其罰。

24 樞密副使沈義倫，居第卑陋，處之宴如。時貴要多冒禁，市巨木秦、隴間以營私宅，及李守信受詔市木，以盜官錢敗，皆自啓於帝前。義倫亦嘗市木爲母營佛舍，因奏其事。帝笑謂義倫曰：「爾非踰矩者。」知居第尙不葺，因遣中使按圖督工匠五百人爲治之。義倫私告使者，願得制度狹小。使者以聞，帝亦不違其志。

25 庚申，參知政事劉熙古以戶部尙書致仕。

26 己巳，交州刺史丁璉遣使入貢，詔以璉爲靜海軍節度使、安南都護、交趾郡王。

27 癸亥，遼裕悅舊作于越，今改。耶律烏珍舊作屋質，今改。卒。

烏珍簡靜有器識，遇事造次，處之從容，人莫能測。初，魯呼舊作李胡，今改。與世宗爭國，賴烏珍排解其間，面數魯呼罪，遂解兵。及察克舊作察割，今改。弒世宗，烏珍保護穆宗得免難。歷事累朝，屢著勞績，遼國倚爲重臣。卒，年五十七，遼主痛悼，輟朝三日。

28 辛未，女眞侵遼邊，殺遼都監達里迭等，驅掠邊民牛馬而去。

29 初，京城左右軍巡院典司按鞫，開封府舊選牙校分掌其職，帝哀矜庶獄，始詔改任士人。

30 六月，庚寅，女眞使其宰相朝於遼。

31 辛卯，閱試在京百司吏寶訓作流外人。七百餘人於便殿，勒歸農者四百人。

32初，蜀民所輸兩稅，皆以匹帛充折，其後市價愈高，而官所收止依舊例。帝慮其傷民，詔：「西川諸州，凡以匹帛折稅，並準市價。」

33先是知商州奚嶼，希宰相意，奏司戶參軍雷德驤爲文謗訕朝廷，械繫德驤，具狀以聞。帝貸其罪，削籍徙靈武。德驤子有鄰，意趙普實擠排之，日夜求所以報普者，於是舉發普堂後官胡贊、李可度受賕事，詞連祕書丞王洞及前攝上蔡主簿劉偉、偉兄前進士侁並宗正丞趙孚。帝怒，悉下御使獄鞫實，始有疑普意矣。壬寅，詔參知政事呂餘慶、薛居正升都堂，與宰相同議政事。癸卯，偉坐棄市，孚等並決杖除名，贊、可度仍籍沒其家財。以有鄰爲祕書省正字，厚賜之。有鄰自是累上疏告人陰事，俄病死。

趙普之爲政也專，廷臣多疾之。帝初聽趙玭之訴，欲逐普，既而止。盧多遜在翰林，因召對，數毀短普，且言普嘗以隙地私易尚食蔬圃廣第宅，營邸店奪民利。帝訪諸李昉，昉曰：「臣職司書詔，普所爲，臣不得而知也。」帝默然。自李崇矩罷，帝於普稍有間；及趙孚等抵罪，普恩益替。庚戌，復召薛居正、呂餘慶與普知印押班奏事，以分其權。

34易州刺史賀惟忠卒。惟忠性剛果，洞曉兵法。在易州，葺治亭障，撫士卒能得其心，所向無敵，十餘年無北寇，邊民賴之。及卒，帝甚嗟悼，即錄其子昭度爲供奉官。

35先是諸道州府任牙校爲馬步都虞候及判官，斷獄多失其中。秋，七月，壬子朔，詔罷之，改馬步院爲司寇院，以新及第進士、九經、五經及選人資敍相當者爲司寇參軍。

36 中書擬左補闕辛仲甫爲淮南轉運使，帝不許。乙亥，選授三司戶部判官，賜錢百萬。有榷酤主吏武希璉等二十餘輩，逋歲課三十餘萬緡，連年械繫，竭資產不能償，餒死者數人，榜督不已，仲甫奏除之，又請百官折俸令估實直。

37 庚辰，遼以保大軍節度使耶律希達舊作奚底，今改。爲中臺省左相。

38 是月，遼主駐燕子城。

39 八月，乙酉，罷成都府僞蜀嫁裝稅。

40 草澤王德方【考異】宋史太祖本紀作王澤方，今從長編。上修河利害，辛卯，賜德方同學究出身。

41 甲辰，左僕射兼門下侍郎、平章事趙普，罷爲河陽三城節度使、同平章事。

普獨相凡十年，剛毅果斷，以天下事爲己任。嘗欲除某人爲某官，帝不用；明日，復奏之，又不用；明日，更奏之。帝怒，裂其奏投諸地，普顏色自若，徐拾奏歸，補綴，復奏如初。帝悟，卒可其奏，後果以稱職聞。又有立功當遷官者，帝素嫌其人，不與。普力請與之，帝怒曰：「朕不與遷官，將柰何？」普曰：「刑以懲惡，賞以酬功，刑賞者天下之刑賞，非陛下之刑賞也，豈得以喜怒專之！」帝弗聽，起，普隨之，帝入宮，普立於宮門，良久不去，帝竟從其請。

一日，大宴，雨驟至，良久不止，帝怒形於色，左右皆震恐，普因言：「外間百姓正望雨，於大宴何損！不過沾濕供帳樂衣耳。百姓得雨，各歡喜作樂，適當其時，乞令樂官就雨中奏技。」帝大悅，終宴。普臨機制變，能回帝意類此。

常設大瓦壺於視事閤中，中外表疏，普意不欲行者，必投之壺中，束緼焚之，其多得謗咎，殆由此也。

普既出鎭，上書自愬云：「外人謂臣輕議皇弟開封尹，皇弟忠孝全德，豈有間然；矧昭憲皇太后大漸之際，臣實預聞顧命，知臣者君，願賜昭鑒！」帝手封其書，藏之金匱。

42 九月，吏部侍郎參知政事呂餘慶以疾求解職；丁卯，罷爲尙書左丞。餘慶爲帝霸府元僚，趙普、李處耘皆先進用，餘慶恬然不以介意。處耘獲罪時，餘慶知江陵，還朝，帝委曲問處耘事，餘慶以理解釋。及普忤旨，左右爭傾之，餘慶獨爲明辨，帝意稍解。時稱長者。

43 己巳，封皇弟開封尹光義爲晉王。以山南西道節度使光美爲永興節度使兼侍中，皇子貴州防禦使德昭爲山南西道節度使、同平章事；吏部侍郎、參知政事薛居正爲門下侍郎，樞密副使、戶部侍郎沈義倫爲中書侍郎，並平章事；翰林學士、兵部員外郎、知制誥盧多遜爲中書舍人、參知政事；左驍衞大將軍判三司楚昭輔爲樞密副使。

壬申，詔晉王光義班宰相上。

44 江南內史舍人潘佑嘗言於國主曰：「富國之本，在厚農桑。」因請復井田之法，深抑兼幷，有買貧者田，皆令歸之。又依周禮造牛籍，使盡闢曠土以種桑，薦衞尉卿李平判司農寺。國主素慕古治，悉從之。平急於成功，施設無漸，人不以爲便，國主亦中悔，罷之。時國勢日削，用事者充位無所爲，佑憤切，上疏極論時政，歷詆大臣將相，詞甚激訐，而獨薦平，請以判司會府事，羣議益不平。佑七疏不止，且請歸田廬，國主命佑專修國史，悉罷他職。

冬，十月，壬午，佑復上疏曰：「臣乃者繼上表章，凡數萬言，詞窮理盡，忠邪洞分。陛下力蔽姦邪，曲容諂僞，遂使家國愔愔，如日將暮。古有桀、紂、孫皓，破國亡家，孽自己作，尙爲千古所笑。今陛下取則姦回，敗亂國家，是陛下爲君，不及桀、紂、孫皓遠矣。臣不能與姦臣雜處，事亡國之主，願賜誅戮以謝中外。」國主大怒。

佑故好老、莊，平少爲道士，習其說，佑與之善。國主疑佑之狂誖，由平激之，忌者因中以淫祀鬼神事，乃先收平下大理獄，後收佑。佑卽自殺，母及妻子徙饒州，平亦縊死獄中。國主尋謂左右曰：「吾誅佑，不獲已也。」明年，皆宥其家，廩給之。【考異】長編云：佑好神仙，李平言多妖妄，佑特信之。平自言與仙人通接，佑父處常已爲仙官，甚貴重，而已與佑亦仙官也。平語佑曰：「六朝冢中多寶劍及寶鑑，得而佩之，可以辟鬼。」佑買雞籠山古冢地數十頃，破一冢，得古器，必傳玩良久，吟嘯自若，曰：「未知此生發得幾冢。」其怪誕類此。宋史亦云：潘佑、李平二家，皆置淨室，圖神像，常披髮裸裎處室中，家人亦不得至。按陸游南唐書云：佑上書縱言詆訐，雖激於一時忠憤，亦少過矣。同時諸臣已爲降俘，猶醜正嫉言，視之如讎，誣以狂愚惑溺淫祀左道之罪，至斥爲人妖，雖後之良史有不能盡察其說者。是長編、宋史所載，疑皆出當時誣善之詞也。今從南唐書。

佑初與張洎爲忘形交，其後俱爲中書舍人，稍相持。佑嘗答洎書云：「堂堂乎張也，難與並爲仁矣！」佑之死，洎頗有力焉。洎時爲清暉殿學士，殿在苑中，國主不欲洎遠離左右，故授此職。洎與太子太傅徐遼、太子太保徐遊別居澄心堂密畫，中旨多自澄心堂出，遊從子元楀等出入宣行之，中書、密院，乃同散地。

45 甲申，葬周恭帝，不視朝。

46 丁酉，以除名人雷德驤爲祕書丞，分判御史臺三院事。

47 遼主如南京。

48 初，左藏庫使元城田仁朗，爲宦官所譖，帝怒，立召仁朗面詰之，至殿門，命去冠帶。仁朗神色不撓，從容言曰：「臣嘗爲鳳州路壕寨都監，伐木除道，從大軍破蜀，秋毫無所犯，陛下固知之。今主藏禁中，豈復爲姦利以自汚！」帝怒解，止停其官。乙巳，起爲権易使。

49 十一月，辛亥朔，遼始獲弑穆宗之逆黨近侍胥格、華格、錫袞等，俱伏誅。遼主緩於討賊，議者少之。
50 甲子，武寧軍節度使高繼沖卒。繼沖鎮彭門十餘年，有惠政，民請留葬，帝不許。
51 十二月，戊戌，北漢將改元，遣使稟命於遼。
52 遼主如歸化州。
53 少府監致仕盧億，有高識，惡其子多遜所爲，嘗曰：「趙普，元勳也，而小子毀之，禍必及我。我得早死，不及見其敗，幸矣。」庚子，億以憂卒。丙午，多遜起復。
54 女眞遣使貢馬。
55 命參知政事盧多遜、知制誥扈蒙、張澹以見行長定循資格及泛降制書，攷正違異，削去重複，補其闕漏，爲長定格三卷，循資格一卷，制敕一卷，起請條一卷，書成，上之，頒爲永式。自是銓注益有倫矣。
56 始行開寶通禮。
57 北漢成德節度使、太師兼中書令劉繼顒，自以沙門位兼將相，頗爲時論所薄，數上表求罷，不許。是歲，繼顒卒，追封定王。

初，北漢主爲大內都巡檢，孝和帝以其幼弱，命劉繼欽副之，委以禁衞。北漢主立，繼欽畏猜忌，謝病，請罷，北漢主曰：「繼欽但事先帝，豈肯爲我盡力邪！」乃黜居交城，俾奉園寢，尋遣人殺之。由是舊臣多以讒見殺，人心攜貳，所招吐谷渾軍皆不附。

七年遼保寧六年。(甲戌、九七四)

1 春，正月，甲戌，賑揚、楚等州饑。

2 癸未，遼主如南京。

3 是月，北漢改元廣運。【考異】五代史記作孝和歿於天會十二年，英武帝嗣位，即改元廣運。據遼史，應曆五年，漢將改元，遣使稟命，則改元當在是年也。十國春秋引劉繼顒碑，末署廣運元年歲次甲戌。李惲千佛樓碑亦署廣運二年歲次乙亥，時北漢主嗣位已七年矣。長編繫於是年冬杪。今從十國春秋作正月。

4 二月，庚辰朔，日有食之。【考異】遼史不書是年日食，今從宋史書之。又東都事略作丙子日有二黑子；亦當從宋史作丙戌。

5 帝初臨御，欲周知外事，令軍校史珪博訪。珪廉得數事，白於帝，按驗皆實，由是信之，累遷馬軍都軍頭，領毅州刺史，漸肆威福。

時德州刺史郭貴權知邢州，國子監丞梁夢昇知德州。貴之族人親吏，在德州頗爲姦利，夢昇以法繩之。貴素與珪善，遣親信至都，以其事告珪，圖去夢昇，珪悉記於紙，將伺便言之。甲申，帝從容言：「邇來中外所任，皆得其人。」珪曰：「今之文臣，不必皆善。」乃搜懷中所記以進，曰：「祇如梁夢昇權知德州，欺蔑刺史郭貴，幾至於死。」帝曰：「此必刺史所爲不法。夢昇眞清强吏也。」取所記紙，召一黃門令齎付中書曰：「卽以夢昇爲贊善大夫。」既行，又召還，曰：「與左贊善大夫，仍知德州。」珪乃不敢言。

6 壬辰，慶州刺史姚內斌卒，遣中使護喪歸葬洛陽。內斌在慶州踰十年，邊人畏伏，目爲姚大蟲，言其虓勇如虎也。

7 癸巳，榷場使田仁朗權知慶州。

8 三月，遣使如遼，遼使涿州刺史耶律昌珠（舊作昌朮。）加侍中來聘，議和。（校者按：此條從遼史。下卷開寶七年十一月甲午「遼涿州刺史耶律琮致書於權知雄州孫全興」一條從續資治通鑑長編。二條疑本一事，遼宋記述偶有不同耳。）

9 夏，四月，丙午，命左補闕南皮賈黃中檢視廣南民田。黃中廉直平恕，遠人便之。還，奏利害十數事，皆稱旨。

10 遼喜袞（舊作喜隱。）自改封宋王，得志而驕，遼主召之，不時至，怒，鞭之，由是憤怨謀亂，爲閤門使酌古之子海里所告，喜袞坐廢。酌古加檢校太尉兼御史大夫，海里遙授隴州防禦使。

11 五月，戊申朔，殿中侍御史李瑩坐受江南饋遺，責授左贊善大夫。

12 監察御史劉蟠，受詔於廬、舒等州巡茶。蟠乘羸馬，僞稱商人，抵民家求市，民家不疑，出茶與之，即禽置於法。壬戌，命蟠同知淮南諸州轉運事。

13江南國主天性友愛，以弟從善被留，悲戀不已，歲時宴會皆罷，爲卻登高文以見意。於是遣常州刺史陸昭符入貢，奉手疏求從善歸國，帝不許，出其疏示從善，慰撫之。六月，甲申，以從善掌書記江直木爲司門員外郎、通判兗州，僚佐悉推恩。又封從善母淩氏爲吳國太夫人。

陸昭符在江南，與張洎有隙，帝雅知之，因從容謂昭符曰：「爾國弄權者結喉小兒張洎，何不入使？爾歸，可諭令一來，朕欲觀之。」昭符懼，遂不敢歸。

14秋，七月，庚申，遼主獵於平地松林。

15盧多遜既還，江南國主知帝有南伐意，遣使願受封册，帝不許，於是復遣閤門使梁迥使焉。迥從容問國主曰：「朝廷今冬有柴燎之禮，國主盍來助祭！」國主唯唯不答。迥歸，帝始決意伐之。

16初，江南人樊若水，【考異】長編作若冰，今從陳桱續編。舉進士不中第，上書言事，不報，遂謀北歸。先釣魚采石江上，用小舫載絲繩維於南岸，而疾櫂抵北岸，以度江之廣狹，凡數十往反而得丈尺之數，遂詣闕自言有策可取江南。帝令送學士院試，賜及第，授舒州團練推官。若水啓帝，以老母及親屬皆在江南，恐爲李煜所害，願迎至治所，帝即詔國主護送，國主聽命。戊辰，詔若水爲贊善大夫；且遣使詣荆、湖，如若水之策，造大艦及黄黑龍船數千艘。

[17]己巳，彰德節度使韓重贇卒。重贇在相州，日課部民采木造佛寺，人皆苦之。

[18]遼軍器庫副使石重榮、東頭供奉官劉琮來降。八月，丙子朔，以重榮爲茶酒庫副使，琮爲西頭供奉官。

[19]先是吳越王俶遣元帥府判官黄夷簡入貢，帝謂之曰：「汝歸語元帥，當訓練兵甲；江南倔强不朝，我將發師討之。元帥當助我，無惑人言。」

帝又命有司造大第於薰風門外，連亙數坊，棟宇宏麗，儲峙什物，無不悉具，乃召吳越進奉使錢文贊謂之曰：「朕數年前令學士承旨陶穀草詔，比於城南建離宮，今賜名禮賢宅，以待李煜及汝主，先來朝者賜之。」且以詔草示文贊，遂遣文贊賜俶羊馬，諭旨於俶。

戊寅，俶遣其行軍司馬孫承祐入貢。丁亥，辭歸，上厚賜俶器幣，且密告以師期。承祐，俶妃之兄，以妃故，貴近用事，專其國政，時謂之「孫總監」，言其無所不領轄也。

[20]甲午，忠武節度使、同平章事、琅琊郡王王審琦卒，謚正懿。

續資治通鑑卷第八

賜進士及第兵部尚書兼都察院右都御史總督湖北湖南等處地方軍務兼理糧餉世襲二等輕車都尉 畢沅 編集

宋紀八 起閼逢閹茂(甲戌)九月，盡柔兆困敦(丙子)十一月，凡二年有奇。

太祖啓運立極英武睿文神德聖功至明大孝皇帝

開寶七年 遼保寧六年。(甲戌、九七四)

1 九月，癸亥，命潁州團練使曹翰領兵先赴荆南，丙寅，復命宣徽南院使曹彬、侍衞馬軍都虞候洛陽李漢瓊、判四方館事田欽祚同領兵繼之。

帝已分遣諸將，而未有出師之名，欲先遣使召李煜入朝，擇羣臣可遣者，以左拾遺、知制誥開封李穆使江南。穆至，諭旨，國主將從之，光政使、門下侍郎陳喬曰：「臣與陛下同受元宗顧命，今往，必見留，其若社稷何！臣雖死，無以見元宗於九泉矣。」張洎亦勸國主無入朝，國主遂稱疾固辭，且言：「謹事大國者，蓋望全濟之恩。今若此，有死而已。」穆曰：「朝與否，國主自處之。然朝廷兵甲精銳，物力雄富，恐不易當其鋒，宜熟計之，無貽後悔！」使還，具言其狀，帝以爲所諭要切，江南亦謂穆言不欺。

是日，又命山南東道節度使潘美、侍衞步軍都虞候劉遇、東上閤門使梁迥等同領兵赴荆南。

2冬，十月，乙亥朔，遼主還上京。

3甲申，帝幸迎春苑，登汴堤，發戰艦東下；丙戌，幸東水門，發戰櫂東下。

4江南國主復遣其弟江國公從鎰、水部郎中龔愼修重幣入貢，且買宴，帝皆留之，不報。

5曹彬與諸將入辭，帝謂彬曰：「南方之事，一以委卿，切勿暴掠生民；務廣威信，使自歸順，不須急擊也。」且以匣劍授彬曰：「副將而下，不用命者斬之。」潘美等皆失色。自王全斌平蜀多殺人，帝每恨之，彬性仁厚，故專任焉。

6丁酉，以吳越王俶爲昇州東南面行營招撫制置使，仍賜戰馬二百匹，遣客省使丁德裕以禁兵步騎千人爲俶前鋒，且監其軍。

7乙〔己〕亥，曹彬等自蘄陽過江，破峽口寨，殺守卒八百人，生禽二百七十人，獲池州牙校王仁震、王宴、錢興等三人。

甲辰，以曹彬爲昇州西南面行營馬步軍戰櫂都部署，潘美爲都監，曹翰爲先鋒都指揮使。

初，宋師直趨池州，緣江屯戍皆謂每歲朝廷所遣巡兵，皆閉壁自守，遣使奉牛酒來犒師；尋覺異於他日，池州守將戈彥遂棄城走。閏月，己酉，曹彬等入池州。

先是帝遣八作使郝守濬率丁匠自荆南以大艦載巨竹絙，幷下朗州所造黃黑龍船於采石磯，跨江爲浮梁，先試於石牌口，既成，命前汝州防禦使靈丘陸萬友往守之。

丁巳，曹彬等及江南兵戰於銅陵，敗之，獲戰艦二百餘艘，生禽八百餘人。

8 庚申，知制誥、史館修撰扈蒙上言：「昔唐文宗每開延英召大臣論事，必命起居郎、舍人執筆螭坳以紀時政，故文宗實錄最爲詳備。至後唐明宗，亦命端明殿學士及樞密直學士輪修日曆送史館。近朝以來，此事都廢，每季雖有內殿日曆，樞密院錄送史館，然所記者，不過臣下對見辭謝而已，帝王言動，莫得而書。緣宰相以漏泄爲虞，無因肯說；史官以疏遠自隔，何由得聞！望自今，凡有裁制之事，優卹之恩，發自宸衷，可書簡策者，並委宰臣及參知政事每月輪知抄錄，以備史官撰集。」詔從之，命盧多遜專其職。

9 壬戌，曹彬等至當塗，雄遠軍判官婁源魏羽以城降宋。宋師先拔蕪湖，又克當塗，遂屯采石磯。

10 甲子，監修國史薛居正等上所修五代史百五十卷。明日，帝謂宰相曰：「昨觀新史，見梁太祖暴亂醜穢之迹乃至如此，宜其旋被賊虐也。」

11 丁卯，曹彬等敗江南二萬餘衆於采石，生禽馬步軍副部署楊收、兵馬都監孫震等，又獲戰馬三百餘匹。初，江南無戰馬，朝廷每歲賜百匹，至是驅爲先鋒以拒宋師，既獲之，驗其印記，皆朝廷所賜者。

12 十一月，癸未，選泰寧節度使李從善麾下及江南水軍凡一千三百餘人爲禁旅，號曰歸聖。【考異】宋史云：點李從善部下及江南水軍凡一千三百九十人爲歸化軍。今從楊仲良長編紀事本末。

13 詔移石牌鎮浮梁於采石磯，繫纜三日而成，不差尺寸，大兵過之，如履平地。初爲浮梁，國主聞之，以語張洎，洎對曰：「載籍以來，無有此事，此必不成。」國主曰：「吾亦謂此兒戲耳。」於是遣鎮海節度使鄭彥華督水軍萬人，天德都虞候杜眞領步軍萬人，同禦宋師。將行，國主戒之曰：「兩軍水陸相濟，無不捷矣。」

14 戊子，吳越王俶遣使修貢，謝招撫制置之命也。并上江南國主所遺書，其略云：「今日無我，明日豈有君！明天子一旦易地酬勳，王亦大梁一布衣耳。」

15 遼沙門昭敏，左道惑人，遼主寵之，以爲三京諸道僧尼都總管，加兼侍中。【考異】遼史作十二月戊子，然十二月無戊子也。今作十一月。

16 己丑，知漢陽軍李恕敗江南鄂州水軍三千餘人，獲戰艦四十餘艘

17 甲午，曹彬等敗江南兵於新寨，【考異】長編作新林寨，宋史作新竹寨，今從楊氏長編記事本末。獲戰艦

三十艘。鄭彥華、杜眞與宋師遇，眞以所部先戰，彥華擁兵不救，眞衆大敗。

18遼涿州刺史耶律琮致書於權知雄州孫全興，其略云：「兩朝初無纖隙，若交馳一介之使，顯布二君之心，用息疲民，長爲鄰國，不亦休哉！」辛丑，全興以琮書來上，帝命全興答書，許修好。【考異】遼史：應曆七年春正月甲戌朔，宋遣使來賀。此時和議未成，宋不當遣賀，或是遣人議和耳，今不取。（校者按：此條所述疑與上卷開寶七年三月「遣使如遼」一條本爲一事。）

19十二月，金陵始戒嚴，下令去開寶之號，公私記籍但稱甲戌歲。益募民爲兵，民以財及粟獻者官爵之。

20丁未，漢陽兵馬監押甯光祚敗鄂州水軍於江北岸。

21吳越王俶率兵圍常州。

22己酉，曹彬敗江南軍於白鷺洲。

23癸亥，吳越兵拔利城砦。

24丙寅，曹彬等破江南兵於新林港口。

25庚午，北漢攻晉州，守臣武守琦敗之於洪洞。

26辛未，吳越王俶敗江南兵於常州北境。

八年　遼保寧七年。（乙亥、九七五）

1春，正月，丙子，權知池州樊若水敗江南兵四千人於州界。

2壬寅，遼望祀木葉山。

3初，曹彬等師未出，帝命王明爲黃州刺史，密授方略。明旣視事，亟修葺城壘，訓練士卒。至是以明爲池州至岳州江路巡檢戰櫂都部署。辛巳，明遣兵馬都監武守謙等渡江，敗江南兵於武昌，拔樊山寨。

4是日，行營左廂戰櫂都監田欽祚敗江南兵於溧水。江南都統李雄謂諸子曰：「吾必死於國難，爾曹勉之！」父子八人皆沒於陣。

5乙酉，帝御長春殿，謂宰相曰：「古之爲君者，鮮能無過，朕常夙夜畏懼，防非窒欲，庶幾以德化人之義。如唐太宗受人諫疏，直詆其失，曾不愧恥；豈若不爲之，而使天下無間言哉！爲臣者或不終名節，陷於不義，蓋忠信之薄而獲福亦鮮，斯可戒矣。」【考異】此本君臣交儆之語，宋史太祖紀刪去前一段，但云：「朕觀爲臣者比多不能有終，豈忠孝薄而無以享厚福邪？」宰相居正頓首謝。則是專責臣下矣。太祖之世，未嘗誅戮大臣，且其時趙普已罷相，薛居正輩皆小心畏忌無所短長之流，帝復何嫌而深責之邪！今從長編。

6庚寅，曹彬等進攻金陵，行營馬軍都指揮使李漢瓊率所部渡淮南，取巨艦，實以葭葦，順風縱火，攻其水寨，拔之。初次秦淮，江南兵水陸十餘萬，背城而陣，時舟楫未具，潘美率所部先濟，大兵隨之，江南兵大敗。江南復出兵，將泝流奪采石浮梁，美旋擊破之。

7 癸巳，命京西轉運使李符益調荆湖軍食赴金陵城下。

8 二月，權知潭州朱洞遣兵馬都監石曦敗江南兵於袁州西界。

9 癸丑，曹彬等敗江南兵於白鷺洲，乙卯，拔昇州關城，守陴者皆遁入其城內。

10 癸亥，北漢遣雁門節度使劉繼文貢方物於遼。

11 甲子，知揚州侯陟敗江南兵於宣化鎮

12 丙寅，遼以青牛、白馬祭天地。

13 丁卯，以知制誥王祐權知貢舉，知制誥扈蒙、左補闕梁周翰、祕書丞雷德驤並權同知貢舉。權同知貢舉始此。

戊辰，帝御講武殿，覆試王祐等所奏合格舉人王式等，因語之曰：「向者登科名級，多爲勢家所取，塞孤貧之路。今朕躬親臨試，以可否進退，盡革前弊矣。」式等皆頓首謝。於是內出詩題試之，得進士王嗣宗以下三十人，諸科紀自成等三十四人。嗣宗，汾州人也。江南進士林松、雷說，試不中格，以其間道來歸，並賜三傳出身。

14 是月，江南知貢舉、戶部員外郎伍喬放進士張確等三十人。自保大十年開貢舉，訖於是歲，凡十七榜。

15 三月，尚食供膳，有蝨緣食器旁，帝性寬仁多恕，謂左右曰：「勿令掌膳者知。」帝嘗讀堯典，歎曰：「堯、舜之世，四凶之罪，止從投竄，何近代憲網之密邪！」蓋有意於措刑也。故自二年至今，詔所貸死罪凡四千一百八人。

16 乙亥，權知廬州邢琪領兵渡江，至宣州界，攻拔義安寨。

17 壬午，遼耶律蘇薩舊作速撒，今改。獻党項俘，分賜羣臣。

18 庚寅，曹彬等敗江南兵於江中。

19 遼使克卜茂固舒蘇舊作克骨沙（校者按：克骨沙，宋史太祖紀作克沙骨，宋會要稿蕃夷一作「克妙骨」。由改譯之「克卜茂固」諧音推之，「沙」字疑爲「妙」字之誤。）愼思，今改。來聘，詔閤門副使郝崇信至境上迓之。及至，館於都亭驛，己亥，入見，宴於長春殿，賜衣器有差。【考異】遼史作四月遣郎君矧思使宋。契丹國志作三月。今從長編及宋史。

20 壬寅，遣中使王繼恩領兵數千人赴江南。

21 夏，四月，教坊使衞德仁，以老乞外官，且援同光故事求領郡，帝曰：「用伶人爲刺史，此莊宗失政，豈可效之！」宰相擬上州司馬，帝曰：「上佐乃士人所處，資望甚優，亦不可輕授，此輩但當於樂部遷轉耳。」乃命爲太常寺大樂署令。

22 乙巳，王明敗江南兵於江州。

23 己酉，遼主祀木葉山；辛亥，射柳祈雨。遼主如頻蹕淀清暑。

24 癸丑，吳越兵圍常州，刺史禹萬成拒守，大將金成禮劫萬成，以其城降。

25 吳越初發兵，丞相沈虎子諫曰：「江南，國之屏蔽，柰何自撤其屏蔽乎？」不聽，遂罷虎子政事，命通儒學士錢塘崔仁冀代之。

26 壬戌，幸都亭驛，臨汴，觀飛江兵乘刀魚船習水戰。

27 曹彬等敗江南兵於秦淮北。

28 五月，壬申朔，以吳越國王錢俶守太師、尚書令，益食邑。

29 甲申，吳越王俶言江陰、寧遠軍及沿江諸寨皆降。

30 丁酉，王明破江南兵於武昌。

31 辛丑，河決濮州郭龍邨。

32 初，陳喬、張洎爲江南國主謀，請所在堅壁以老宋師。宋師入其境，國主弗憂也，日於後苑引僧道誦經、講易，不卹政事，軍書告急，皆莫得通，師傅城下累月，國主猶不知。時宿將皆前死，神衞統軍都指揮使皇甫繼勳者，暉之子也，年尚少，國主委以兵柄。繼勳素貴驕，初無效死意，但欲國主速降而口不敢發，每與衆云：「北軍强勁，誰能敵之！」聞兵敗，則喜見顏色，曰：「吾固知其不勝也！」偏裨有募敢死士欲夜出營邀戰者，繼勳鞭其背而拘之，由是衆情憤怒。是月，國主自出巡城，見宋師列栅城外，旌旗滿野，知爲左右所蔽，始驚懼，乃收繼勳付獄，殺之，軍士爭臠割其肉，頃刻都盡。

繼勳既誅，凡兵機處分皆自澄心堂宣出，實洎等專之也。於是遣使召神衞軍都虞候朱全贇以上江兵入援。全贇擁十萬衆屯湖口，諸將請乘江漲速下，全贇曰：「我今前進，敵人必反據我後。戰而捷，可也；不捷，糧道且絶，柰何？」乃以書召南都留守柴克貞使代鎮湖口，克貞以病遷延不行，全贇亦不敢進，國主累促之，全贇不從。

33 詔以嶺表之俗，疾不呼醫，自皇化攸及，始知方藥；商人齎生藥度嶺者勿算。

34 六月，辛亥，河決頓丘。

35 辛酉，前鳳翔節度使、太師兼中書令魏王符彥卿卒，輟三日朝，官給葬事。

36 甲子，彗出柳，長四丈，晨見東方，西南指，凡八十三日乃滅。

37 丁卯，曹彬等敗江南兵於城下。

38 秋，七月，辛未朔，日有食之。【考異】遼史不書是年日食，今從宋史。

39 初，江南捷書累至，邸吏督李從鎰入賀，潘愼修以爲「國且亡，當待罪，何賀也！」自是羣臣稱慶，從鎰卽奉表請罪。帝嘉其得禮，遣中使慰撫，供帳牢餼，悉從優給。壬午，復命李穆送從鎰還國，手詔促國主來降，且令諸將緩攻以待之。

40遼黃龍府衞將燕頗殺都監張琚（舊作張琚。）以叛，遣敞史國語解云：宮府之佐吏也。耶律曷里必討之。

41左司員外郎權知揚州侯陟，受賕不法，爲部下所訟，追赴京師。陟素善參知政事盧多遜，私遣人求哀。時金陵未拔，帝以南土卑濕，秋暑，軍多疫，議令曹彬等退屯廣陵，休士馬爲後圖，多遜爭不能得。會陟新從廣陵來，多遜教令上急變言江南事。陟時被病，帝令皇城卒掖入見，即大言：「江南平在旦夕，陛下柰何欲罷兵？願急取之。臣若誤陛下，願夷三族。」帝屏左右，召升殿問狀，遽寢前議，赦陟罪不治。八月，甲辰，復以陟判吏部流內銓。

42癸亥，丁德裕言敗江南軍於潤州城下。

43九月，壬申，帝狩近郊，逐兔，馬蹶，墜地，因引佩刀刺馬，殺之，既而悔之曰：「吾爲天下主，輕事畋獵，又何罪馬哉！」自是遂不復獵。

44遼耶律曷里必敗燕頗於治河，遣其弟安摶追之。燕頗走保兀惹城，安摶乃還，以其餘黨千餘戶城通州。

45初，江南聞有宋師，國主以京口要害，擢素所親任侍衞都虞候劉澄爲潤州留後，臨行，謂曰：「卿未合離孤，孤亦難與卿別，但此行非卿不可。」澄泣涕辭歸，盡輦金玉以往，謂人曰：「此皆前後所賜，今當散此以圖勳業。」國主聞之喜。及吳越兵初至，營壘未成，左右請出兵掩之，澄不肯。國主尋命淩波都虞候盧絳引所部舟師八千來援，時澄已通降款，徐謂絳曰：「聞者言都城受圍日久，若都城不守，守此何爲！」絳亦知城終陷，遂潰圍而出。戊寅，澄帥將吏開門請降，潤州平。

46 李從鎰至江南諭帝旨，國主欲出降，陳喬、張洎以爲城守甚固，北軍旦夕當自退，國主乃止。李穆還，帝復命諸將進兵。

及潤州平，外圍愈急，始謀遣使入貢，求緩兵。道士周惟簡，常以冠褐侍講周易，累官至虞部郎中致仕，於是張洎薦惟簡，復召爲給事中，與修文館學士承旨徐鉉同使京師。時國主方督朱全贇舉湖口兵入援，謂鉉曰：「汝既行，即當止上江援兵。」鉉曰：「臣此行未必有濟，城中所恃者援兵耳，柰何止之？」國主曰：「方求和而復召兵，汝豈不危？」鉉曰：「當置臣於度外耳。」國主泣下，又親寫十數紙題寫奏目，令惟簡乘間求哀，欲謝政養病。

冬，十月，己亥，曹彬等遣使送鉉及惟簡赴闕。鉉居江南，以名臣自負，其來也，欲以口舌馳說存其國。於是大臣亦先白帝，言鉉博學有才辯，宜有以待之，帝笑曰：「第去，非爾所知也。」既而鉉入朝，仰而大言曰：「李煜無罪，陛下師出無名。」帝徐召升殿，使畢其說。鉉曰：「煜事陛下，如子事父，未有過失，柰何見伐？」其說累數百言。帝曰：「爾謂父子爲兩家，可乎？」鉉不能對。惟簡尋以奏目進，帝覽之，謂曰：「爾主所言，我亦不曉也。」帝雖不爲緩兵，然所以待鉉等，皆如未舉兵時。壬寅，鉉等辭歸江南。【考異】陸游南唐書，國主兩遣徐鉉等求緩兵，載在朱全贇死後。據長編則初遣在十月，其時全贇未死，再遣則在十一月也。今從之。

47辛亥，詔：「郡國令佐察民有孝弟力田、奇才異行或文武可用者，遣詣闕。」

48丁巳，遣使修洛陽宮室，帝始謀西幸也。

49江南國復遣使貢銀五萬兩、絹五萬匹，乞緩師。

50朱全贇自湖口以衆援金陵，號十五萬，縛木爲筏，長百餘丈，戰艦大者容千人，將斷采石浮梁，會江水涸，戰艦不能驟進。王明屯獨樹口，遣其子馳騎入奏，帝密遣使令明於洲浦間多立長木若帆檣之狀以疑之。己未，全贇獨乘大航，高十餘重，上建大將旗旛。至皖口，行營步軍都指揮使劉遇揮兵急攻之，全贇以火油縱燒，遇軍不能支。俄而北風，反焰自焚，其衆不戰自潰，全贇惶駭赴火死。禽其戰櫂都虞候王暉等，獲兵仗數萬。金陵獨恃此援，由是孤城愈危蹙矣。【考異】宋史本紀及長編，皆云禽全贇於皖口，今從南唐書作自焚死。江南野錄作戰於虎琚洲，今從南唐書作皖口。

51監察御史劉蟠，性淸介寡合，頗任數設詐以卜人主之遇。蟠時領染院，乙丑，駕臨幸，蟠伺帝將至，輒衣短後衣，芒屩持梃以督役，頭蓬不治，遽出迎謁，帝以爲能勤其官，賜錢二十萬。

52遼主還自頻蹕淀，是月，釣魚於土河。

53十一月，徐鉉及周惟簡還江南，未幾，國主復遣入奏，辛未，對於便殿。鉉言：「李煜以被病未任朝謁，非敢拒詔也，乞緩兵以全一邦之命。」其言甚切至。帝與反覆數四，鉉聲氣愈厲，帝怒，因按劍謂鉉曰：「不須多言！江南亦有何罪，但天下一家，臥榻之側，豈容他人鼾睡乎！」鉉惶恐而退。帝復詰責惟簡，惟簡甚懼，乃言：「臣本居山野，非有仕進意，李煜强遣臣來耳。臣素聞終南山多靈藥，他日願得棲隱。」帝憐而許之，仍各厚賜遣還。

54庚辰，王明言敗江南兵於湖口。

55先是曹彬等列三寨攻城，潘美居其北，以圖上。帝視之，指北寨謂使者曰：「此宜深溝自固，江南人必以夜來寇。亟語曹彬等，幷力速成之，不然，將爲所乘矣。」賜使者食，且召樞密使楚昭輔草詔，令徙置戰欋，使者食已卽行。彬等承命，自督丁夫掘塹，塹成。丙戌，江南果夜出兵五千襲北寨，人持一炬，鼓譟而進，彬等縱其至，乃徐擊之，皆殲焉，又獲其將帥佩符印者凡十數人。

56金陵被圍，自春徂冬，居民樵采路絕。曹彬終欲降之，累遣人告國主曰：「城必破矣，宜早爲之所。」國主約先令其子清源郡公仲寓入朝，既而久不出。彬日遣人督之，且曰：「郎君不須遠適，若到寨，卽四面罷攻矣。」國主終惑左右之言，但報云：「仲寓趣裝未辦。」

彬又遣告曰：「稍遲，卽無及矣！」國主不聽。

先是帝數遣使者諭彬以勿傷城中人，若猶困鬭，李煜一門，切無加害。於是彬忽稱疾不視事，諸將皆來問疾，彬曰：「余疾非藥石所愈，願諸公共爲信誓，破城日不妄殺一人，則彬之疾愈矣。」諸將許諾，乃相與焚香爲誓。翌日，彬卽稱愈。【考異】曲洧舊聞云：太祖取江南，戒曹秦王、潘鄭王曰：「卿等至彼，愼勿殺人。」曹、潘兵臨城，久之不下，乃草奏曰：「兵久無功，不殺無以立威。」太祖覽之怫然，批還其奏曰：「朕寧不得江南，不可輒殺人也。」逮批詔到而城已破矣。按金陵之破，不妄殺人，由於曹彬稟承詔旨，不待臨城批詔也。今從長編。

乙未，金陵城破，將軍咼彥、馬誠信及弟承俊帥壯士巷戰死。勤政殿學士豫章鍾蒨，朝服坐於家，亂兵至，舉族就死不去。

初，陳喬、張洎同建不降之議，事急，又相要同死。然洎實無死志，於是攜妻子及槖裝入止宮中，引喬同見國主。喬曰：「臣負陛下，願加顯戮。若中朝有所詰責，請以臣爲辭。」國主曰：「氣數已盡，卿死無益也。」喬曰：「縱不殺臣，何面目見士人乎！」遂自經死。洎曰：「臣與喬共掌樞務，國亡當俱死；又念陛下入朝，誰與陛下辨明此事！所以不死者，將有待也。」【考異】談苑載喬縊於視事廳，洎猶不知。又云：國主求喬不得，或告洎，以爲喬已北降。明年，乃得喬尸。九國志謂洎與喬同升閣，喬自縊死，洎視其氣絕乃下。按陸游南唐書，喬至政事堂，召二親吏，解所服金帶與之，曰：「善藏吾骨。」遂自縊，二吏徹榻瘞之。此與談苑所載略同。是喬未嘗與洎同升閣而先死也。張洎背陳喬之約，國亡不死，事宋爲顯官，復以險詖見忮，惡之者或甚其詞耳。東都事略祇云城陷喬死之，洎不能死，得其實矣。

彬整軍成列，至其宮城，國主乃奉表納降，與其羣臣迎拜於門。先見潘美，設拜，美答之；次拜彬，彬使人語之曰：「介冑在身，拜不敢答。」卽選精卒千人守其門外，令曰：「有欲入者，一切拒之。」始，國主積薪宮中，約盡室赴火死，及見彬，彬慰安之，且諭以：「歸朝俸賜有數，當厚自齎裝，既爲有司所籍，一物不可復得矣。」因復遣煜入宮，惟意所欲取。梁迥、田欽祚等諫曰：「倘有不虞，咎將誰執？」彬笑而不答。迥等爭不已，彬曰：「煜素無斷，今已降，必不能自引決，可亡慮也。」又遣兵百人爲輦載輜重。煜方憤歎國亡，無意蓄財，頗以黃金分賜近臣。彬既入金陵，申嚴禁暴之令，士大夫保全者甚衆，仍大搜於軍，無得匿人妻子。倉廩府庫，委轉運使許仲宣按籍檢視，彬一不問，師旋，惟圖籍、衣衾而已。

57 十二月，己亥朔，江南捷書至，凡得州十九，軍三，縣一百有八，戶六十五萬五千六十有五，羣臣皆稱賀。帝泣謂左右曰：「宇縣分割，民受其禍，攻城之際，必有橫罹鋒刃者，此實可哀也。」卽詔出米十萬石賑城中飢民。

辛丑，赦江南管內州縣常赦所不原者，僞署文武官吏見釐務者並仍其舊。

令太子洗馬河東呂龜祥詣金陵，籍李煜所藏圖書送闕下。

58己未，以恩赦侯劉鋹爲左監門衞上將軍，改封彭城郡公。

59遼大丞相高勳、契丹行宮都部署尼哩（舊作女里。）席寵放恣，及遼主之姨母、保母勢薰灼一時，納賂請謁，門若賈區。北院樞密使耶律賢適患之，言於遼主，不報。賢適請以疾辭職，不許，令鑄手印行事。

60戶部員外郎、知制誥王祐判門下省，與判吏部流內銓侯陟不協，陟所注擬，祐多駁正，陟訴於盧多遜。多遜初爲學士，陰傾宰相趙普，累諷祐助己，祐不聽，多遜不悅。癸亥，祐坐陟事黜爲鎮國行軍司馬。【考異】司馬光日記云：祐坐以百口保大名節度使符彥卿非跋扈逆上意，故貶，蓋誤也。開寶三年，彥卿已徙鳳翔，貶時彥卿死矣。

61先是帝嘗召吳越進奏使任知果，令諭旨於其王俶曰：「元帥克毗陵有大功，俟平江南，可暫來與朕相見，以慰延想，即當復還，不久留也。朕三執圭幣以見上帝，豈食言乎！」崔仁冀亦告俶曰：「上英武，所向無敵，天下事勢可知。保族全民，策之上也。」俶深然之。

62甲子，遼遣耶律烏鎮舊作烏正，今改。來賀正旦；亦遣使報之。

63丁卯，吳越王俶請以長春節朝覲，許之。

九年十二月改太平興國元年。遼保寧八年。（丙子、九七六）

1春，正月，辛未，曹彬遣翰林副使郭守文奉露布，以江南國主李煜及其子弟官屬等四

十五人來獻　帝御明德門受獻，煜等素服待罪，詔並釋之，各賜冠帶、器幣、鞍勒、馬有差。時有司議獻俘禮如劉鋹，帝曰：「煜嘗奉正朔，非鋹比也。」寢露布不宣。

煜初以拒命，頗懷憂恚，守文謂煜曰：「國家止務恢疆土，致太平，豈復有後至之責邪！」煜乃安。

徐鉉從煜至京師，帝責以不早勸煜歸朝，聲色俱厲，鉉對曰：「臣爲江南大臣，國滅，罪固當死，不當問其他。」帝曰：「忠臣也，事我當如李氏。」賜坐，慰撫之。又責張洎曰：「汝教李煜不降，使至今日。」因出其圍城中召援兵蠟書。洎頓首請死，曰：「書實臣所爲。犬吠非其主，此其一耳，他尚多。今得死，臣之分也。」辭色不變。帝初欲殺洎，及是奇之，曰：「卿大有膽，朕不罪卿。今事我，無替昔日之忠也。」

2 乙亥，以李煜爲右千牛衞上將軍，封違命侯，其子弟宗屬悉授官。丙子，以煜司空、知左右內史湯悅爲太子少詹事，左內史侍郎徐鉉爲太子率更令，右內史舍人張洎爲太子中允，餘授官有差。

3 庚辰，詔幸西京，將以四月有事於南郊。

4 壬午，濟州團練使李謙溥卒。

5 癸未，命翰林學士李昉閱諸道所解孝弟力田及有文武材幹者四百七十八人於禮部貢院，所業皆無可采，而濮州所薦居其半。帝召問於講武殿，率不如詔，猶自言習武，試以騎射，則皆隕越顛沛。帝曰：「止可隸兵籍耳。」衆皆號泣求免。乃悉罷之，劾官司濫舉之罪。

6 二月，己亥，羣臣再奉表請加尊號曰一統太平，帝曰：「燕、晉未復，可謂一統太平乎？」不許。羣臣請易以立極居尊，許之。

7 庚戌，以宣徽南院使、義成節度使曹彬爲樞密使、領忠武節度。樞密領節度自彬始。山南東道節度使潘美爲宣徽北院使。節度領宣徽自美始。李漢瓊、劉遇、田欽祚、梁迥、李繼隆，並晉秩有差，賞江南之功也。

彬歸自江南，詣閤門進牓子云：「奉敕差往江南句當公事回。」時人嘉其不伐。彬之行，帝許彬以使相爲賞，及還，語彬曰：「使相品位極矣，且徐之，更爲我取太原。」因賜錢五十萬。彬至家，見布錢滿室，歎曰：「人生何必使相，好官不過多得錢耳！」【考異】東都事略曹彬傳云：彬之出師也，太祖詔曰：「俟克李煜，當以卿爲使相。」副使潘美豫以爲賀，彬曰：「不然。夫是行也，仗天威，遵廟謨，乃能成事，吾何功哉！況使相極品乎！」美曰：「何謂也？」彬曰：「太原未平耳。」已而還朝獻俘。太祖曰：「本除卿使相，劉繼元未下，姑待之。」既聞此語，美竊覷彬微笑，太祖覺之，遽詰所以，美不能隱，遂以前對，太祖亦大笑，乃賜錢二十萬。長編載帝語彬曰：「汝爲使相，品位極矣，肯復力戰邪！且徐之。」彬怏怏而退。按太祖語似譏誚，不當於酬庸時遽作此言。且彬自知不即得使相，又何至怏怏也！今刪正。

8己未，吳越國王俶及其子鎮海、鎮東節度使惟濬等入見崇德殿，宴長春殿。先是車駕幸禮賢宅視供帳之具，及至，卽詔俶居之，寵賚甚厚，俶所貢奉亦增倍於前。

9帝初卽位，召供備庫副使魏丕謂之曰：「作坊久積弊，其爲我整理之！」卽授作坊副使。丕在職盡力，居八年，乃遷正使。帝連歲征討修創，器械皆精辦。三月，己巳，以丕領代州刺史，仍兼作坊。

10庚午，命吳越王俶劍履上殿，詔書不名。辛未，以俶妻賢德順穆夫人孫氏爲吳越國王妃。宰相謂異姓諸侯王無封妃之典，帝曰：「行自我朝，表異恩也。」帝數召俶及其子惟演射苑中，時諸王預坐，俶拜，輒令內侍掖起。又嘗令俶與晉王等敍兄弟禮，俶伏地叩頭固辭，乃止。

帝將西幸，俶請扈從，不許，乃留惟濬侍，遣俶歸國。宴講武殿，謂俶曰：「南北風土異宜，漸暑，宜早發。」俶泣，請三歲一朝，帝曰：「川塗迂遠，俟有詔乃來也。」臨行，賜一黃複，封識甚固，戒俶曰：「途中宜密觀。」及啓之，則皆羣臣請留俶章疏也，俶益感懼。既歸，每視事功臣堂，一日，命徙坐於東偏，謂左右曰：「西北者，神京在焉，天威不違顏咫尺，敢寧居乎！」益以乘輿服玩爲獻，製作精巧。每修貢，必列於庭，焚香而後遣之。【考異】五代史記云：俶還國，益以器服珍奇爲獻。太祖曰：「此吾帑中物，何用獻爲！」李燾曰：太祖待俶甚寵，當無此語；或傳者誤飾之。

11 遂遣五使廉問四方鰥寡孤獨及貧乏失職者賑之。

12 丙子，車駕發京師；丁卯，次鄭州。庚辰，帝謁安陵，奠獻號慟，左右皆泣。既而登闕臺，西北嚮發鳴鏑，指其所曰：「我後當葬此。」賜河南府民今年田租之半，復奉陵戶一年。

【考異】談苑載帝自西京還，乃謁安陵，誤也。今從宋史及東都事略。

辛未〔巳〕，帝至西京，見洛陽宮室壯麗，甚悅，召知河南府、右武衞上將軍焦繼勳面奬之，加彰德軍節度使。

13 以王全斌爲武寧節度，謂之曰：「朕以江左未平，慮征南諸將不遵紀律，故抑卿數年，爲朕立法。今已克金陵，還卿節鉞。」仍厚賜之。

14 夏，四月，庚子，合祭天地於南郊。時雨彌月不止，及期始霽。禮成，都民垂白者相謂曰：「我輩少經亂離，不圖今日復見太平天子！」有泣下者。是日，御五鳳樓，大赦。

壬寅，大宴，賜賚有差。

15 帝生於洛陽，樂其土風，嘗有遷都之意。始議西幸，起居郎李符陳八難，帝不從。既畢祀事，尚欲留居之，羣臣莫敢諫。鐵騎左右廂都指揮使李懷忠乘間言曰：「東京有汴渠之漕，歲致江、淮米數百萬斛，都下兵數十萬人咸仰給焉。陛下居此，將安取之？且府庫重兵，皆在大梁，根本安固已久，不可動搖。」帝亦弗從。晉王又從容言遷都非便，帝曰：「遷河南未已，久當遷長安。」王叩頭切諫，帝曰：「吾將西遷者，非他，欲據山河之險而去冗兵，循周、漢故事以安天下也。」王又言「在德不在險」，帝不答。王出，帝顧左右曰：「晉王之言固善，然不出百年，天下民力殫矣。」【考異】李燾曰：李懷忠爲節度使在太平興國二年冬，此時但領富州團練使。三朝聖政錄稱節度使者，誤也。晉王事據建隆遺事，正史闕之。

16 甲辰，始下詔東歸。

17 丙午，駕發洛陽宮；辛亥，至東京。

18 初，李煜既降，曹彬令煜作書諭江南諸城守，皆相繼歸順，獨江州軍校胡則與牙將宋德明，殺刺史據城不降，詔先鋒都指揮使曹翰爲招安巡檢使，率兵討焉。江州城險固，翰攻之不克，自冬訖夏，死者甚衆。丁巳，始拔之。時則病甚，臥牀上，翰執縛，責其拒命，對曰：「犬吠非其主，公何怪焉！」翰腰斬之，并殺德明，遂屠其城，死者數萬人，所略金帛以億萬計。【考異】夢溪筆談云：李景使大將胡則守江州，江南國下，曹翰以兵圍之三年，城堅不可破。一日，則欲殺一饔人，以其妻救之而止。此卒夜縋城走投曹翰，具言城中虛實。先是，城西南依險，素不設備，卒乃引王師自西南攻之，是夜，城陷，胡則一門無遺類。按曹翰圍江州凡五月，拔之，未嘗相持至三年也，筆談誤記耳。至以李煜爲李景，尤誤之顯然者。今不取。

19 是月，遣田守奇如遼賀生辰。

20 己未，著令：「自今旬假不視事，百官休沐。」

21 帝以晉王所居，地勢高仰，水不能及，六月，庚子，步自左掖門，至其第，遣工爲大輪，激金水注第中，且數臨視，促成其役。王性仁孝，尹京十五年，庶務修舉。帝數幸其府，恩禮甚厚。嘗病殆，不知人，帝亟往問，親爲灼艾，王覺痛，帝亦取艾自灸，自辰至酉，至汗洽蘇息，帝乃還。又嘗宴宮中，王醉，不能乘馬，帝起，送至殿階，親掖之。王帳下士蒙城高瓊左手執鐙以出，帝顧見，因賜瓊等控鶴官衣帶及器帛，勉令盡心。間謂近臣曰：「晉王龍行虎步，必爲太平天子，福德非吾所及也。」

22 武寧節度使王全斌卒。全斌輕財重士，不求顯赫之譽，寬而容衆，軍旅樂爲之用。其黜居山郡幾十年，怡然自得，識者多之。及卒，贈中書令。

23 遼南京留守秦王高勳，怙寵而驕，嘗以南京郊內多隙地，請疏畦種稻，遼主欲從之。林牙耶律昆宣言於朝曰：「高勳此奏有異志，果令種稻，引水爲畦，設以京叛，官兵何自而入！」遼主疑之，不果。會寧王賀睦（舊作只沒。）之妻私造鴆毒，勳亦以毒藥餽駙馬都尉蕭默哩，（舊作啜里。）事覺，秋，七月，丙寅朔，賀睦奪爵，貶烏庫部，（舊作烏古部。）勳除名流銅州。

24 八月，乙未朔，吳越國王進射火箭軍士

25 丁未，命侍衛馬軍都指揮使党進爲河東道行營馬步軍都部署，宣徽北院使潘美爲都

監，虎捷右廂都指揮使楊光美爲都虞候，暨牛思進、米文義率兵分五道伐北漢。丙辰，師入太原、又命忻、代行營都監郭進等分攻忻、代、汾、沁、遼、石等州。

26 是月，女眞侵遼貴德州東境。

27 九月，甲子，党進敗北漢兵於太原城下，北漢主求救於遼，遼主遣南府宰相耶律沙、冀王塔爾舊作敵烈，今改。救之。

28 辛未，女眞襲遼(歸)州五寨，剽掠而去。

29 冬，十月，帝不豫。壬子，命內侍王繼恩就建隆觀設黃籙醮。是夕，帝召晉王入對，夜分乃退。

癸丑，帝崩於萬歲殿。時夜四鼓，皇后使王繼恩出，召貴州防禦使德芳。繼恩以太祖傳國晉王之志素定，乃不詣德芳，徑趨開封府召晉王，見左押衙榮澤程德元坐於府門，叩門，與俱入見王，且召之。王大驚，猶豫不行，曰：「吾當與家人議之。」久不出。繼恩促之曰：「事久，將爲他人有矣。」時大雪，遂與王雪中步至宮。繼恩止王於直廬，曰：「王姑待此，繼恩當先入言之。」德元曰：「便應直前，何待之有！」乃與王俱進至寢殿。后聞繼恩至，問曰：「德芳來邪？」繼恩曰：「晉王至矣。」后見王，愕然，遽呼官家，曰：「吾母子之命，皆託於官家。」王泣曰：「共保富貴，勿憂也！」

甲寅，晉王即皇帝位，羣臣謁見萬歲殿之東楹，號慟殞絕。【考異】長編因湘山野錄存燭影斧聲之說，元黃溍、明宋濂、劉僎俱辨其誣。程敏政撰宋記受終考，其說尤詳。李燾掇拾之不審，無俟再辨矣。今刪去雜說，祇據宋史王繼恩傳書之。蓋太祖平日友愛，又受命於太后，其傳位晉王之意固已素定，然未嘗明降詔旨，故晉王聞召尙有遲疑。東都事略太宗紀云：癸丑，太祖崩，奉遺詔即皇帝位。此不過仍史家紀事之舊例而書之，太祖非實有遺詔也。建隆遺事、蔡惇直筆諸書，其舛誤尤不足辨。今以正史覈之，遼史景宗紀云：宋主匡胤殂，其弟炅自立。以自立爲文，與嗣位之詞有別矣，然猶曰敵國傳聞之誤也。宋史太宗紀：癸丑，太祖崩，帝遂即皇帝位。特書曰遂，所以別於受遺詔而繼統之君也。史以紀實，不可深文周內，亦無庸過爲前人掩護，讀正史者宜得其定論矣。即位之日在甲寅，仍從長編書之。

乙卯，大赦天下，常赦所不原者咸除之。詔：「令緣邊禁戢戍卒，毋得侵撓外境。羣臣有所論列，並許實封以聞，須面奏者，閤門使即時引對。」

80 庚申，以皇弟永興節度使兼侍中廷美爲開封尹兼中書令，封齊王，皇子山南西道節度使、同平章事德昭爲永興節度使兼侍中，封武功郡王，貴州防禦使德芳爲山南西道節度使、同平章事。宰相薛居正加左僕射，沈倫加右僕射，即義倫也；參知政事盧多遜爲中書侍郎、平章事，樞密使曹彬加同平章事，樞密副使楚昭輔爲樞密使。

81 十一月，甲子，追册故尹氏爲淑德皇后，越國夫人符氏爲懿德皇后。尹氏，崇珂之女兄，帝微時所娶也。

32 丁卯，詔齊王廷美、武功郡王德昭位在宰相上。

33 庚午，以齊州防禦使李漢超爲雲州觀察使，判齊州，仍護關南屯兵；洺州防禦使郭進領應州觀察使，判邢州，兼西山巡檢如故。

時瀛州防禦使馬仁瑀監霸州軍，擅發麾下兵入邊境略奪，由是與漢超交惡。帝恐生邊釁，卽遣使齎金帛賜漢超及仁瑀，令置酒講解，尋徙仁瑀知遼州。

34 詔：「諸道轉運使各察舉部內知州、通判、監臨物務京朝官以三科第其能否，政績尤異者爲上；恪居官次，職務粗治者爲中；臨事弛慢，所涖無狀者爲下；歲終以聞。」

35 以供奉官薛惟吉爲右千牛衞將軍，沈繼宗及鄉貢進士盧雍並爲水部員外郎，雍，多遜子也，起家授官，卽與繼宗同。多遜時方寵幸，帝特命之，非舊典云。

36 遼遣郎君旺陸（舊作王六。）等使宋弔慰。

37 是月，封劉鋹衞國公，李煜隴西郡公。

續資治通鑑卷第九

賜進士及第兵部尚書兼都察院右都御史總督湖北
湖南等處地方軍務兼理糧餉世襲二等輕車都尉　畢　沅　編集

宋紀九

起柔兆困敦（丙子）十二月，盡屠維單閼（己卯）二月，凡二年有奇。

太宗至仁應運神功聖德睿烈大明廣孝皇帝 帝諱炅，初名匡乂，改賜光義，即位二年改今諱，太祖同母弟也。晉天福四年十月甲辰，生於浚儀官舍，是夜，赤光上騰如火。及長，龍準龍顏，望之儼如也。性嗜學，工文業，多藝能。仕周至供奉官都知，太祖即位，以爲殿前都虞候，領睦州防禦使，尋領泰寧軍節度使，加同平章事，行開封尹，再加兼中書令，封晉王。

太平興國元年 遼保寧八年。（丙子、九七六）

1 十二月，甲寅，帝御乾元殿受朝，樂懸而不作，大赦，改元。【考異】溫公書年號皆以後改者爲定，雖易姓之際，亦用此例，如漢獻未禪而歲首已繫黃初，魏主尚存而春初即稱泰始，頗爲後儒所譏。宋太宗嗣位，未逾年而改元，若依溫公例，於丙子歲春即書太平興國，則太祖嫌於不終。若依綱目例，須於丁丑春始書太平興國二年，則太宗嫌於無始。今參用李燾、徐乾學之例，十一月以前仍稱開寶九年，屬之太祖紀；十二月以後稱太平興國，屬之太宗紀，雖與溫公有異，而義例較安，且合於前史本紀之通例，非自我作古也。至太宗急於改元，本爲失禮，朱子論此事亦云：「開國之初，一時人才粗疏，理會不得。」明程敏政作宋紀受終考，曲爲回護，殊屬多事。今但直書其事，是非自不能揜矣。命太祖子及齊王廷美子並稱皇子，王、石、魏氏三公主並稱皇女。

2丁巳，以樞密直學士、左正諫大夫賈琰爲三司副使。【考異】正諫大夫之名不見於職官志，惟長編太宗朝屢見之，當是避太宗名改易，後來仍復其舊，史家不能具書耳。三司置副使自此始。

3戊午，遼遣蕭巴固濟舊作哲古馬哲，（校者按：哲古馬哲，遼史景宋紀一作只古馬哲，宋會要稿蕃夷一作蒲骨只。）今改。來聘。

4先是川、峽分路置轉運使，峽鹽悉趣荆南，西川民乏食，太祖遣使劾兩路轉運使罪，帝即位，皆釋之。於是命西川轉運使申文緯遙兼峽路，轉運副使韓可玭兼西川路，使鹽筴流通也。

5遼詔南京復禮部貢院。【考異】遼史於復貢院不言其設科取士，至統和六年始開科舉。然林煒章易水志，保寧九年有進士魏璟，是既開貢院，南京即有進士，或未及行於他處耳。

6是月，詔罷河東之師，宣徽南院使潘美、侍衛馬軍都指揮使党進，皆自行營歸闕。【考異】十國紀年作宋師失利，燒營而歸，五代史紀、十國春秋俱不載此事，今從長編。

7是歲，高麗人金行成始入學於國子監。

二年遼保寧九年。（丁丑、九七七）

1春，正月，壬戌，以大行在殯，不視朝。

2丙寅，命禮部員外郎賈黃中、左補闕程能、左贊善大夫馮瓚分掌左藏三庫。先是貨錢與金帛同掌，歲久，儲蓄盈羨，始命分之。黃中尋出知昇州，嘗按行府廨，見一室扃鐍甚固，命發鑰視之，得金寶數十櫃，計其價值數百萬，乃李氏宮閣中遺物，未著於籍，即表上之。帝曰：「非黃中廉恪，則亡國之寶將汚法而害人矣。」賜錢二十萬。

3詔：「中外臣僚無得與民爭利。」

4女眞遣使貢於遼。

5帝初卽位，以疆宇至遠，吏員益衆，思廣振淹滯以資其闕，顧謂侍臣曰：「朕欲博求俊乂於科場中，非敢望拔十得五，止得一二，亦可爲致治之具矣。」

先是諸道所發貢士凡五千三百餘人，命太子中允、直舍人院張洎、右補闕石熙載試進士，左贊善大夫侯陶等試諸科，戶部郎中侯陟監之。熙載，洛陽人也。

於是禮部上所試合格人名，戊辰，帝御講武殿，內出詩賦題覆試進士，命翰林學士李昉、扈蒙定其優劣爲三等，得河南呂蒙正以下一百九人，庚午，覆試諸科，得二百七人，賜及第。又詔禮部閱貢籍，得十五舉以上進士及諸科一百八十四人，並賜出身。九經七人不中格，帝憐其老，特賜同三傳出身　凡五百人，皆先賜綠袍鞾笏，錫宴開寶寺，帝自爲詩二章賜之。第一等、第二等進士并九經授將作監丞、大理評事、通判諸州，同出身進士及諸科並送吏部免選，優等注擬。寵章殊異，前代所未有也。薛居正等言取人太多，用人多驟，帝意方欲興文敎，抑武事，弗聽。及蒙正等辭，召令升殿，諭之曰：「到治所，事有不便於民者，疾置以聞。」仍賜裝錢，人二十萬。

太祖之幸西京也，洛陽人張齊賢獻十策，下幷汾，富民，封建，敦孝悌，舉賢，太學，籍田，選良吏，懲奸，謹刑。太祖召見便坐，問之，齊賢以手畫地條陳。太祖善其四策，齊賢堅執其餘皆善，太祖怒，令衞士曳出。及還，語帝曰：「我幸西京，惟得一張齊賢，我不欲遽官爵之，汝異時可收以自輔也。」於是齊賢舉進士，帝欲置之高等，而有司第其名在數十人後，帝不悅，乃召進士盡第二等及九經凡一百三十人，悉與超除，【考異】按前言凡五百人，此言一百三十人者，自一等至第二等及九經所取者也；其他第三等及諸科、三傳出身者不在其內。意齊賢時在二等，故然。言悉與超除，則是前所云第一、第二等進士皆授京官及通判之謂耳。後人不考，皆云爲張齊賢一榜盡賜及第，非也。齊賢雖在數十人後，固已及第矣，當云爲齊賢二等盡與超除則是。蓋爲齊賢故也。

6 吳越國王俶遣其子溫州刺史惟演來修貢，賀登極。

7 乙亥，賜鄉貢進士孔士基同本科出身，褒先聖後也。

8 己卯，吳越國王妃孫氏薨，詔給事中程羽爲弔祭使。

9 庚辰，詔易禁軍舊號，鐵騎曰日騎，控鶴曰天武，龍騎曰龍衛，虎捷曰神衛。

10 江南舊用鐵錢，於民不便。二月，壬辰朔，轉運使樊若水請置監於昇、鄂、饒等州，大鑄銅錢，凡山之出銅者悉禁民采取，以給官鑄；廢鐵錢，悉鑄爲農器，以給江北流民之歸附者，且除銅錢渡江之禁，詔從其請，民甚便之。

11 癸巳，命戶部員外郎兼侍御史知雜事雷德驤提點開封府。

12 甲午，建鄂州永興縣爲永興軍。

13 遼遣使來賀即位及正旦。

14 右千牛衛上將軍李煜自言其貧，乙未，詔賜錢三百萬。煜雖貧，張洎頗丐索之，煜以白金頮面器與洎，洎意猶不足。

15 北漢胡桃寨指揮使史溫等來降。

16 己亥，吳越王俶以山陵有期，遣使來修賻禮。

17 庚子，帝改名炅，詔：「除已改州縣、職官及人名外，舊名二字不須迴避。」

18 丙午，始分西川爲東、西兩路，各置轉運使、副使。兵部郎中許仲宣爲西路轉運使，考功員外郎滕中正爲東路轉運使。中正，北海人也。

19初，右監門衞率府副率王繼勳分司西京，强市民家子女以備給使，小不如意，卽殺而食之，以棺櫝貯殘骨，出棄野外。女儈及鬻棺者，出入其門不絕，民甚苦之，不敢告。帝在藩邸，頗聞其事。及卽位，會有訴者，亟命雷德驤往鞫之，繼勳具服，所殺婢百餘人。乙卯，斬繼勳并女儈八人於洛陽市。長壽寺僧廣惠常與繼勳同食人肉，帝令先折其脛，然後斬之，民皆稱快。

20己未，詔劉鋹、李煜，常俸外給以他俸。

21三月，河陽節度使趙普來朝，乞赴太祖山陵。乙亥，授太子少保，留京師。

22香藥庫使高唐張遜建議，請置榷場局，大出官庫香藥、寶貨，稍增其價，許商人入金帛買之，歲可得錢三十萬貫，以濟國用，使外國物有所泄。帝從之，一歲中果得錢三十萬貫。

23戊寅，命翰林學士李昉等編類書爲一千卷，小說爲五百卷。

24初，節度使得補子弟爲軍中牙校，豪橫奢縱，民間苦之。帝雅知其弊，始卽位，卽詔諸州府籍其名，部送闕下，至者凡百人。癸未，悉補殿前承旨，以賤職羈縻之。

25己丑，置威勝軍。許遼人互市。【考異】威勝軍，九域志云治銅鞮縣。隆平集則云以潞州亂柳九〔石〕圍中爲軍。未詳孰是。

26庚寅，知江州周述言：「廬山白鹿洞學徒常數千人，乞賜九經，使之肄習。」詔國子監給本，仍傳送之。

27北漢乞糧於遼　是月，遼主命以粟二十萬斛助北漢。先是遼主使烏珍、（舊作屋質。）塔爾（舊作撻烈。）分治南、北院，善課農田，年穀屢稔，故能經費有餘，恤北漢之匱，北漢賴之。【考異】十國春秋作三十萬斛，今從遼史。

28夏，四月，甲寅，遼遣鴻臚少卿耶律敞等來助葬。

29乙卯，葬英武聖文神德皇帝於永昌陵。【考異】張淏雲谷雜記：太祖自爲陵，名曰永昌。此蓋因太祖躬謁安陵，卽自定陵地而傅會之。據長編諸書，俱不言太祖自定陵名，今闕之。

30賑延州饑。

31是月，作景福殿。

32詔恤刑。自是每歲常舉行之。

33帝厲精求治，前詔轉運使考案諸州，凡諸職任，第其優劣；尋復遣使分行諸道廉察官吏

五月，壬戌，詔罷其罷輭惰慢者。

34安遠節度使向拱、武勝節度使張永德、橫海節度使張美、鎭寧節度使劉廷讓以帝初卽位，並來朝。癸亥，以拱、永德並爲左衞上將軍，美爲左驍衞上將軍，廷讓爲右驍衞上將軍。

35丙寅，詔，繼母殺夫前妻子及婦者同殺人論

36庚午，命起居舍人辛仲甫使於遼，右贊善大夫穆被副之。將至境，聞朝議興師伐北漢，仲甫知北漢倚遼爲援，遲留未敢進，飛奏俟報，有詔遣行。既至，遼主問曰：「聞中朝有党進者，眞驍將，如進之比凡幾人？」仲甫對曰：「名將甚多，如進鷹犬之材，何可勝數！」遼主欲留之，仲甫曰：「信以成命，命不可留，有死而已。」遼主知其不可奪，厚禮遣還。帝謂左右曰：「仲甫遠使絕域，練達機宜，可謂不辱君命矣。」

37甲戌，以十月十七日爲乾明節。

38初，曹翰屠江州，民無噍類，其田宅悉爲江北賈人所占，詔長吏訪其民之鄉里疏遠親屬給還之。知州張霽，受賈人賂，不盡與民，民訴其事，壬寅，霽決杖流海島。

39己卯，祔太祖神主於太廟，廟樂曰大定之舞，以孝明皇后王氏配；又以懿德皇后符氏、淑德皇后尹氏祔別廟。

40己丑，女眞二十一人請受職於遼，遼主授宰相以下諸職有差。

41六月，乙未，以保安等縣有黑蟲夜食桑葉，免其桑稅。

42遼喜衮（舊作喜隱。）召自貶所，適見遼主答北漢主書，詞意卑遜，喜衮曰：「本朝於漢爲祖，書旨如此，恐虧國體。」遼主韙之，丙辰，以爲北（西南）面招討使。

43秋，七月，庚申朔，回鶻貢於遼。

44 癸亥，河決溫縣、滎澤，命客省使任城翟守素塞之。乙丑，河決頓丘及白馬。旋遣左衛大將軍李崇矩按行河勢，繕治河隄，蠲被水田租。

45 丙子，遼遣使助北漢戰馬。

46 閏月，庚寅朔，以陳洪進將入朝，遣翰林使程德元往宿州迎勞之。

47 丁未，以平南軍爲太平州。

48 己酉，遣翰林學士李昉使吳越。

49 初，天雄節度使兼侍中李繼勳，以疾求歸洛陽，許之；復上表乞骸骨，庚戌，授太子太師，致仕。繼勳以質直稱，性儉嗇，唯奢於奉佛。與太祖有軍中之舊，故特承寵遇。後月餘卒，贈中書令，追封隴西郡王，謚莊武。

50 丁巳，有司上諸州所貢閏年圖。故事，每三年一令天下貢地圖，與版籍皆上尚書省，國初以閏爲限，所以周知山川之險易，戶口之衆寡也。

51 梅山峒蠻首領苞漢陽等劫掠商人，禁之不止，命翟守素發潭州兵往討。先以詔諭之，漢陽拒命，八月，癸亥，詔守素進師。時霖雨彌旬，弓弩解弛，守素令削木爲弩，賊掩至，交射之，賊遂敗，乘勝逐北，盡平其巢穴。

52 丙寅，陳洪進入見於崇德殿，禮遇優渥，賜錢千萬，白金萬兩，絹萬匹。【考異】宋史作乙丑平海軍節度使陳洪進來朝，今從長編爲丙寅。

53帝初即位，以少府監高保寅知懷州。懷州故隸河陽，時趙普爲節度使，保寅素與普有隙，事多爲普所抑，保寅心不能平，手疏乞罷節鎭領支郡之制。乃詔懷州直隸京師，長吏得自奏事。

於是虢州刺史許昌裔訴保平軍節度使杜審進闕失事，詔左拾遺李瀚往察之。瀚因言節鎭領支郡，多俾親吏掌其關市，頗不便於商賈，滯天下之貨，望不令有所統攝，以分方面之權。帝納瀚言，戊辰，詔諸州並直屬京師，天下節鎭，無復有領支郡者矣。【考異】王栐燕翼貽謀錄言：唐末，藩鎭諸州聽命帥府，如臣之事君。太平興國二年三月，右拾遺李翰極言其弊，太宗始詔藩鎭諸州直隸京師，長吏自得奏事。長編載於八月，「翰」作「瀚」，今從之。

54九月，辛卯，作崇聖殿。

55吳越王俶入朝，先遣其子惟濬來貢，壬辰，詔戶部郎中侯陟至泗州迎勞之。及惟濬至，賜賚無算。

56唐天祐中，兵亂窘乏，始令以八十五錢爲百；後唐天成中，又減五錢；漢乾祐初，復減三錢。宋初，因漢制，其輸官亦用八十或八十五，然諸州私用，猶各隨俗，至有以四十八錢爲百者。丁酉，詔所在悉以七十七錢爲百，每千錢必及四斤半以上。禁江南新小錢，民先有藏蓄者，悉令送官，官據銅給其直。私鑄者棄市。

57癸卯，關南巡檢、應州觀察使李漢超卒。帝甚悼之，廢朝，贈太尉、忠武節度使，遣中使護喪歸葬。

58帝屬意戎事，每朝罷，親閱禁卒，命築講武臺於城南之楊邨。癸亥，大閱，帝與文武大臣從官等登臺而觀，命天武左廂都指揮使京兆崔翰分布士伍，南北綿亘二十里，建五色旗以號令將卒，節其進退，每按旗指縱，則千乘萬騎，周旋如一，甲兵之盛，近代無比。帝悅，即以金帶賜翰曰：「此朕藩邸時所服者也。」

59容州舊貢珠，太祖平劉鋹，詔廢媚川都及禁民采珠。至是復貢珠百斤，賜負擔者銀帶衣服。

60丙辰，帝始狩於近郊，作詩賜羣臣，令屬和。

61國子監主簿郭忠恕，決杖配隸登州禁錮。忠恕縱酒，肆言時政，頗有謗讟，帝怒，故有是謫　忠恕行至臨邑卒。

62丁巳，吳越王遣使乞呼名，不允。

63冬，十月，辛酉，命左衞大將軍李崇矩爲邕、貴、潯、橫、欽、賓等州都巡檢使，未幾，徙瓊、崖、儋、萬，麾下軍士咸憚於從行，崇矩盡出器皿金帛凡直數百萬，悉分給之，衆乃感悅。

時黎賊擾動，崇矩悉至洞穴撫諭，以己財遺其酋長，衆皆懷附。在嶺表及海上四五年，恬然不以炎荒嬰慮。舊涉海者，多艤舟俟風，或旬餘，或彌月，崇矩往來皆一日而渡，未嘗留滯，從者亦皆無恙，人謂崇矩純德之報云。

64 遼遣使來賀乾明節。

65 己巳，羣臣請舉樂，表三上，從之。

66 壬申，女眞遣使貢於遼。

67 是月，初榷酒酤。

68 十一月，丁亥朔，日有食之，既。遼司天奏日當食不虧。

69 庚寅，日南至，帝始受朝。

70 甲午，命監察御史李濱、閤門祗候鄭偉爲契丹正旦使。

71 己亥，天平節度使兼中書令石守信罷節度，爲守中書令、西京留守。守信在西京，好營佛寺，驅督峻急而不給傭直，民甚苦之。

72 馬軍都指揮使党進出爲忠武節度使。進掌禁衞凡十二年，徼巡京師閭巷，有畜奇禽異獸者，進或見，必命左右取放之，罵曰：「買肉不供父母，反飼禽獸乎！」嘗爲杜重威家奴，重威子孫貧賤，進分月奉錢給之，人亦以此稱焉。

73 戊戌，遼以吐谷渾叛入太原者四百餘戶，命招討使喜袞索而還之。

74 癸卯，遼主祠木葉山。

75 十二月，丁巳朔，試諸州所送天文術士隸司天臺，無取者黥配海島。

76 戊辰，遼主獵於近郊，以所獲祭天

77 癸酉，詔定晉州礬法，私煮及私販易者罪有差。

78 辛巳，高麗國王伷遣其子元輔來貢，賀登極。

79 壬午，遼遣太僕卿【考異】遼史作「太僕」，今從長編。特爾格、舊作迭烈割，今改。禮賓副使王英來賀明年正旦。

80 靈州通遠軍界諸蕃族剽略官綱，詔知靈州、通遠軍使董遵誨討之。遵誨分將出兵，諸蕃族大懼，盡歸所掠，肉袒請罪，遵誨卽慰撫之。自是各謹封界，秋毫不敢犯。帝命遵誨兼領靈州路巡檢，在通遠軍凡十四年。

81 是冬，北漢邊候言晉、潞、邢、洺、鎭、冀等州皆治戎器及攻城之具，又轉漕芻粟，北漢主甚恐。

三年 遼保寧十年。（戊寅、九七八）

1 春，正月，丙戌朔，不受朝，羣臣詣閤賀。

2北漢主遣其子續爲質於遼，納重幣以求援。

3甲午，命絳州浚汾河。

4京西轉運使程能獻議，請自南陽下向口置堰，回白河水入石塘、沙河，合蔡河，達於京師，以通襄、潭之漕，帝壯其言而聽之。戊戌，發兵役數萬，分遣使護其役，塹山堙谷，歷博望、羅渠、小祐山，凡百餘里。踰月，抵方城，地高，水不能至，又增役以致水，然終不可通漕。會山水暴漲，石堰壞，河竟不克就。

5辛丑，浚廣濟、惠民河及蔡河，又治黃河隄。丁未，浚汴口。

6己酉，命翰林學士李昉等修太祖實錄，直學士院湯悅等修江表事迹。

7癸丑，遼主如長濼。

初，遼主知翰林學士室昉有理劇才，改南京副留守，決獄平允，人皆便之，累遷工部尚書、樞密副使、參知政事。至是拜樞密使，兼北府宰相，加同政事門下平章事。

8建隆初，三館所藏書僅一萬二千餘卷，及平諸國，盡收其圖籍，惟蜀、江南爲多，凡得蜀書一萬三千卷，江南書二萬餘卷，又下詔開獻書之路，於是三館篇帙大備。帝臨幸三館，惡其湫隘，顧左右曰：「此豈可蓄天下圖籍，延四方賢俊邪！」即詔有司度左昇龍門東北，別建三館，其制皆親所規畫，輪奐壯麗，甲於內庭。二月，丙辰朔，賜名崇文院，盡遷舊館書以實之，正副本凡八萬卷。

9 甲子，罷昌州七井虛額鹽。有司言昌州歲收虛額鹽萬八千五百餘斤，乃開寶中知州李佩掊斂以希課最，廢諸井薪錢，額外課民鬻鹽，民至破產不能償，多流入他郡，而積年之征不可免，詔悉除之。【考異】寶訓言，轉運使請均於民作兩稅，太宗盡令罷之。與此所載不同。考食貨志亦無此語，意有司與轉運使所言各不同，而帝但從除虛額鹽，不從均兩稅邪？抑有司即指轉運使，而所記有詳略邪？但均作兩稅於民，則昌井鹽法全異。即更除虛額，食貨志亦必載明，不應但如是而已。又考本紀，亦止書甲子罷昌州七井虛額鹽。則知必無均作兩稅之事矣。今從之。

10 庚午，回鶻貢於遼。

11 辛未，幸崇文院觀書，令親王、宰相檢閱問難。復召劉鋹、李煜縱觀，謂煜曰：「聞卿在江南好讀書，此中簡策，多卿舊物，近猶讀書否？」煜頓首謝。因賜飲中堂，盡醉而罷。

12 以吳越王俶將至，癸酉，命四方館使梁迥往淮西迎勞之，旋遣其子淮〔鎮〕海、鎮東節度使惟濬至宋州迎省。

13 三月，乙酉朔，貝州清河民田祚十世同居，詔旌其門閭，復其家。

14 庚寅，遼主致祭於顯陵。

15 癸卯，殿前都虞候、泰寧軍節度使李重勳卒。重勳與太祖同事周祖，謹厚無矯飾，太祖甚重之，故擢委兵柄，始終無易，贈侍中。

16 己酉，吳越王俶入見於崇德殿，寵賚甚厚，即日，賜宴於長春殿，俶僚佐崔仁冀等皆預坐。

17 以閑廄使、閤門祗候陳從信爲左衞將軍，充樞密院承旨，翰林使程德元爲東上閤門使兼翰林司公事，供奉官大名柴禹錫爲翰林副使，清池弭德超爲酒坊副使，皆以藩邸舊恩也。

18 夏，四月，乙卯朔，召華山道士眞源丁少微至闕。

少微善服氣，年百餘歲，隱居華潼谷中，與同縣陳摶齊名。然少微專奉科儀，摶嗜酒放曠，雖居室密邇，未嘗往來。少微以金丹、巨勝、南芝、元芝等獻，帝留數月，遣還。

19 己巳，女眞遣使貢於遼。

20 己卯，平海節度使陳洪進用幕僚南安劉昌言之計，上表獻所管漳、泉二州，得縣十四，戶十五萬一千九百七十八，兵一萬八千七百二十七。

癸未，以陳洪進爲武寧節度使、同平章事。旋以洪進子文顯爲通州團練使，仍知泉州；文顥爲滁州刺史，仍知漳州。

五月，乙酉朔，御乾元殿受朝。詔赦漳、泉管內，給復一年。

21 初，吳越王俶將入朝，盡輦其府實而行，蹌巨萬計。俶意求反國，故厚其貢奉以悅朝廷，宰相盧多遜勸帝遂留俶不遣，凡三十餘請，不獲命。會陳洪進納土，俶恐懼，乃籍其國甲兵獻之，復上表，乞罷所封吳越國及解天下兵馬大元帥之職，寢書詔不名之制，且求歸本道，不許。俶不知所爲，崔仁冀曰：「朝廷意可知矣。大王不速納土，禍且至！」俶左右爭言不可，仁冀厲聲曰：「今在人掌握中，去國千里，惟有羽翼乃能飛去耳。」【考異】涑水記聞以勸納土爲周仁冀事，當是傳寫之譌。今從長編及宋史。俶遂決策，上表獻所管十三州，一軍，帝御乾元殿受朝，如冬、正儀。俶朝退，將吏僚屬始知之，皆慟哭曰：「吾王不歸矣！」凡得縣八十六，戶五十五萬六百八，兵十一萬五千三十六。

丙戌，命考功郎中范旻權知兩浙諸州事。

旻初自淮南歸朝，帝謂曰：「江淮之間，輦運相繼，卿之功也。」將用爲翰林學士，盧多遜言杭州初復，非旻不可治，帝乃謂旻曰：「卿且爲朕行，卽當召卿矣。」錢氏據兩浙逾八十年，外厚貢獻，內事奢僭，地狹民衆，賦斂苛暴，雞魚卵菜，纖悉收取，斗升之逋，罪至鞭背，少者數十，多者至五百餘，訖於國除，民苦其政。旻既至，悉條奏，請蠲除之，詔從其請。

丁亥，徙封錢俶爲淮海國王；以其子惟濬爲淮南節度使，惟治爲鎭國節度使，孫承祐爲泰寧節度使，崔仁冀爲淮南節度副使。

22 戊子，詔赦兩浙諸州，給復一年。

23壬寅，定難節度使李克叡卒，以其子繼筠襲職。

24遼主之在藩邸也，馬羣侍中尼哩舊作女里，今改。傾心結納，及卽位，以翼戴功，累加守太尉。北漢主聞其見信任，遇生日必致禮。尼哩素貪，與同列蕭阿布達舊作阿不底，今改。並以賄聞。時人有氈裘，爲枲耳子所著者，或戲曰：「若尼哩、蕭阿布達，必盡取之。」傳以爲笑。其貪猥如此。至是，坐藏甲五百，屬有司按詰。會追治賊殺蕭思溫者，尼哩及高勳皆預其謀，癸卯，賜尼哩死，遣人誅勳於流所，以勳之產賜思溫家。尼哩無他長，唯善識馬，嘗行郊野，見數馬迹，指其一曰：「此奇駿也。」以己馬易之，已而果然。

25六月，己未，遼主如沿柳湖。

26戊辰，詔：「自今乘驛者皆給銀牌。」

27秋，七月，乙酉，以振武節度使、殿前都虞候白進超爲殿前副都指揮使，以殿前都指揮使楊信病殁故也。信晚歲病瘖，而能治軍。進超無殊功，以謹密見擢。

28壬辰，隴西郡公李煜薨，輟朝三日，贈太師，追封吳王。【考異】李後主之卒，他書多言賜鴆，非善終。或云：太宗使徐鉉私見煜，煜太息稱，當初悔殺潘佑。及太宗問鉉，鉉不敢隱，因有牽機藥之賜。或云：後主作小詞，有「一江春水向東流」之句，太宗惡之，未幾，遇鴆。然長編及宋史世家、柯氏新編皆不書，蓋闕疑慎言之意也。今亦不取。

初，鄭彥華之子文寶，仕煜爲校書郎，歸朝，不復敍故官。煜時在環衞，文寶欲一見，慮守者難之，乃披蓑荷笠爲漁者，既得入，因說煜以聖主寬宥之意，宜謹節奉上，勿爲他慮。議者歎其忠焉。

29 中元節張燈，詔有司於淮海王俶第前設燈，上陳聲樂以寵之。

30 丁未，以廬州無爲監爲無爲軍。

31 庚戌，改明德門爲丹鳳門。

32 遂享於太祖廟。

33 帝先詔權罷貢舉，復恐場屋間有留滯者，八月，詔：「諸州去年已得解者，除三禮、三傳、學究外，餘並以秋集禮部。」

34 癸丑，滑州黃河清。

35 丙辰，詔兩浙發淮海王俶緦麻以上親及所管官吏悉歸闕，凡舟千四百艘，所過以兵護送之。於是俶子惟治悉奉兵民圖籍、帑廩管籥授知杭州范旻，與其弟惟演等皆赴闕，詔遣內侍勞於近郊。壬申，對於長春殿，各賜衣帶、鞍馬、器幣。

36 甲戌，羣臣請上尊號曰應運統天聖明【考異】東都事略作「聖明」，今從長編及宋史。文武皇帝；許之。

37 九月，甲申朔，帝御講武殿，覆試禮部合格人，進士加論一首。自是常以三題爲準。得渤海胡旦以下七十四人，乙酉，得諸科七十人，並賜及第。始賜宴於迎春苑，授官如二年之制。故事，禮部惟春放榜，至是秋試，非常例也。

38 遼東京留守平王隆先，聰明博學，其在東京，薄賦省刑，卹鰥寡，數薦賢能之士，人多稱之。其子陳格，舊作陳哥，今改。與渤海官屬謀殺其父，舉兵作亂，遼主命轘裂陳格以徇。

39 己亥，改杭州衣錦軍爲順化軍。

40 冬，十月，癸丑，遼遣太僕卿耶律諧理等來賀乾明節。

41 庚申，車駕幸武功郡王德昭邸，遂幸齊王邸。賜齊王銀萬兩，絹萬匹，德昭、德芳有差。

42 司農寺丞孔宜知星子縣回，獻所爲文，帝召見，問以孔子世嗣，擢右贊善大夫，襲封文宣公，辛酉，詔免其家租稅。孔氏以聖人後，歷代不預庸調，周顯德中遣使均田，遂抑爲編戶，至是特命免之。

43 帝初卽位，幸左藏庫，視其儲積，語宰相曰：「此金帛如山，用何能盡！先帝每焦心勞慮，以經費爲念，何其過也！」於是分左藏北庫爲內藏庫，并以講武殿後封椿庫屬焉，改封椿庫爲景福內庫。帝謂左右曰：「朕置內庫，蓋慮司計之臣不能節約，異時用度有缺，復賦斂於民，終不以此自供嗜好也。」初，太祖別置封椿庫，嘗密謂近臣曰：「石晉割幽薊以賂契丹，使一方之人獨限外境，朕甚憫之。欲俟斯庫所蓄滿三五十萬，卽遣使與契丹約，苟能歸我土地民庶，則當盡此金帛充其贖直。如曰不可，朕將散滯財，募勇士，俾圖攻取耳。」會宴駕，不果。【考異】王曾筆記云：左藏北庫，卽封樁庫，太宗改名北（右）藏北庫，後改名內藏庫。李燾曰：內藏庫，實分左藏北庫爲之，非封樁庫也。而封樁庫別改名景福內庫，幷屬內藏，疑王曾誤矣。封樁庫但藏每歲國用羨餘之數，亦安得十數年間金帛遂如山乎！金帛如山，固當是左藏北庫，蓋僭僞儲蓄並入左藏，其北庫金帛如山積宜也。王曾云僭僞儲蓄悉入封樁，正緣誤指左藏北庫卽爲封樁庫耳。又按宋敏求東京記云：國初置景福內庫，太平興國三年，改名內藏。相對有封樁庫，景德四年賜名內藏西庫，別有景福殿庫隸焉。敏求以內藏庫卽景福庫，與國史不同，或敏求誤。所云封樁庫，則是眞宗時別以新衣庫爲之者，非王曾所記太祖時封樁庫也。別有景福殿庫，亦隸內藏，旣云別有，又恐非太宗所改景福內庫矣。然職官志載內藏庫在銀臺門外，又有西庫，景福殿庫隸焉，與敏求所記蓋同。今但以食貨志爲據。

44 遼南京留守燕王韓匡嗣入樞密使，遼主命其子德讓代之。德讓有智略，喜建功立事，屢代其父爲留守，遼人以爲榮。

45 十一月，乙未，親享太廟。丙申，合祭天地於南郊。御丹鳳樓大赦，受册尊號於乾元殿。國初以來，南郊四祭及感生帝、皇地祇、神州，凡七祭，並以四祖迭配。帝卽位，但以宣祖、太祖更配。於是合祭天地，始奉太祖升侑焉。

46 庚子，幸齊王邸。

47 丙午，以郊祀，中外文武加恩。

48 初，閤門祗候淩儀王侁使靈州、通遠軍，還，言主帥所用牙兵，率桀黠難制，慮歲久生變，請一切代之，帝因遣侁調發內地卒往代。戍卒聞當代，多願留，侁察其中有拒命者，斬以徇，卒皆惕息，遂將以還。

49 三司所掌諸案，以商稅、冑、麴、末鹽四案爲繁劇，十二月，丙辰，各置推官，命左贊善大夫張仲顒等分領之。諸案尋皆置推官，或置巡官，悉以京朝官充。

50 帝之尹開封也，薊人宋琪，以左補闕爲推官，帝甚加禮遇。琪與宰相趙普、樞密使李崇矩善，多游其門，帝惡之，白太祖，出琪知隴州，移閬州。帝卽位，由護國節度判官召赴闕。程羽等先自府邸攀附至顯要，琪爲所中，久不得調。丁巳，帝召見，詰責，琪拜謝，請悔過自新，乃授太子洗馬。

51 乙丑，御講武臺，觀飛仙〔山〕軍人發機石射連弩。帝將伐北漢，先習武事也。

52 庚午，臘，有司請備冬狩之禮，帝從之，謂左右曰：「禽荒有戒；朕今順時蒐狩，爲民除害，非敢以爲樂也。」

53 甲戌，改永興軍爲興國軍。

54 戊寅，遼遣蕭巴固濟等來賀明年正旦。

55時諸州貢舉人並集，會將親征河東，罷之。自是每間一年或二年乃行貢舉。

56初，陳洪進納土，帝既命其子文顥知泉州留後，議擇能臣關掌州事，起復殿中丞南頓喬維岳爲通判。維岳始至，會草寇十餘萬來攻城，城中兵才三千，勢甚危急。監軍何承矩、王文寶，欲屠城焚庫而遁，維岳抗議，以爲「朝廷任以綏遠之寄，今惠澤未布，盜賊連結，反欲屠城焚庫，豈詔意哉！」承矩等因復堅守。會兩浙西南路轉運使馮翊楊克讓自福州率屯來救，圍遂解。監軍王繼昇率精兵追擊，禽其魁，械送闕下，餘寇悉平。承矩，繼筠之子也。

57是冬，遼主駐金川，御琖郎君耶律呼圖舊作虎古，今改。從聘宋還，言於遼主曰：「宋必取河東，當先爲之備。」韓匡嗣曰：「何以知之？」呼圖曰：「是不難知也。四方僭號之國，宋皆并取，唯河東未下耳。今宋講武習戰，意必在漢矣。」匡嗣詆之曰：「寧有是邪！」卒不設備。

四年遼乾亨元年。（己卯、九七九）

1春，正月，帝召樞密使曹彬問曰：「周世宗及我太祖，皆親征太原而不能克，豈城壁堅完，不可近乎？」彬對曰：「世宗時，史超敗於石嶺關，人情震恐，故師還。太祖頓兵甘草地中，軍人多被腹疾，因是中止。非城壘不可近也。」帝曰：「我今舉兵，卿以爲何如？」彬曰：「國家兵甲精銳，人心欣戴，若行弔伐，如摧枯拉朽耳。」帝意遂決。宰相薛居正等曰：「昔世宗舉兵，太原倚契丹之援，堅壁不戰，以致師老而歸　及太祖破契丹於雁門關南，盡驅其人民分布河、洛之間，雖巢穴尚存，而危困已甚。得之不足以闢土，舍之不足以爲患，願陛下熟慮之！」帝曰：「今者事同而勢異，且先帝破契丹，徙其人而空其地者，正爲今日事也，朕計決矣。」

丁亥，命太子中允張洎、著作郎句中正使高麗，告以北伐。

遣常參官分督諸州軍儲赴太原。

庚寅，以宣徽南院使潘美爲北路都招討制置使，命崔彥進、李漢瓊、曹翰、劉遇各攻其城之一面。遇以次當攻其西面，而西面直北漢主宮城，尤險惡。遇欲與翰易地，翰弗可，遇必欲易之，議久不決。帝慮將帥不協，乃諭翰曰：「卿智勇無雙，城西面非卿不能當也。」翰始奉詔。

辛卯，命雲州觀察使郭進爲太原石嶺關都部署，西上閤門使田仁朗、閤門祗候供奉官劉緒按行太原城四面壕寨，閱視攻城梯衝器用。

2 遼主聞宋師討太原，歎曰：「呼圖殊能料事，朕與匡嗣慮不及此！」乃遣玳瑪舊作撻馬，今改。長壽來言曰：「何名而伐漢也？」帝曰：「河東逆命，所當問罪　若北朝不援，和約如故；不然，惟有戰耳！」

3 癸巳，以樞密直學士石熙載簽署院事。簽署樞密院事自熙載始。【考異】宋史宰輔表作「簽書」，蓋史臣避英宗諱追改，非當時本稱也。端拱元年楊守一，二年張遜，景德元年馮拯、陳堯叟，三年韓崇訓、馬知節，天禧四年曹瑋，明道二年王德用除簽署，太平興國八年張齊賢、王沔除同簽署，史皆易以「書」字。今並改正。

4 乙未，宴潘美等於長春殿，帝親授方略以遣之。時劉鋹及淮海王俶、武寧節度使陳洪進等皆與，鋹因言：「朝廷威靈及遠，四方僭竊之主，今日盡在坐中，旦夕平太原，劉繼元又至，臣率先來朝，願得執梃爲諸國降王長。」帝大笑，賞賜甚厚。

5 丁酉，命河北轉運使侯陟與陝西北路轉運使雷德驤分掌東、西路轉運使事。

6 癸卯，新渾儀成，司天監學生張思訓所剏也。置文明殿東南之鐘鼓樓，以思訓爲渾儀丞。舊制，日月晝夜行度，皆人運轉；新制成於自然，尤精妙焉。

7 二月，丁卯，北漢乞援於遼，遼命南府宰相耶律沙爲都統，冀王塔爾爲監軍，赴援。又命南院大王色珍以所部從，樞密副使穆濟舊作抹只，今改。督之。

8 丙辰，命宰相沈倫爲東京留守兼判開封府事，宣徽北院使王仁贍爲大內都部署，樞密承旨陳從信副之。

帝初卽位，謂齊王廷美曰：「太原我必取之。」至是欲以廷美掌留務。開封府判官呂端言於廷美曰：「主上櫛風沐雨以申弔伐，王地處親賢，當表率扈從，若掌留務，非所宜也。」

廷美由是請行。端，餘慶弟也。

9甲子，車駕發京師。戊辰，次澶州，臨河主簿宋捷道旁獻封事，帝見其姓名，喜曰：「我師捷矣！」卽以爲將作監丞。【考異】李攸宋朝事實作太僕寺丞宋捷掌出納行在軍儲，迎謁道左，東都事略亦作太僕寺丞。據談苑，則捷迎謁道左，止官臨河主簿，特擢將作監丞，故甕牖閒評譏其以姓名而竊爵祿也。然談苑以爲北敵入邊，太宗幸大名府，方渡河，而宋捷來獻封事，則又屬誤記，事略作駕次澶州，固征劉繼元時事也。今從長編酌書之。

己巳，次德清軍。命行在轉運使河南劉保勳兼句當北面轉運使事。遣均州刺史臨洺解暉、尙食使折彥贇攻隆州。

甲戌，次邢州。以唐州團練使曹光實知威勝軍事。光實入告：「願提一旅之衆，奮銳先登。」帝曰：「資糧事大，亦足宣力也。」

丙子，以潞州都監陳欽祚知威勝軍。

續資治通鑑卷第十

賜進士及第兵部尚書兼都察院右都御史總督湖北湖南等處地方軍務兼理糧餉世襲二等輕車都尉畢沅編集

宋紀十 起屠維單閼（己卯）三月，盡重光大荒落（辛巳）九月，凡二年有奇。

太宗至仁應運神功聖德睿烈大明廣孝皇帝

太平興國四年 遼乾亨元年。（己卯、九七九）

1 三月，庚辰朔，駐蹕鎮州。命鄆州刺史尹勳攻隆州。隆州爲北漢人依險築城以拒南師者，故先分兵圍之。

辛巳，命鎮州馬步都監・客省副使齊廷琛、洛苑副使侯美分兵攻盂縣。

引進使、汾州防禦使田欽祚護石嶺關屯軍，與都部署郭進不協，敵至，閉壁自守，去又不追，蓄軍資以規利，爲部下所訟，詔鞫之，欽祚具伏。癸未，責授睦州防禦使，仍護軍。

2 丙戌，遼命北院大王耶律希達、舊作奚底，今改。伊實舊作乙室，今改。王薩哈舊作撒合，今改。等以兵戍燕。

3丁亥，郭進破北漢兵於西龍門砦

戊子，命六宅使侯繼隆攻沁州，閤門祗候王僎攻汾州。僎，侁弟也。

4己丑，遼命左千牛衞大將軍韓侼、大同軍節度使耶律善布舊作善補，今改。以本路兵援北漢。

5壬辰，復命淄州刺史太原王貴攻沁州。

6乙未，遼耶律沙等至白馬嶺，前阻大澗，遇郭進兵，沙與諸將欲待後軍，冀王塔爾及穆濟舊作抹只，今改。以爲急擊之便，沙不能奪。塔爾等以先鋒渡澗未半，進率騎奮擊，大敗之。塔爾等及其子華格、舊作洼哥，今改。沙之子德琳、舊作德音，今改。令袞舊作令穩，今改。圖敏、舊作都敏，今改。詳袞舊作詳穩，今改。唐古舊作唐筈，今改。俱歿於陣。沙等幾不能出，會耶律色珍舊作斜軫，今改。以救兵至，萬弩齊發，宋師乃退。沙、穆濟僅以身免。北漢主復遣間使齎蠟丸赴遼，進捕得之，徇於城下，城中氣始奪矣。【考異】遼史作丁酉，今從宋史。

7命知府州·閑廐使折御卿、監軍·供奉官（晉陽尹憲）分兵攻嵐州。

丙申，左飛龍使史業破北漢鷹揚軍【考異】宋史作庚子，今從長編。

癸卯，河東城西面轉運使劉保勳爲陝西北路轉運使，代雷德驤也。德驤調發沁州軍儲後期，詔劾德驤，命保勳兼領之。

8 乙巳，夏州李繼筠乞帥所部助討北漢。

9 詔泉州發兵護送陳洪進親屬赴闕。

10 夏，四月，己酉朔，嵐州行營與北漢軍戰，破之。庚戌，盂縣降。

11 以石熙載爲樞密副使。

12 辛亥，北漢駙馬都尉盧俊，自代州馳狀於遼告急。遼人敗衄之餘，不能再發兵救。

13 辛酉，德哷勒（舊作敵烈。）部貢於遼。

14 壬戌，車駕發鎮州，幸太原。

15 折御卿克岢嵐軍，獲其軍使折令圖。

16 甲子，解暉等攻隆州，西頭供奉官袁繼忠、武騎軍校許均先登，陷之。【考異】宋史、東都事略俱作乙丑克隆州，今從長編。

17 己巳，折御卿克嵐州，殺其憲州刺史郭翊，獲婁州節度使馬延忠。

18 庚午，帝至太原，駐蹕於汾水之東。辛未，幸城西面，按視營壘攻具，慰勞諸將。以手詔諭北漢主使降，傳詔至城下，守陴者不敢受。

壬申，夜漏未盡，帝幸城西督諸將攻城。天武軍校荆嗣，率衆先登，手刃數人，足貫雙箭，中手礟，折碎二齒，帝見之，亟召下，賜以錦袍銀帶。嗣，罕儒兄孫也。

先是帝選諸軍勇士數百人，教以劍舞，皆能擲劍於空中，躍其身左右承之，見者無不恐懼。會契丹遣使修貢，賜宴便殿，因出劍士示之，數百人袒裼鼓譟，揮刃而入，跳擲承接，曲盡其妙，使者不敢正視。及是巡城，必令舞劍士前導，各呈其技，城上人望之破膽。

帝每擐甲胄，犯矢石，指揮戎旅，左右有諫者，帝曰：「將士爭效命於鋒鏑之下，朕豈忍坐觀！」諸軍聞之，人百其勇，皆冒死先登。凡控弦之士數十萬，列陣於乘輿前，蹲甲交射，矢集太原城上如蝟毛焉。捕得生口，云北漢主城中市所射之箭，以十錢易一矢，凡得百餘萬，聚而貯之。帝笑曰：「此箭爲我蓄也。」及城降，盡得之。

19 田欽祚在石嶺關，恣爲姦利諸不法事，郭進屢以爲言，欽祚憾之。進武人，剛烈，戰功高，欽祚數加陵侮，進不能堪，癸酉，遂縊而死，欽祚以卒中風眩聞。帝悼惜良久，優詔贈安國節度使。左右皆知，而無敢言者。命冀州刺史牛思進爲石嶺關部署。思進有膂力，嘗以强弓挂於耳，以手引之令滿；又，負壁立，二力士撮其乳曳之不動，軍中咸異焉。

20 甲戌，幸諸寨。

乙亥，幸連城，視攻城諸洞。時李漢瓊率衆先登，矢集其腦，又中指，傷甚，猶力疾戰。帝促召至幄殿，視其創，傅以良藥。帝欲親幸洞屋中勞士卒，漢瓊泣曰：「矢石注洞屋如雨，陛下柰何以萬乘之尊親往臨之！若不聽，臣請先死。」乃止。

丁丑，幸西連城樓。

五月，己卯朔，幸城西南隅，夜，督諸將急攻，遲明，陷羊馬城。北漢宣徽使范超來降，攻城者疑其出戰，禽之以獻，斬於纛下。既而北漢盡殺超妻子，梟其首，投於城外。

21北漢代州刺史劉繼文及盧俊奔於遼。【考異】九國志以繼文爲前死，長編引郭守文傳，云繼元弟繼文據代州，依契丹以拒命，守文討平之，皆傳聞之失實，當以遼史爲據。十國春秋與遼史同。

22辛巳，幸城西北隅。北漢馬步軍都指揮使郭萬超來降。【考異】萬超來降，宋史本紀及十國春秋俱作壬午，今從長編。

壬午，帝幸城南，謂諸將曰：「翼日重午，當食於城中。」遂自草詔賜北漢主。夜，漏上一刻，城上有蒼白雲如人狀。【考異】九國志：太宗駕至城下，築連隄，壅汾河灌城。五月四日，城東南隅壞，水入注夾城中，繼元大恐，自督衆負土塞之。宋史及東都事略俱不載灌城事，今不取。

癸未，幸城南，督諸將急攻，士奮怒，爭乘城，不可遏。帝恐屠其城，因麾衆少退。城中人猶欲固守，左僕射致仕馬峰，以病臥家，舁入見北漢主，流涕備言興亡之理。夜，漏上十刻，北漢主乃遣客省使李勳上表納款。帝喜，卽命通事舍人薛文寶齎詔入城撫諭。夜漏未盡，幸城北，宴從臣於城臺，受其降。

甲申，遲明，劉繼元率其平章事李惲等素服紗帽待罪臺下，詔釋之，召升臺勞問。繼元叩頭曰：「臣自聞車駕親臨，卽欲束身歸命，蓋亡命者懼死，劫臣不得降耳。」帝令籍亡命者至，悉斬之。顧謂淮海國王錢俶曰：「卿能保一方以歸於我，不致血刃，深可嘉也。」

北漢平，凡得州十，軍一，縣四十一，戶三萬五千二百二十，兵三萬。【考異】遼史景宗紀云：六月，劉繼元降宋，漢亡。按東都事略云：太宗將至太原，語侍臣曰：「我當以端五日置酒高會於太原城中。」及繼元降，果五月五日也。長編以太宗端午之期爲前一日所語，較事略爲得其實。合諸他書所載，繼元之降，實係五月而非六月也，遼史紀載有誤耳。

命劉保勳知太原府。

乙酉，赦河東管內常赦所不原者。諸州縣僞署職官等，並令仍舊。人戶兩稅，特與給復二年，王師所不及處，給復一年。分命常參官八人知忻、代等州。

23 毀太原舊城，改爲平晉縣；以榆次縣爲幷州。徙僧道及民高貲者於西京。

24 己丑，以劉繼元爲右衞上將軍，封彭城郡公。又以其臣李惲爲殿中監，馬峯爲少府監，郭萬超爲磁州團練使，李勳爲右衞將軍，餘授官有差。

辛卯，宴劉繼元及其官屬。繼元獻其宮妓百餘人，帝以分賜立功將校。

25 乙未，築幷州新城。

26 送劉繼元緦麻以上親赴闕。

27 丙申，幸太原城北，御沙河門樓。遣使分部徙居民於新并州，盡焚其廬舍，民老幼趨城門不及，死者甚衆。

28 丁酉，以行宮爲平晉寺，帝作平晉記，刻寺中。

29 廢隆州，毀其城。

30 庚子，發太原；丁未，次鎭州。

初，攻圍太原累月，饋餉且盡，軍士罷乏。劉繼元降，人人有希賞意，而帝將遂伐遼，取幽薊，諸將皆不願行，然無敢言者，殿前都虞候崔翰獨奏曰：「此一事不容再舉，乘此破竹之勢，取之甚易，時不可失也。」帝悅，卽命樞密使曹彬議調發屯兵。時車載簿籍，阻留在道，兵房吏張質潛計數部分軍馬，及得簿籍校之，悉無差謬。

31 六月，庚申，車駕北征，發鎭州。扈從六軍有不卽時至者，帝怒，欲置於法。馬步軍都軍頭趙延溥遽進曰：「陛下巡幸邊陲，本以契丹爲患，今敵未殄滅而誅譴將士，若舉後圖，誰爲陛下勠力乎！」帝嘉納之。

丙寅，次金臺頓，遼境也。丁卯，帝躬擐甲胄，率兵次岐溝關，遼之東易州刺史劉禹以州降，留兵千人守之。東易州，卽岐溝關也。

遼北院大王耶律希達，統軍使蕭託古，舊作討古，今改。（校者按：託古，後段又改譯作託果。）伊實王薩哈，迎戰於沙河。東西班指揮使衡水傅潛、浚儀孔守正先至，擊之，後軍繼至，大敗希達軍，生擒五百餘人。

戊辰，帝次涿州，判官劉原德【考異】宋史作「厚德」。以城降。庚午，次遼南京之城南，駐蹕寶光寺。【考異】遼史作己巳宋主圍南京；長編作己巳次鹽溝頓，庚午遲明次幽州城南。宋史與長編同，今從之。

遼南院大王耶律色珍患南軍之銳，以希達新敗，爲南軍所易也，取其青幟，軍於得勝口以誘敵。帝麾兵擊之，士皆鼓勇，斬首千餘級。色珍襲其後，宋師始卻。色珍軍於清沙河北，爲南京聲援。

渤海帥達蘭罕舊作撻懶漢，今改。率部族來降；以達蘭爲渤海都指揮使。

32 壬申，部分諸將攻城，定國節度使宋渥攻其南面，河陽節度使崔彥進攻北面，彰信節度使劉遇攻東面，定武節度使孟玄喆攻西面。命宣徽南院使潘美知幽州行府事。遼南京權留守韓德讓懼甚，與知三司事劉弘登城，日夜守禦，而城外招脅甚急，人懷二心。會迪里都舊作鐵林都，今改。都指揮使李扎勒燦舊作李扎盧存，今改。出降，城中益懼。

遼御盞郎君耶律學古聞南京被圍，急救之，圍師方嚴，乃穴地以進，偕韓德讓等整器械，安反側，隨宜備禦，志不少懈。宋兵三百餘人乘夜登城，學古戰卻之，益修守備，以待援師。

33 丙戌，命殿中丞楊恭知涿州，以劉原德爲右贊善大夫、通判州事。乙亥，命八作副使祁延朗知東易州。

34 丁丑，遼主始知南京之圍，命南京宰相耶律沙救之，遣使責託果（舊作討古，前改譯作託古。）等曰：「卿等不嚴偵候，用兵無法，遇敵卽敗，奚以爲將！」特里袞舊作惕隱，今改。耶律休格（舊作休哥。）知事亟，自請赴援，遼主乃以休格代希達，將五院軍並發。【考異】聞見近錄：太宗皇帝自幷門乘勝直赴幽燕，敵空山後遁。裕悅（舊作于越。）請得五千騎以嘗王師，不成，退處未晚，敵從之。按宋人所謂裕悅，指休格而言，其請兵之事，遼史所未載也。又，江鄰幾雜志云：太宗自幷幸燕，乘敵無備，契丹主方獵，遁歸牙帳，議棄燕薊，以兵守松亭、虎北口，而已〔已而〕裕悅請兵十萬救幽州。契丹國志亦載之，文雖小異，其爲休格之自請則一也。今酌書之。

35 秋，七月，庚辰，遼建雄節度使劉延素來降。壬午，遼薊州知州劉守恩降。

36 帝日督諸將攻城，而將士多怠。桂州觀察使曹翰、洮州觀察使米信屯城之東南隅，軍士掘土得蟹，翰謂諸將曰：「蟹，水物，而陸居，失其所也。且多足，敵救將至之象。又，蟹者，解也，其班師乎！」

37 癸未，遼耶律沙以援師至，戰於高粱河，宋師擊之，沙敗走。會薄暮，休格自間道馳至，人持兩炬，宋師不測其多寡，有懼色。休格與色珍合軍，分左右翼奮擊，休格被三創，戰益力。學古聞援師大集，開門列陣，四面鳴鼓，居民大呼，聲震天地，休格乘之。宋師大敗，帝乘驢車南走。【考異】東都事略云：庚午，次幽州。甲申，班師。長編云：甲申，上以幽州城逾旬不下，士卒疲頓，轉輸回遠，復恐契丹來救，遂詔班師，車駕夕發，命諸將整軍徐還。蓋宋人諱言敗也。宋史作帝督諸軍大戰於高梁河，敗績，差得其實。休格創甚，不能騎，輕車追至涿州，獲兵仗、符印、糧饋、貨幣，不可勝計。【考異】休格以創不能窮追，宋蓋有天幸焉。契丹國志據江鄰幾雜記謂宋師已退，或勸襲之，裕悅曰：「受命救幽薊，已得之矣。」遂不復進。此傳聞之誤，今不取。

38 丙戌，帝次金臺驛，內供奉官眞定閻承翰馳奏歸師大潰，命殿前都虞候崔翰往撫之，衆遂定。【考異】王銍默記云：駕至幽州城下，四面攻城，而師以平晉不賞，又使之平燕，遂軍變，太宗與所親厚夜遁。時錢俶掌後軍，有來報御寨已起者，凡斬六人，度大駕已出燕京境上，乃按後軍徐行，故鑾輅得脫。不然，後軍與前軍合，又敵覺之，則殆矣。蓋一夜達旦，大駕行三百里乃脫，皆俶之功也。按默記歸功於錢俶，今從長編作崔翰撫定潰兵。默記以爲軍變，則非也。

39 戊子，次定州。

40 定難軍留後李繼筠卒，弟繼捧襲位。

41 庚寅，命崔翰及定武節度使孟玄喆等留屯定州，彰德節度使李漢瓊屯鎭州，河陽節度使崔彥進等屯關南，得以便宜從事。帝謂諸將曰：「契丹必來侵邊，當會兵設伏夾擊之，可大捷也。」

42 辛丑，遼主以韓德讓等能安人心，捍城池，賜詔褒奬。以德讓爲遼興軍節度使；耶律學古遙授保靜節度使，爲南京馬步軍都指揮使。耶律沙等同在高梁河有功，釋其敗軍之罪。

43 遼主以邊境用兵，召前南院大王耶律塔爾，問以政事。塔爾鬚鬢皤然，精力猶健，遼主厚禮之。未幾，以病卒，年七十九。塔爾卽所稱富民大王也，遼人久而思之。

44 守中書令、西京留守石守信，從征失律，八月，壬子，責授崇信節度使兼中書令。甲寅，彰信節度使劉遇，貶宿州觀察使。

45 北漢將劉繼業，素驍勇，及繼元降，繼業猶據城苦戰。帝欲生致之，令繼元招之，繼業乃北面再拜，大慟，釋甲來見。帝喜，慰撫之甚厚，復姓楊氏，止名業，授領軍衞大將軍。丁巳，以業爲鄭州防禦使。【考異】李燾曰：據國史楊業傳，乃云孤壘甚危，業勸其主出降以保生聚。繼元既降，上遣中使召業，得之喜甚，以爲領軍大將軍。師還，乃除鄭州防禦使，制辭云：「百戰盡力，一心無渝，疾風靡搖，迅雷罔變。知金湯之不保，慮玉石以俱焚，定策乞降，委質請命，忠於所事，善自爲謀。」與九國志大不同。按五代史，垂涕勸繼元出降者，但馬峯一人耳，非楊業也。若業勸降，則當與繼元俱出見，何用別遣中使召乎！然當時制辭，不應便失事實，又疑制辭意有所在，故特云爾。今定從東都事略及宋史。

46 癸亥，命潘美屯河東三交口。

47 初，武功郡王德昭從征幽州，軍中嘗夜驚，不知帝所在，或有謀立王者，會知帝處，乃止。帝微聞其事，不悅。及歸，以北征不利，久不行太原之賞，議者皆謂不可，於是德昭乘間入言，帝大怒曰：「待汝自爲之，賞未晚也！」德昭惶恐，還宮，謂左右曰：「帶刀乎？」左右辭以宮中不敢帶。德昭因入茶酒閣，拒戶，取割果刀自刎。帝聞之，驚悔，往抱其尸大哭曰：「癡兒，何至此邪！」追封魏王，謚曰懿。子五人。【考異】長編引涑水記聞本傳云：德昭好啖肥豬肉，因而遇疾不起。今從宋史。

48 是月，詔作太清樓。

49 九月，乙酉，命內衣庫使張紹勍、南作坊副使李神祐等率兵屯定州。

50 庚寅，以戶部郎中侯陟爲諫議大夫，權御史中丞。權中丞始此。

51 丙午，遼南京留守燕王韓匡嗣與耶律沙、耶律休格南伐，以報圍燕之役，鎮州都鈐轄、雲州觀察使劉廷翰帥衆禦之。先陣於徐河，崔彥進潛師出黑蘆隄北，緣長城口，銜枚躡敵後，李漢瓊及崔翰亦領兵繼至。

先是帝以陣圖授諸將，俾分爲八陣。及軍次滿城，遼師大至，右龍武將軍趙延進乘高望之，東西亙野，不見其際，翰等方按圖布陣，陣相去各百步，士衆疑懼，略無鬭志。延進謂翰等曰：「主上委吾等邊事，蓋期於克敵耳。今敵騎若此，而我師星布，其勢懸絕，彼若乘我，將何以濟！不如合而擊之，可以決勝。違令而獲利，不猶愈於辱國乎！」翰等曰：「萬一不捷，則若之何？」延進曰：「儻有喪敗，延進獨當其責。」翰等猶以擅改詔旨爲疑，鎮州監軍、六宅使李繼隆曰：「兵貴適變，安可預定！違詔之罪，繼隆請獨當之。」翰等意始決，於是改爲二陣，前後相副。先遣人詐約降，匡嗣信之。休格曰：「彼衆整而銳，必不肯屈，此誘我耳，宜嚴兵以待。」匡嗣不聽。俄而宋師鼓譟，塵起漲天，匡嗣倉猝不知所爲，遂敗績，潰兵悉走西山，投坑谷中。追奔至遂城，斬首萬餘級，獲馬千餘匹，生禽其將三人，俘老幼三萬戶及兵器軍帳甚衆。匡嗣棄旗鼓遁回，餘衆走易州，獨休格整兵而戰，徐引還。遼主怒匡嗣，數以五罪曰：「違衆深入，一也；行伍不整，二也；棄師鼠竄，三也；偵候失機，四也；捐棄旗鼓，五也。」即令誅之。皇后力救，得免。以休格總南面戍兵。

冬，十月，庚午，鎭州捷書聞，帝手詔褒之。

52 乙亥，齊王廷美進封秦王，宰相薛居正加司空，沈倫加左僕射，盧多遜兼兵部尙書，樞密使曹彬兼侍中，文武官預平太原者，皆遷秩有差，初行賞功之典也。

53 十一月，戊寅，遼主宴賞休格等及有功將校。

54 遼南院樞密使兼政事令郭襲，以遼主數游獵，上書諫曰：「昔唐高祖好獵，蘇世長言不滿十旬，未足爲樂，高祖卽日罷，史稱其美。伏念聖祖創業艱難，宵旰不懈。穆宗逞無窮之欲，不恤國事，天下愁怨。陛下繼統，海內翕然望中興之治，十餘年間，征伐未已，瘡痍未復，正宜恐懼修省以懷永圖，乃聞恣意游獵，甚於往日，萬一有銜橛之虞，悔將何及！況南有強敵，伺隙而動，聞之得無生心乎！伏願節從禽酣飲之樂，爲社稷生靈計。」遼主嘉善之，而不能用。

55帝以楊業老於邊事，癸巳，命知代州兼三交駐泊兵馬部署。

56辛丑，日南至。遼改元乾亨，大赦。【考異】契丹國志，乾亨改元在開寶七年，至是年爲乾亨六年，遼主殂之年爲乾亨九年，與遼史異。按國志掇拾而成，多傳聞之誤，今從遼史。

57初，西南夷不供朝貢，刑部郎中許仲宣爲西川轉運使，親至大渡河，諭以順逆，夷人皆率服。在職逾三歲，會有言仲宣當江表用兵時乾沒官錢者，是月，召還，令御史臺盡索財計簿鉤校，歲餘而畢，卒無欺隱，乃以仲宣爲嶺南轉運使。

仲宣有心計，江表用兵，軍中需索百端，皆預儲蓄無闕。曹彬怪之，嘗夜攻城，取陶器數萬事，分給攻城卒，然燈自照，仲宣已預料置，如其數付之。其才幹類此

58十二月，乙卯，遼南京留守、燕王韓匡嗣，降封秦王，遙授晉昌軍節度使 壬戌，上京留守蜀王道隱，遷南京留守。道隱號令嚴肅，雖疆場多虞而民獲安業，尋進封荊王。

59是冬，遼主駐南京。命宰相室昉監修國史。

五年 遼乾亨二年。（庚辰、九八〇）

1春，正月，丙子朔，遼封皇子隆緒爲梁王，隆慶爲恆王。隆緒幼喜書翰，十歲能詩，遼主

屬意焉。

2 庚辰，詔宣慰河東諸州。

3 帝既平太原，還自范陽，得汾晉、燕薊之馬凡四萬二千餘匹，壬午，置天駟監於景陽門外，左右各二，以左、右飛龍使爲左、右天廄使，閑廄使爲崇儀使。內廄馬既充牣，始分置諸州牧養。

4 丁亥，遼以特里袞休格爲北院大王，前樞密使賢適封西平郡王。

5 庚寅，以禮部侍郎深州程羽爲文明殿學士，班樞密副使下，文明殿學士，卽端明殿學士也，殿名早改，職名之改自羽始。

6 癸卯，命右衞將軍史珪鑿尉氏新河九十里。

7 二月，丙午，京西轉運使程能上言：「諸道州府民事傜役者多有不均，望下諸路轉運使定爲九等，上四等戶量輕重給役，下四等戶並與免除。」詔令轉運使躬親詳定，勿復差官。

8 戊申，改南辨州曰化州。

9 戊辰，遼主如清河。

10 三月，丁亥，遼西南面招討副使耶律旺陸、舊作王六，今改。太尉華格，舊作化哥，今改。遣人獻党項俘。【考異】遼史屬國表闕書是年党項之叛，今從本紀書之。

11 戊子，左監門衛上將軍劉鋹卒，贈太師，追封南越王。【考異】宋史作己丑後一日。今從長編。

12 癸巳，楊業敗遼師於雁門，殺其駙馬侍中蕭多囉，舊作咄李，今改。獲都指揮使李重誨。

13 閏月，甲寅，覆試權知貢舉程羽等所奏合格進士，得銅山蘇易簡等百一十九人，又得諸科五百三十三人，並分第甲乙，賜宴，始有直史館陪坐之制。進士第一等授將作監丞、通判藩郡；次授大理評事，諸令、錄事；諸科授初等職事及判、司、簿、尉事。劉昌言、顏明遠、張觀、樂史等四人，皆以見任官舉進士，帝惜科第不與，特授近藩掌書記。

14 辛未，歸義軍節度使曹元忠卒，其子延祿自稱留後，遣使修貢。夏，四月，丁丑，詔贈元忠燉煌郡王，授延祿歸義節度使。

15 遣供奉官盧襲使交州。時丁璉及其父部領皆死，璉弟璿尙幼，嗣稱節度行軍司馬、權領軍府事。大將黎桓擅權，劫遷璿於別第，舉族禁錮之，代總其衆。

16 襄陽縣民張巨源五世同居，內無異爨，戊子，詔旌表門閭。巨源嘗習刑名書，特賜明法及第。

17 遼主清暑燕子城。

18 初，劉繼元降，帝令殿前都虞候、武泰節度使崔翰先入慰諭，仍禁俘略之物無得出城，時秦王廷美以數十騎將冒禁出城，翰呵止之。廷美怨，遂譖於帝，壬辰，翰罷爲感德節度使。

19 詔壅汾河晉祠水灌太原，隳其故城。

20 是月，初以禮賢宅賜錢俶，俶獻白金三百斤爲謝。

21 命有司定品官贖罰之令。

22 五月，丁卯，作端拱樓。

23 是月，遼地大雷，火乾陵松。

24 六月，己亥，以江州白鹿洞主明起爲蔡州褒信縣主簿。白鹿洞在廬山之陽，常聚生徒數百人。江南後主時，割善田數十，歲取其租廩給之；選太學通經者授以他官，俾領洞事，日與諸生講誦。至是，起建議以其田入官，故爵命之。白鹿洞由是漸廢。

25 遼宋王喜袞（舊作喜隱。）復謀反，囚於祖州。

26 太常博士侯仁寶，益之子也，居洛陽，有大第良田，優游自適，不欲親吏事。其妻，趙普妹也，普爲宰相，仁寶得分司西京。盧多遜與普有隙，普罷相，因白帝以仁寶知邕州，凡九年不得代。仁寶恐因循死嶺外，乃上疏言：「交州主帥被害，國亂可取，願乘傳詣闕面奏。」帝大喜，令馳驛召之。多遜言先召仁寶，必泄其謀，不如授仁寶以飛輓之任，令經度其事；帝以爲然。秋，七月，丁未，以仁寶爲交州路水陸轉運使，蘭州團練使孫全興等爲邕州路兵馬都部署，寧州刺史劉澄等爲廉州路兵馬部署，水陸並進以討之。

27 己巳，濟州言金鄉縣民李延家，自唐武德初同居，至今近四百年，世世結廬守墳墓，詔旌其門，賜以粟帛。

28 戊午，遼旺陸等復獻党項俘。

29 八月，甲戌，宣徽北院使、判三司王仁贍密奏：「近臣、戚里多遣親信市竹木秦、隴間，聯巨筏至京師，所過關渡矯制免算；既至，厚結執事者，悉官市之，倍取其直。」帝怒，以三司副使范旻、戶部判官杜載、開封府判官呂端屬吏。旻、載具伏罔上爲市竹木入官，端爲秦王府親吏喬璉請託執事者，己丑，貶旻房州，載歸州，端商州，皆爲司戶參軍。因詔：「自今文武職官不得輒入三司公署，及不得以書札往來請託公事。」

30 戊戌，幸錢俶第視疾，賜賚甚厚。

31 九月，甲辰，史館上太祖實錄五十卷。

32 詔有司徧告百官：「凡遇朝會，皆務恭虔，每內殿起居日，卽須踧踖趨門，雍容就列；稍不端謹，便當劾奏。」

33 冬，十月，辛未朔，遼主命巫者祠天地及兵神。辛巳，將南侵，祭旗鼓。癸未，遼主次南京。

34 帝將巡北邊，己丑，詔：「自京師至雄州，發民除道修頓。」

35 庚寅，遼主次固安；己亥，自將圍瓦橋關。十一月，庚子朔，南師夜襲遼營，遼節度使蕭幹、詳袞耶律赫德舊作痕德，今改。戰卻之。

36 黎桓遣牙校齎方物來貢，仍爲丁璿上表，自言徇將吏軍民之請，已權領軍府事，乞朝廷賜以眞命。時孫全興等出師旣逾時，帝察其意止欲緩兵，寢而不報。

37 壬寅，遼北院大王休格禦宋師於瓦橋東，守將張師突圍出，遼主親督戰，休格躍馬入陣，斬師，餘衆披靡，退入城。戊申，南師陣於水南，欲戰，遼主以休格馬介獨黃，慮爲敵所識，亟命以玄甲白馬易之。休格遂率精騎渡水奮擊，南師大敗，追至莫州，橫屍徧野，生禽數將以歸。遼主賜以御馬金盞，勞之曰：「卿勇過於名，若人人如卿，何憂不克！」【考異】「耶律休格」，契丹國志作「耶律遜寧」。疑遜寧迺其漢名，故遼主褒其勇過於名也。又，國志以是役爲遼師失利，與遼史異。

38 丙午，以秦王廷美爲東京留守；宣徽北院使王仁贍爲大內都部署，樞密承旨陳從信副之。

己酉，詔巡北邊；壬子，發京師；癸丑，次長垣縣。關南言大破契丹萬餘衆，斬首三千餘級，卽以河陽節度使崔彥進爲關南兵馬都部署。

丙辰，遼主引兵還。

戊午，駐蹕大名府。

39 開寶末，右補闕賁俌爲開封府判官，與推官賈琰同事帝　賈能先意希旨，俌常疾之。帝與諸王宴射，賈侍帝側，稱贊德美，詞多矯誕，俌叱之曰：「賈氏子巧言令色，豈不愧於心哉！」坐皆失色，帝亦爲之不樂，因罷會；白太祖，出俌爲彰義節度判官。至是帝思見俌，促召至行在。癸亥，以俌爲比部郎中。時方議北征，俌因抗疏請還都，休士養馬，徐爲後圖，帝悅其言。及至自大名，以俌爲樞密直學士。俌，儀之弟也。

40 乙丑，遼主至南京。十二月，庚午朔，拜休格爲裕悅，大饗軍士。

41 甲戌，帝畋近郊，因閱武，賜禁軍校及衞士襦袴。時禁盜獵，有衞士獲麞，違令當死。帝曰：「我若殺之，後世必謂我重獸而輕人命。」釋其罪。

42 丁丑，以楊業領雲州觀察使，知代州事。業自雁門之役，遼人畏之，每望見業旗，即引去。主將屯邊者多嫉之，或潛上謗書，斥言其短，帝皆不問，封其奏以付業。

43 帝因遼師退，遂欲進攻幽州。戊寅，以劉遇充幽州西路行營壕寨兵馬部署，田欽祚爲都監；曹翰充幽州東路行營壕寨兵馬都（校者按：都字衍。）部署，趙延溥爲都監　復命宰相問翰林學士李昉、扈蒙等事之可否，昉等請養驍雄，廣積儲，寬諸期歲之間，用師未晚。帝深納其說，即下詔南歸。

44 命曹翰部署修雄、霸州、平戎、破虜、乾寧等軍城池，開南河，自雄州達莫州，以通漕運，築大隄以捍水勢，調役夫數萬人，於北境伐木以給用。先是遼人南侵，必舉堠煙，翰分遣人舉煙境上，敵疑有伏，卽引去，不敢近塞。得巨木數萬，負擔而還，大濟用度，數旬功畢，召歸潁州。

45 庚辰，車駕發大名；乙酉，至京師。

議者皆言宜速取幽薊，左拾遺、直史館張齊賢上疏曰：「聖人舉事，動在萬全，百戰百勝，不若不戰而勝。自古疆埸之難，非盡由戎狄，亦多邊吏擾而致之。若緣邊諸寨撫御得人，但使峻壘深溝，畜力養銳，以逸自處，如是則邊鄙寧，輦運減，河北之民獲休息矣。然後務農積穀以實邊用，敵人之心，固亦擇利避害，安肯投諸死地而爲寇哉！臣聞家六合者以天下爲心，豈止爭尺寸之土，角强弱之勢而已！是故聖人先本而後末，安內以養外，內安本固，則遠人斂衽而至。伏望審擇通儒，分路采訪兩浙、江南、荆湖、西川、嶺南、河東，凡僞命日賦斂苛重者，改而正之；諸州有不便於民者，委長吏聞奏，使天下皆知陛下之仁，戴陛下之惠，則契丹不足吞，燕薊不足取也！」

46 先是，遼土產多銅，始造錢幣。太宗置五冶太師以總四方鐵錢，石晉又獻沿邊所積錢以備軍實。是歲，遼主以舊錢不足於用，始鑄乾寧新錢

六年（遼乾亨三年。）（辛巳、九八一）

1 春，正月，癸卯，以保塞軍爲保州，梁門口寨爲靜戎軍。

2 乙巳，詔：「諸路轉運使下所屬州令長吏，擇見任判、司、簿、尉之清廉明幹者，具以名聞，當以次引對，授知縣之任。」

3 辛亥，易州破遼兵數千人。

4 是月，遣八作使郝守濬等分行河道，抵遼境，皆疏導之。又於清苑界開徐河、雞距河五十里入白河，由是關南之漕悉通濟焉。

5 二月，癸巳，詔曰：「京朝官釐務於外者，咸給以御前印紙，令書治迹。而主司不能彰明臧否，但以細碎之事混淆其間，非所以副朕詳求之意也。自今尋常之務，非課最者，不得書爲勞績；其殿、犯無有所隱。」

6 丙子，遼主東還；己丑，復如南京。

7 丁酉，令羣臣居喪被詔起復者，須卒哭朝謁，其俸料自詔下日給之。

8 三月，己酉，山南西道節度使、同平章事德芳薨，年二十三。贈中書令，追封岐王，諡康惠。

9 癸丑，詔：「諸路轉運使察部下官吏，有罷輭不勝任、怠惰不親事及黷貨擾民者，條其事狀以聞，當遣使按鞫；其清白自守，幹局不苟，亦以名聞，必加殊獎。」

10 交州行營言破賊軍於白藤江口，斬首千餘級。時侯仁寶率前軍先發，孫全興等頓兵花步七十日，以俟劉澄，仁寶屢促之不行　及澄至，并軍由水路抵多羅邨，不遇賊，復擅還花步　賊詐降以誘仁寶，仁寶信之，遂爲所害。時諸軍冒炎瘴，人多死者，轉運使許仲宣馳奏仁寶戰歿，且乞班師，不待報，即以兵分屯諸州，開庫賞賜，給其醫藥，謂人曰：「若俟報，則此數萬人皆積屍於廣野矣。」乃上章自劾，詔書嘉納之，就劾澄等。會王僎病死，澄與賈湜並戮於邕州市。徵全興下獄，伏誅。贈仁寶工部侍郎，官其二子。

11 遼以秦王韓匡嗣爲西南面招討使

12 夏，四月，詔：「諸州大獄，長吏不親決，胥吏旁緣爲姦，逮捕證左，滋蔓踰年而獄未具。自今長吏每五日一慮囚，情得者即決之。」帝不欲天下有滯獄，乃建三限之制，大事四十日，中事三十日，小事十日，不須追捕而易決者無過三日。又詔：「囚當訊掠，則集官屬同問，勿委胥吏搒決。」

13 辛未，幸太平興國寺禱雨。

14 罷湖州織羅，放女工五十八人。

15 五月，癸丑，令內侍省細仗內先衣黃者並衣碧，吏部黃衣選人改爲白衣選人。

16 遼喜袞既囚，丙午，遼上京漢軍亂，欲劫立喜袞，以祖州城堅不得入，立其子留禮壽上京留守除室禽之，留禮壽旋伏誅　踰年，始賜喜袞死。

17 己未，雨；降死罪囚，流以下釋之。

18 六月，甲戌，司空平章事薛居正卒，贈太尉、中書令，謚文惠。居正性寬簡，不好苛察。自參政至爲相，凡十八年，恩遇始終不替。因服丹沙遇毒，方奏事，疾作，輿歸，遂卒。居正無子，養子惟吉，素無行，於是帝臨其喪出涕。其妻出拜喪側，帝存撫數四，因問：「不肖子安在？頗改節否？」惟吉伏喪側，驚懼不敢起。自是盡革故態，稍涉獵書史，親賢士。帝知其修飭，數委以大藩，所至稱治，累遷左千牛衞大將軍。遭母喪，故事，卒哭當起復，惟吉懇求終制，優詔不許，時論異之。

19 秋，七月，丙午，帝將大舉伐遼，遣使賜渤海王詔書，令發兵以應，約滅遼之日，幽薊土宇復歸中朝，朔漠之外悉以相與。然渤海竟無至者。

20 九月，乙未朔，日有食之。【考異】遼史不書，今從宋史。

21 壬寅，以左拾遺、直史館嘉州田錫爲河北南路轉運副使。自盧多遜專政，羣臣章表，不先稟多遜，則有司不敢通。又，諫官上章，必令閤門吏依式書狀云：「不敢妄陳利便，希望恩榮。」錫貽書多遜，請免書狀，多遜不悅，乃出之。

錫因入辭，直進封事，言軍國要機者一，朝廷大體者四。略曰：「賞不逾時，國之令典。

頃歲王師薄伐，克平太原，未賞軍功，逮茲二載。請因郊禋耕籍之禮，議平晉之功而賞之。交州瘴海之地，得之如獲石田。願陛下無屯兵以費財，此大體之一也。【考異】按四年十月，已行太原之賞。錫今猶以爲言，或賞未徧及故也。邇來諫官廢職，給事中不敢封駁，遺、補亦不貢直言，起居郎、舍人不得升陛紀言動，御史不能彈奏，中書舍人未嘗訪以政事。臣意其各有所蓄，欲待顧問，望因清燕，召而詢求，俾盡悃誠，以觀器業。又，集賢院雖有書籍而無職官，祕書省雖有職官而無圖籍，願陛下擇才而任之，使各司其局，此大體之二也。朝廷闢西苑，廣御池，而尚書無廳事，郎曹無本局，九寺、三監寓天街之兩廊，禮部試士或就武成王廟，是豈太平之制度邪！望别修省寺，用列職官，此大體(之)三也。每於衢路見囚荷鐵枷，不覺自駭，隆平之時，將措刑不用，於法所無，去之可矣。此大體之四也。」帝嘉其言，降詔褒諭，仍賜錢五十萬。

或謂錫，今宜少晦以遠讒忌，錫曰：「事君之誠，惟恐不竭；且天植其性，豈一賞可奪邪！」

至河北，復驛書言邊事，略曰：「今北鄙驛騷，蓋以居邊任者，規羊馬細利爲捷，矜捕斬小勝爲功，起釁召戎，實由此始。伏願申飭將帥，謹固封守，還所俘掠，許通互市，使河朔之民得務農業，不出五載，可積十年之儲。」又曰：「國家圖燕以來，兵連未解，財用不得不耗，人臣不得不憂。願陛下精思慮，決取舍，無使曠日持久。」

22 丙午，置京朝官差遣院。舊制，京朝官屬吏部，建隆以來皆出中書。至是詔京朝官除兩省、御史臺自少卿監以下奉使從政於外受代而歸者，並令中書舍人開封郭贄等考校勞績，品量材器，以中書所下闕員，類能擬定，引對而授之，謂之差遣院。

23 太子太保趙普奉朝請累年，盧多遜益毀之，鬱鬱不得志。【考異】李燾曰：普遷太子太保，史、實錄、百官表並不記。太宗所撰神道碑云：「既靜妖氛，爰覃爵賞。」蓋普從征晉陽，以功遷秩也，當在太平興國四年冬十月。行狀則云三年郊祀後遷太子太保，今從行狀。普子承宗，娶燕國長公主女。承宗適知潭州，受詔歸闕成婚禮未踰月，多遜白遣歸任，普由是憤怒。會如京使大名柴禹錫等告秦王廷美驕恣，將有陰謀竊發，帝召問普，普言願備樞軸以察姦變，退，復密奏：「臣開國舊臣，爲權幸所沮。」因備言昭憲顧命及先朝自愬之事。帝於宮中訪得普前所上章，幷發金匱得誓書，遂大感悟，卽留承宗京師，召普謂曰：「人誰無過，朕不待五十，已盡知四十九年非矣。」辛亥，以普爲司徒兼侍中。

帝之始卽位也，命廷美尹開封，德昭、德恭並稱皇子，外議皆謂帝將以次傳位。及德昭不得其死，德芳繼夭，廷美始不自安。他日，帝嘗以傳國意訪之普，普曰：「太祖已誤，陛下豈容再誤邪！」普復入相，廷美遂得罪。凡廷美所以得罪，則普之爲也。【考異】建隆遺事所載杜太后顧命，李燾謂其言多鄙近，已駁正之矣。然仍於趙普復位，兼載太后傳位之意，是疑未能定矣。以事理度之，金匱誓書，非外人所得見，太宗甫即位而即以廷美尹京，用以代己，當時外廷揣度，必有兄弟迭傳大位之說，太宗當有所聞，故以問趙普也。廷美之陰謀，事無左證，特以地處危疑，爲衆人所屬目，太宗已懷猜忌，普復從而媒孽之，故禍不旋踵耳。今就長編刪正。

24是日，以樞密副使、刑部侍郎洛陽石熙載爲戶部尚書，充樞密使。用文資正官充樞密使，自熙載始也。

25壬子，秦王廷美乞班趙普下，從之。

26詔：「中外文武官並得上書直言。」

27丙辰，知易州白繼贇敗遼兵於平塞寨。

續資治通鑑卷第十一

賜進士及第兵部尚書兼都察院右都御史總督湖北湖南等處地方軍務兼理糧餉世襲二等輕車都尉 畢 沅 編集

宋紀十一 起重光大荒落（辛巳）十月，盡昭陽協洽（癸未）九月，凡二年。

太宗至仁應運神功聖德睿烈大明廣孝皇帝

太平興國六年 遼乾亨三年。（辛巳、九八一）

1 冬，十月，癸酉，羣臣奉表加上尊號曰應運統天睿文英武大聖至明廣孝，凡三上，乃許之。

2 庚辰，詔：「自今下元節，宜如上元，並賜休假三日，著於令。」

3 甲午，蘇州太一宮成。先是方士言，五福太一，天之貴神也，行度所至之國，民受其福，以數推之，當在吳越分，故令築宮以祀之。

4 是月，遼主如蒲瑰坡。

5 十一月，丁酉，監察御史張白，坐知蔡州日假官錢糴糶棄市。

6甲辰，改武德司爲皇城司。

帝嘗遣武德卒潛察遠方事，有至汀州者，知州王嗣宗執而杖之，縛送闕下，因奏曰：「陛下不委任天下賢俊，而猥信此輩爲耳目，竊爲陛下不取！」帝大怒，遣使械嗣宗下吏，削秩，會赦，復官。

7庚戌，親饗太廟。辛亥，郊，大赦，御乾元殿受册尊號，內外文武加恩。

先是有秦再思者，上書乞當郊勿赦，且引諸葛亮佐蜀數十年不赦事。帝頗疑之，以問趙普，普曰：「國家開創以來，具存彝制，三歲一赦，所謂其仁如天，堯、舜之道。劉備區區一方，用心無足師法。」帝然其對，赦宥之文遂定。自後郊赦不書。

8遼以南院樞密使郭襲爲武定軍節度使，十二月，以遼興軍節度使韓德讓爲南院樞密使。

9先是諸州罪人皆錮送闕下，道路非理死者，十常六七。張齊賢上言：「罪人至京，請擇清强官慮問，若顯負沈屈，則量罰本州官吏，令只遣正身，家屬別俟朝旨。」齊賢又言：「刑獄繁簡，乃治道張弛之本。于公陰德，子孫則有興者，況六合之廣，能使獄無冤人，豈不福流萬世！州縣胥吏，皆欲多禁繫人，或以根窮爲名，恣行追擾，租稅逋欠至少，而禁繫累日，遂至破家。請自今，外縣罪人，令五日一具禁放數白州，州獄別置籍，長吏檢察，三五日一引問疏理，月具奏上刑部閲視。其禁人多者，命朝官馳往決遣。若事涉冤誣，故爲淹滯，則降黜其本州官吏。或終歲獄無冤滯，則刑部給牒，得替日，較其課旌賞之。」齊賢勤恤民弊，務存寬大，行部，遇投訴者，或召至傳舍榻前與語，多得其情僞，江南人久益思之。

七年 遼乾亨四年。（壬午、九八二）

1 春，正月，甲午朔，不受朝，而羣臣詣閤稱賀。

2 己亥，遼主如華林天柱。

3 壬寅，詔翰林學士承旨李昉等詳定士庶車服喪葬制度，付有司頒行，違者論其罪。

4 甲寅，以右衞大將軍侯贇知靈州。贇既至，按視蕃落，犒以牛酒，戎人悅服，部內甚治。在朔方凡十年，帝知其久次，而難其代者，贇竟卒於治所。

5 二月，丙寅，以江州星子縣爲南康軍。

6 宣徽北院使、判三司王仁贍，掌邦計幾十年，恣下吏爲姦，怙恩固寵，莫敢發者。左拾遺、判句院南昌陳恕，以不畏强禦自任，入朝具奏。帝詰之，恕詞辨蜂起，仁贍屈伏，帝怒甚，辛未，仁贍罷爲右衞大將軍。判句院·兵部郎中宋琪、度支判官·兵部郎中雷德驤、鹽鐵判官·兵部郎中奚嶼，並責本曹員外郎。以給事中侯陟、右正諫大夫王明同判三司。同判三司自此始。癸酉，改仁贍爲唐州防禦使，月給俸錢三十萬，以勳舊稍異之也。仁贍怏怏成疾，數日卒。

7是月，復徙幷州於三交寨，卽以潘美爲幷州都部署。

8三月，癸巳朔，日有食之。【考異】遼史不書是年日食，今從宋史。

9乙未，遼主以清明節，與諸王大臣較射宴飲。

10金明池水心殿成，帝將泛舟往游。或告秦王廷美欲乘間竊發，癸卯，罷廷美開封尹，授西京留守。

11丁未，命正諫大夫李符權知開封府。

12壬子，賜秦王廷美西京甲第一區。

13夏，四月，甲子，以左正諫大夫·樞密直學士竇偁、中書舍人郭贄，並守本官、參知政事。帝謂偁曰：「汝自揣何以至此？」偁曰：「陛下念藩邸之舊臣，出於際會。」帝曰：「非也，乃汝嘗面折賈琰，賞卿之直爾。」

14以如京使柴禹錫爲宣徽北院使，兼樞密院〔副〕使，翰林副使洛陽楊守一【考異】宋史楊守一傳作翰林學士，據東都事略則係翰林副使也。邵二雲云：永樂大典所載宋史亦作翰林副使，乃知今本宋史，係校書者不諳官制，誤改副使爲學士耳。爲東上閤門使，充樞密都承旨。守一，卽守素也，與禹錫同告秦王廷美陰謀，故賞之。樞密承旨加「都」字自守一始。

15乙丑，左衞將軍、樞密承旨陳從信及禁軍列校范廷召等貶責有差，皆坐交通秦王廷美及受其私賄故也。廷召，棗强人。

16丙寅，以兵部員外郎宋琪通判開封府。京府通判自琪始。

17趙普既復相，盧多遜益不自安，普屢諷多遜引退，多遜貪固權位，不能決。會普廉得多遜與秦王廷美交通事，遂以聞，帝怒，戊辰，責授多遜兵部尚書，下御史獄，捕繫中書堂吏趙白、秦府孔目官閻密、小吏王繼勳、樊德明、趙懷祿、閻懷忠等，命翰林學士承旨李昉、學士扈蒙、衞尉卿崔仁冀、膳部郎中兼御史知雜事滕中正雜治之，多遜及趙白等皆伏罪。丙子，詔文武常參官集議朝堂，太子太師王溥等七十四人，奏多遜及廷美顧望咒詛，大逆不道，宜行誅滅以正刑章，趙白等請處斬。丁丑，詔削奪多遜官爵，流崖州，幷徙其家，期周以上親悉配遠裔。廷美勒歸私第，復其子德恭、德隆名皇姪，女韓氏婦落皇女雲陽公主之號。斬趙白、閻密等於都門之外，籍其家。

多遜赴貶所，食於道旁，逆旅有媼頗能言京邑舊事，多遜因與語，媼固不知爲多遜也。多遜曰：「媼何自來，乃居此？」媼嚬蹙曰：「我本中原士大夫家，有子任某官，盧某作相，令枉道爲某事。吾子不能從其意，盧銜之，中以危法，盡室竄南荒。未周歲，骨肉相繼淪沒，惟老身流落山谷。今僑寄道旁，非無意也。彼盧相者，蠹賢怙勢，恣行不法，終當南竄，幸未死間，或可見之耳。」多遜默然，趣駕去。

己卯，詔秦王廷美男女並發遣往西京，就廷美安泊。

18 命客省使翟守素權知河南府。屬歲旱艱食，民多爲盜，帝憂之，守素既至，漸以寧息。

19 庚辰，左僕射、平章事沈倫，罷爲工部尚書。帝以多遜包藏逆節，倫與同列，不能覺知，故有是責。倫淸介謹厚，每車駕出，多令居守。在相位日，值歲饑，鄉人貸粟千斛，盡焚其券。然當國十年，無所建明，搢紳少之。

20 是月，遼主自將南侵，戰於滿城，敗績，守太尉希達里（舊作奚底里。）中流矢死。統軍使耶律善布（舊作善補。）爲伏兵所圍，樞密使色珍（舊作斜軫。）救之，獲免。遼主以善布失備，杖之。

五月，遼主還師。

21 甲戌，宰相趙普等，以帝親決庶獄，察見微隱，相率稱賀。帝嘗謂趙普曰：「朕每讀書，見古帝王多自尊大，深拱嚴凝，誰敢犯顏言事！若不降情接納，乃是自蔽聰明。或任喜怒爲刑賞，豈能得天下之心哉！」

22 辛丑，崔彥進敗遼兵於唐興。

23 己酉，夏州留後李繼捧來朝，獻其銀、夏、綏、宥四州。夏自李思恭以來，未嘗親朝中國，繼捧至，帝甚喜之。

24 辛亥，三交行營言潘美敗遼兵於雁門，追破其壘三十六。未幾，府州折御卿破遼兵於新澤砦，獲其將校百餘人。於是遼三道之師俱敗。

25 癸丑，詔諸州長吏：「今粟麥將登，宜及時儲蓄。其告諭鄉民，常歲所入，不得以食犬彘及多爲酒醪。嫁娶喪葬之具，並從簡儉，少年無賴輩相聚蒱博飲酒者，鄰里共執送官。」

26 趙普以秦王廷美謫居西洛非便，敎知開封府李符上言：「廷美不悔過怨望，乞徙遠郡以防他變。」丙辰，降封廷美爲涪陵縣公，房州安置。

27 庚申以崇化〔儀〕副使閻彥進知房州，監察御史袁廓通判軍州事，各賜白金三百兩。

28 詔：「禁投匿名書告人罪，及作妖言誹謗惑衆者，嚴捕之置於法，其書所在焚之。有告者賞以緡錢。」

29 詔：「京朝官出使，所給印紙，委本屬以實狀書，不得增減功過，阿私罔上。其關涉書攷之官，悉署姓名。違者論其罪。」

30 是月，陝州蝗，太平州雨雹傷稼。

31 遼主清暑於燕子城。

32 初，帝以字學譌舛，欲删正之。或薦趙州隆平主簿成都王著，書有家法，乃召爲衞尉寺丞、史館祗候，令詳定篇韻。六月，甲戌，遷著作郎，充翰林侍書。帝聽政之暇，每以觀書及筆法爲意，嘗遣中使王仁睿持御札示著，著曰：「未盡善也。」帝臨學益勤，又以示著，著答如前。仁睿詰其故，著曰：「帝王始學書，或驟稱善，則不復留心矣。」久之，復以示著，著曰：「功至矣，非臣所能及。」其善規益如此。

33乙亥，遣使發李繼捧緦麻已上親赴闕，其族弟繼遷奔地斤澤以叛。繼遷勇悍有智，開寶七年，授定難軍管內都知蕃落使，留居銀州，聞宋使者至，乃詐言乳母死，出葬於郊，遂與其黨數十人入於地斤澤，出其祖思忠像以示戎人，戎人拜泣，從者日衆。澤距夏州東北三百里。

34置譯經院。

35秋，七月，甲午，以皇子德崇爲檢校太傅、同平章事，封衞王，德明爲檢校太保、同平章事，封廣平郡王。

36建徐州下邳縣爲淮陽軍。

37冀州團練使牛思進護江南屯田，以老病不任事，疏求解官，乙未，授思進右千牛衞上將軍。

38武勝軍節度使兼侍中高懷德卒，贈中書令，追封渤海郡王。

39癸卯，幸譯經院，盡取禁中所藏梵夾，令西僧天息災視藏錄所未載者翻譯之。

40壬子，工部尚書沈倫，以左僕射致仕。【考異】宋史本紀作乙卯，今從長編。

41 八月，庚申朔，太子太師王溥卒。溥性寬厚，喜汲引後進，所薦至顯位者甚衆。父祚，以防禦使家居，每公卿至，必首謁祚，置酒上壽，溥朝服趨侍左右，坐客不安席，祚不命退，溥不敢退。至是卒，年六十一，帝輟朝二日，贈侍中，謚文獻。

42 涪陵縣公廷美既出居房州，趙普恐李符泄漏其言，乃坐符用刑不當，癸亥，責符爲寧國軍司馬。

43 罷劍南榷酤，以知益州、工部郎中辛仲甫言其擾民也。己卯，從鹽鐵使王明之請，罷川、峽諸州官織錦綺。

44 遼主如西京。

45 九月，庚子，遼主幸雲州。甲辰，獵於祥古山，不豫。南院樞密使韓德讓，不俟召，率其親屬赴行帳，白皇后易置大臣。壬子，遼主殂於行在，年三十五，謚孝成皇帝，廟號景宗。德讓與耶律色珍承遺詔，以長子梁王隆緒嗣位，年甫十二，皇后稱制決國政。后泣曰：「母寡子幼，族屬雄壯，邊防未靖，柰何？」德讓與色珍進曰：「信任臣等，何慮之有！」德讓總宿衞事，后益寵任之。【考異】長編繫遼主之殂於歲末，又引契丹本傳以爲在三月，蓋傳聞之誤。今從遼史景宗紀。

46 癸丑，權知高麗國王治遣使來貢方物，且言其兄伷歿，求襲位，旋許之。【考異】宋史本紀作十二月，今從長編繫於九月。

47 新作尚書省於孟昶故第。

48 帝以諸道進士猥雜，或挾書假手，僥倖得官，所至多觸憲章，詔：「所在貢舉等州，自今長吏擇官攷試，合格許薦送。仍令禮部，自今解貢舉人，依吏部選人例，每十人爲保，有行止踰違，他人所告者，同保連坐，不得赴舉。」

49 冬，十月，己未朔，遼主始臨朝，辛酉，羣臣上尊號曰昭聖皇帝，尊皇后爲皇太后，大赦。以南院大王勃古哲總領山西諸州事，北院大王、裕悅（舊作于越。）休格（舊作休哥。）爲南面行軍都統，奚王壽（籌）寧副之，同政事門下平章事蕭道寧領本部軍駐南京。

50 癸亥，詔：「河南（緣邊）吏民，不得闌出邊關，侵撓略奪，違者論罪。有羊馬牲口者還之。」帝嘗謂近臣曰：「朕每讀老子至『佳兵者不祥之器，聖人不得已而用之，』未嘗不三復以爲規戒。王者雖以武功克定，終須用文德致治。朕每退朝，不廢觀書，意欲酌前世成敗而行之，以盡損益也。」

51 乙丑，遼主如顯州。

52 壬申，河決武德縣，蠲臨河民租。

53 己卯，左諫議大夫參知政事竇偁卒，贈工部尚書。帝自臨哭。將以翼日大宴，詔罷之。

54 癸卯，行乾元曆，冬官正吳昭素所上也。帝親爲制序，優賜昭素等束帛。

55 十一月，甲午，遼置乾州。

56 己酉，以李繼捧爲彰德軍節度使。

57 禁民喪葬作樂。

58 十二月，戊午朔，日有食之。【考異】遼史不書，今從宋史。

59 遼遣耶律蘇薩舊作速撒，今改。討準布。舊作阻卜，今改。

60 辛酉，右補闕田錫上疏論朝政得失，不報。

61 兩浙轉運使高冕，條上舊政不便者百餘事，詔兩浙逋賦及錢氏無名掊斂悉除之。

62 帝好訪詞學之士，得須城趙鄰幾，擢掌制誥，纔數月，卒。楊守一薦萊州單貽慶，由主簿召對稱旨，授著作佐郎，直史館。會遣監察御史李巨源使高麗，以貽慶爲副，貽慶以母老辭，乃命國子博士雍丘孔維代之。高麗王治問禮於維，維對以君臣父子之道，升降等威之序，治喜曰：「今日復見中國夫子也。」

63 甲子，遼達喇干（舊作撻刺干。）國語解云：撻刺干，縣官也。洒曼實（舊作乃万十。）醉言宮掖事，法當死，杖而釋之。【考異】東都事略云：太后雅雅克（舊作燕燕。）與耶律隆運通，遣人縊殺其妻。又幸醫工迪里姑，有私議其醜者，輒殺之。隆運，即韓德讓也。按承天在遼稱賢后，事略所載，蓋敵國詆毀之詞。又，契丹國志云：隆運在景宗朝，翼決庶政，帝后少年，有辟陽之幸；又云：自南北通和後，太后年齒漸衰，隆運有辟陽之幸，寵幸終始，朝臣莫及焉；是契丹國中固有謗言矣。今唯以遼史爲據，餘不載。

64 辛未，遼南面招討使秦王韓匡嗣卒。匡嗣先以喪師獲罪，太后以其子德讓故，遣使臨弔，賻贈甚厚，後追贈尚書令。

65 庚辰，右驍衞上將軍楚昭輔卒，贈侍中。

66 知桐廬縣、太常寺太祝昇州刁衎上疏言：「古者投姦凶於四裔；今乃遠方囚人，盡歸象闕，配於務役，最非其宜。神皐天子所居，豈可使流囚於此聚役！自今外處罪人，望勿許解送上京，亦不留於諸務充役。又禮曰：『刑人於市，與衆棄之。』則知黄屋紫宸之中，非行法用刑之所。乞自今，御前不行決罰之刑，敕杖不以大小，皆以付御史、廷尉。又，或犯劫盜亡命，罪重者刖足釘身，國門布令。此乃愚民昧於刑憲，迫於衣食，偶然爲惡，義不及他，被其慘毒，實傷風化，亦望減除。至於淫刑酷法，非律文所載者，并詔天下悉禁止之。」帝覽疏甚悅，降詔褒答。

67 閏月，戊子朔，豐州與遼兵戰，破之，獲其天德節度使蕭太。

68 辛亥，詔赦銀、夏等州常赦所不原者。

69 諸州置農師。

八年 遼統和元年。（癸未、九八三）

1春，正月，戊午朔，遼主以大行在殯，不受朝。

2遼景宗之弟質睦，（舊作只沒。）在烏庫（舊作烏古。）部貶所，嘗賦放鶴詩，太后知之，以遺詔召還。太后命賦芍藥詩，稱旨，乙丑，復封寧王。加宰相室昉等恩。

3甲戌，遼荆王道隱卒，輟朝三日，追封晉王。道隱，世宗之弟也。

4丙子，遼以裕悅休格爲南京留守，仍賜南面行營總管印，總邊事。

5先是帝念邊戍勞苦，月賜士卒白金，軍中謂之月頭銀。鎭州駐泊都監弭德超因乘間以急變聞於帝云：「曹彬秉政久，得士衆心。臣適從塞上來，戍卒皆言：『月頭銀曹公所致，微曹公，我輩當餒死矣。』」又巧誣以他事，帝頗疑之。參知政事郭贄極言救解，不聽，戊寅，彬罷爲天平節度使兼侍中。

6己卯，以東上閤門使開封王顯爲宣徽南院使，弭德超爲北院使，並樞密副使。顯初隸殿前爲小吏，至是召顯謂曰：「卿家本儒，遭亂失學。今典掌樞機，固無暇博覽羣書，能熟軍戒三篇，亦可免於面牆矣。」

7辛巳，遼蘇薩（舊作速撒。）獻準布之俘，旋下詔褒美，命進討党項諸部。

8壬午，遼涿州刺史安吉奏宋築城河北，命留守裕悅休格撓之，勿令就功。

9 甲申，遼西南面招討使韓德威奏党項十五部侵邊，以兵擊破之。

10 丁亥，遼樞密使兼政事令室昉以年老請解兼職，不許。室昉進尙書無逸篇以諫，太后聞而嘉之。

11 二月，戊子朔，日有食之。【考異】遼史失載，契丹國志載二月朔日食，與宋史同。

12 遼禁所在官吏軍民不得無故聚衆私語及冒禁夜行，違者坐之，韓德讓用事故也。

13 己丑，遼南京奏，聞宋多聚糧邊境，太后命留守休格嚴爲之備。

14 甲午，遼葬景宗皇帝於乾陵。丙申，太后詣乾陵置奠，命繪近臣於御容殿。

15 辛丑，遼南京統軍使善布奏宋邊七十餘邨來附，太后命撫存之。

16 乙巳，遼蘇薩奏党項之捷，慰勞之。

17 戊申，遼以特里衮舊作惕隱，今改。華格舊作化哥，今改。爲北院大王，諧里舊作解領，今改。爲南府宰相。

18 辛亥，遼主如聖山，遂謁三陵。

19 三月，己未，遼主次獨山，遣使賞西南面有功將士。

20 辛酉，遼以大父房太尉哈噶寧舊作曷魯寧，今改。爲特里衮。

21 癸亥，以右諫議大夫、同判三司宋琪爲左諫議大夫、參知政事。【考異】宋史、東都事略俱作庚申，考隆平集及長編俱作癸亥，今從之。

22始分三司爲三部，各置使。右諫議大夫、同判三司王明爲鹽鐵使，左衞將軍陳從信爲度支使，如京使郝正爲戶部使。

帝嘗語宰相曰：「三司官吏奏事朕前，紛紜異同；此固不爲私事，但迭執偏見，不肯從長商度。朕每以理開諭，若帝王誅暴，豈能優容！朕於臣下務在獎護，才用優劣，一一可見，隨其器能，各加任使。奏對之際，無不假以辭色，善惡兼聽，未嘗峻折之也。」宋琪曰：「人之才用，罕有兼備。陛下聰明照臨，短長俱露，或又初見天威，內懷慴懼，若不賜之辭色，何由畢其懇誠！先帝晚年，稍傷嚴急。聖心深鑒事理，曲盡物情，臣下幸甚！」

23甲子，遼主駐遼河之平淀。

24己巳，諸王及皇子府初置諮議、翊善、侍講等官，以著作佐郎姚坦、國子博士邢昺等爲之。坦、昺，皆濟陰人也。

25丙子，御講武殿，覆試禮部貢舉人，擢進士長沙王世則以下百七十五人，諸科五百一十六人，並賜及第；進士五十四人，諸科百十七人，同出身。始分甲，賜宴瓊林苑，後遂爲久制。

【考異】李燾曰：登科記，是年始分甲，按國史志，分第甲乙，乃五年事也。

26辛巳，遼以國舅同平章事蕭道寧爲遼興軍節度使，仍賜號忠亮佐理功臣。

27 壬午，遼以青牛、白馬祭天地。

28 詔虔、信、饒三州歲市鉛錫爲錢，從轉運使張齊賢請也。齊賢初爲江南西路轉運副使，訪知饒、信、虔州山谷產銅鐵鉛錫之所，又求前代鑄法，惟饒州永平監用唐開元錢料，堅實可久，由是定取其法，歲鑄五十萬貫，凡用銅八十五萬斤，鉛三十六萬斤，錫十六萬斤。齊賢詣闕面陳其事。詔既下，有言新法增鉛錫多者，齊賢固引唐朝舊法爲言，議者不能奪。然唐永平錢法，肉好周郭精妙，齊賢所鑄，雖歲增數倍，而稍爲粗惡矣。

29 甲申，除福建諸州鹽禁。

30 夏，四月，丙戌朔，遼太后及遼主如東京，以樞密副使默特（舊作沒只。）爲東京留守。庚寅，謁太祖廟。癸巳，太后詔賜命婦嫠居者。辛丑，太后及遼主謁三陵。

31 帝覽福建版籍，謂宰相曰：「陳洪進止以漳、泉二州贍數萬衆，無名科斂，民所不堪。比朝廷悉已蠲削，民皆感恩，朕亦不覺自喜。」又嘗謂趙普曰：「向者偏霸掊克凡數百種，朕悉令除去，更後五七年，當盡減民租稅。卿記朕此言，非虛發也。」普曰：「陛下愛民之意發於天心，惟始終力行之，天下幸甚！」

32 壬寅，班外官戒諭。帝初作戒辭二：一以戒京朝官受任於外者，一以戒幕職、州、縣官。至是令閤門於朝辭日宣旨勗勵，仍書其辭於治所屋壁，遵以爲戒。

33遼主致享於凝和〔神〕殿；癸卯，謁乾陵。

34初，弭德超譖曹彬，期得樞密使，及爲副，大失望，班又在柴禹錫下。一日，詬王顯及禹錫曰：「我言國家大事，有安社稷功，止得綫許大官，汝輩何人，反居我上！」又言：「上無執守，爲汝輩所惑。」顯等告其事，帝怒，命訊之，德超具伏。壬子，除名，并親屬流瓊州。德超始因李符及宋琪之薦得事上，及符貶寧國司馬，德超任樞府，屢稱其冤。會德超敗，帝惡其朋黨，令徙符嶺表。盧多遜之流崖州也，符白趙普曰：「朱崖雖遠在海中，而水土頗善。春州雖近，瘴氣甚毒，至者必死，不若令多遜處之。」普不答。於是卽以符知春州，歲餘卒。

德超旣敗，帝悟曹彬無他，待之愈厚，從容謂趙普等曰：「朕聽斷不明，內愧於心。」普對曰：「陛下知德超才幹而任用之，察曹彬無罪而昭雪之，物無遁情，事至立斷，此所以彰陛下聖明也。」

35改講武殿爲崇政殿。

36遼羣臣以太后聽政，宜有尊號，請下有司詳定册禮。詔樞密院諭沿邊節將，至行禮日，止遣子弟奉表稱賀，恐失邊備。樞密請詔北府司徒頗德譯南京所進律文，從之。

37五月，丙辰朔，河大決滑州韓邨，泛澶、濮、曹、濟諸州民田，壞居人廬舍，東南流至彭城界，入於淮，命郭守文發丁夫塞之。

38 遼國舅政事門下平章事蕭道寧以皇太后慶壽，請歸父母家行禮，齊國公主及命婦、羣臣各進物設宴，賜國舅帳耆年物有差。

39 丁卯，詔作太一宮於都城南。

40 黎桓自稱三使留後，遣使來貢，幷上丁璿讓表。詔諭桓送璿母子赴闕，不聽。

41 庚午，遼南京統軍使耶律善布招燕民之逃入宋者，得千餘戶歸國，詔令撫慰。

42 辛未，遼主次永州。

43 乙亥，遼樞密使韓德度采後漢太后臨朝故事，草定上太后上尊號册禮，上之。

44 丙子，遼以青牛、白馬祭天地。戊寅，遼主如木葉山。

45 遼西南路招討使大漢奏党項諸部來者甚衆，下詔褒美。

46 六月，乙酉朔，遼主詔有司册皇太后日，三品以上法服，三品以下用大射柳之服。

47 遼西南路招討使奏党項部長乞內附，詔撫慰之，仍察其誠僞，謹邊備。

48 丙戌，遼主還上京。

49 丁亥，以翰林學士、中書舍人李穆知開封府。穆剖決精敏，姦猾無所假貸，由是豪右屏迹，權貴不敢干以私。帝益知其才，始有意大用。

50辛卯，遼有事於太廟。

甲午，遼主率羣臣上太后尊號曰承天皇太后；羣臣上遼主尊號曰天輔皇帝。大赦，改元統和。更國號曰大契丹。【考異】遼太宗改國號曰大遼，至聖宗統和元年，復稱大契丹，東都事略、契丹國志及長編皆載之，而遼史闕書。錢辛楣據興中故城釋迦舍利塔記，其文有大契丹國重熙十五年云云，因歎國號之更易，事莫大於是，遼史尚不盡書，其餘之闕漏，可勝言哉！余考長編載仁宗與興宗國書云：「昔我烈考章聖皇帝與大契丹昭聖皇帝弭兵講好。」又王暐道山清話云：契丹使者論國書中所稱大宋、大契丹，似非兄弟之國，宜易以南、北朝。梁莊肅折之，乃如故。蓋道宗咸雍二年始復稱大遼，以前國書，南、北均稱大契丹，可與辛楣之說相證明也。孫淵如因欲每年分注於聖宗、興宗兩朝，均書契丹。余謂統前後而計之，不妨仍書爲遼，但中間更改之號，不當沒而不書耳。丁未，遼百官各進爵一級；以樞密副使色珍守司徒。

51己亥，以王顯爲樞密使，柴禹錫爲宣徽南院使兼樞密副使。

52帝謂近臣曰：「朕親選多士，殆忘飢渴。召見臨問以觀其才，拔而用之，庶使巖野無遺逸而朝廷多君子耳。朕每見布衣搢紳，間有端雅爲衆所推譽者，朕代其父母喜。或召拜近臣，必爲擇良日，欲其保終吉也。朕於士大夫無負矣。」

乃〔又〕謂宰相曰：「唐置采訪使，蓋欲察官吏善惡，人民疾苦。然所命者，官高則權勢太重，官卑則威令不行；又，所遇〔過〕州郡，承迎不暇，豈能審知利害，但虛有其名耳。曷若慎選羣材，各分任使，有功有過，賞罰分明！且國家選才，最爲切務，人君深居九重，何由徧識，必須采訪，苟稱善者多，卽是操履無玷，若擇得一人，爲益無限。古人言：『得十良馬不若得一伯樂，得十利劍不若得一歐冶。』朕孜孜訪問，止求得良才以充任使也。」趙普曰：「帝王進用良善，實助太平之理，然於采擇，要在得所。蓋君子小人，各有黨類，先聖謂觀過各於其黨，不可不慎也。」帝然之。

53 泰山父老及瑕丘等七縣民詣闕請封禪，不許，厚賜遣之。

54 秋，七月，甲寅朔，遼太后聽政。乙卯，遼主親錄囚。太后有機謀，善馭左右。先是遼人毆漢人死者，償以牛馬；漢人則斬之，仍以其親屬爲奴婢。太后一以漢法論，燕民皆服。

55 辛酉，遼主行再生禮。加韓德讓開府儀同三司兼政事令

56 丁卯，王彥超以太子太師致仕。右千牛衞上將軍吳虔裕，時年已八十餘，語人曰：「我縱僵仆殿階下，斷不學王彥超七十便致仕。」人傳以爲笑。

57 癸酉，遼主與諸王分朋擊鞠。

58 穀、洛、瀍、澗溢，壞官民舍萬餘區，溺死者以萬計，鞏縣殆盡。

59 辛未，郭贄罷參知政事　贄嘗因論事奏曰：「臣遭不次之遇，誓以愚直上報。」帝曰：

「愚直何益於事！」贊對曰：「雖然，猶勝奸邪。」至是飲酒過量，遇入對，宿酲未解，帝怒，責授祕書少監，尋出知荆南府。俗尚淫祀，屬久旱，盛陳禱雨之具，贊始至，悉命撤去，投之江，不數日，大雨。

60 丙子，遼韓德威遣人上党項之俘。

61 庚辰，加宋琪刑部尚書，以李昉參知政事。時趙普恩禮稍替，帝以昉宿舊，故有是命。

62 八月，己丑，遼主謁祖陵。辛卯，太后祭其父楚國王蕭思溫墓。癸巳，遼主與太后謁懷陵。

北院樞密副使耶律色珍，本思溫所薦，妻太后之姪，太后委任之。甲午，遼主於太后前與色珍互易弓矢鞍馬，約以爲友。

63 己亥，遼主獵赤山，遣使薦熊肪、鹿脯於乾陵之凝神殿。

64 乙巳，遼命裕悅休格提點元城。

65 庚戌，石熙載罷樞密使。熙載以足疾請去，帝親幸其第臨問。久而不愈，遂抗表求解機務，故以優禮罷。

66 辛亥，詔增周公謚法五十五字。

67 壬子，遼西南招討使韓德威表請伐党項之復叛者，太后命發別部兵數千以助之，賜劍，許使宜行事。德威，德讓之弟也。德讓兄德源，弟德凝，並以德讓故貴顯於遼。德凝頗廉謹，而德源愚貪，以賄名，德讓貽書諫之，終不悛，論者少之。唯德威善騎射，以戰功著。

68 初，太祖詔盧多遜錄時政，月送史館，多遜訖不能成書。於是右補闕、直史館胡旦言：「自唐以來，中書、樞密院皆置時政記，每月編修送史館。周顯德中，宰相李穀又奏樞密院置內庭日曆。自後因循廢闕，史臣無憑撰集。望令樞密院依舊置內庭日曆，委文臣任副使者與學士輪次紀錄送史館。」帝采其言，詔：「自今軍國政要，並委參知政事李昉撰錄，樞密院令副使一人纂集，每季送史館。」昉因請以所修時政記，每月先奏御，後付所司，從之。時政記奏御自昉始。【考異】李燾曰：時雖有時政記之名，但題云送史館事件，至景德元年始題云時政記。

69 先是，每歲運江、淮米四百萬斛以給京師，率用官錢僦牽船役夫，頗爲勞擾。至是，每艘計其直給與舟人，俾自召募，事良便。既而舟數百艘留河津月餘不得去，帝遣期門卒偵之。計吏自言：「有司除常載外，別科置皮革、赤堊、鉛錫、蘇木等物，守職藏者不卽受故也。」帝大怒，詔書切責度支使，奪一月俸。

70 谿、錦、敍、富四州蠻內附。

71 九月，癸丑朔，初置水陸路發運使於京師，以王賓、許昌裔同知水路發運，王繼昇、劉蟠同知陸路發運。凡一綱，計其舟車役人之直，悉以付主綱吏，令自雇民，勿復調發。凡水陸舟車輦送官物及財貨之出納，悉關報而催督之。自是貢輸無滯矣。

72 遼以東京、平州旱蝗，旋以南京秋潦，暫停關征，以通山西糴易。

73 辛酉，遼主謁祖陵；壬戌，還上京。

74 乙丑，帝謂宰相曰：「朕念民耕稼之勤，春秋賦租，軍國用度所出，恨未能去之。比令兩稅三限外特加一月，而官吏不體朝旨，自求課最，恣行撻罰，督令辦集。此一事尤傷和氣，宜申儆之。」乃詔：「諸州長吏察訪屬縣，有以催科用刑殘忍者論其罪。」又謂宰相曰：「民訴水旱，即使檢覆，立遣上道，猶恐後時。頗聞使者或逗留不發，州縣慮賦斂違期，日行鞭箠，民亦俟檢覆改種。若此稽緩，豈朕勤卹之意乎！自今遣使檢覆災旱，量其地之遠近，事之大小，立限以遣之。」

75 丙寅，帝謂宰相曰：「荆湖、江、浙、淮南諸州，每歲上供錢帛，遣部民之高貲者護送至闕下。民多質魯，無馭下之術，篙工楫師，皆頑猾不逞，恣爲侵盜，民或破產以償官物，甚無謂也。」乃詔：「自今直遣牙吏，勿復擾民。」

76 辛未，遼有司請以遼主生日爲千齡節，從之。錄故裕悅烏珍（舊作屋只。）之子爲林牙，以太后追念烏珍有輔導功也。

77 丙子，遼主如老翁川。

78郭守文塞決河隄，久不成。帝謂宰相曰：「或言河兩岸古有遙隄以寬水勢，其後民利沃壤，咸居其中，河盛溢卽罹水患，當令按視修復。」乃分遣殿中侍御史濟陰柴成務、國子監丞洛陽趙孚等，西自河陽，東至於海，同視河隄舊趾。孚等回奏，以爲：「治遙隄不如分水勢。滑、澶二州最爲隘狹，宜於南北岸各開其一，北入王莽河以通於海，南入靈河以通於淮，節減暴流，一如汴口之法。」朝議以重惜民力，寢其奏。時多陰雨，帝以河決未塞，深憂之。丁丑，遣樞密直學士張齊賢乘傳詣白馬津，用太牢加璧以祭。

續資治通鑑卷第十二

賜進士及第兵部尚書兼都察院右都御史總督湖北湖南等處地方軍務兼理糧餉世襲二等輕車都尉畢沅編集

宋紀十二 起昭陽協洽(癸未)十月,盡旃蒙作噩(乙酉)十二月,凡二年有奇。

太宗至仁應道神功聖德睿烈大明廣孝皇帝

太平興國八年 遼統和元年。(癸未、九八三)

1 冬,十月,帝以新譯經五卷示宰相,因曰:「凡爲君臣者,治人利物,卽是修行。梁武舍身爲寺家奴,此眞大惑!方外之說,亦有可觀,卿等試讀之。蓋存其教,非溺於釋氏也。」

2 乙未,遼南京留守休格,(舊作休哥。)言諸節度使每歲貢獻,請如契丹官吏,止進鞍馬,從之。

3 丁酉,遼以吴王稍爲上京留守,行臨潢尹事。

4 戊戌,改諸王名,俱進封有差。

5 司徒兼侍中趙普,罷爲武勝節度使兼侍中。

6十一月，壬子朔，以參知政事宋琪、李昉並同平章事。

帝謂曰：「世之治亂，在賞罰當否，賞罰當其功罪，即無不治，苟以爲飾喜怒之具，即無不亂，與卿等戒之。」琪曰：「賞罰二柄，乃御世之銜勒，治天下者，苟賞罰至公，未有不致太平者。」昉初與盧多遜善，多遜屢譖昉，人或告之，昉不信。於是帝語及多遜事，昉力爲解釋。帝因言：「多遜居常毁卿不直一錢。」昉始悟。帝由此益重之。

7癸丑，遼應州獲宋諜，磔之。

8甲寅，詔自今宰相班親王上，李昉、宋琪等固辭，帝不許，曰：「宰相任總百揆，藩邸之設，止奉朝請而已。元佐等尚幼，欲其知謙損之道，卿勿多辭！」

9高陽關獲遼偵騎，送至闕下，言遼於近寨築城，帝謂宰相曰：「此爲自全之計耳。」又曰：「幽州四面平川，無險固可恃，難於控扼。異時收復燕薊，當於古北口諸隘據其要害，不過三五處，屯兵設堡寨，自絕南牧矣。」宋琪對曰：「范陽前代屯兵之地，古北口及松亭關、野狐門三路並立堡障，至今石壘基堞尚存，將來止於此數處置戍可矣。」

10己未，太一宮成，張齊賢等請用祀天之禮殺其半，又小損之。

11丁卯，宴餞趙普於長春殿。帝賜普詩，普奉而泣曰：「陛下賜臣詩，當刻於石，與臣朽骨同葬泉下。」帝爲之動容。明日，謂近臣曰：「趙普於國家有大勳勞，朕布素時與之游從，今齒髮衰矣，不欲煩以機務，擇善地俾之臥治，因詩什以導意。普感激且泣，朕亦爲之墮淚。」宋琪對曰：「普昨至中書，執御詩感泣。今復聞宣諭，君臣始終之分，可謂兩全矣。」

12長春之宴，樞密使王顯等侍側，見帝衣敝袴，數視之。帝笑謂曰：「朕未嘗御新衣，蓋念機杼之勞苦，欲示敦朴，爲天下先也。」

13壬申，以翰林學士李穆、呂蒙正、李至並參知政事，樞密直學士張齊賢、王沔並同僉署樞密院事。至，眞定人；沔，齊州人也。穆等入對，帝謂曰：「今兩制之臣十餘，皆文學適用，操履方潔。穆居京府，尤號嚴肅，故加奬擢。」穆等再拜謝。

帝又曰：「朕歷覽前書，大抵君臣之際，情通則道合，故事皆無隱，言必可用。朕厲精求治，卿等爲朕股肱耳目，設有闕政，宜悉心言之。朕每行一事未當，久之尋繹，惟自咎責耳，固不以居尊自恃，使人不敢言也。」

14庚辰，置侍讀官。帝性喜讀書，詔史館所修太平總類，日進三卷。宋琪等言：「日閱三卷，恐聖躬疲倦。」帝曰：「開卷有益，不爲勞也。此書千卷，朕欲一年徧讀。」尋改名太平御覽。

15遼太后及遼主祭乾陵。

詔：「諭三京左右相以及錄事參軍等，當執公方，不得以阿順爲事。諸縣令佐如遇州官及朝使非理徵求，毋或畏徇，仍時加采聽以分殿最。民間有父母在而別籍異居者，聽鄰里覺察，坐之。有孝於父母，三世同居者，旌其門。」

16十二月，丁亥，淮海國王錢俶，三上表乞解兵馬大元帥、國王、尚書令、太師等官，詔罷元帥名，餘不許。

17己亥，遼太后觀漁於玉盆灣；辛丑，觀漁於濬淵。

18癸卯，滑州言河決已塞，羣臣稱賀，未幾，河復決房邨，帝曰：「近以河決韓邨，發民治隄不成；安可重困吾民，當以諸軍代之。」乃發卒五萬，以侍衞步軍都指揮使領其役。

19帝謂宰相曰：「比聞有僧道還俗應舉者，場屋混淆。進士須通經義，遵周、孔之教；或止習浮淺文章，殊非務本之道。」甲辰，令諸州禁還俗僧道赴舉。進士免貼經，只試墨義二十道，皆以經中正文大義爲問題。又增進士及諸科各試發〔法〕書墨義十道，進士增試律義。

20遼赦諸處刑獄有寃不能伸雪者，聽詣御史臺申訴，委官覆問。先是大理寺獄訟凡關覆奏者，以翰林學士、給事中、政事舍人詳決，至是始置少卿及正主之。

21丙午，右補闕、直史館胡旦獻河平頌，內有「逆遜投荒，姦普屏外」等語，帝覽之震怒，召宰相謂曰：「旦詞意悖戾。朕自擢置甲科，歷試外任，所至無善狀。知海州日，爲部下所訟，獄已具，適會大赦，朕錄其才而舍其過，乃敢恣臆狂躁如此！今朝多君子，且豈宜尙列侍從邪？」中書舍人王祐等奏且宜竄斥，丁未，責且爲殿中丞、商州團練副使。

22是月，權知相州、右補闕田錫上疏言：「筦榷貨財，網利太密；躬親機務，綸旨稍頻。所謂網利太密者，酒麴之利，但要增盈，商稅之利，但求出剩，遞年比撲，只管增加，窮盡利源，莫甚於此。今乞定其常數，授以常規，如州縣徵科，農桑稅賦，年豐則未聞加納，歲歉則許之倚徵，自然理得其中，民知所措。所謂綸旨稍頻者，君道務簡，簡則號令審而人易從；臣道務勤，勤則職業修而事無壅。臣伏見陛下早受百僚之朝，午視萬幾之事；或進呈甲仗，或揀閱軍人，或躬問縲紲，或親觀戰馬；投匭而進者，或詳其詞理，撾鼓以聞者，或詢彼冤誣。蓋陛下慮四聰或有所未達，萬幾或有所未知，至於如此。然何不移此勤勞而勞於求賢，何不改此精專而專於選士！諫官則置之左右，御史即委以糾彈，給事中當材者，許之封駁詔書，起居郎有文者，命之紀錄言動。百職如是，各舉其業，千官如是，各得其人，則何憂事不允釐，何慮民不受賜！況宮闕乃尊嚴之地，軒墀列清切之班，豈宜使押來囚繫，病患軍人，或虛詞越訴之徒，或僥倖希恩之輩，引之便殿，得面天顏！陛下隨事指揮，臨時予奪，其間有驟承顧問，上懼天威，或偶有敷陳，稍愜聖旨，怯懦蹇訥者，口雖奏而未盡其心，姦詐辯詞者，言雖當而未必有理。陛下或施之恩澤，或置以刑名，雖睿鑒周通，固無枉濫，而帝廷清肅，豈稱喧囂！書曰：『臨下以簡。』又曰：『御衆以寬。』願陛下察而審之。

抑臣又有請者，中書是宰相視事之堂，相府是陛下優賢之地。今則於中書外廡置磨勘一司，較朝臣功過之有無，審州郡勞能之虛實。蓋其職本屬考功，自考功之職不修，而磨勘之名互出，殊非政體。此臣所未喻者一也。往者諸侯有過，百姓有冤，必命臺官，委爲制使，誠以憲府刑曹，是其專責。今多差殿直、承旨，使爲制勘使臣，殊非理公之才，驟委鞫人之罪，或未曉刑章，妄加深劾，既臨以制書，人畏嚴威，誰敢捍拒，豈無陷於不辜，虧陛下仁慈之旨者！此臣所未喻者二也。臣每讀史書，凡匹婦貞廉，野人孝行，尙旌彼門閭，或賜之束帛，以勵澆俗。今國家官僚遠宦，不得般家，父母云亡，不得離任，墨縗視事，寧安孝子之心！明詔未行，深損聖人之教。此臣所未喻者三也。」疏入，不報。

23是歲，賜譯經院額曰傳法；令兩街選童子五十人，就院習梵學、梵字。

雍熙元年遼統和二年。（甲申、九八四）

1春，正月，戊午，右僕射石熙載卒。熙載性忠實，遇事敢言，無所顧避。至是遘疾不起，帝爲悲歎累日，贈侍中，謚元懿。

2壬戌，詔：「三館以開元四庫書目閱館中所闕者，具列其名，募中外有以書來上，第卷帙之數，等級優賜；不願送官者，借本寫畢還之。」自是四方之書往往間出矣。

3甲子，遼主如長濼。

4有司上竊盜罪至大辟，詔特貸其死，因謂宰相曰：「朕重惜人命，但時取其甚者以警衆。然不欲小人知寬貸之意，恐其犯法者衆也。」

5乙丑，帝御丹鳳樓觀燈，見士庶闐咽，謂宰相曰：「國家承累世干戈之後，海宇乂安，京師繁盛，殊以爲慰。朕居常罕飲，今夕與卿等同樂，宜各盡醉。」於是每虛爵以示羣臣。

6涪陵縣公廷美至房州，憂悸成疾卒。丁卯，房州以聞，帝嗚咽流涕，謂宰相曰：「廷美自少剛愎，長益凶惡，朕以同氣至親，不忍置之於法，俾居房陵，冀其思過。方欲推恩復舊，遽茲殞逝，痛傷柰何！」乃追封涪陵王，賜謚曰悼，帝爲發哀成服。

其後從容謂宰相曰：「廷美母陳國夫人耿氏，朕乳母也，後出嫁趙氏，生軍器庫副使廷俊。朕以廷美故，令廷俊屬鞬左右，廷俊泄禁中事於廷美。邇者鑿西池，朕將往游，廷美與左右欲以此時竊發。若命有司窮究，則廷美罪不容誅。朕止令居守西洛，而廷美益怨望，出不遜語，始命遷房陵以全宥之。至於廷俊，亦不加深罪，但從貶黜。朕於廷美，蓋無負矣。」言訖，爲之惻然。李昉對曰：「涪陵悖逆，天下共聞，而宮禁中事，若非陛下委曲宣示，臣等何由知之！」【考異】李仁甫據太宗此語，遂謂廷美必非杜太后所生。仁甫宋臣，未免爲太宗諱惡。愚謂當時朝野皆知廷美爲太宗同母弟，故太宗造爲此語以白文其過。而李昉等亦稱「宮禁中事，非陛下委曲指示，臣等何由知之。」觀昉等之對，而太宗之誣廷美，眞欲蓋彌章矣。否則諸王、太妃族屬，豈有宰相不知之理，尙煩太宗委曲宣示乎！仁甫又以杜太后享年六十，崩時廷美才十四歲逆數之，則生廷美時太后已四十七，以是致疑。竊謂女子年四十七，初非不能生育之期。愛憐少子，欲令其相代爲君，情理容或有之，未可以太宗單詞執爲定案也。且父子有相隱之義，果如太宗言，則宣祖私其子之乳母而使有子，是淫也；杜后又不能容而使出嫁，是妒也。一言而兩彰父母之失，鄉黨自好者恥之，身爲天子而忍言之不顧，吾知斯言之必誣妄矣！

7 澶州言民訴水旱二十畝以下求蠲稅者，朝臣以田畝不多，請勿受其訴，帝曰：「若此，貧民田少者，恩常不及。災沴蠲稅，政由窮困，豈以多少爲限邪！」辛未，詔：「自今民訴水旱，勿擇田之多少，悉與檢視。」

8 壬申，蠲諸州民去年官所貸粟。

9 左諫議大夫、參知政事李穆卒。

穆有至行，母嘗臥疾彌年，動止轉側，皆親自扶掖。初坐廷美事屬吏，穆令子惟簡給母以奉詔鞫獄臺中。及責官還家，卒不以白母，間日輒出訪親友，或游僧寺，陽爲入直，暨於牽復，母終弗知。執政月餘遭母喪，詔强起之，穆益哀毀。癸酉，晨起將朝，風眩暴卒。帝臨哭出涕，謂宰相曰：「穆操履純正，方將倚用，遽至淪沒，非斯人之不幸，乃朕之不幸也！」

10 丁丑，帝謂侍臣曰：「昔晉武平吳之後，溺於內寵，後宮所畜，殆數千人，殊失帝王之道。

今宮中自職掌至粗使不過三百人，朕猶以爲多也。」

11 二月，壬午朔，帝御崇政殿，親閱諸軍將校，按名籍，參勞績而升黜之，踰月而畢　謂近臣曰：「朕選擢將校，先取其循謹能御下者，武勇次之。」又曰：「兵雖衆，苟不簡擇，與無兵同。朕因講習，漸至精銳，倘統帥得人，何敵不克！」

舊制，諸軍辭見，或行間驍果出衆者，令將校互相保任。散員左班都頭魏能戍邊，不爲衆所保，帝曰：「此人才勇，朕可自保之。」由是稍加進用。

12 以右補闕喬維岳爲淮南轉運使。先是淮河西流三十里，曰山陽灣，水勢湍悍，運舟所過，多罹覆溺。維岳規度開故沙河，自末口至淮陰磨般口凡四十里。又，建安北至淮澨，總五堰，運舟十綱上下，其重載者，皆卸糧而過，舟壞糧失，率常有之。綱卒旁緣爲姦，多所侵盜。維岳乃命創二斗門於西河第三堰，二門相踰五十步，覆以夏屋，設懸門畜水，俟潮平乃泄之。建橫橋於岸，築土累石以固其趾。自是盡革其弊，而運舟往來無滯矣。

13 庚子，遼主朝太后，因觀獵於饒樂川。丙午，遼主與諸王大臣較射。

14 丁未，遼招討使韓德讓以征党項回，遂襲河東，賜詔褒美。

15 三月，宴文武官及外國蕃客於大明殿，召渤海大使鸞河，慰撫之。鸞河，渤海酋帥也，帝征幽州，率部族歸順，故有是賜。

16 遣翰林學士宋白乘傳祭白馬津，沈以太牢，加璧焉，河決將塞故也。

17 乙卯，日本國僧奝然自其國來入朝，言：「國主姓王氏，自始祖至今凡六十四世，八十五王矣，文武僚吏亦皆世官。」【考異】宋史日本傳：奝然姓藤原。據日本五畿內志，藤原乃后族也。明史日本傳載國王源義滿，五畿志以源爲王族之賜姓，非異姓也。帝聞之歎息，謂宰相曰：「此島夷耳，尚存古道。中國自唐季海內分裂，五代世數尤促，大臣子孫，皆鮮克繼父祖業。朕雖德不及往聖，然孜孜求理，未嘗敢自暇逸，冀上穹降鑒，使運祚悠遠，大臣亦世守祿位。卿等宜各盡心輔朕，無令遠夷獨享斯慶也。」

18 丙午，選祕書丞楊延慶等十餘人分知諸州。帝因謂宰相曰：「刺史之任，最爲親民，苟非其人，民受其禍。昔秦彭守潁川，教化大行，境內乃有鳳皇、麒麟、嘉禾、甘露之瑞。」宋琪曰：「秦彭一郡守，政善而天應之若此，況君天下者乎！」

19 丁巳，帝謂宰相曰：「夏州蕃部强悍難制者，皆委身歸順，凡得種族五萬餘帳。朕亦慮轉餉勞擾，止令齎茶於蕃部中貿易以給軍食，未嘗發民輸送也。」又謂李繼捧曰：「汝在夏州用何道制蕃部？」對曰：「戎人狡很，臣但羈縻而已，非能制也。」

20 己未，滑州言河決已塞，羣臣稱賀。蠲水所及州縣民今年田租。

21 癸未，以涪陵王子德恭、德隆爲刺史，壻韓崇業爲靜難軍司馬。

22 己丑，召宰相近臣賞花於後苑，令侍從詞臣各賦詩，賞花賦詩自此始。

23 壬申，幸含芳苑，宴射，謂宰相宋琪曰：「此地三數年不一至，固非數出游宴也。」時劉繼元、李繼捧等皆侍坐，琪因贊頌神武，與李昉等各賦詩，帝爲和，賜之。

24 是春，宰相奏事退，帝謂曰：「卿等所奏簿書，乃是常也，唯時務不便，須極言無隱，朕當裁酌而行，苟言不當，亦不責也。」

25 夏，四月，乙酉，泰山父老千餘人復詣闕請封禪。戊子，羣臣上表請封禪，表凡三上。甲午，詔以今年十一月有事於泰山。

26 是日，幸金明池，觀習水戰，謂宰相曰：「水戰，南方之事也，今其地已定，不復施用，時習之，示不忘武功耳。」因幸講武臺閱諸軍馳射，有武藝超絕者，咸賜以帛。還，登瓊林苑北榭，賜從臣飲，擲錢於樓下，俾伶人爭取，極歡而罷。

27 丁亥，遼宣徽使、同平章事耶律普寧、都監蕭勤德獻征女眞之捷，授普寧兼政事令，勤德神武衞大將軍，各賜金器諸物。

28 庚寅，遼太后臨決滯獄。

29 丙申，詔扈蒙、賈黄中、徐鉉等同詳定封禪儀。

30 己亥，命南作坊副使李神佑等四人修自京抵泰山道路。庚子，以宰相宋琪爲封禪大禮使，翰林學士宋白爲鹵簿使，賈黃中爲儀仗使。宋琪等議所過備儀仗導駕，帝曰：「朕此行蓋爲蒼生祈福，過自嚴飭，非朕意也。」乃詔：「惟告廟及自泰山下用儀仗，所過亦不須陳設。」

31 五月，辛亥，幸城南觀麥，賜刈者錢帛　還，幸玉津園，觀魚，宴射，謂近臣曰：「朕觀五代以來，帝王始則勤儉，終乃忘其艱難，覆亡之速，皆自貽也。在人上者，當以爲戒。」

32 罷諸州農師。

33 丁丑，乾元、文明二殿災。

34 以將作監丞李元吉、丁顧言爲堂後官，賜緋衣、銀帶、象笏。京官任堂後官自此始。

35 鹽鐵使王明請開江南鹽禁，計歲賣鹽五十三萬五千餘貫，其二十八萬七千餘貫給鹽與民，隨稅收其錢，二十四萬餘貫聽商人販易，收其算，從之。

36 六月，己卯朔，遼太后決獄至月終。

37 丁亥，詔求直言。

38 壬辰，詔：「天下幕職、州縣官上書言事，凡民俗利害，政令否臧，並許於本州附傳置以聞。」先是轉運使及知州、通判皆得上書，而州縣官屬則否，帝慮下情壅塞，故降是詔。

39 己丑，遣使諸路察獄。

40鎭安節度使、守中書令石守信卒，謚武烈。

41庚子，始令諸州十日一慮囚。

42壬寅，帝謂宰相曰：「封禪之廢已久，今時和年豐，行之固其宜矣。然正殿被災，遂舉大事，或未符天意。且炎暑方熾，深慮勞人。」乃詔停封禪，以冬至有事於南郊。

43秋，七月，壬子，改乾元殿爲朝元殿，文明殿爲文德殿，丹鳳門爲乾元門。

44乙卯，詔：「御史鞫獄，必須躬親，毋得專任胥吏。」

45庚申，改匭院爲登聞鼓院，東延恩匭爲崇仁檢院，南招諫匭爲思諫檢院，西申寃匭爲申明檢院，北通玄匭爲招賢檢院；仍令諫院依舊差諫官一員主判。

46八月，辛卯，遼東京留守耶律穆濟（舊作末只。）奏女眞珠布實、薩里（舊作朮不直、賽里。）等八族乞舉衆內附，詔納之。

47癸丑，有布衣以皁囊封書獻者，其詞狂妄。帝覽之，謂宰相曰：「比來上封事者多不知朝廷次第，所言率孟浪。本欲下情上達，庶事無壅，故雖狂悖，亦與容納。」宋琪曰：「陛下廣納言之路，苟百中得一，亦是國家之利。」

48右補闕、知睦州田錫應詔上疏，其略曰：「今陛下有所因方渴聞至言，有所爲方切待直諫，引咎自誡，修德彌新。臣謂責在近臣而不在聖躬，罪在諫官而不在陛下。近陛下有朝令夕改之事，由制敕所行時有未當，而無人封駁者。給事中若任得其人，制敕若許之封駁，則所下之敕無不當，所行之事無不精，編爲格式，豈有朝令夕改之弊！臣所以謂責在近臣而不在聖躬。臣又見陛下有舍近謀遠之事，由言動未合至理，而無人敢諫諍者，是左右拾遺、補闕之過也。加以時久昇平，天下混一，致陛下以昇平自得，功業自多。不知四方雖寧，萬國雖靜，然刑罰未甚措，水旱未甚調，陛下謂之太平，誰敢不謂之太平！方欲爲民求福，報天之功，有事於泰山，展禮於上帝，人謀雖克，天意未從。火於禁中，將警悟於英主，詔下海內，遂布告於輿人。臣所以謂罪在諫官不在陛下也。」

49 丁酉，帝親祠太一宮。

50 九月，知夏州尹憲襲擊李繼遷，斬首五百級，獲其母妻，俘千四百帳，繼遷僅以身免。

【考異】宋史本紀作十月夏州言掩擊李繼遷，獲其母，蓋本於實錄。李燾曰：實錄據奏到之日耳。呂誨正惠公補傳云：保安軍奏獲李繼遷母，太宗喜甚。時寇準爲樞密副使，獨召準謀。準退，過宰相幕次不入，公使人邀至，曰：「陛下召公何爲？」準曰：「議邊事爾。」公曰：「陛下戒公弗言於某乎？」準曰：「不然。」公曰：「若邊鄙常事，樞密之職，某不必與聞。若軍國大計，某備位宰相，不可不知也。」準以獲繼遷母告，公曰：「何以處之？」準曰：「欲斬於保安北門外以戒凶逆。」公曰：「陛下以爲何如？」準曰：「以爲然，令準之密院行文書爾。」公曰：「必若此，非計之得也，願公少緩其事，某將覆奏之。」即召閤門吏使奏上請對，上召入。公見上，具道準言，且曰：「昔項羽得太公欲烹之，漢高祖曰：『願公分我一盃羹。』夫舉大事者不顧其親，況繼遷悖逆之人哉！今陛下今日殺其母，而明日繼遷可禽乎？若其不然，徒樹怨讎而益堅其叛心爾。」上曰：「然則柰何？」公曰：「以臣之愚，謂宜置於延州，使養視之，以招來繼遷，雖不能即降，亦可以繫其心，而其母死生在我矣。」上撫髀稱善，曰：「微卿，幾誤我事！」即從公謀。其母後病死於延州，繼遷尋亦死，其子竟納款請命。按司馬光記聞有此，呂誨補傳及其祖端傳所載並同；考驗乃與正史不合。獲繼遷母，實雍熙元年九月，此時端猶未參政，準亦未入樞府。淳化二年四月準始爲樞副，九月改同知。淳化四年六月準罷，端始參政。五年九月準亦參政，與俱在中書。至道元年四月端拜相，準參政如故。至道二年七月準罷參政，端居相位如故。咸平元年十月端罷相。端在中書，首尾凡六年，其初爲參政，準即罷樞副矣，補傳及記聞必誤。況獲繼遷母時，端及準俱未顯也。按燾所辨是也。宋史夏國傳繫於太平興國八年，尤爲舛誤，東都事略亦不詳年月。今從長編。於是賜李繼捧姓趙，名保忠，授夏州刺史、定難節度使，以討繼遷，管夏、銀、宥五州。繼捧至鎮數日，上言繼遷悔過歸款，帝以爲銀州刺史、西南巡檢使。繼遷本無降心，復誘戎人爲寇。

51 壬戌，羣臣表三上尊號曰應運統天睿文英武大聖至仁明德廣孝皇帝，不許，宰相叩頭固請，終不許。

52 帝之即位也，召華山隱士陳摶入見。冬，十月，復詣闕，帝益加禮重，謂宋琪等曰：「摶獨善其身，不干勢利，所謂方外之士也。在華山已四十餘年，度其年當百歲，自言經五代亂離，幸天下承平，故來朝覲。與之語，甚可聽。」因遣使送至中書。琪等從容問摶曰：

「先生得玄默修養之道，可以化人乎？」對曰：「摶山野之人，於時無用，亦不知神仙黃白之事，吐納養生之理，無術可傳於人。假令白日上升，亦何益於世！主上龍顏秀異，博達古今，眞有道仁聖之主也。正君臣同德、興化致治之秋，勤行修練，無出於此。」琪等表上其言，帝益喜。甲申，賜摶號希夷先生，令有司增葺所止臺觀。帝屢與屬和詩什，數月，遣還。

53 癸巳，嵐州獻一角獸，徐鉉等以爲祥麟，宰相宋琪等拜表稱賀，帝曰：「珍禽奇獸，奚益於事！方內大寧，風俗淳厚，此乃爲上瑞耳。」琪等因請宣示，凡瑞物六十三種，並圖付史館。

54 十一月，丙寅，親饗太廟。丁卯，祀天地於南郊，以宣祖配天而太祖配上帝，從禮官扈蒙議也。是日，大赦天下，改元雍熙。

55 癸酉，以建州進士楊億爲祕書省正字，時年十一。億七歲能屬文，帝聞其名，詔江南轉運使開封張去華就試詞藝，遣赴闕。連三日得對，試賦五篇，皆援筆立成，帝深歎賞，故有是命。

56 十二月，庚辰，淮海國王錢俶徙封漢南國王。

57 癸未，賜京畿高年帛。

58丁亥，廢嶺南諸州采珠場。自是唯商船互市及受海外之貢。

59壬辰，立德妃李氏爲皇后，故淄州刺史處耘之女也。

60丙申，賜京師大酺三日。集開封府及諸軍樂人，還四市貨殖，五方士女大會，作山車、旱船，往來御道，爲魚龍曼延之戲，自乾元門前至朱雀門，東西凡數里。帝御丹鳳樓觀酺，召侍臣賜飲，列坐畿甸耆老，賜以酒食，音樂雜發，觀者闐咽。次日，獻歌詩頌賦者數千人。

61遼以翰林學士承旨馬得臣爲宣政殿學士。得臣好學，善屬文，居朝以正直稱。

二年遼統和三年。（乙酉、九八五）

1春，正月，丙午朔，遼主如長濼。

2丙辰，以德恭爲左武衞大將軍，判濟州，封安定侯；德隆爲右武衞大將軍，判沂州，封長寧侯；皆涪陵王廷美子也。以右補闕劉蒙叟通判濟州，起居舍人韓檢通判沂州，俾行州事。蒙叟，熙古子也。

3丁巳，遼以翰林學士邢抱朴爲禮部侍郎、知制誥；以左拾遺、知制誥劉景，吏部郎中、知制誥牛藏用，並政事舍人。抱朴好學博古，景端重能文，皆時望也

4癸亥，翰林學士賈黃中等九人權知貢舉。帝謂宰相曰：「設科取士，最爲捷要。近年籍滿萬餘，得無濫進者乎？」己巳，詔：「自今諸科並令量定人數，相參引試，分科隔坐，命官

巡察監門，謹視出入 有以文字往復與吏爲姦者，置之法；私以經義相教者，斥出科場；伍保預知亦連坐。進士倍加研覆。貢舉人勿以曾經御試，不考而薦。」始令試官親戚別試者凡九十八人。又罷進士試律，復貼經。

5 二月，丙子朔，遼以牛藏用知樞密直學士。

6 戊寅，權交州留後黎桓遣使來貢。

7 乙未，夏州李繼遷誘殺都巡檢使曹光實於葭蘆川。繼遷自地斤澤之敗，轉徙無常，西人多歸之，漸以强大。於是率衆攻麟州，使人紿光實，期日會於葭蘆川納降。光實信之，且欲擅其功，不與人謀，至期，從百騎赴之 繼遷所設伏兵盡起，光實被害，遂襲據銀州。

8 丙戌，帝謂宰相曰：「朕覽史書，見晉高祖求援於契丹，遂行父事之禮，仍割地以奉之，使數百萬黎庶陷於外域，馮道、趙瑩且居宰輔，皆遣令持禮，屈辱之甚也。」宋琪等奏曰：「晉高祖遣馮道奉使，張筵送之，親舉酒洒涕曰：『達兩君之命，交一國之歡，勞我重臣，之彼窮塞，息民繼好，宜體此懷，勿以爲惱也。』及道回，有詩曰：『殿上一盃天子泣，門前雙節國人嗟。』方今亭障肅清，生靈安泰，皆由得制禦之道。恢復舊境，亦應有時。」帝然之。

9 禁增置寺觀。

10 三月，己未，覆試禮部貢舉人，得進士須城梁顥等百七十九人，【考異】遯齋閒覽載梁顥八十二歲狀元及第，卒年九十餘。洪文敏引國史，顥卒年四十二，史臣云，「梁之秀穎，中道而摧」，以正遯齋之誤。又，李心傳朝野雜記舉狀元年三十以下者，云梁內翰顥年二十三登第。自雍熙二年乙酉至景德元年甲辰卒，正是四十二歲。若依遯齋說，顥年當百有一歲，何止九十餘邪！宋史本傳云九十二，恐後人妄改以傅會遯齋之說耳，今皆不取。他書「顥」字或從水旁，亦誤。諸科三百一十八人，並唱名賜及第。唱名自此始。【考異】陳桱續編云：始分三甲，錫宴於瓊林苑，進士及第一人授節度推官，寵之以詩，遂爲定制。

宰相李昉子宗諤，參知政事呂蒙正從弟蒙亨，鹽鐵使王明子扶，度支使許仲宣子待問，舉進士，試皆入等。帝曰：「此並勢家，與孤寒競進，縱以藝升，人亦謂朕爲有私也。」皆罷之。

青州人王從善應五經舉，年始踰冠，自言通誦五經文注，帝歷舉本經試之，其誦如流，特賜九經及第，面賜綠袍、銀帶，錢二萬。

時左右獻言尙有遺材，壬戌，復試，又得進士休寧洪湛等七十六人，諸科三百人，並賜及第。

11 遣知秦州田仁朗等將兵討李繼遷。

12 江南民飢，許渡江自占。

13 夏，四月，乙亥朔，遣使行江南諸州，賑飢民及察官吏能否。

14 丙子，宴近臣於後苑，賞花釣魚，張樂賜飲，命賦詩習射，自是歲以爲常。

15 五月，庚午，中書門下奏謫官經赦者，欲令歸闕，責其後效，帝不許，謂宰相曰：「朝廷致理，當任賢良，君子小人，宜在明辨。今海島窮崖遠惡處，甚多竄逐之臣，郊禋以來，豈不在念！然此等嶮巇，若小得志，即復結朋植黨，恣其毀譽，如害羣之馬，豈宜輕議哉！」

16 癸酉，遼以國舅蕭（道）寧同平章事、知瀋州事。

17 六月，甲戌，遼太后親決滯獄。

18 戊子，復禁鹽、榷酤。

19 李繼遷既殺曹光實，遂圍三族砦，陷之。帝大怒，徵田仁朗下獄劾問，貸死，竄商州。是月，副將王侁等出銀州北，破悉利諸砦，斬其代州刺史。時郭守文與侁同領邊事，與知夏州尹憲擊鹽城諸蕃，焚千餘帳，由是銀、麟、夏三州蕃百二十五族悉內附，戶萬六千餘。

20 秋，七月，甲辰朔，遼命諸道繕甲兵以備東征。

21 庚申，詔：「諸路轉運使及諸州長吏，專切督察知會官吏等，依時省視倉粟，勿致毀敗。其有計度支用外，設法變易，或出糶借貸與民及轉輸京師。如不省視而致損官粟者，雖去官，猶論如律。」

22 丁卯，遼遣使閱東京諸軍兵器及東征道路，以平章事蕭道寧爲昭德軍節度使，郭襲爲天平軍節度使。

時宰相室昉發民夫二十萬，一日畢功。是時昉與韓德讓、耶律色珍（舊作斜軫。）相友善，同心輔政，整析蠹弊，知無不言，務在息民薄賦，故法度備舉

23八月，癸酉朔，遼以遼澤沮洳，罷征高麗。命樞密使耶律色珍爲都統，以討女眞。

24癸未，遼主謁乾陵。

25癸巳，遼太后謁顯陵；庚子，謁乾陵。

26初，涪陵公廷美得罪，楚王元佐獨申救之，帝不聽。廷美死，元佐遂感心疾，或經時不朝請。【考異】龍川別志言太宗將立元佐爲嗣，元佐堅辭，欲立太祖之子，由此遂廢，故當時以爲狂。按太祖二子，德昭卒於太平興國四年八月，德芳卒於六年三月，而元佐以七年七月出閤，時太祖之子無在者矣。元佐雖封衞王，蓋未嘗有建儲之議也。九年正月，廷美死，元佐乃發狂，固不緣辭位。別志誤矣。司馬光日記載宋敏求云，廷美之貶，元佐請其罪，由是失愛。日記蓋得其實也。屢爲殘忍，不守法度，左右微過，必加手刃，僕吏過庭，往往彎弓射之。帝訓誨甚厲，皆不悛。是歲夏秋，疾甚，帝深以爲憂。九月，疾小愈，帝喜，因降德音。

庚戌，重陽日，賜近臣飲於李昉第，召諸王宴射苑中，而元佐以疾新起不預。至暮，陳王元佑等過之，元佐謂曰：「汝等與至尊宴射而我不預，是爲君父所棄也！」遂發忿，中夜，閉媵妾，縱火焚宮，遲明，煙焰未止。帝意火必元佐所爲也，令攝赴中書，遣御史按問，置巨

校於前，元佐恐懼，具對以實。帝遣入內都知王仁睿謂曰：「汝爲親王，富貴極矣，何凶悖如是！國家典憲，我不敢私，父子之情，於此絕矣。」元佐無以對。陳王元佑以下洎宰相近臣，號泣營救，帝涕泗謂曰：「朕每讀書，見前代帝王子孫不率教者，未嘗不扼腕憤恨，豈知我家至有此事！」遂下制，廢爲庶人，均州安置。丁巳，琪等帥百官伏閤拜表，乞留元佐京師，詔不許；表三上，乃許之。元佐行至黃山，召還，置於南宮，使者監護，不通外事。王府官僚皆請罪，帝曰：「朕教訓猶不從，豈汝等所能贊導邪！」並釋不問。【考異】李燾曰：寇準通判鄆州，得召見，太宗謂曰：「知卿有深謀遠慮，試與朕決一事，令中外不驚動，此事已與大臣議之矣。」準請示其事，太宗曰：「東宮所爲不法，他日必爲桀、紂之行。欲廢之，則東宮亦自有兵甲，恐因而招亂。」準曰：「請某月日令東宮於某處攝行禮，其左右侍衞皆令從之，陛下搜其宮中，果有不法之事，俟還而示之，隔下左右勿令入而廢之，一黃門力耳。」太宗以爲然。及東宮出，因搜其宮中，得淫刑之器，有剜眼、挑筋、摘舌等物，還而示之，東宮服罪，遂廢之，選立章聖爲太子。自是太宗眷注益厚。此張唐英所著仁宗政要寇準傳所載也，傳聞謬誤一至此！蓋因廢元佐事耳。淳化三年十月，罷恭孝太子元僖冊禮，則緣寵嬖妾張氏，初無淫刑事也。唐英書世多有之，謬誤不可不辨。

27 右羽林統軍周保權卒。

28 閏月，甲戌，以虞部郎中知制誥鄭人韓丕知虢州。丕有文行，朝廷稱爲長者，然誥命應用，傷於稽緩。一夕，須詔書甚急，丕停筆既久，問索舊草，吏以本典扃戶出宿，不可搜檢，丕乃破鎖取出，改易而進。宰相宋琪，性褊急，常加督責，或申以諧謔，丕不能平，表求外任，故有是命。

29 乙未，禁邕管殺人祭鬼及僧置妻孥。

30 冬，十月，辛丑朔，帝錄繫囚，決事至日旰，近臣諫以勞苦過甚，帝曰：「獄訟平允，朕意深以爲適，何勞之有！」因謂宰相曰：「或云有司細故，帝王不當親決，朕意則異乎此。若以尊極自居，則下情不得上達矣。」

31 己酉，汴河主糧胥吏，坐奪漕軍口糧，斷腕徇於河畔三日，斬之。

32 十一月，甲戌，遼命吳王稍領秦王韓匡嗣喪葬事。

33 辛卯，詔：「自今京官、幕職、州縣官有丁父母憂者，並放離任；常參官奏聞待報。」

34 遼以韓德讓兼政事令。先是耶律虎古以言忤韓匡嗣，至是以涿州刺史召赴京師，復以事忤德讓。德讓怒，取護衞所執骨朶擊其腦而殪，羣臣莫敢問。

35 十二月，庚子朔，日有食之。【考異】遼史不書是年日食，今從宋史及契丹國志。

36 丙辰，宋琪、柴禹錫免。時知廣州濮陽徐休復，密奏廣南轉運使江陵王延範謀爲不軌，且言其依附大臣，無敢搖動，帝將遣使按鞫。延範，琪妻高氏疏屬也。會琪、禹錫入對，帝問：「延範何如人？」琪未知其端，盛稱延範强明忠幹，禹錫亦以爲言。帝意琪等交通，不欲暴其狀,止以琪詼諧無大臣體,禹錫不能輸誠奉公,故罷其政柄,琪守刑部尚書,禹錫左驍衞上將軍。因謂李昉等曰:「朕於大臣,豈容易進退!琪爲宰相,乃請居盧多遜舊第,不避惡名,與鍾離意何相遠邪!中書、樞密,朝廷政令所出,治亂根本繫焉,當各竭公忠以副任用。人誰無姻故之情,苟才不足稱,不若遺之財帛耳。朕亦有舊人,若果無可取,未嘗假以名器也。卿等其戒之!」

37 教坊使郭守忠求外任,帝不許,賜以帛。

38 時調福建輸鵮翎爲箭羽,一翎直至數百錢,民甚苦之。龍溪主簿饒陽王濟以便宜諭民取鵝翎代輸,驛奏其事,因詔旁郡悉如濟所陳。

39 南康軍言雪降三尺,大江冰合,可勝重載。

40 是歲,議用兵燕薊,詔諭高麗,令發兵西會。

41 遼太后自稱制,即委耶律休格總南面事。休格均戍兵,立更休法,勸農桑,大修武備。覘知宋有用兵意,多設間諜,俾佯言國內空虛。邊帥無謀,皆信之。

續資治通鑑卷第十三

賜進士及第兵部尚書兼都察院右都御史總督湖北
湖南等處地方軍務兼理糧餉世襲二等輕車都尉畢　沅　編集

宋紀十三　起柔兆閹茂(丙戌)正月,盡強圉大淵獻(丁亥)十二月,凡二年。

太宗至仁應道神功聖德睿烈大明廣孝皇帝

雍熙三年　遼統和四年。(丙戌、九八六)

1 春,正月,辛未,右武衞大將軍長寧侯德隆卒。以其弟德彜嗣侯,判沂州,時年十九。屬飛蝗入境,吏民請坎瘞火焚之,德彜曰:「上天降災,守土之罪也。」乃責躬引咎,齋戒致禱,而蝗自殪。

2 丙子,遼都統耶律色珍(舊作斜軫。)等上討女眞所獲生口十餘萬,馬二十餘萬匹。初,遼設羣牧使司,馬大蕃息。至是得女眞馬,勢益強。

3 庚辰,夜漏一刻,北方有赤氣如城,至明不散。

4 先是,知雄州開封賀令圖與其父岳州刺史懷浦及文思使薛繼昭等相繼上言:「契丹主年幼，國事決於其母，韓德讓寵倖用事，國人疾之，請乘其釁以取幽薊。」帝始有意北伐。

詔議親征。參知政事李至上言曰：「幽州，契丹之右臂，王師往擊，彼必拒張。攻城之人，不下數萬，兵多費廣，勢須廣備餱糧。假令一日克平，當爲十旬準計，未知邊庾可充此乎？又，范陽之旁，坦無陵阜，去山既遠，取石尤難。金湯之堅，非石莫碎。臣愚以爲京師天下根本，陛下不離輦轂，恭守宗廟，示敵人以閒暇，慰億兆之仰望者，策之上也。大名，河朔之衝衞，或暫駐鑾輅，揚言自將，以壯軍威者，策之中也。若乃遠提師旅，親抵邊陲，北有敵兵可虞，南有中原爲慮，則曳裾之懇切，斷鞅之狂愚，臣雖不肖，恥在二賢後也。」

5 庚寅，北伐，以曹彬爲幽州道行營前軍馬步水陸都部署，崔彥進副之；米信爲西北道都部署，杜彥圭副之，以其衆出雄州；田重進爲定州路都部署，出飛狐。

6 戊戌，參知政事李至，以疾罷爲禮部侍郎。

7 二月，壬子，以潘美爲雲、應、朔等州都部署，楊業副之，出雁門。

8 李繼遷降於遼，遼以爲定難節度使、都督夏州諸軍事；繼沖爲副使。

9 三月，癸酉，曹彬與遼兵戰固安南，克其城。丁丑，重進破之於飛狐北。潘美自西陘入，與遼戰，又勝之，逐北至寰州；庚辰，刺史趙彥辛舉州降。【考異】彥辛，遼史聖宗紀作「彥章」，今從宋史太宗紀。彬又敗遼師於涿州東，乘勝攻其北門，辛巳，克之。潘美進圍朔州，其守將趙希贊舉城降。

10遼以南京留守耶律休格（舊作休哥。）當曹彬之師；以耶律色珍爲都統，率師當潘美等。遼主以親征告於陵廟山川，與太后駐軍駝羅口，趣諸部兵以爲應援；又命林牙勤德率兵守平州之海岸，以備南師。

11田重進至飛狐北，遼冀州防禦使大鵬翼，康州刺史馬贇，【考異】長編作「馬頵」，今從宋史。馬軍指揮使何萬通，率衆來援。重進命荆嗣出戰，一日五七合，遼師不勝，將遁去，重進遂以大軍乘之，生禽鵬翼、贇、萬通等。曹彬入涿州，遣部將李繼宣等領輕騎渡涿河，覘敵勢，乙酉，遼將率衆來攻，繼宣擊破之。丁亥，潘美轉攻應州，其守將舉城降。

12司門員外郎王延範與祕書丞陸坦、戎城縣主簿田辯、術士劉昂，坐謀不軌棄市。

13庚寅，武寧軍節度使、同平章事岐國公陳洪進卒。

14田重進圍飛狐，令大鵬翼至城下諭其守將馬步都指揮使呂行德等，辛卯，行德與副都指揮使張繼從、馬軍都指揮使劉知進舉城降。詔升其縣爲飛狐軍。重進又圍靈丘，丙申，其守將步軍都指揮使穆超舉城降。

15是月，始用士人爲司理判官。

16詔權停貢舉。

17 夏，四月，己亥朔，遼主次南京北郊

18 辛亥，潘美克雲州。壬寅，米信大破遼師於新城。

19 丁未，以駕部員外郎梁裔知應州，監察御史張利涉知朔州，右贊善大夫馬務成同知寰州。

20 己酉，田重進又破遼師於飛狐北，殺其二將。

21 壬子，命左拾遺張舒同知雲州。

22 乙卯，田重進至蔚州，左右都押衙李存璋、許彥欽等殺其節度使蕭默哩，（舊作啜里。）執監城使耿紹忠，舉城降。以崇儀使魏震知蔚州。遼援兵大至，重進軍與遼師轉戰，時軍校五輩，其四悉已戰死，至大嶺，惟荆嗣力鬬，遼師始卻，遂定蔚州。

是役也，邊民之驍勇者競團結以禦敵，或夜入城壘，斬取首級來歸。帝聞而嘉之曰：「此等生長邊陲，閑習戰鬬，若明立賞格，必大有應募者。」乃下詔，募民「有能糾合應援王師者，資以糧食，假以兵甲。禽酋豪者，隨職名高下補署。獲生口者，人賞錢五千，得首級者三千；馬上等十千，中七千，下五千。平幽州後，願在軍者，優與存錄；願歸農者，給復三年。」自是應募者益衆。

23 初，曹彬與諸將入辭，帝謂彬曰：「潘美之師，但令先趨雲、應，卿等以十餘萬衆聲言取幽州，且持重緩行，毋貪小利以要敵。敵聞大兵至，必萃勁兵於幽州，兵既聚，則不暇爲援於山後矣。」既而潘美先下寰、朔、雲、應等州，田重進又取飛狐、靈丘、蔚州，多得山後要害之地，而彬等亦連收新城、固安，下涿州，兵勢大振。每捷奏至，帝頗訝彬進軍之速，且憂契丹斷糧道。

彬至涿州，遼南京留守耶律休格以兵少不出戰，夜則令輕騎掠單弱以脅餘衆，晝則以精銳張其勢，設伏林莽，絕我糧道。彬留十餘日，食盡，乃退師雄州以援供饋。帝聞之，大駭曰：「豈有敵人在前，而卻軍以援芻粟乎？何失策之甚也，」亟遣使止之，令「勿復前，引師緣白溝河與米信軍接，按兵畜銳以張西師之勢。待美等盡略山後之地，會重進東下趨幽州，與彬、信合，以全師制敵，必勝之道也。」

時彬所部諸將聞美及重進累戰獲利，自以握重兵不能有所攻取，謀畫蜂起，更相矛盾，彬不能制，乃裹五十日糧，再往攻涿州。時遼主次州東五十里，令休格與蒲領等以輕兵薄南師，南師且行且戰，凡四日，始得至涿，【考異】長編云歷二十日始至，今從陳桱續編。時方炎暑，軍士疲乏，所齎糧不繼，乃復棄之。【考異】通鑑續編云：契丹主與其太后自駝羅口東將大兵應援，賜休格旗鼓、杓窊印以督將士，而自攻涿州，復之。是涿州乃契丹以兵取，非自棄之也。今姑從長編。令盧斌兼擁城中老幼並狼山而南，彬等以大軍退，無復行伍，遂爲休格所躡。五月，庚午，至岐溝關，遼兵追及之，南師大敗。彬等收餘軍，宵涉巨馬河，營於易水之南，李繼宣力戰巨馬河上，遼兵始退，追奔至孤山。方涉巨馬河，人畜相蹂踐而死者無算。知幽州行府事劉保勳馬陷淖中，其子利涉救之，不能出，遂俱死。保勳性純謹，精於吏事，嘗語人曰：「吾受命未嘗辭避，接同僚未嘗失意，居家積貲未嘗至千錢。」及死，聞者皆痛惜之。殿中丞孔宜亦溺於巨馬河。餘衆奔高陽，爲遼師衝擊死者數萬人，沙河爲之不流，棄戈甲若丘陵。休格收宋尸以爲京觀。帝詔錄保勳孫巨川、宜子延世。

24 癸酉，潘美遣使部送應、朔二州將吏耆老等赴闕；帝召見，慰撫之，並賜以衣服冠帶。

25 丙子，宮苑使王繼恩自易州馳騎至，帝始聞曹彬等軍敗，乃詔諸將領兵分屯於邊，召彬及崔彥進、米信入朝，田重進率全軍駐定州，潘美還代州。

26 壬午，遼主還南京，丙午，御元和殿，大宴從軍將校，封休格爲宋國王，加蒲領、籌寧、滿努寧（舊作蒲奴寧，滿字疑誤。）及諸有功將校爵賞有差。休格請乘勝略地，以河爲界，太后不從。

27 曹彬等未還，趙普手疏諫曰：「伏自大發驍雄，往平幽薊，百萬家之生聚，飛輓是供，數十州之土田，耕桑半失。茲所謂以明珠而彈雀，爲鼷鼠而發機，所失者多，所得者少。況旬朔之間，便涉秋序，內地先困，邊廷早涼。彼則弓勁馬肥，我則人疲師老，恐當此際，或誤指呼。願頒明詔，速議抽軍。臣又思陛下非次興兵，必因偏聽，小人傾側，但解欺君，事成則獲利於身，不成則貽憂於國。昨來議取幽薊，未審孰爲主謀？虛說誑言，總應彰露，願推其人，置之刑典，庶昭聖聽，以厭羣情。臣欲露肺肝，先寒毛髮，投荒棄市，甘俟顯誅。」【考異】宋文鑑載普疏云：「今春出師，將以收復幽薊，晦朔薦更，已及初夏。」又云：「旬朔之間，便涉秋序。」則普上疏之時，可推而知。長編疑爲當是四月初，又云必是六月初或五月末，朝廷雖已詔曹彬等班師，而普未及知也。按以太宗答詔相校，則作五月末者爲得其審。

帝手詔賜普曰：「朕昨者興師選將，止令曹彬等頓於雄、霸，裹糧坐甲，以張軍聲，俟一兩月間，山後平定，潘美、田重進等會兵以進，直抵幽州，共力驅攘，恢復舊疆，此朕之志也。柰何將帥等不遵成算，各騁所見，領十萬甲士出塞遠鬭，速取其郡縣，更還師以援輜重，往復勞弊，爲敵所乘，此責在主將也。邊防之事，已大爲之備，卿勿爲憂。」

28 六月，戊戌朔，日有食之。

29 帝以諸將違詔失律，作自勉詩賜近臣。初議興兵，帝獨與樞密院計議，一日至六召，中書不預聞。及敗，召樞密院使王顯、副使張齊賢、王沔，謂曰：「卿等共視朕，自今復作如此事否？」帝既推誠悔過，顯等咸愧懼若無所容。宰相李昉等相率上疏曰：「昔漢高祖以三十萬之衆困於平城，卒用奉春之言以定和親之策。文帝外示羈縻，內深抑損，於是邊城宴閉，黎庶息肩，所傷匪多，其利甚博。倘陛下深念比屋之罄懸，稍減千金之日費，密諭邊將，微露事機，彼亦素蓄此心，固乃樂聞其事，不煩兵力，可弭邊塵也。」【考異】李燾曰：此疏據實錄別本，昉傳在幽薊失利後，不得實日月，今附見於此。玉壺野史稱太宗將蒐漁陽，昉上疏力諫，當即是此疏。

帝慮遼必入邊，命張永德知滄州，宋偓知霸州，劉廷讓知雄州，趙延溥知貝州。廷讓等皆宿將，久罷節鎮，帝欲令擊遼自効，故與延溥並命。

30 丙辰，以御史中丞辛仲甫爲給事中、參知政事。

31 乙巳，知大名府趙昌言上書請斬敗軍將曹彬等，帝覽奏嘉歎，優詔褒之。尋召拜御史中丞。

曹彬等至闕，戊午，詔賈黄中、雷德驤、李巨源召彬及崔彥進、米信、杜彥圭等詣尚書省鞫之。秋，七月，戊辰朔，黄中等言彬等法皆當斬，詔百官議之。己巳，工部尚書扈蒙等議如有司所定。彬素服待罪，深自引咎。庚午，責彬爲右驍衞上將軍，崔彥進爲右武衞上將軍，米信以下皆貶官。羣臣列校死事及陷敵者，錄其子孫。

32 初，米信、傅潛等軍敗衆擾，獨李繼隆以所部振旅成列而還，即命繼隆知定州。及詔分屯諸軍，繼隆令書吏盡錄其詔。旬餘，有敗卒集城下，不知所向，繼隆按詔給卷，俾各持詣所部。帝嘉其有謀，壬申，以繼隆爲馬軍都虞候，領武〔雲〕州防禦使。

甲戌，以田重進爲馬（步）軍都虞候。幽州之役，惟重進之師不敗，故特命之。

33 壬午，徙山後諸州降民至河南府、許、汝等州，凡七萬八千餘口。

34 僉署樞密院事張齊賢，言事頗忤帝意，於是帝問近臣以禦敵計策，齊賢因請自出守邊。戊子，授齊賢給事中，知代州，與都部署潘美同領緣邊兵馬。

35 癸巳，階州言福津縣有大山自龍堂峽飛來，壅白江，水逆流高十餘丈，壞民田數百里。

36 甲午，詔改陳王元祐爲元(僖)，韓王元休爲元侃，冀王元儁爲元份。

37 遼諸路兵馬都統耶律色珍將兵十萬至安定西，知雄州賀令圖遇之，敗績，南奔。色珍追及，戰於五臺，死者數萬人。明日，攻陷蔚州，令圖與潘美帥師往救，與色珍戰於飛狐，南師又敗。於是渾源、應州之兵皆棄城走，色珍乘勝入寰州，殺守城吏卒千餘人。

38 潘美既敗於飛狐，乃與楊業引兵護雲、朔、寰、應四州民南徙。至朔州狼牙邨，聞契丹已陷寰州，兵勢甚盛，業欲避其鋒，謂美等曰：「今敵鋒益盛，不可與戰。但領兵出大石路，先遣人密告雲、朔守將，俟大軍離代州日，令雲州之衆先出，我師次應州，契丹必悉兵來拒，即令朔州吏民出城，直入石碣谷，遣強弩千人列於谷口，以騎士援於中路，則三州之衆保萬全矣。」監軍蔚州刺史王侁沮其議，曰：「領數萬精兵而畏懦如此！但趨雁門北川中，鼓行而往馬邑。」順州團練使劉文裕亦贊成之。業曰：「不可，此必敗之勢也！」侁曰：「君素號無敵，今見敵逗撓不戰，得非有他志乎？」業曰：「業非避死，蓋時有未利，徒令殺傷士卒而功不立。今君責業以不死，當爲諸公先耳。」乃引兵自大石路趨朔州，將行，泣謂美曰：「此行必不利。業太原降將，分當死，上不殺，寵以連帥，授之兵柄；非縱敵不擊，蓋伺其便，將立尺寸功以報國恩。今諸君責業以避敵，業當先死。」因指陳家谷口曰：「諸君於此張步兵強弩，爲左右翼以援，俟業轉戰至此，卽以步兵夾擊救之，不然，無遺類矣。」美卽與侁領麾下兵陣於谷口。

色珍聞業且至，遣副部署蕭達蘭（舊作闥覽，遼史傳作撻凜。）伏兵於路。業至，色珍擁衆爲戰勢，業麾幟而進，色珍佯敗，伏兵四起，色珍還兵前戰，業大敗，退趨狼牙邨。侁自寅至巳不得業報，使人登託邏臺望之，以爲遼兵敗走，侁欲爭其功，卽領兵離谷口。美不能制，乃緣灰河西南行二十里，俄聞業敗，卽麾兵卻走。業力戰自日中至暮，果至谷口，望見無人，拊膺大慟，再率帳下士力戰，身被數十創，士卒殆盡，業猶手刃數十百人，馬重傷不能進，匿深林中。契丹將耶律希達（舊作奚底。）望見袍影，射之，業墜馬被禽，其子延玉與岳州刺史王貴俱死焉。業初爲敵所圍，貴親射殺數十人，矢盡，張空拳，擊殺數十人，乃遇害。業旣被禽，因太息曰：「上遇我厚，期捍邊破賊以報，而反爲姦臣所嫉，逼令赴死，致王師敗績，復何面目求活邪！」乃不食三日而死。

業不知書，忠勇有知謀，練習攻戰，與士卒同甘苦。代北苦寒，人多服氈罽，業但挾纊露坐治軍事，傍不設火，侍者殆僵仆，而業怡然無寒色。爲政簡易，御下有恩，故士卒樂爲用。其敗也，麾下尚有百餘人，業曰：「汝等各有父母妻子，無與我俱死！」衆感泣，無一人生還者。

帝聞，痛惜，旋削美三任，佚除名，配金州，文裕登州。贈業太尉、大同軍節度使，厚賜其家，錄其子五人及貴子二人。【考異】楊業之死，諸書月日不同。宋史本紀云：五月，契丹十萬衆復陷寰州，楊業苦戰力盡，爲所禽，守節而死。此因五月有岐溝之敗，連屬及之，其實業之死不在五月也。東都事略云：秋，八月，雲州觀察使楊業與契丹戰，死之。李燾長編、契丹國志亦繫其事於八月。此因八月贈業太尉，追敍其死事之本末，非眞死於八月也。遼史聖宗紀作七月丙子，樞密使色珍奏復朔州，禽宋將楊繼業。又云：辛卯，色珍奏：宋將楊繼業引兵南出朔州，遇伏，中流矢，墜馬被禽，瘡發，不食三日死，函其首以獻。是遼史亦無定日，要不出七月耳。至贈官自在八月。今并書之。

39 八月，丁酉朔，以王沔、張宏並爲樞密副使。

40 己未，遼主用室昉、韓德讓言，復山西租賦一年。命第山西諸將校功過而賞罰之。壬戌，以色珍所部將校前破女眞，後有宋捷，第功加賞。癸亥，加色珍守太保。

41 九月，丙寅朔，賜所徙寰、應、蔚等州民米。

42戊辰，戶部郎中張去華獻大政要錄三十篇，帝嘉之，降璽書褒美。去華初受命知陝州，因留不行。

43判刑部張佖上言：「望自今應斷奏失入死刑者，不得以官減贖，檢法官、判官皆削一任，長吏並停見任。」從之。【考異】李燾曰：佖上言，本志在五月後，今移見於此。嘗有犯大辟者，詔特減，帝謂佖曰：「朕以小人冒法，原其情非巨蠹，故貸死，流竄亦足以懲艾之也。」佖對曰：「先王立法，蓋爲小人，君子固不犯矣。」帝以語宰相，且賞佖爲知言。

44戊寅，賜北征軍士陣亡者家三月糧。

45辛巳，遼主納皇后蕭氏。【考異】遼史后妃傳：聖宗仁德皇后，卽睿智皇后之姪也。然仁德册爲后在統和十九年，而六年已立皇后，至十九年降爲貴妃，是仁德未册立子先，聖宗已立后矣。蓋遼史列傳有闕文也。

46冬，十月，丙申朔，上出飛白書賜宰相李昉等，因謂曰：「此雖非帝王事，然不猶愈於畋游聲色乎！」昉等頓首謝。

47左拾遺眞定王化基抗疏自薦，帝覽之，謂宰相曰：「化基自結人主，誠可賞也。」又曰：「李沆、宋湜皆佳士。」卽命中書幷化基召試。沆，肥鄉人；湜，長安人也。庚子，並除右補闕、知制誥，各賜錢百萬。帝又聞沆素貧，負人息錢，別賜三十萬償之。

帝尤重內外制之任，每命一詞臣，必咨訪宰相，求才實兼美者，先召與語，觀其器識，然後授之。嘗謂左右曰：「朕早聞人言，朝廷命一知制誥，六姻相賀，以謂一佛出世，豈容易哉！郭贄，南府門人，素乏時望，因其樂在文筆，遂命掌誥。頗聞制書出，人或哂之，朕亦爲之靦顏，終不令入翰林也。」

48 己亥，遼政事令室昉奏：「山西、四川自用兵後，人民轉徙，盜賊充斥，乞下有司禁止。」乃命新州節度使蒲打里遣人分道巡檢。

49 甲辰，以陳王元僖爲開封尹兼侍中。戶部郎中張去華爲開封府判官，殿中侍御史陳載爲推官，並召見，謂曰：「卿等朝之端士，其善佐吾子！」各賜錢百萬。

50 乙卯，遼主如南京。戊午，以南院大王留寧言，復南院部民租賦一年。

51 庚申，以黎桓爲靜海節度使，命左補闕京兆李若拙、國子博士益都李覺齎詔往使。桓制度踰僭，若拙既入境，即遣左右戒以臣禮，桓拜詔盡恭。燕饗日，列奇貨異物於前，若拙一不留盼，又卻其私覿，惟取陷蠻使臣鄧君辨以歸。【考異】覺使交州，實錄在十二月辛巳。今并書之。

52 十一月，乙丑朔，右散騎常侍徐鉉等上新定說文三十卷，令模印頒行。

53 庚午，遼以政事令韓德讓守司徒。

54 癸酉，遼主御正殿，大勞南征將校。丙子，南下，次狹底堝，太后親閱輜重兵甲。丁丑，以休格爲先鋒都統。壬辰，至唐興縣。南軍屯於滹沱橋北，遼選將射之，進焚其橋。癸巳，涉沙河，獲諜二人，賜衣物，令還諭泰州，不從。節度使盧補古、都監耶律盼戰於泰州，敗績；甲午，奪盧補古告身，其都監以下各杖之。詔休格等議軍事。

55 十二月，壬寅，翰林學士宋白等上文苑英華一千卷，詔書褒答。

56 遼休格敗南師於望都。時都部署劉廷讓以數萬騎並海而出，約與李敬源合兵，聲言取燕。休格聞之，先以兵扼其要地，進逼瀛州。會太后軍至，戰於君子館，天大寒，宋師不能彀弓弩，遼兵圍廷讓數重，敬源戰死。滄州都部署李繼隆失期不救，退屯樂壽，廷讓全軍皆沒，死者數萬人，僅以身免。

先是知雄州賀令圖，性貪功生事，輕而無謀。休格嘗使諜紿之曰：「我獲罪於契丹，旦夕願歸朝。」令圖不虞其詐，自以爲終獲大功，私遺休格重錦十兩。至是休格傳言軍中，願得見雄州賀使君。令圖先爲所紿，意其來降，即引麾下數千騎逆之，將至其帳數步外，休格據胡牀罵曰：「汝嘗好經度邊事，今乃送死來邪！」麾左右盡殺其從騎，反縛令圖而去。高陽關部署太原楊重進力戰，死之。【考異】遼史聖宗紀：十二月，乙巳，禽宋將賀令圖、楊重進。契丹國志亦云令圖、重進俱陷，據宋史，則重進乃戰死也。今從宋史。

初，令圖與父懷浦首謀北伐，一歲中父子皆敗，當時以爲口實，然自後邊將莫敢有議取幽燕者矣。

廷讓詣闕請罪，帝知爲繼隆所誤，不責。追繼隆，令中書問狀，尋亦釋之。

57 東頭供奉官馬知節監博州軍，聞劉廷讓敗，恐遼人乘勝復南侵，因繕完城壘，治器械，料丁壯，集芻糧，十有五日而具。始興役，吏民皆以爲生事；既而敵果至，見有備，乃引去，衆始歎伏。

58 壬子，建房州爲保康軍，以右衞上將軍劉繼元爲節度使。

59 遼師復自胡谷入薄代州城下，神衞都指揮馬正以所部列州南門外，衆寡不敵，副部署盧漢贇保壁自固。知州張齊賢，選廂軍二千出正之右，誓衆感慨，一以當百，遼師遂卻走。先是齊賢約潘美以幷師來會戰，其間使爲遼所得，齊賢深憂之。俄而有候至，云美師出幷，行四十里，忽奉密詔，東路之師衄於君子館，幷軍不許出戰，已還州矣。於時敵騎塞川，齊賢曰：「敵知美來而不知美退；」乃閉美使於密室中，夜，發兵二百，人持一幟，負一束芻，距州城西南三十里，列幟然芻。遼師遙見火光中有旗幟，意謂幷師至矣，駭而北走，齊賢先伏步卒二千於土磴寨，掩擊，大敗之，禽其王子一人，帳前錫里（舊作舍利。）一人，斬首數百級，俘五百餘人，獲馬千餘匹，車帳、牛羊、器甲甚衆。齊賢悉歸功於漢贇。己未，漢贇以捷音來上，帝優詔褒答。後知漢贇未嘗接戰，與鈐轄劉宇皆罷爲右監門衞大將軍。【考異】李燾曰：漢贇罷在明年八月甲午，宇罷在庚子，今幷書之。

60 李繼遷乞婚於遼，遼以王子帳節度使耶律襄女封義成公主歸之。

61 癸丑，遼師拔馮母鎮，大縱俘掠。丙辰，陷邢州。丁巳，拔深州，以不卽降，誅守將以下，縱兵大掠。時沿邊瘡痍之卒不滿萬，計料鄉民爲兵，皆白徒，未嘗習戰，故遼師所至長驅，其勢益振。

四年遼統和五年。（丁亥、九八七）

1 春，正月，乙丑，遼師破束城縣，縱兵大掠。丁卯，次文安，遣人招降，不從，擊破之，盡殺其丁壯，俘其老幼。戊寅，遼主還南京。己卯，御元和殿，大賚將士。

2 丙戌，詔釋行營戰敗將士罪，瘞暴骸，死事者廩給其家，錄死事文武官子孫；蠲河北逋租，敵所蹂踐者給復三年，軍所過二年，餘一年。

3 戊子，權罷廣南諸州賣鹽，有司奏積鹽可支三十年故也。

4 二月，丙申，以漢南國王錢俶爲武勝軍節度使，徙封南陽國王；甲寅，復改封許王。

5 三月，癸亥朔，遼主幸長春宮，賞花釣魚，以牡丹徧賜近臣，歡宴累日。

6 安守忠及李繼遷戰於王亭，敗績。

7 夏，四月，癸巳朔，以樞密副使張宏爲御史中丞；御史中丞趙昌言充樞密副使。上以用兵之際，宏循默備位，而昌言多上邊事利害，故兩換之。

8遼主如南京。丁酉，遼主率百僚册上太后尊號曰睿德神略應運啓化承天皇太后；羣臣上遼主尊號曰至德廣孝昭聖天輔皇帝。

9鹽鐵使臨朐張平卒。

平初監市木秦、隴，更立新制，計水陸之費，以春秋二時聯巨筏自渭達河，歷砥柱以集於京師，期歲之間，良材山積。帝嘉其功，遷供奉官，監陽平都木務兼造船場。舊官造舟旣成，一艘調三戶守之，以河流湍悍，備其漂失，歲役民數千。平乃穿池引水，繫舟其中，不復調民。有賊首楊拔萃者，往來關輔間爲寇，朝廷遣數州兵討之，不克，平遣人說降之。領務凡九歲，計省官錢八十萬緡。及任鹽鐵使，才數月，陝西轉運使李安發其舊爲姦事，平憂恚成疾卒。帝猶爲輟視朝一日，贈右千牛衞上將軍，官給葬事。

10乙未，詔：「諸州署（暑）月五日一滌囹圄，給飲漿，病者令醫治，小罪卽決之。」

11己亥，并水陸發運爲一司。

12帝將大發兵攻遼，遣使往河南、北諸州募丁壯爲義軍。京東轉運使下邑李維清曰：「若是，天下不耕矣！」三上疏爭之。宰相李昉等相率上奏曰：「近者分遣使傳出外料兵，自（河東）河南四十餘郡，凡八丁取一，以充戎行。臣等頗聞與（輿）議，皆言河南百姓不同被邊之民，素習農桑，罔知戰鬬；遽茲括集，或慮人情動搖，因而逃避爲盜，更須翦除。矧當土膏之興，更妨農作之務。望嚴敕續遣使臣，所至之處，若人情不安，難於點募，卽須少緩，密奏取裁。」於是開封尹陳王元僖亦上疏言：「精擇銳旅，分戍邊城，來則禦之，去則勿逐。有備無患，古之道也。所集鄉兵，雖衆何用！況河南人戶，非能便習武藝，不可盡置戎行。河北緣邊諸州，頗有閑習馳射者，或可選置軍中，令本處守押城池，而河南諸州一切停罷。」帝然其言。

詔詢安邊策，殿中侍御史趙孚奏議，大略謂宜內修戰備，外許歡盟，帝嘉納之。

13 五月，乙丑，以侍御史鄭宣、司門員外郎劉墀、戶部員外郎趙載並爲如京使，殿中侍御史柳開爲崇儀使，左拾遺劉慶爲西京作坊使。開，大名人，初以殿中侍御史知貝州，與監軍忿爭，貶上蔡令。及自涿州還，詣闕上書，願效死北邊，帝憐之，復授以故官。開又上書言：「臣受非常之恩，未有以報。年才四十，膂力方壯，願陛下賜臣步騎數千，任以河朔用兵之地，必能出生入死，爲陛下復取幽薊。」於是帝亦欲並用文武，乃詔文臣中有武略知兵者，許換秩。於是開與宣等並換授焉。【考異】李燾曰：實錄及開本傳皆云：先是，五代戰爭，方鎭、刺史皆用武臣，率不曉政事，人受其弊。上欲兼用文士，漸復舊制，故先擢鄭宣等爲內職。此事恐非當時本意，蓋以文臣治州郡，自太祖始矣，及今而後圖之，不亦晚乎！按張景所爲開行狀云：詔舉文臣中有武略知兵者，開奉詔，改崇儀使。然則開等換秩，自以時方治兵講武，急於將帥耳，非爲武臣不曉政事受其弊也。實錄旣書此詔，而開及劉慶姓名又不與鄭宣等俱見，疑脫誤，今輒用張景行狀及會要。刪修會要亦稱慶等或負勇敢之氣，能幹戎事，故換秩，決知實錄所稱，非當時本意明矣。

14 丙寅，遣使市馬於諸路。

15 初，秦州長道縣酒場官李益，家饒於財，僮僕常數百；關通朝貴，持吏短長，郡守以下皆畏之。民負益息錢數百家，官爲徵督，急於租調，獨觀察推官馮伉不爲屈。伉一日騎出，益遣奴捽下，毀辱之。伉兩上章論其事，皆爲邸吏所匿，不得通，後因市馬譯者附表以訴，帝大怒，詔捕之。詔未至，權貴已先報益，使亡去，帝愈怒，命物色捕益愈急。數月，得於河內富人郝氏家，械送御史臺，鞫之，益具伏。丁丑，斬益，籍其家。益子士衡，先舉進士，任光祿寺丞，詔除其籍。州民聞益死，皆釀錢飲酒以相慶。

16 并州都部署潘美，定州都部署田重進，皆承詔入朝。庚寅，出御製平戎萬全陣圖，召美、重進及崔翰等親授以進退攻擊之略，并書將有五才十過之說賜之。

17 李繼遷數寇邊。或疑李繼捧泄朝中事於繼遷，帝乃出繼捧爲崇信軍節度使，徙其弟克憲爲道州防禦使，克文歸博州。

18 遼主清暑於冰井。六月，壬辰朔，召大臣決庶政。

秋，七月，戊辰，尼喇（舊作涅利。）部節度使薩葛哩（舊作撒葛里。）有惠政，部民請留，從之。

遼主出獵於平地松林。

19詔卽內客省使廳事置三班院

初，供奉官、殿直、殿前承旨悉隸宣徽院，至是以其衆多，別置三班院領之。【考異】李燾曰：太平興國六年，初有點檢三班公事之名，今始正名曰三班院耳。諸書或云太平興國中已置三班院者，皆誤。職官志又云：咸平三年，始置三班院。眞宗實錄亦於三年六月乃書名三班曰三班院，今不取。

20八月，乙未，令：「諸路轉運使及州郡長吏，自今並不得擅舉人充部內官，其有闕員，卽時具奏。」前所論薦，多涉親黨，故窒其倖門也。

21己酉，水部員外郎、諸王府侍講邢昺獻分門禮選二十卷。帝探其帙，得文王世子篇觀之，甚悅。又聞諸王常時訪昺經義，昺每爲發明君臣父子之道，必反覆陳之，帝益喜，賜昺器幣。

22起居舍人田錫獻乾明節祝壽詩，又上書請東封泰山。九月，丁丑，命錫守本官、知制誥。錫好直言，帝或時不能堪，錫從容奏曰：「陛下日往月來，養成聖性。」帝悅，益重焉。【考異】錫所稱「陛下日往月來養成聖性」之語，乃見於睦州所上疏中，而石介聖政錄、司馬光記聞則云錫從容而奏，豈錫後更引此語以諫太宗乎？今兩存之。

23辛巳，詔以來年正月有事於東郊，親耕籍田，命翰林學士宋白等詳定儀注，置五使，如郊祀之制。

24丙戌，遼主如南京，是冬止焉。

25冬，十月，壬子，左僕射致仕沈倫卒，諡恭惠。

26十一月，庚辰，詔曰：「王者設班爵以馭貴，差祿秩以養賢，所以責之廉隅，懋其官業也。俸給之數，宜從優厚。應百官俸錢、給他物以八分爲十者，自今給以實數。」

27雍熙初，貢舉人集闕下者殆逾萬計，禮部考合格奏名尚不減千人。帝自旦及夕，臨軒閱試，累日方畢。宰相屢請以春官之職歸於有司，十二月，庚寅朔，乃詔：「自今歲春官知貢舉，如唐室故事。」

28山南東道節度使趙普來朝，召升殿慰撫。普見帝感咽，帝亦爲動容。開封尹陳王元僖因上疏言：「普開國舊老，厚重有謀，願陛下復委以政事。」帝嘉納之。【考異】長編引普附傳云：上親耕籍田，普上疏引姚崇十事以諫，因求入朝。按十事乃普引以諫伐幽州，與籍田不相關，附傳誤矣。

29是月，雄、霸等州皆相告以遼人將入邊，急設備。寧邊軍數月間連受八十餘諜，知軍柳開獨不信，貽書郭守文陳五事，言遼人必不至，既而果諜者之妄。時帝亦將議親征；河北東路轉運副使王嗣宗，上疏言遼必不至之狀，帝乃止。

有白萬德者，眞定人，爲遼貴將，統緣邊兵七百餘帳。寧邊有豪傑，即萬德姻族，往往出境外見之。柳開因使說萬德爲內應，挈幽州納王師，許以裂地封侯之賞，萬德許諾，來請師期。使未及還，會詔徙開知全州，事遂寢。

全之西谿洞粟氏，聚族五百餘人，常抄掠民口糧畜。開始至，爲作衣帶巾帽，選牙吏勇辯者，得三輩，使入諭之曰：「爾能歸我，卽有厚賞，給田爲屋處之。不然，發兵深入，滅爾類矣！」粟氏懼，留二吏爲質，率其酋四人與一吏俱來。開厚其犒賜，吏民爭以鼓吹飲之。居數日，遣還，與爲期，并族而出；不月餘，悉攜老幼至。開卽賦其居業，作時鑑一篇，刻石戒之。遣其酋入朝，授本州上佐。詔賜開錢三十萬。

30 國子司業孔維上書，請禁原蠶以利國馬，直史館樂史駁奏曰：「今所市國馬，來自外方，涉遠馳驅，虧其秣飼，失於善視，遂致斃耗。今乃禁及蠶事，甚無謂也。近降明詔，來年春有事於籍田，勸農之典方行，而禁蠶之制又下，事相違戾，恐非所宜。臣嘗歷職州縣，粗知利病，編民貧窶者多，春蠶所成，止充賦調之備，晚蠶薄利，始及卒歲之資。今若禁其後圖，必有因緣爲弊，滋彰撓亂，民豈遑寧！」帝覽之，遂寢原蠶之禁。

續資治通鑑卷第十四

賜進士及第兵部尙書兼都察院右都御史總督湖北湖南等處地方軍務兼理糧餉世襲二等輕車都尉畢　沅編集

宋紀十四 起著雍困敦(戊子)正月,盡屠維赤奮若(己丑)三月,凡一年有奇。

太宗至仁應道神功聖德睿烈大明廣孝皇帝

端拱元年 遼統和六年。(戊子、九八八)

1 春,正月,己未朔,不受朝,羣臣詣閤拜表稱賀。

2 庚申,遼主如華林天柱。

3 丙寅,以大理評事鉅野王禹偁爲右拾遺,華陽羅處約爲著作佐郎,並直史館,賜緋;舊止賜塗金帶,特命以文犀帶寵之。禹偁卽日獻端拱箴以寓規諷。

4 乙亥,饗先農於東郊,以后稷配,遂耕籍田。始三推,有司奏禮畢,帝曰:「朕志在勸農,恨不能終千畝,豈止以三推爲限!」耕數十步,侍臣固請,乃止。還,御乾元門,大赦,改元。民年七十以上有德行爲鄉里所宗者,賜爵一級。丙子,上作東郊籍田詩賜近臣。

5乙酉，禁用酷刑。

6帝以補闕、拾遺多循默不修職業，二月，乙未，改左、右補闕爲左、右司諫，左、右拾遺爲左、右正言。

7庚子，以李昉爲尚書右僕射，罷政事。先是有傭書人翟潁者，性險誕，與知制誥胡旦狎。旦爲作大言，使潁上之，且改潁名曰馬周，以爲唐馬周復出也。于是擊登聞鼓，訟昉身任元宰，屬北方多警，不憂邊思職，但賦詩飲酒幷置女樂等事。帝以方講籍田，稍容忍之。至是召翰林學士賈黃中草制罷昉相，且令切責之。黃中言：「僕射師長百僚，舊宰相之任，今自工部尚書而遷是職，非黜責之義也。若以文昌務簡，均勞逸爲辭，庶幾得體。」帝然之。

昉和厚多恕，在位小心醇謹。每有求進用者，雖知其材可取，必正色拒卻，已而擢用；或不足用，輒和顏溫語待之。子弟問其故，昉曰：「用賢，人主之事，若受其請，是市私恩也，故峻絕之，使恩歸于上。若不用者，既失所望，又無善辭，取怨之道也。」

8以趙普爲太保兼侍中，參知政事呂蒙正爲中書侍郎兼戶部尚書，並同平章事。【考異】唐制，以中書門下爲政本，凡由他官入相者，必稱同中書門下平章事。若官至侍中、中書令，則爲眞相，不復稱平章事。五代及宋初猶然。普以乾德二年入相，稱平章事，太平興國六年再相，官司徒兼侍中，即不稱平章事，用唐制也。是年，以太保兼侍中，三入相，結銜仍稱平章事。嗣後遂以爲例，雖侍中、中書令不加平章事，皆使相，非眞相矣。此于典故攸闕，薛、王兩通鑑輒有删省，今爲正之。帝諭普曰：「卿勿以位高自縱，勿以權重自驕，但能謹賞罰，弭愛憎，軍國何憂不治！」蒙正質厚寬簡，有重望，不結黨與。遇事敢言，每論政，有未允者，必固稱不可。帝嘉其無隱，故與普俱命，藉普舊德爲之表率也。蒙正晚出，驟進與普同位，普甚推許之。

9 開封尹陳王元僖進封許王，韓王元偘進封襄王，冀王元份進封越王。帝手詔戒元僖等曰：「汝等生長深宮，須克己勵精，聽卑納諫。每著一衣，則閔蠶婦，每餐一食，則念耕夫。至於聽斷之間，愼勿恣其喜怒。朕每禮接羣臣以求啓沃，汝等當勿鄙人短，勿恃己長，乃可永守富貴而保令終。先賢有言曰：『逆吾者是吾師，順吾者是吾賊。』此不可以不察也。」

10 錢俶改封鄧王。

11 甲辰，置建寧軍於建州。

12 丙午，詔：「諸道民有艱食者，所在發廩賑之。」

13 趙普再入相，方立班宣制，工部侍郎、同知京朝官考課雷德驤聞之，手不覺墜笏，遽上疏乞歸，又請對，具陳所以。帝勉諭良久，且曰：「卿第去，朕終保全卿。」德驤固請不已，壬子，罷知京朝官考課，仍奉朝請，特賜白金三十兩以慰其心。

14 遼南京副部署奚王籌寧怙權，擒無罪人李浩至死，有司議貴，請貸籌寧罪，令出錢贍浩家，從之。

15 甲寅，遼大同軍節度使、同平章政事劉景致仕。景事穆宗，數進讜言，景宗亦獎其忠實，子孫貴顯于遼。

16 是月，以李繼捧爲感德軍節度使。

17 三月，甲子，下詔申儆官吏，求直言。

18 帝嘗謂戶部使李維清曰：「朕讀賈誼傳，夜分不倦。誼當漢文時，天下治平，指論時事，至云太息、痛哭，蓋欲感動人主，不避觸鱗，眞忠臣明國體者也。今廷臣有似此人者否？」惟清曰：「陛下若于言事中理者賜以獎擢，卽不知忌諱者亦與優容，則賈誼之流復出矣。」

19 樞密副使趙昌言，與鹽鐵副使陳象輿厚善；度支副使董儼，知制誥胡旦，皆昌言同年生；右正言梁顥，嘗在大名幕下；故四人者日夕會昌言第，京師語曰：「陳三更，董半夜。」翟馬周既訟罷李昉，與旦益相得，每排毀時政，上書自薦，及歷舉所善十數人皆公輔器，昌言內爲之助，人多識其辭氣，皆旦所爲也。昉既坐黜，趙普秉政，深疾之。開封尹許王元僖廉得其事，白帝，捕馬周繫獄，窮治之，具伏。帝怒，詔決杖流海島。甲戌，責昌言爲崇信節度行軍司馬，象輿復州團練副使，儼海州、旦坊州、顥虢州司戶參軍。【考異】東都事略作乙丑趙昌言貶，今從宋史作甲戌。

帝待昌言厚，垂欲相之，會普以勳舊復入，惡昌言剛戾難制，因是請加誅殛。昌言既貶官，普又請行後命，帝不許，乃止。普始爲節度使，貽書臺閣，體式皆如申狀，得者必封還之，獨象輿不卻；普謂其慢己，故與旦、顥皆被重譴。

20 初，侯莫陳利用賣藥京城，多變幻之術，眩惑閭里。樞密承旨陳從信聞於帝，即日召見，試其術頗驗，即授殿直，驟加恩遇，累遷至陳州團練使，遂恣橫無復畏憚，至於居處服玩，皆僭乘輿宮殿之制。依附者頗獲薦用，士君子畏其黨而不敢言。至是趙普廉得其專殺人及他不法事，盡於帝前發之，乃遣近臣就按，利用具伏；乙亥，詔除名，流商州，仍籍其家。俄詔還之，普恐其再用，使殿中丞竇諲復告其不遜之狀。又，京西轉運使宋沆籍利用家，獲書數紙，言皆指斥切害，悉以聞。普因勸帝曰：「利用罪大責輕，未塞天下望，存之何益！」帝曰：「豈有萬乘之主不能庇一人乎！」普曰：「陛下不誅則亂天下法。法可惜，此一豎子，何足惜哉！」帝不得已，命戮於商州。既而復遣使馳傳貸其死，使者至新安，馬旋濘而踣，及出濘，易馬至商州，已磔於市矣。聞者快之。【考異】東都事略作乙亥誅侯莫陳利用於商州，宋史作乙亥坐不法配商州禁錮，尋賜死，與長編同，今從之。

21 夏，四月，乙未，遼主如南京。丁酉，韓德讓從太后觀擊鞠，瑚哩寶(舊作胡里實。)突德讓，墜馬，太后怒，立命斬之。

22 加靜海節度使黎桓檢校太尉。

23 五月，辛酉，置祕閣於崇文院，分三館書萬餘卷實其中。命吏部侍郎李至兼祕書監，帝謂至曰：「人君當淡然無欲，勿使嗜好形見於外，則姦佞無自入。朕無他好，但喜讀書，多見古今成敗，善者從之，不善者改之，如斯而已。」至等觀書閣下，帝必遣使賜宴，且命三館學士皆預焉。

24 癸亥，遼南府宰相耶律沙卒。

沙數將兵，太后嘗召賜几杖以優其老，至是卒。

25 朝廷數以敕書招諭李繼遷，繼遷終不肯降，益侵盜邊境。趙普建議，欲復委李繼捧以夏臺故地，令圖之。繼捧時爲感德節度，卽召赴闕，壬申，授定難節度使，賜國姓，改名保忠，所管五州錢帛、芻粟、田園等並賜之。壬午，保忠辭之鎭，錫賚甚厚，命右衞第二軍都虞候王杲送之。及還，保忠以土物爲贐，杲拒而不納，帝知之，賜白金百兩。

26 閏月，己丑，以襄州衙內都虞候趙承煦爲六宅使。

承煦，普弟子也。普再入相，未始爲求官，帝特命之。普嘗戒其子弟曰：「吾本書生，偶逢昌運，受寵踰分，固當以身許國，私家之事，吾無預焉。爾等宜各勉勵，勿重吾過！」

近制，宰相子起家卽授水部員外郎，加朝散階；呂蒙正固讓，止授六品京官。自是爲例。【考異】趙普戒子弟語，據太宗御製趙普神道碑酌書之。又富弼撰呂蒙正神道碑云：長子從簡，以蒙正懇辭，授將作監丞。今從長編。

27 丙申，賜諸道高年百二十七人爵爲公士。秦、漢以後，不復賜民爵，自籍田禮成，始復賜焉。

28 翰林學士、禮部侍郎宋白知貢舉，放進士程宿以下二十八人、諸科百人。榜既出，謗議蜂起，或擊登聞鼓求別試。帝意其遺才，壬寅，覆試下第人于崇政殿，得進士馬國祥以下及諸科凡七百人。謂樞密副使張宏曰：「朕親選貢士，人無棄材。卿與呂蒙正等曩者頗爲大臣所沮，非朕獨斷，則不及此矣。」宏頓首謝。

舊制，鎖院，給左藏庫十萬以資費用。是歲，詔改支尙書祠部錢，仍倍其數。

先是開封府發解，如諸州之制，皆府官專其事。是秋，以府事繁劇，始別敕朝臣主之，定名訖，送府發解如式。

29 御史中丞嘗劾奏開封尹許王元僖，元僖不平，訴於帝曰：「臣天子兒，以犯中丞故被鞫，願賜寬宥。」帝曰：「此朝廷儀制，孰敢違之！朕若有過，臣下尙加糾擿；汝爲開封府尹，可不奉法邪？」論罰如式。

30 六月，丙辰朔，右領軍衞大將軍陳廷山，以謀反伏誅。

31 復以湖南爲武安軍節度。

32 帝既擢馬國祥等，猶恐遺材，復命右正言王世則等召下第進士及諸科於武成王廟重試，得合格數百人。丁丑，上覆試詩賦，又得進士葉齊以下三十一人、諸科八十九人，並賜及第。

33 秋，七月，戊戌，帝謂趙普曰：「卿耆年觸熱，固應不易。自今長春殿對罷，宜即歸私第頤養，候稍涼乃赴中書視事。」

34 丙午，除西川諸州鹽禁。

35 八月，甲子，以宣徽南院使郭守文充鎭州路都部署。

36 戊寅，武勝節度使鄧王錢俶卒，輟視朝七日，追封秦國王，謚忠懿，命中使護喪事，葬洛陽。俶任太師、尙書令兼中書令四十年，爲元帥三十五年，窮極富貴，福履之盛，近代無比。

37 庚辰，幸國子監，詔博士李覺講周易之泰卦，覺爲別坐，從臣皆列坐。覺述天地感通、君臣相應之旨，帝甚悅，特賜帛百匹。

38 丁酉，遼太后幸韓德讓帳，厚加賞賚，命從臣分朋雙陸以盡歡。

39是月，鳳皇見廣州清遠縣合歡樹，樹下生芝三本。

40九月，乙酉朔，以李繼隆爲定州都部署。

41簽署樞密院事楊守一卒。守一本晉邸涓人，無他材能，以告廷美陰事，致位通顯。贈太尉。

42丁未，祕書監李至言：「著作局撰告饗宗廟及諸祠祭祝文稱尊號，唐惟開元禮有之，稽古者以爲非禮。請舉舊典，饗宗廟稱嗣皇帝臣某，諸祠稱皇帝。」從之。

43庚戌，遼主次涿州，射帛書諭城中降，不從。乙卯，遼師四面攻之，城破，乃降，因撫其衆。駙馬蕭勒〔勤〕德、太師蕭達蘭（舊作闥覽。）皆中流矢，勒〔勤〕德載遼主車中以歸。旋聞南師退，遣耶律色珍（舊作斜軫。）等追擊，大敗之。冬，十月，戊午，遼師破沙堆驛。庚午，以降軍分置七指揮，號歸聖軍。行軍參謀馬得臣，言諭降宋軍，恐終不爲用，請放還，遼主不允。辛巳，奚王籌寧敗南師于益津關。癸未，進軍長城口，定州守將李興擊之，爲耶律休格（舊作休哥。）所敗。

44帝謂侍臣曰：「朕每念古人禽荒之戒，自今除有司順時行禮之外，更不於近甸游獵。」五坊鷹犬，悉解放之，詔天下勿復來獻。

45以右諫議大夫樊知古爲河北東、西路都轉運使。都轉運使自知古始。知古即若水，帝爲改名焉。

46 十一月，甲申朔，遼主令諸軍備攻具，庚寅，自將攻長城口，四面齊進。將士潰圍南走，耶律色珍招之，不降，遼主與韓德讓邀擊之，斬獲殆盡。甲午，拔滿城。戊戌，下祁州，縱兵大掠。己亥，拔新樂。庚子，破小狼山寨。

遼師至唐河北，諸將欲以詔書從事，堅壁淸野勿與戰，定州監軍袁繼忠曰：「敵騎在近，城中屯重兵而不能翦滅，令長驅深入，豈折衝禦侮之用乎！我將身先士卒，死於敵矣。」辭氣忼慨，衆皆服。中黃門林延壽等五人猶執詔書止之，都部署李繼隆曰：「閫外之事，將帥得專焉。往年河間不卽死者，固將有以報國家耳。」乃與繼忠出兵拒戰。

先是易州靜塞騎兵尤驍果，繼隆取以隸麾下，留其妻子城中。繼忠言於繼隆曰：「此精卒，止可令守城，萬一寇至，城中誰與捍敵！」繼隆不從。既而遼師果至，易州遂陷，卒妻子皆爲所掠。繼隆欲以卒分隸諸軍，繼忠曰：「不可，但奏升其軍額，優以廩給，使之盡節可也。」繼隆從其言，衆皆感悅，繼隆因乞之隸麾下。至是擢鋒先入，遼師大潰，追擊至曹河。捷聞，降璽書褒答，賜予甚厚。【考異】唐河之敗，遼史不書，當時但誇張克敵，諱言敗也，今從太平治迹通〔統〕類書之。此役乃李繼隆之功，而宋會要以爲郭守文與繼隆出精兵背城而戰，宋史本紀亦作郭守文破契丹於唐河。今從長編。

十二月，辛未，以李繼遷爲銀州刺史、充洛苑使。

48國子博士李覺上言曰：「夫冀北、燕、代，馬之所生也，制敵之用，實資騎兵爲急。議者以爲欲國之多馬，在昭邊人以利，使重譯而至。然市馬之費歲益而廄牧之數不加者，蓋失其生息之理也。且邊人畜牧轉徙，馳逐水草，騰駒游牝，順其物性，由是浸以蕃滋。暨乎市易之馬，至於中國，則縶之維之，飼以枯稿，離析牝牡，制其生性，玄黃虺隤，因而減耗，宜然矣。今軍伍中牝馬甚多，而孳息之數尤鮮者，何也？皆云官給秣飼之費不充，又馬多產則羸弱，駒能食則侵其芻粟，馬母愈瘠，養馬之卒，有罪無利，是以駒子生乃驅令齅灰而死。其後官司知有此蠹，於是議及養駒之卒，量給賞緡，其如所賜無幾而尙習前弊。今竊量國家所市邊馬，直之少者，匹不下二十千，往來支給賜與，復在數外，是貴市於邊地而賤棄於中國，非理之得也。國家縱未暇別擇牝馬以分畜牧，宜且減市馬之半直，賜畜駒之將卒，增爲月給，俟其後納馬卽止焉，則是貨不出國而馬有滋也。大率牝馬二萬而駒收其半，亦可歲獲萬匹，況復牝又生駒，十數年間，馬必倍矣。昔猗頓窮士也，陶朱公教以畜五牸，乃適西河，大畜牛羊於猗氏之南，十年間其息無算，況以天下之馬而生息乎！」帝覽而嘉之。

49著作郎直史館羅處約上疏曰：「竊聞省中上言，欲于三司之中復置判官十二員，兼領其職，各司其局。臣伏以三司之制非古也，蓋唐朝中葉之後，兵寇相仍，以賦調筦榷之所出，故自尙書省分三司以董之。然蠹弊相沿，爲日久矣。以臣管窺，莫若復尙書都省故事，其尙書丞、郎、正郎、員外郎、主事、令史之屬，請依六典舊儀，以今三司錢刀、粟、帛、筦榷、度支之事，均在二十四司。如此，則各有司存，可以責其集事。今則倉部、金部，安能知儲廪、帑藏之盈虛，司田、司川，孰能知屯役、河渠之遠近！有名無實，積習生常，堆案盈几之籍，何嘗能省覽之乎！若復于三司之中更分置僚屬，則愈失其本原矣。」

50是歲，少府監上言：「本監配役人郭冕等皆任京朝官，會赦，請敍用。」帝曰：「此皆贓賄，止可免其居作，不可復齒朝行。」

51遼初置貢舉，放高第一人。

二年遼統和七年。(己丑、九八九)

1春，正月，癸巳，詔文武羣臣各陳備邊之策。

2是日，遼主諭諸軍趨易州；癸卯，攻城。滿城出師來援，爲遼鐵林軍擊退，指揮使被擒者五人。甲辰，遼師齊進，東京騎將夏貞顯之子僊壽先登，易州遂破，刺史劉墀降於遼。守陴將士南走，遼主帥師邀之，無得免者。即以馬質爲刺史，趙質爲兵馬都監，遷易州軍民於燕京，授僊壽高州刺史。乙巳，遼主登易州五花樓，撫諭士庶。【考異】易州之破，宋史不書，蓋諱言敗也。長編亦不載。今從遼史。

3戶部郎中張洎奏曰：「自幽薊用兵，累載於茲，其故何哉？蓋中國失地利，分兵力，將從中御，士不用命故也。

中國所恃者，險阻而已。朔塞以南，地形重阻，深山大谷，連亙萬里，天地所以限中外也。今自飛狐以東，重關複嶺，塞垣巨險，皆爲契丹所有；燕薊以南，平壤千里，無名山大川之阻，此所以失地利而困中國也。

國家制御之道，在乎審察利害，舉萬全之略。今河朔郡縣，列壁相望，朝廷不以城邑小大，咸浚隍築壘，分師而守。及敵騎南馳，長驅深入，咸嬰城自固，莫敢出戰，敵人莞然自得，出入燕、趙，若蹊無人之境。及其因利乘便，攻取城壁，國家嘗以一邑之衆當敵人一國之師，旣衆寡不侔，亦敗亡相繼。其故無他，蓋分兵之過也。臣請悉聚河朔之兵，於緣邊建三大鎭，各統十萬之衆，鼎踞而守；仍環舊城，廣創新寨，俾士馬便於出入。然後列烽火謹晨夕之候，選精騎爲報探之兵，千里之遙，若視掌內，敵之動靜，我必先知。仍命親王出臨魏府，控河朔之要，爲前軍後屏；自餘郡縣，則選在城丁壯，授以戈甲，俾官軍統攝而城守焉。三鎭分峙，隱若長城，大軍雲屯，虎視燕、趙，臣知契丹雖精兵利甲，終不敢越三十萬之衆南侵貝、冀矣。

軍志曰：『凡臨敵，法令不明，賞罰不信，聞鼓不進，聞金不止，雖有百萬之師，何益於用！』又曰：『將從中制，兵無選鋒者，必敗。』臣頃聞涿州之戰，元戎不知將校之能否，將校不知三軍之勇怯，各不相管轄，以謙謹自任，未聞賞一效用，戮一叛命者。軍志曰：『弩不及遠，與短兵同。射不能中，與無矢同。中不能入，與無鏃同。』臣頃聞涿州之戰，敵人未至，萬弩齊張，敵騎既還，箭如山積。乃知戈戟刀劍，其用皆然，是驅天兵奮空拳而對勍敵也。軍志曰：『三軍耳目，在吾旗鼓。』臣頃聞涿州之戰，陣場既布，或取索兵仗，或遷移部隊，萬口傳呼，囂聲沸騰，乃至轍亂塵驚，莫知攸往，矢石未交，奇正先亂。軍政如此，孰救敗亡！軍志曰：『凡出師臨陣，一夫不用命，則斬一夫；一校不用命，則斬一校；一隊不用命，則斬一隊。』故穰苴戮莊賈，魏絳戮揚干，諸葛亮誅馬謖，李光弼斬崔衆，咸以能舉嚴刑，方成大略。臣請陛下申命元帥，自裨將以下有違犯命令者，並以軍法從事。其殺敵將校所得鞍馬財貨等，悉以與之，仍優加錫賚。嚴刑以制其命，重賞以誘其心，示金鼓進退之宜，謹三令五申之號，將不中御，衆知向方，而不能震大宋之天聲者，未之有也！

又，沿邊郡縣，久被焚掠，臣乞陛下悉與放免秋夏兩稅，直俟事寧之日，方仍舊貫。朝廷所失租賦，未及豪芒，且以沮敵人誘掖之謀，慰吒庶綏懷之望。

前史有言曰：『聖人以天下爲度，不以私怒而傷公義。』今兵連禍結，當以權濟用，請陛下且稍抑至尊，舉通和之策，彼若歸仁悔過，奉大國之歡盟，結好息民，以寧宇縣，固邦家之望也。脫若敵人無厭，貪殘是務，屈大邦之命而不從，曲實在彼，我又何咎！臣知天下閫閫婦女亦當爲陛下荷戈執戟，效死於戰場矣，況六軍之人哉！」

4 右正言直史館王禹偁奏曰：「備邊之策，在外任其人而內修其德耳。在外者，一曰兵勢患在不合，將臣患在無權。請於緣邊要害之地爲三軍以備之，若唐受降城之類。如國家有兵三十萬，則每軍十萬人，使互相救援，責以成功，立功者行賞，無功者明誅。二曰偵邏邊事，能〔罷〕用小臣。小臣雖有愛君之名而無愛君之實，邊疆塗炭而不盡奏，邊民哀苦而不盡言。誠用老臣大僚，往來宣撫，賜以溫顏，使盡情無隱，則邊事濟矣。三曰行間諜以離之，因釁隙以取之。臣風聞契丹中婦人任政，人心不服，宜捐厚利，啗其部長以離其心。四曰邊人自相攻擊，中國之利也。今國家西有趙保忠、折御卿爲國心腹，宜敕二帥率麟、府、銀、夏、綏五州，張其犄角，聲言直取勝州，則契丹懼而北保矣。五曰下哀痛之詔以感激邊民。頃歲弔伐燕薊，蓋以本是漢疆，誠宜收復，而邊民不知聖意，皆謂貪其土地，致契丹南牧。陛下宜下哀痛之詔，告諭邊民，有得一級者賜之帛，得一馬者還其價，得部帥者與之散官，如此，則人百其勇而士一其心。在內者，在省官吏，愼選舉，信用大臣，禁止游惰。望陛下少度僧尼，少崇寺觀，勸風俗，務田農，則人力强而邊用實矣。若軍運勞於外，游惰耗於內，人力日削，邊用日多，不幸有水旱之災，則寇不在外而在內也。惟陛下熟計之！」帝覽奏，深加歎賞。宰相趙普尤器之。

5知制誥田錫奏曰：「今之禦敵，無先於選將帥；既得將帥，請委任責成，不必降以陣圖，不須授之方略，自然因機設變，觀釁制宜，無不成功矣。昔趙充國漢之老將，尚云百聞不如一見。況今委任將帥，而每事欲從中降詔，授以方略，或賜與陣圖，依從則未合宜，專斷則違上旨，以此制勝，未見其長。伏乞速命宰臣各舉良將，并令素有聞望宿舊武臣，自舉其能及舉所知者。

臣聞前年出師，命曹彬取幽州，是侯莫陳利用、賀令圖之輩熒惑聖聽，而李昉等不知。去年招置義軍，劄配軍分，趙普等亦不知。夫宰相非才，則罷之可也。宰相可任，豈有議邊陲，發師旅，而不使與聞者哉！語云：『偏信生姦，獨任成亂。』利用、令圖等既誤陛下機宜於前，無令似此二人者復誤陛下機宜於後。

兵書曰：『事莫密於間，賞莫重於間。』契丹自有諸國，未審陛下曾探得凡有幾國與之爲讎？若悉知之，可以用重賞，行間諜。間諜若行，則契丹自亂，契丹自亂，則邊鄙自寧。昔李靖用間，破突厥心腹之人。如漢之陳湯、傅介子之流，則不勞師徒，自然歸化，此可以緩陛下憂邊之心也。

凡徵發軍士，儲備糧草，亦宜鎮靜，勿使喧煩。臣聞去年於戶稅上折科馬草，及官中和買，當買納未足之間，卽有使臣催督，貧下戶婦女有行校科者。又聞汴河乾淺，欲分南河水添注汴河以通漕道。國家計度何在，而臨時一至於此！臣卽不知國家軍儲支得幾年，若是無九年之糧，實爲無備；若是無三年之糧，實爲窘急。若不窘急，何以科校婦女而納草，添注河水而漕運也？

昔吳起爲將，爲士卒吮癰。霍去病爲將，漢帝欲爲治第，去病曰：『匈奴未滅，何以家爲！』今之將帥，有如吳起、霍去病否？若以臣見，卽將帥實無其人。將帥非才，卽無威名，何以使敵人望風而懼！

以臣所見，小事不勞陛下用心；若以社稷之大計，爲子孫之遠圖，則在乎舉大略，求將相，務帝王之大體也。設如人欲理身，先理心，心無邪則身自正；欲理外，先理內，內既理則外自安。臣謂邊上動，由朝廷動之，邊上靜，由朝廷靜之。任賢相於內，則紀綱正，委良將於外，則邊鄙安矣。」【考異】田錫咸平集此疏不繫年月。又，張洎傳、王禹偁傳俱作端拱初上疏，今從長編，俱繫於二年正月。

6 改軍頭司爲御前忠佐軍頭司，引見司爲御前忠佐引見司。

7 二月，壬子朔，命河北東、西路招置營田，以陳恕等爲營田使。

8 下詔罪己。

9 遼主御元和殿受百官賀。以元日在營中，至是戰捷，還南京補行禮。

10 癸丑，詔：「平塞、天威、平定、威虜、靜戎、保塞、寧邊等軍，祁、易、保、定、鎭、邢、趙等州民，除雍熙四年正月丙戌詔給復外，更給復二年；霸、代、洛、雄、莫、深等州，平虜、岢嵐軍，更給復一年。」

11 乙卯，遼大饗軍士，爵賞有差。樞密使韓德讓，封楚國王，駙馬都尉蕭寧遠，同政事門下平章事。

12 甲子，遼主命南征所俘，有親屬分隸諸帳者，給官錢贖之，使得相從。

13 丙寅，遼禁舉人匿名飛書謗訕朝政。

14 戊辰，以國子監爲國子學。

15 是月，作方田。

16 三月，親試合格舉人，得進士閬中陳堯叟以下一百八十六人，諸科博平孫奭等四百五十人，並賜及第，七十三人同出身。賜宴，始令兩制、三館文臣皆預。賜堯叟等箴一首。越州進士劉少逸者，年十三，中選，旣覆試，又別賜御題賦詩數章，授校書郎，令于三館讀書。

時中書令史、守堂（當）官陳貽慶舉周易學究及第，旣而帝知之，令追奪所授敕牒，釋其罪，勒歸本局，禁吏人應舉。

時有進士十七人挈家歸於遼，遼主命有司考其中第者，補國學官，餘授縣主簿、尉。

17 丁亥，遼命知易州趙質收戰亡士卒骸骨，築京觀。戊子，賜裕悅舊作于越，今改。宋國王耶律休格舊作休哥，今改。紅珠筋線，命入內神帳行再生禮，太后賜物甚厚。遼制，惟帝及太后行再生禮，休格得行之，異數也。

18 己丑，遼免雲州逋賦。

19 丙申，遼開奇峯路，通易州市。

20 是春，遼主駐延芳淀。

續資治通鑑卷第十五

賜進士及第兵部尙書兼都察院右都御史總督湖北湖南等處地方軍務兼理糧餉世襲二等輕車都尉畢沅編集

宋紀十五　起屠維赤奮若（己丑）四月，盡重光單閼（辛卯）八月，凡二年有奇。

太宗至仁應道神功聖德睿烈大明廣孝皇帝

端拱二年遼統和七年。（己丑、九八九）

1夏，四月，國子博士李覺上言曰：「昔李悝有言曰：『糴甚貴傷民，甚賤傷農；民傷則離散，農傷則國貧。故甚貴甚賤，其傷一也。善爲國者，使民無傷而農益勸。』所謂民者，謂士工商也。今都下萬衆所聚，導河渠，達淮海，貫江湖，歲運五百萬斛以資國費。而近歲以來，都下粟麥至賤，倉庾陳陳相因，或以充賞給，斗直十錢，此工賈之利而軍農之不利也。緜計運米一斛，費不啻三百錢，侵耗損折復在其外。而輓船之夫，彌涉冬夏，離去鄉舍，終老江湖。糧之來也至重至艱，而官之給也至輕至易。倘不幸有水旱之虞，卒然有邊境之患，其何以救之！臣按諸軍傔人舊日給米二升，今若月賦錢三百，是一斗爲錢五十。計江、淮運米工腳，亦不減此數。望明敕軍中，各從其便，願受錢者，若市價官米斗爲錢三十，卽增給十錢，裁足以當工腳之直而官始獲利，數月之內，米價必增，農民受賜矣。若米價騰踊，卽官復給糧，軍人糶其所餘，亦獲善價，此又戎士受賜矣。不十年，官有餘糧，江湖之運亦漸可省也。」帝覽奏嘉之。

2 遼主好擊毬，嘗與大臣分朋擊鞠，諫議大夫馬得臣上疏諫曰：「臣幸列侍從，得侍聖讀，陛下嘗問臣以貞觀、開元之事。臣聞唐太宗侍太上皇宴罷，則輓輦至內殿；明皇與兄弟歡飲，盡家人禮。陛下嗣祖考之祚，躬侍太后，可謂至孝。更望定省之餘，睦六親，加愛敬，則陛下親親之道，比隆二帝矣。臣又聞二帝耽玩經史，數引公卿講學，至于日昃，故當時天下翕然向風，以隆文治。今陛下游心典籍，分解字句，臣願研究經理，深造而篤行之，二帝之治，不難繼矣。臣又聞太宗射豕，唐儉諫之；明皇臂鷹，韓休言之；二帝莫不樂從。伏見陛下聽朝之暇，以擊毬爲樂，臣思此事有三不宜：上下分朋，君臣爭勝，君得臣奪，君輸臣喜，一不宜也；往來交錯，前後遮約，爭心競起，禮容全廢，若貪月杖，誤拂天衣，臣實失儀，君又難責，二不宜也；輕萬乘之貴，逐廣場之娛，地雖平至爲堅确，馬雖良亦有驚蹶，或因奔擊，失其控御，聖體寧無虧損，太后豈不憂虞，三不宜也。陛下不以臣言爲迂，少賜省覽。」疏奏，遼主嘉歎良久。未幾，得臣卒，贈太子少保，優恤之。

3 自三月不雨至於五月。戊戌，帝親錄京城諸司繫獄囚，多所原減。卽命起居舍人宋維幹等四十二人分詣諸道，按決刑獄。是夕，大雨。帝因謂侍臣曰：「爲君當如此勤政，卽能感召天和。如後唐莊宗畋遊經旬，大傷苗稼，及還，乃降敕蠲放租稅，此甚不君也。」樞密副使張宏曰：「莊宗不獨如此，尤惑音樂，樂籍中獲典郡者數人。」帝曰：「人君節儉爲宗，仁恕爲念。朕在南府，音律粗亦經心，今非朝會，未嘗張樂；鷹犬之娛，素所不好也。」

4 六月，辛酉，遂以燕樂、密雲二縣給民種租，免賦役十年。

5 初，左正言、直史館下邽寇準，承詔極言北邊利害，帝器之，謂宰相曰：「朕欲擢用準，當授何官？」宰相請用爲開封府推官，帝曰：「此官豈所以待準邪？」復請用爲樞密直學士，帝沈思良久，曰：「且使爲此官可也。」秋，七月，己卯，拜虞部郎中、樞密直學士。嘗奏事殿中，語不合，帝怒起，準輒引帝衣令復坐，事決，乃退。帝嘉之。

準初知巴東、成安二縣，其治一以恩信，每期會賦役，未嘗出符移，惟具鄉里姓名揭縣門，而百姓爭赴之，無稽違者。嘗手植雙柏於庭，其後民以比甘棠，謂之萊公柏。

6 以考功員外郎雲中畢士安知制誥。士安先爲越王府記室參軍，宮中謂之畢校書。時詔諸王府僚各獻所著文，帝嘉之，遂有是擢。越王元份請留府邸，不許。

7 甲申，以知代州張齊賢爲刑部侍郎、樞密副使。

先是，宰相趙普奏疏言：「國家山河至廣，文軌雖同，干戈未息，防微慮遠，必資通變之材。去年北師入邊，生靈受弊。萬乘軫焦勞之慮，千官無翊贊之功，同僚共事，無非謹畏清廉，唯于獻替之時，稍存緘默，寧濟急須！竊見工部侍郎張齊賢，數年前特受聖知，升於密地，公私識者盡謂當才，不期歲月未多，出爲外任。臣在鄧州日，雖聞消息，未測緣由；向來微有傳聞，或云奏對過當。凡言大事，須有悔尤，其如義士忠臣，不顧身之利害，姦邪正直，久遠方知。齊賢素蘊機謀，兼全德義，從來差遣，未盡器能，慮淹經國之才，弗副濟時之用，如當重委，必立殊功。臣此疏特乞留中，免貽衆怒。」復以劄子言：「齊賢德義，素爲鄉里所推，中外卿士無出其右。臣慚無致主之能，但有薦賢之志，朝行夕死，是所甘心。」帝納其言，故有是命。【考異】東都事略：七月己卯，張齊賢樞密副使。宋史作甲申，今從宋史。又，長編載齊賢復召，出於趙普之薦，謂據趙普疏議，今附書之。

以鹽鐵使張遜爲僉署樞密院事。

8 戊子，有彗出東井，凡三十日。帝避正殿，減常膳。司天言妖星爲滅遼之象；趙普上疏，謂此邪佞之言，不足信，帝嘉納之。

9 威虜軍糧餽不繼，遼人欲窺取之，詔定州路都部署李繼隆發鎮、定大軍護送軍糧數千乘。遼裕悅(舊作于越。)耶律休格(舊作休哥。)聞之，率精銳數萬騎來邀，北面緣邊都巡檢浚儀尹繼倫，屬領步騎千餘人按行塞上，遇之，休格不擊而過，徑襲大軍。繼倫謂麾下曰：「彼視我猶魚肉耳。彼捷還，則乘勝驅我北去，不捷，亦且泄怒於我，我輩無遺類矣。爲今日計，當卷甲銜枚襲其後。彼銳氣前趨，不虞我之至，力戰而勝，足以自樹，縱敗，猶不失忠義，豈能泯然爲北地鬼乎！」衆皆憤激從命。繼倫因令軍中秣馬，會夜，遣人持短兵潛躡其後。行數十里，至唐州徐河，天未明，休格去大軍四五里，繼倫列陣於城北以待之。敵方會食，既食，將進戰，繼倫出其不意，急擊之，殺其大將一人，衆遂驚亂。休格食未竟，棄匕箸走，爲短兵中其臂，創甚，乘善馬先遁。遼師望見大軍，遂潰，自相蹂踐死者無數。【考異】宋史太宗本紀在辛丑日。繼隆與鎭州副都部署范廷召追奔過徐河十餘里，俘獲甚衆，定州副都部署孔守正又與遼人戰于曹河之斜邨，斬其帥大盈等。遼人自是數年不大舉南下，以繼倫面黑，相戒曰：「當避黑面大王。」丁未，授繼倫洛苑使、領長州刺史，巡檢如故。【考異】遼史：七月癸巳，遣兵南征，以後不言勝負。蓋是役實以敗歸，遼史爲之諱也。契丹國志云：契丹攻威虜軍，爲宋尹繼倫、李繼隆敗於唐徐河間，爲得其實。

初，命李繼隆等發兵護送威虜軍饋餉，戶部郎中張洎復奏封事曰：「古者築城聚衆，蓋所以控要害之地，制邊騎之侵，故周城朔方，漢取河湟，唐築受降、臨涇等城，卽其事也。今威虜軍等置在平川，地非險阻，帶甲之士不滿萬人，徒分兵勢，何益邊防！今敵兵入境，阻絕糧道，而王師遽出，三鎮之衆，冒炎酷，陟郊坰，充防護軍儲之役，本無鬭心。以援送怠惰之師，當北敵輕揚之騎，且行且戰，必貽敗衄。一軍小卻，衆或隨之，則威虜等軍望風而自下矣。安危事勢，昭然可觀。宜因此時，乘大軍之勢，保全士旅，拔壘而旋。如是，則三鎮之衆，出既有名，威虜等軍免覆亡之禍矣。方今河朔未寧，控禦之方，宜舉其要。臣以爲凡在邊境軍壘，其甲卒不滿三萬人以上者，宜從廢罷，既省供給，又免吞侵；以所管之師外隸緣邊大鎮，甲兵既聚，士馬自强，與夫分兵邊邑，坐薪待然，豈可同年而語也！」

10 八月，丙辰，大赦。是夕，彗沒。

11 先是，帝遣使取杭州釋迦佛舍利塔置闕下，度開寶寺西北隅地，造浮圖十一級以藏之，上下三百六十尺，所費億萬計，前後踰八年。癸亥，工畢，備極巧麗。知制誥田錫上疏云：「衆以爲金碧熒煌，臣以爲塗膏釁血。」帝亦不怒。

12 庚午，遼放進士高正等二人。

13 九月，戊子，以知制誥王化基權御史中丞。帝嘗召至便殿，問以邊事，化基曰：「治天下猶植樹焉，所患根本未固；根本固則枝榦不足憂。今朝廷治，邊鄙何患乎不安！」帝然其言。

14 詔：「今朝官有明於律令格式者，許上書自陳，當加試問，以補刑部、大理寺官屬，三歲遷其秩。」

15自河北用兵，切于饋餉，始令商人輸芻糧塞下，酌地之遠近而優爲其直，執交券至京師，償以緡錢，或移文江、淮給茶鹽，謂之折中。有言商人所輸多弊濫者，因罷之，歲損國用殆百萬計。冬，十月，癸酉，復令折中如舊。又置折中倉，聽商人輸粟京師而請茶鹽於江、淮，命膳部員外郎范正辭等掌其出納。每百萬石爲一界，祿仕之家及形勢戶不得輒入粟，御史臺糾之。會歲旱，罷。【考異】李燾曰：塞下納芻糧，京師納粟，皆謂之折中，其實兩事。塞下折中自雍熙始，旣罷行，京師折中，今始行之，又以旱罷。實錄與范正辭傳幷兩事爲一事，故載其行罷輒差謬。取本志删修，庶不失實云。淳化二年五月，復置折博倉，卽此折中倉也。

16靜難節度使趙保忠加同平章事。

17帝以歲旱減膳，徧走羣望，皆弗應。是夕，手詔賜宰相趙普等，言：「自星變以來，久愆雨雪。朕當與卿等審刑政之闕失，念稼穡之艱難，恤物安民，庶祈眷佑。」時普被疾請告，卽以授呂蒙正等。壬申，蒙正等詣長春殿謝曰：「臣等調燮無狀，乞依漢制策免。」帝慰勉之。知制誥王禹偁上疏：「乞自乘輿服御以下至百官俸料，非宿衞軍士，邊庭將帥，悉第減之。外則停歲市之物，內則罷工巧之伎。但以感人心，召和氣，變災爲福，惟聖人行之。」

18中書門下言：「所錄時政記，緣皇帝每御前殿，樞密以下先上，宰臣未上，所有宣諭聖語，無由聞知，慮成漏略。乞差樞密副使二人逐旋鈔錄，送中書同修爲一書，以授史官。」樞密院時政記蓋始此。

19 十一月，辛丑，鎭州都部署、宣徽南院使郭守文卒。守文沈靜有謀，自曹彬等敗，契丹乘勝深入，命守文鎭常山以經略之。守文既卒，有中使適從北邊來，言武夫悍卒咸爲流涕，帝曰：「何以致此？」對曰：「守文得俸祿，皆市牛酒以犒軍士，卒之日，家無餘財。」帝嗟惜良久，卽賜其家錢五百萬，仍錄其子。

20 十二月，庚申，詔省尊號，只稱皇帝。趙普、呂蒙正固請復舊，帝不許。戊辰，羣臣上「法天崇道文武」六字，詔去「文武」，餘從之。

21 自秋徂冬不雨，知制誥田錫上言：「此實陰陽不和，調燮倒置，上侵下之職而燭理未盡，下知上之失而規過未能。」疏入，帝及宰臣皆不悅，出錫知陳州。

淳化元年 遼統和八年。（庚寅、九九〇）

1 春，正月，戊寅朔，帝御朝元殿受册尊號，曲赦京城繫囚，改元。

己卯，改乾明節爲壽寧節。

2 太保兼侍中趙普病篤，三上表致政；戊子，以普爲西京留守兼中書令。

3 庚寅，遼主命決滯獄。

4二月，丁未朔，除江南、兩浙、淮西、嶺南諸州漁禁。

5己酉，改大明殿爲含光殿。

6賜諸路印本九經，令長吏與衆官共閱之。

7登州饑，詔賑之。

8三月，癸丑，江州言：「德安縣民陳競，【考異】長編作「兢」，今從通鑑後編。十四世同居，老幼千二百餘口，常苦食不足。」令歲貸官米二千石。

9自趙普罷，呂蒙正以寬簡居相位，辛仲甫從容其間，政事多決于王沔。沔敏辨，善敷奏，然性苛刻，不以至誠待人，羣臣謁見，必甘言以啗之，皆喜過望；旣而進退非允，人多怨之。

10丁巳，賜太子中允陳省華及其子光祿寺丞、直史館堯叟五品服。先是堯叟舉進士，中甲科，占謝，詞氣明辨。帝問宰相，此誰子，呂蒙正等以省華對。省華時爲樓煩令，卽召見，擢太子中允。至是父子又同日面賜章服。

11乙酉，遼城杏堝，以所俘邊民實之。

12是月，夏州敗李繼遷。

13夏，四月，丙午朔，遼嚴州刺史（李壽英）有惠政，部民請留，從之。

14 庚午，遼以歲旱，賑諸部饑。

15 五月，庚寅，女眞宰相阿哈（舊作阿海。）貢於遼，封順化王。

16 辛卯，令刑部置詳覆官六員，專閱天下所上案牘，勿復遣鞫獄吏。置御史臺推勘官二十人，並以京朝官充。若諸州有大獄，則乘傳就鞫，陛辭日，帝必諭之曰：「無滋蔓，無留滯。」還，必召問所推事狀。著爲定令。

17 五月，甲午，詔：「致仕官有曾歷中外職任者，給半俸，以他物充。」

18 國初錢文曰「宋通元寶」。【考異】按宋初鑄宋通元寶錢，蓋承五代周通元寶錢之例。長編作「宋元通寶」，乃傳寫誤倒，而文獻通考沿之。今據歐陽修歸田錄、趙葵行營雜錄、王觀國學林新編、葉大慶考古質疑各書改正。乙未，改鑄「淳化元寶」錢，帝親書其文，作眞、行、草三體。自後每改元必更鑄，以年號元寶爲文。

19 丙申，遼括民田。

20 六月，丙午，罷中元、下元張燈。

21 秋，七月，庚辰，遼改南京熊軍爲神軍。

遼人謀南侵，使詣北岳廟卜之，神不許，遼人怒，縱火焚廟而去。

22 丁酉，以御製詩文藏於祕閣。

23是月，吉、洪、江、蘄、河陽、隴城大水，開封、陳留、封丘、酸棗、鄢陵旱，賜今年田租之半，開封特給復一年。京師貴糴，遣使開廩，減價分糶。

24八月，癸卯朔，祕書監李至與右僕射李昉、吏部尙書宋琪、左散騎常侍徐鉉及翰林學士、諸曹侍郎、給事、諫議、舍人等祕閣觀書，帝聞之，遣使就賜宴，大陳圖籍令縱觀；翼日，又詔權御史中丞王化基及三館學士並賜宴祕閣。先是藏御製詩文於祕閣，又遣使詣諸道購募古書、奇畫及先賢墨迹，數歲之間，獻圖籍於闕下者，不可勝計。乃詔史館，盡取天文、占候、讖緯、方術等書五千一十卷，幷內出古畫、墨迹一百十四軸，悉藏祕閣。

25乙巳，令左藏庫籍所掌金銀器皿之屬，悉毁之。有司言：「中有制作精巧者，欲留以備進御。」帝曰：「汝以奇巧爲貴，我以慈儉爲寶。」卒皆毁之。帝性節儉，退朝，常著華陽巾，布褐、絁絛，內服爲絁絹，咸累經澣濯，乘輿給用之物，無所增益焉。

26癸亥，李至上疏言：「祕閣自創置之後，載經寒暑，而官司所處未有定制。望降明詔，令與三館並列，敍其先後，著爲永式。」帝可其奏，列祕閣次於三館。

27己巳，禁川、峽、嶺南、湖南殺人祀鬼，州縣察捕，募告者，賞之。

28九月，乙亥，北女眞四部請附於遼。

29戊寅，崇儀副使郭載言：「臣前任使劍南，見川、峽富人多召贅壻，與所生子齒，死則分其財，故貧人多出贅，甚傷風化而益爭訟，望禁之。」詔從其請。

30 冬，十月，乙巳，以同州觀察推官河南錢若水爲祕書丞、直史館。若水初佐同州，知州性褊急，數以胸臆決事不當，若水固爭不能得，輒曰：「當陪俸贖銅耳。」已而奏案果爲朝廷及上司所駁，州官皆以贖論；知州愧謝，然終不改。有富民失女奴，其父母訟於州，命錄事參軍鞫之。錄事嘗貸錢於富民不獲，乃劾富民父子數人共殺女奴，棄尸水中，遂失其尸，罪皆應死。富民不勝搒掠，自誣服。獄具上，州官審覆，皆以爲實。若水獨疑之，留其獄數日不決，密使人訪女奴得之，引以示其父母，皆泣曰：「是也。」富民父子賴以得免。知州欲論奏其功，若水固辭。帝亦聞其名。會寇準薦若水文學高第，召試學士院，而命以此官。

31 乙丑，賜知白州蔣元振絹三十匹、米五十石。丙寅，賜知鄆州須城縣姚益恭絹二十匹、米二十石。

元振清苦厲節，親屬多貧，不能贍養，聞嶺南物賤，因求其官，寄家潭州，盡留俸祿供給，元振啜菽飲水，縫紙爲衣。爲政簡易，民甚便之。秩滿遷，轉運使乞留，凡七八年不得代。益恭初爲興國軍判官，以清幹聞，召赴闕，老幼千餘人遮道不得發，益恭夜開城門遁去。其在須城，鞭扑不用，境內大治，民數千人三遮轉運使乞留。至是采訪使各言其狀，故有是賜。

32 十一月，丁丑，知安州、侍御史李範上言：「故殿中丞、通判州事高麗金行成疾革，召臣及州官數人至其臥內，泣且言曰：『外國人任中朝爲五品官，佐郡政，被病且死，無以報主恩，泉下亦有遺恨。二子宗敏、宗約皆幼，家素貧，無他親可倚，行委溝壑。』既死，其妻誓不嫁，養二子，織屨以自給。臣竊哀之。」詔以宗敏爲太廟齋郎，俾安州月以錢三千、米五石給其家，長吏常歲時存問，無令失所。

33時羣臣升殿奏事者，既可其奏，皆得專達於有司，頗容巧妄。十二月，左正言、直史館歙人謝泌，請自今凡政事送中書，機事送樞密院，財貨送三司，覆奏而後行。辛丑，詔從泌請，遂著爲定制；中外所書疏亦如之。

34大理寺丞王濟爲刑部詳覆官，屢上封事。帝一日顧問左右：「刑部有好言事者爲誰？」左右以濟對，帝遂命通判鎭州。牧守多勳舊武臣，倨貴陵下，濟未嘗撓屈。戍卒頗恣暴不法，夜或焚民舍爲盜，濟廉得，立斬之，馳奏其事，帝大喜。都校孫進，使酒無賴，毆折人齒，濟不俟奏，杖脊送闕下，軍府畏肅。連三詔褒獎焉。

35庚戌，遼封李繼遷爲夏國王。

36遼同政事門下平章事室昉請致政，遼主命入朝，免拜，賜几杖。太后遣閤門使李從訓持詔勞問，令常居南京，封鄭國公。

37是歲，遼放進士鄭雲從等二人。

二年（遼統和九年。（辛卯、九九一）

1 春，正月，丙子，遣商州團練使翟守素帥兵援趙保忠于夏州。

2 遼禁私度僧尼。

先是晉國公主建佛寺於南京，遼主許賜額，室昉奏曰：「詔書悉罷無名寺院，今以公主請賜額，不惟違前詔，恐此風愈熾。」遼主從之。

3 乙酉，置內殿崇班、左右侍禁，改殿前承旨爲三班奉職。

4 遼室昉等進實錄二十卷；遼主手詔褒之，加昉政事令，賜帛六百匹。

5 戊子，遼選南侵降卒五百人爲宣力軍。

6 辛卯，遼免三京諸道租，仍罷括田。

7 二月，丁未，遼以涿州刺史耶律旺陸（舊作王六。）爲特里袞。（舊作惕隱。）

8 帝修正殿，頗施采繪，左正言謝泌上疏諫；癸丑，命悉去采繪，塗以赭堊。

9 監察御史祖吉，坐知晉州日爲姦贓棄市。

10 丁巳，涼州觀察使、判雄州事下邳劉福卒，贈太傅、忠正節度使。福武人，不知書，御下有方略，爲政簡易。在雄州五年，境內寧謐，百姓遮轉運使，願追述治迹，以其狀聞，詔許立遺愛碑。諸子常勸福建大第，福怒曰：「我受祿甚厚，足以僦舍自庇。汝曹既無尺寸功，豈可營居第爲自安計乎！」卒不許。歿後，帝聞其言，以白金五千兩賜其子，令市宅以居焉。

11 三司嘗建議劍外賦稅輕，詔監察御史張觀乘傳按行諸州，因令稍增之。觀上疏言：「遠民易動難安，專意撫之，猶慮其失所，況增賦以擾之乎！」帝深然其言，因留不遣。

其後觀復上疏言：「臣竊見陛下天慈優容，多與近臣論政，德音往復，頗有煩勞。至于有司職官，承意將順，簿書叢脞，咸以上聞，豈徒褻瀆至尊，實亦輕紊國體。願陛下聽斷之暇，宴息之餘，體貌大臣，與之揚搉，使沃心造膝，極意論思，則治體化源，何所不至！豈與校量金穀，剖析毫釐，以有限之光陰役無涯之細務者可同年語哉！」帝覽而善之，召賜五品服，以爲度支判官。

12 閏月，辛未朔，日有食之。

13 以鄭文寶爲陝西轉運副使，許便宜從事。會歲歉，文寶誘豪民出粟三萬斛，活飢者八萬六千餘人。

14 壬申，遣翰林承旨邢抱朴、三司使李嗣、給事中劉京、政事舍人張翰、南京副留守吳浩分決諸道滯獄。

15 庚辰，以瀛州防禦使安守忠知雄州。守忠嘗與僚屬宴飲，有軍校謀變，衷甲及門。閽吏狼狽入白，守忠言笑自若，徐顧坐客曰：「此輩酒狂耳，擒之可也。」人服其量。

16己丑，詔：「京城無賴輩蒱博，開櫃坊，屠牛馬驢狗以食，銷鑄銅錢爲器用雜物，令開封府戒坊市，謹捕之。犯者斬；匿不以聞及居人邸舍僦與惡少爲櫃坊者同罪。」

17是月，命翰林學士賈黃中、蘇易簡領差遣院，李沆同判吏部流內銓。學士領外司，自此始也。

18三月，庚子朔，遼賑室韋、烏古諸部饑。

19戊申，遼復令庫部員外郎馬守琪、倉部員外郎祁正、虞部員外郎崔祐、薊州〔北〕縣令崔簡等分決諸道滯獄。

20甲子，遼主如南京。

21乙丑，辛仲甫罷參知政事。

22己巳，帝以歲旱蝗，詔呂蒙正等曰：「元元何罪！大譴如是，蓋朕不德之所致也。卿等當於文德殿前築一臺，朕將暴露其上，三日不雨，卿等共焚朕以答天譴。」蒙正等惶恐謝罪，匿詔書。翼日而雨，蝗盡死。

先是帝召近臣問時政得失，樞密直學士寇準對曰：「洪範天人之際，其應如影響。大旱之證，蓋刑有所不平。頃者祖吉、王淮，皆侮法受賕，贓數萬計。吉旣伏誅，家且籍沒；而淮以參知政事沔之母弟，止杖於私堂，仍領定遠主簿。用法輕重如是，亢暵之咎，殆不虛發也。」帝大悟，明日，見沔，切責之。

23是月，翰林學士宋白等上新定淳化編敕三十卷。

24夏，四月，庚午朔，詔罷端州歲貢石硯。

25辛巳，以樞密副使張齊賢、給事中陳恕並參知政事，僉署樞密事張遜爲樞密副使，樞密直學士溫仲舒、寇準並爲樞密副使，張宏罷爲吏部侍郎。宏性懦謹，無他策，居內庭，見胥吏必先勞揖。性吝嗇，好聚畜，不爲時所重。仲舒，河南人也。

26初，王沔與張齊賢同掌樞務，頗不協。齊賢出守代州，沔遂爲副使。參知政事陳恕笎鹽鐵，性苛察，亦嘗與沔忤。于是齊賢與恕並在中書，沔不自安，慮官屬有以中書舊事告二人者，己丑，左司諫王禹偁上言：「請自今羣官詣宰相及樞密院（校者按：院字衍。）使並須朝罷於都堂請見，不得於本廳延接賓客，以防請託。」沔喜，卽白帝施行之，仍令御史臺宣布中外。

左正言謝泌上言：「伏覩明詔，不許兩府接見賓客，是疑大臣以私也。天下至廣，萬機至繁，陛下以聰明寄於輔臣，苟非接見羣官，何以悉知外事！古人有言曰：『疑則勿用，用則勿疑。』若國祚衰季，強臣擅權，當此之時，可以爲慮。今陛下鞭撻宇宙，總攬豪傑，朝廷無巧言之士，方面無姑息之臣，禮樂征伐自天子出，柰何疑執政大臣，爲衰世之事乎？使非其人，當斥而去之；既得其人，任之以政，又何疑也！設若杜公堂請謁之禮，豈無私室乎！塞相府請求之門，豈無他徑乎！此非陛下推赤心以待大臣，大臣展四體以報陛下之道也。王禹偁昧于大體，妄率胸臆以蔽聰明，狂躁之言，不可行用。」帝覽奏嘉歎，即命追還前詔，仍以泌所上表送史館。

27 五月，庚子，置諸路提點刑獄官。

28 乙巳，復置折博倉。

29 左正言謝泌，數論時政得失，帝嘉其忠藎，丙辰，擢右司諫，賜金紫，并錢三十萬。泌一日得對便殿，帝復面加賞激，泌謝曰：「陛下從諫如流，故臣得以竭誠。昔唐末有孟昭圖者，朝上諫疏，暮不知所在。前代如此，安得不亂！」帝動容久之。

30 六月，甲戌，忠武節度使、同平章事潘美卒，贈中書令，謚武惠。

31 乙酉，汴水決浚儀縣，壞連隄，泛民田。帝昧旦乘步輦出乾元門，宰相、樞密使迎謁于路，上謂曰：「東京養甲兵數十萬，居人百萬家，轉漕仰給在此一渠水，朕安得不顧！」車駕入泥淖中，行百步，從臣震恐。殿前都指揮使戴興捧承步輦出泥淖中。詔興督步卒數千塞之。日未昧而隄岸屹立，水勢遂定，始就次，大官進膳，親王近臣皆泥濘沾衣。知縣事宋炎，亡匿不敢出，帝特赦其罪。

32 是月，遼南京霖雨傷稼。

33 秋，七月，癸卯，遼通括戶口。

34 乙巳，遼詔諸道舉才行，察貪酷，撫高年，禁奢僭，有歿于王事者，官其子孫。

35 李繼遷聞翟守素將兵來討，恐懼，奉表歸順。丙午，授繼遷銀州觀察使，賜以國姓，名曰保吉。趙保忠又薦其親弟繼沖，帝亦賜姓，改名保寧，授綏州團練使；封其母罔氏西河郡太夫人。

36 帝欽恤庶獄，慮大理、刑部吏舞文巧詆，八月，乙卯，置審刑院於禁中，以樞密直學士楚丘李昌齡知院事，兼理詳議官六員。凡獄具上奏者，先由審刑院印訖，以付大理寺、刑部斷覆以聞，乃下審刑院詳議，申覆裁決訖，以付中書，當者卽下之；其未允者，宰相復以聞，始命論決。

37 丁亥，幷州言契丹四百餘口內附。帝因謂近臣曰：「國家若無外憂，必有內患。外憂不過邊事，皆可豫防。惟姦邪無狀，若爲內患，深可懼也。」

續資治通鑑卷第十六

賜進士及第兵部尚書兼都察院右都御史總督湖北湖南等處地方軍務兼理糧餉世襲二等輕車都尉 畢沅 編集

宋紀十六 起重光單閼（辛卯）九月，盡昭陽大荒落（癸巳）九月，凡二年有奇。

太宗至仁應道神功聖德睿烈大明廣孝皇帝

淳化二年 遼統和九年。（辛卯、九九一）

1 九月，己丑（丁酉朔），戶部侍郎·參知政事王沔、給事中·參知政事陳恕，並罷守本官。

初，給事中樊知古，累任轉運，甚得時譽；及爲戶部，頗以職事不治，詔書切責，名益減。雅與恕親善，帝每言及計司事有乖違者，恕具以告之，欲令知古盡力。知古後因奏對，遂自解。帝問知古：「何從得此？」知古曰：「陳恕告臣。」帝怒恕泄禁中語，且疾知古輕脫，并知古皆罷之。

沔以弟淮故，數爲樞密副使寇準所詆，帝亦瘠沔任數好詐，非廊廟器，遂與恕同日俱罷。沔奉詔，見帝，涕泣不願離左右，未幾，鬢髮盡白。

2帝嘗謂近臣曰：「累有人言儲貳事，朕以諸子沖幼，未有成人之性，所命僚屬，悉擇良善之士，至于臺隸輩，朕亦自揀選，不令姦險巧佞在其左右。讀書聽講，咸有課程，待其長成，自有裁制。何言事者未諒此心邪！」至是左正言宋沆等五人伏閤上疏，請立許王元僖爲太子，詞意狂率，帝怒甚，將加竄殛，而沆又宰相呂蒙正妻族，蒙正所擢用，己亥，制詞并責蒙正，罷爲吏部尙書。

初，溫仲舒與蒙正同年登第，情契篤密。仲舒前知汾州，坐私監軍家婢，除籍爲民，窮棲京師者累年，蒙正在中書，極力援引，遂復籍。及驟被任遇，反攻蒙正，蒙正以之罷相，時論醜之。

3以左僕射李昉、中書侍郎、參知政事張齊賢爲吏部侍郎，並平章事。

4以翰林學士賈黃中、李沆並爲給事中、參知政事。

沆初判吏部銓，因侍曲宴，帝目送之曰：「李沆風度端凝，眞貴人也！」不數月，遂與黃中俱蒙大用。帝嘗召見黃中母王氏，命坐，謂曰：「教子如是，眞孟母矣！」作詩賜之，頒賜甚厚。

5庚子，以右諫議大夫、權御史中丞王化基爲御史中丞。

化基嘗慕范滂攬轡澄清之志，獻澄清略，言五事：其一復尙書省，曰：「三司吏額乃近代權制，皆州郡官司吏局之名也。臣今請廢三司，止於尙書試（校者按：試字衍。）設六尙書，分掌其事。廢判官、推官，設郞官分掌二十四司及左右司公事，使一人掌一司。廢孔目、句押前後行爲都事、主事、令史。廢句院、開拆、磨勘、憑由、理欠等司歸比部及左、右司。」其二謹公舉，曰：「朝廷頻年下詔，以類求人，但聞例得舉官，未見擇其舉主。望自今別立名籍，先擇朝官有聲望者，各令保舉所知，賢則舉主同賞，否則舉主同坐。」其三懲貪吏，曰：「蠹盛則木空，吏貪則民弊。望令諸路轉運使、副兼采訪之名，令覺察部內州、府、軍、監長吏。」其四省冗官，曰：「臣昨任揚州職官時，見添置監臨事務朝官及使臣等，有踰本州數倍，恐天下諸州類此。或皆是廉白，止傷公府之費；苟其爲貪婪，則取於民間者又加倍焉，得不蠹國耗民乎！望令逐部轉運使、副與知州同議裁減，及諸縣令、簿、尉等亦乞令相度廢省。」其五擇遠官，曰：「負罪之人，多非良善，授以遠地親民之官，用情自任，恃遠縱殘，小民罹殃，卒莫上訴。望自今，凡負罪之人，不許任四川、廣南爲長吏。」書奏，帝嘉納其言，即有意於大用。

6 辛丑，責宋沆爲宜州團練副使。

7 癸卯，王顯罷。甲辰，以樞密副使張遜知樞密院事，溫仲舒、寇準同知院事。知院之名自此始。

8 初，宋沆與左正言尹黃裳、馮拯、右正言王世則、洪湛共伏閤請立皇太子，沆既先黜，乙巳，命黃裳知邕州，拯知端州，世則知象州，湛知容州。拯，河陽人也。

9 己酉，遼主駐廟城。

南京地震。

10 帝聞殿中丞郭延澤、右贊善大夫董元亨，皆好學，博通典籍，詔宰相召問經史大義，條對稱旨。冬，十月，丁卯，並命爲史館檢討。

11 辛巳，翰林學士承旨蘇易簡續翰林志二卷以獻，帝嘉之，賜詩二章，御筆批云：「詩意美卿居清華之地也。」易簡願以所賜詩刻石，帝復以眞、草、行三體書共其詩，刻以徧賜近臣。又飛白書「玉堂之署」四大字，令中書召易簡付榜之〔之，榜〕于廳額。帝曰：「此永爲翰林中美事。」易簡曰：「自有翰林，未有如今日之榮也。」帝嘗夜幸玉堂，易簡已寢，遽起，無燭具衣冠，宮嬪自牕格引燭入照之，牕格上有火然處，後不更易，以爲玉堂盛事。

12 左諫議大夫韓丕，沖澹自處，不奔競於名宦，帝嘉重之。己丑，命丕守本官、知制誥，爲翰林學士。

13 是月，趙保忠降於契丹，契丹封爲西平王，復姓名曰李繼捧。【考異】李繼捧降契丹事，宋史及諸書俱不載，惟陳桱通鑑續編載之。按遼史聖宗本紀，統和九年冬十月丁丑，定難軍節度使李繼捧來附，授推忠效順啓聖定難功臣、開府儀同三司、檢校太師兼侍中，封西平王，是知宋史之疏漏多矣。今從遼史。

14 十一月，丙申朔，詔：「自今內殿起居日，復令常參官兩人次對，閤門受其章。」【考異】李燾曰：實錄云：漢乾祐三年，給事中陶穀奏乞停五日轉對，皇朝因之，遂無轉對之事。至是上勵精求理，務廣言路，始復舊制。按太祖新、舊錄及本紀，建隆三年二月甲午，詔：「自今每遇內殿起居，百官以次轉對。」然則轉對舊制在太祖時已復，不知錢若水何所據，乃云遂無也！新錄亦若水所修，那得如此差謬！意者太祖雖復舊制，行之未久仍廢，至是乃復舉行，若水考之不詳故耳。建隆三年八月丙戌朔，御崇元殿，文武百官入閤，工部尙書竇儀待制，太常卿邊光範次對，禮畢，賜廊食。明年夏四月壬午朔，工部侍郎文隸〔艾穎〕待制，給事中馬士元次對。八月庚辰朔，給事中劉載待制，諫議大夫崔頌次對。其後遂不復書。乾德四年夏四月丙申朔，又書御殿入閤賜食如常儀，但不見次對官姓名，疑次對自此卻停，至淳化二年始復，故今若水誤記也。直云遂無轉對之事，亦誣矣。

庚戌，左諫議大夫史館修撰楊徽之次對，上言：「方今文士雖多，通經者甚少，願精選五經博士，增其員，各專業以教胄子。此風化之本。」帝顧謂宰相曰：「徽之操履無玷，眞儒雅士。出理州郡，非其所長，置之館殿，正得其宜矣。」

15 刑部郎中、知制誥范杲數致書宰相，求入翰林爲學士，又嘗出制誥一編示李昉曰：「先公謂杲才任學士，故以此付杲，不敢失墜。」昉每開釋之。於是獻玉堂記，請備其職，帝惡其躁競，終不使居內署，改右諫議大夫，出知濠州，以考功員外郎、知制誥畢士安爲翰林學士。初，執政欲用右諫議大夫張洎，因對，言洎文學久次，不在士安下，帝曰：「極知洎文學資任不減士安，第德行不及耳。」執政乃退。

16帝以入閤舊圖承五代草創，禮容不備，于是命史館修撰楊徽之等討論故事，別爲新圖。

十二月，丙寅朔，遂行其禮於文德殿。

右諫議大夫張洎，既與徽之等同撰定新儀，又獨上疏曰：「竊以今之乾元殿，即唐之含元殿也，在周爲外朝，在唐爲大朝，冬至、元日，立全仗，朝萬國，在此殿也。今之文德殿，即唐之宣政殿也，在周爲中朝，在漢爲前朝，在唐爲正衙，凡朔望起居及册拜妃、后、皇子、王、公、大臣，對四夷君長，試制策舉人，在此殿也。今之崇德殿，即唐之紫宸殿也，在周爲內朝，在漢爲宣室，在唐爲上閤，即隻日常朝之殿也。昔東晉之太極殿有東西閤，唐置紫宸上閤，法此制也。

且人君恭己南面，向明而治，紫微黃屋，至尊至重，故巡幸則有大駕法從之盛，御殿則有鉤陳羽衞之嚴，故雖隻日常朝，亦須立仗。前代謂之入閤儀者，蓋隻日御紫宸上閤之時，先於宣政殿前立黃麾金吾仗，俟勘契畢，喚仗，即自東、西閤門入，故謂之入閤。今朝廷且以文德正衙權宜爲上閤，甚非憲度。況國家丕承正統，凡百憲章，悉從損益，惟視朝之禮，尚屬因循。竊見長春觀正與文德殿南北相對，伏請改創此殿以爲上閤，作隻日立仗視朝之所；其崇德殿、崇政殿，即唐之延英殿是也，爲雙日常時聽斷之所；庶乎臨御之式，允協前經。今輿論乃以入閤儀注爲朝廷非常之禮，甚無謂也。

臣又按舊史，中書、門下、御史臺謂之三司，署爲侍從供奉之官。今起居日，侍從官先入殿庭，東西立定，俟正班入，一時起居，其侍從官東西列拜，甚失北面朝謁之儀。請準舊儀，侍從官先入起居畢，分行侍立于丹墀之下，謂之蛾眉班。然後宰相率正班入起居，雅合於禮。

臣又聞古之王者，躬勤庶務，其臨朝之疏數，視政事之繁簡。唐初五日一朝，景雲初始修貞觀故事。自天寶兵興以後，四方多故，肅宗而下，咸隻日臨朝，雙日不坐。其隻日或遇大寒盛暑，陰霪泥濘，亦放百官起居。雙日宰相當奏事，即是特開延英召對。或蠻夷入貢，勳臣歸朝，亦特開紫宸引見。陛下自臨大寶，十有五年，未嘗一日不鷄鳴而起，聽天下之政，臨朝太數，視政過繁，望依唐時舊規，隻日視朝，雙日不坐。其隻日遇大寒盛暑，陰霪泥濘，亦放百官起居。其雙日於崇德、崇政兩殿召對宰臣及常參官以下，及非時蠻夷入貢、勳臣歸朝，亦特開上閤引見，並請準前代故事處分。」奏入，不報。

17 癸未，保康軍節度使劉繼元卒，追封彭城郡王。

18 辛卯，翰林學士承旨蘇易簡會韓丕、畢士安、李至等觀御飛白書「玉堂之署」四字并三體詩書石，帝聞之，賜上尊酒，大官設盛饌，至等各賦詩以紀其事。宰相李昉、張齊賢、參

知政事賈黃中、李沆亦賦詩頌美，易簡悉以奏御

19先是，左司諫、直史館謝泌，奉詔發解國子學舉人，黜落既多，羣聚諠詬，懷甓以伺其出。泌知之，潛由他徑入史館，數宿不敢歸，請對自陳，帝問：「何官騶道嚴肅，都人畏避？」有以臺雜對者。癸亥，命泌爲虞部員外郎兼侍御史知雜事。國子學發解舉人，別敕差官主之，蓋自泌始也。

20是月，遼始聞李繼遷內附，使其招討使韓德威往諭之。

21女眞首領野里雉等上言：「契丹怒其朝貢中國，去海岸四百里下三柵，柵置兵三千，絕其貢路。於是汎海入朝，求發兵與三十首領共平三柵。若得師期，即先赴本國，願聚兵以俟。」帝但降詔撫諭，不爲出師。其後遂歸於遼。【考異】女眞請宋攻遼，長編不繫月。契丹國志作十二月，今從之。

22是歲，遼放進士石用中一人。

三年遼統和十年。（壬辰、九九二）

1春，正月，丙申朔，朝元殿受朝，羣臣上壽，用雅樂，宮縣、登歌。

2丁酉，遼禁喪葬禮殺馬及藏甲冑、金銀器玩。

3諸道貢舉人萬七千三百，皆集闕下。辛丑，命翰林學士承旨蘇易簡等同知貢舉，既受

詔，徑赴貢院，以避請求。後遂爲常制。

4 乙巳，令常參官各舉京官一人充升朝官。丙午，令宰相以下至御史中丞，各舉朝官一人爲轉運使。又詔：「所舉京官，除三司、三館職事官，已升擢者不在薦論；其有懷才外任，未爲朝廷所知者，方得奏舉。」

5 二月，乙丑朔，日有食之。

6 杭州掌庾吏葉彥安等百二十三人，欠錢假日官倉米八十四萬餘石，鹽五萬餘石，甲申，詔並除之。

7 鹽鐵使魏羽等，言諸州茶鹽主吏，多負官課，請行決罰，帝曰：「當按問其實。若水旱災沴，致官課虧失者，非可加刑也。帝王者，爲天下主財耳。卿等司計，當以公正爲心，無事割削，致害民而傷和氣。」

8 遼招討使韓德威，奏李繼遷稱故不出，至靈州俘掠以還。

9 壬午，遼免雲州租。

10 三月，乙未朔，以趙普爲太師，封魏國公。

11 戊戌，覆試合格進士，帝納將作監丞莆田陳靖疏，始令糊名考校，得汝陽孫何以下凡三百二人，並賜及第，五十一人同出身。辛丑，又覆試諸科，擢七百八十四人，並賜及第，百八十人出身。就宴，賜御製詩三首，箴一首，及新刻禮記儒行篇。

先是胡旦、蘇易簡、王世則、梁顥、陳堯叟，皆以所試先成擢上第，由是士爭尚敏速，或一刻數詩，或一日十賦。是科，內出卮言日出賦題，試者駭異，不能措詞，相率扣殿檻上請。而會稽錢易，年十七，日未中，所試三題皆就，言者指其輕俊，黜之。

戊午，以高麗賓貢進士四十人並爲祕書郎，遣還。

12 詔有司詳定稱法，別爲新式，頒行之。先是守藏吏受天下歲輸金幣，而太府寺權衡舊式，輕重失律，吏因爲姦，上計者坐逋負破產甚衆。又，守藏吏更代，校計爭訟，動涉數歲。及是監內藏庫宦者劉承珪等，推究本末，改造法制，中外咸以爲便。

13 鹽鐵判官、左司諫安陽韓國華等言：「備位諫官，兼職計司，獨不得從宴遊，願兼領館職。」乙巳，命國華等直昭文館。三司屬官兼直館自國華等始。

14 辛酉，令有司以二月開冰，獻羔祭韭。先是近代相承用四月，蓋誤豳詩四之日爲今四月也，祕書監李至請改之。

15 夏，四月，丁丑，詔：「江南、兩浙、荆湖吏民之配嶺南者，還本郡禁錮。」

16 癸未，帝作刑政、稼穡詩賜近臣。

17 庚寅，遼主命羣臣較射。

18五月，癸巳，遼以朔州流民失所，給復三年。

19己酉，帝以時雨久愆，遣常參官十七人分詣諸路按決刑獄。是夕，雨。庚戌，宰臣相率稱賀。帝曰：「朕所憂者，在獄吏舞文巧詆，計臣聚斂掊克，牧守不能宣布詔條，卿士莫肯修舉職業耳。」李昉、張齊賢等上表待罪，帝曰：「朕中心苟有所懷卽言之，既言卽無事矣。然中書庶務，卿等尤宜盡心。」

20甲寅，始命增修祕閣。

21六月，甲申，有蝗自東北來，蔽天，經西南而去。帝謂宰相曰：「此蟲必害田稼，朕憂心如擣。亟遣人馳詣所集處視之！」對曰：「此蟲因旱乃生，頻雨則不能飛。聖心憂念黎庶，固當感通天地。」是夕，大雨，蝗盡殪。【考異】李燾曰：寶訓載聖語于二年，然二年蝗未嘗過京師也，今從實録。寶訓稱呂蒙正，而二年蒙正已罷相，故改其名。

22京畿大穰。辛卯，分遣使臣於京城四門置場，增價以糴，令有司虛近倉貯之，命曰常平，俟歲饑卽減價糶與貧民，遂爲永制。

23秋，七月，壬辰朔，置三司都句院，命右諫議大夫張佖判之。

24乙巳，太師趙普卒。己酉，帝聞訃悲悼，謂近臣曰：「普事先帝與朕，最爲故舊。向與朕嘗有不足，衆人所知；朕君臨以來，每待以殊禮，普亦傾竭自效，眞社稷臣也！」因出涕，左右皆感動。廢朝五日，遣使護喪事。葬日，設鹵簿鼓吹如式，贈尚書令，追封眞定王，謚忠獻。帝撰神道碑，親八分書以賜焉。

初，普從太祖于側微，旣貴後，屢以微時所不足者言之，太祖曰：「若塵埃中可識天子宰相，則人皆物色之矣。」自是不敢言。

普少習吏事，寡學術，及爲相，太祖常勸以讀書，晚年，手不釋卷。每歸私第，闔戶啓篋，取論語讀之竟日。及臨政，處決如流。

普事兩朝，出入三十餘年，剛毅果斷，能以天下爲己任，宋初在相位者未有其比。然性深沈有岸谷，而多忌克，廷美、德昭之死，與有力焉，君子惜之。【考異】長編云：普遣親吏詣太平宮致禱，神爲降語曰：「趙普開國忠臣，久被病，亦有寃累耳。」蓋指涪陵事也。吏還，普力疾冠帶出中庭，受神語，涕泗感咽，且言：「涪陵自作不靖，故抵罪，豈當咎余！但願速死，與面論於幽冥以直之。」是夕卒。嚴冬友引頭纂諸書，載普撰靑詞明己無罪，爲風捲去，達於御前。洪稚存謂太宗碑文所云「災眚」，隱指此事。余謂諸說究屬傳聞，碑文指災異耳，今略之。

25 八月，壬戌朔，祕閣成。祕書監李至上言：「願比玉堂之署，賜以新額。」戊辰，御飛白書「祕閣」二字賜之。仍詔宰相、樞密使與近臣就觀，置宴閣下，直館各官皆預，又賜詩以美其事。

26 壬申，詔徵終南山隱士种放，辭以疾，不至。放七歲能屬文，與其母偕隱谷中，以講習爲業，學者多從之，得束脩以養母。母亦樂道，薄滋味，善辟穀。性嗜酒，嘗種秫自釀，因號雲溪醉侯。會陝西轉運使宋維幹言放才行，詔使徵之，其母恚曰：「嘗勸汝毋聚徒講學，今果爲人知，不得安處，我將棄汝，深入窮山矣！」放乃稱疾不起。其母盡取筆研焚之，與放轉居窮僻，人迹罕至。帝嘉其高節，詔京兆府歲時存問，以錢三萬賜之。

27 戊子，詔：「杭州民欠錢假日息錢六萬八千餘貫，並釋之。」

28 九月，壬辰，詔以冬至有事于南郊。

29 鹽鐵副使謝泌嘗升殿奏事，帝謂之曰：「大凡居職不可不勤。朕每見殿庭兵卒能剩掃一席地，剩汲一瓶水，必記其姓名也。」

30 丙辰，羣臣奉表加上尊號曰法天崇道明聖仁孝文武，【考異】宋史作乙卯，今從長編。帝曰：「但時和年豐，百姓阜康，朕之號亦何尙焉！」凡五上表，終不許。

31 己未，幸祕閣觀書，賜從臣及直館閣宴飲。既罷，又召馬步軍都虞候傅潛、殿前都指揮使戴興等宴飲，縱觀羣書，帝意欲使武將知文儒之盛也。

32 冬，十月，辛酉朔，折御卿進白花鷹，放之，詔勿復獻。

33 癸亥，祕書監李至，言願以帝草書千字文勒石。帝謂近臣曰：「千字文蓋梁得鍾繇破碑千餘字，周興嗣次韻而成，理亡可取。孝經乃百行之本，朕當自爲書之，令勒於碑陰。」因賜至詔諭旨。

34 帝慮中外官吏清濁混殽，莫能甄別，壬午，命王沔、謝泌、王仲華同知京朝官考課，張弘、高象先、范正辭同知幕職、州縣官考課，號曰磨勘院。又命魏廷式與趙鎔、李著同較三班院殿直以上功過。

35 十一月，己亥，開封尹許王元僖，早朝方坐殿廬中，覺有疾，徑歸府，車駕遽臨視，疾已亟，帝呼之，猶能應，少選薨，年二十七。帝哭之慟，追贈太子，諡曰恭孝。

詔以將有事于南郊，前十日而許王薨，按禮，於天地、社稷之祀並不廢，緣請謁太廟，恐非便，集公卿議之。吏部尚書宋琪等上奏，請以來年正月上辛合祭天地，從之。

36 初，王沔罷政歸私第，會中書小吏舊罪發，事連中書，因有奏毀沔者。帝語之曰：「呂蒙正有大臣體，王沔甚明敏。」毀者慚而退。及沔同知京朝官考課，所奏條目細碎，物論甚譁，而沔自謂直清無私，固結人主，求再入。庚子，沔視事省中，暴得風眩疾，舁歸第，卒，優詔贈工部尚書。

37 恭孝太子元僖，性仁孝，姿貌雄毅，沈靜寡言，尹京五年，政事無失。帝尤所鍾愛，及薨，追念不已，或悲泣達旦，作思亡子詩以示近臣。未幾，有言元僖爲嬖妻〔妾〕張氏所惑，專

〔嘗〕恣捶僕妾，有至死者，而元僖不知；爲張氏於都城西佛寺招魂葬其父母，僭差踰制。又言元僖因誤食他物得病，及其宮中私事。帝怒，命縊殺張氏，捕元僖左右親吏繫獄，令王繼恩驗問，悉決杖停免。掘燒張氏父母冢墓，親屬皆竄遠惡。丙辰，詔罷册禮，但以一品鹵簿葬焉。

38禮儀使蘇易簡上言曰：「伏以聖朝親祀圜丘，以宣祖侑神作主，此則符聖人大孝之道，成嚴父配天之儀。恭惟太祖皇帝，光啓丕圖，躬臨大寶，以聖授聖，傳于無窮。謹按唐永徽中，以高祖、太宗同配上帝，望將來親祀郊丘，奉宣祖、太祖同配。其常祀孟春祈穀，孟冬神州，季秋大享，以宣祖崇配；冬至圜丘，夏至皇地祇，孟夏雩祀，以太祖崇配。」詔從之。

39十二月，遼遣東京留守蕭恆德伐高麗，高麗王王治初不設備，既乃以侍中軍使、內史侍郎徐熙爲中軍使，門下侍郎崔亮爲下軍使，軍於北界。旋聞遼師攻蓬山郡，獲先鋒軍使尹庶顏等，高麗兵不得進。

四年（遼統和十一年。癸巳、九九三）

1春，正月，庚寅朔，親饗太廟。

2辛卯，合祭天地于圜丘，以宣祖、太祖升配。大赦天下。

度支副使謝泌條上郊祀賞給軍士之數，帝曰：「朕愛惜金帛，正備賞賜耳。」泌因曰：

「唐德宗朱泚之亂，後唐莊宗馬射之禍，皆賞軍不豐所致。今陛下躬御菲薄，賞賜優厚，眞歷代王者之所難也！」

3 遼蕭恆德移檄高麗，責令降款。國王王治數遣使不得要領，徐熙請往，奉書如遼營，使譯者問相見禮。德恆曰：「我大朝貴人，宜拜於庭。」熙持不可，恆德乃許升堂行禮。恆德曰：「新羅及高句麗之地，我所有也，而汝國侵蝕之，又與我連壤而越海事宋，是以來討。今能割地以獻而修朝聘，可以無事。」熙曰：「我國卽高句麗之舊，故號高麗，都平壤。若論地界，上國之東京皆在我境，何得謂之侵蝕乎！且鴨綠江內外亦我境內，今女眞據其間，道路梗澀，甚於涉海，朝聘之不通，女眞之故也。若今逐女眞，還我故地，築城堡，通道路，則敢不修貢！」恆德以其語聞，遼主許罷兵。王治大喜，卽遣其侍中朴良柔爲禮幣使，奉表請罪，遼主命取女眞鴨綠江東數百里地賜之。【考異】遼以地賜高麗，後編併書於前年。今從遼史兼取東國通鑑附書。

4 二月，己未朔，日有食之。【考異】遼史不書是月日食，契丹國志作三月，疑傳寫之誤。今從事略。

5 戊戌，詔賜京城高年帛，百歲者一人，加賜塗金帶。

6 癸亥，罷沿江榷貨八務，聽商人買販。

7 乙丑，加高麗國王王治檢校太師，以高麗遣使入貢也。又封靜海軍節度使黎桓爲交趾郡王。

8 帝以江、淮、浙、陝比歲旱災，民多轉徙，頗恣攘奪，抵冒禁法，己卯，遣工部郎中韓援〔授〕、考功員外郎潘愼修等八人分路巡撫，俾招集流亡，導揚壅遏，按決庶獄，率從輕典。有可以惠民者，悉許便宜從事；官吏罷輭苛刻者上之；詔令有所未便，亦許條奏。

9 丙戌，以磨勘京朝官院爲審官院，幕職州縣官院爲考課院。時金部員外郎謝泌，言磨勘之名，非典訓也，故易之。

10 蜀土富饒，孟氏割據，府庫益充溢。及王師平蜀，孟氏所儲，悉歸內府。後言事者競起功利，成都除常賦外，更置博買務。諸郡課民織作，禁商旅不得私市布帛，日進上供又倍其常數，司計之吏，析及秋毫。蜀地狹民稠，耕稼不足以給，由是小民貧困，兼幷者復糴賤販貴以奪其利。青城縣民王小波，聚徒衆起而爲亂，謂衆曰：「吾疾貧富不均，今爲汝均之。」貧民多來附者，遂攻掠邛、蜀諸縣。是月，寇彭山，縣令齊元振率兵拒之，爲小波所殺。初，祕書丞張樞使蜀，奏官吏不法者百餘人，多坐黜免，獨稱元振清白强幹，朝廷賜璽書獎諭。元振實貪暴，既受詔，益恣橫，受賕得金帛，多寄民家。小波知民怨怒，因襲殺之，散其金帛，剖元振腹，實以錢刀，蓋惡其誅求之無厭也。賊黨由是愈熾。

11 朝廷自克平諸國，財力雄富，然聚兵京師，外州無留財，天下支用悉出三司，故費用寖多。帝孜孜庶務，動以愛民惜費爲本。戊子，有司言油衣帟幕破損者數萬段，欲毀棄之，帝令煮浣，染以雜色，制爲旗幟數千。

12 左司諫張觀，因對，言揚州民多闕食，請革殘稅，帝曰：「近已免貧下民秋稅，何爲復有理納？」觀曰：「細民姦猾，多以佃戶託名貧下，僥倖蠲減，惟實貧下者尚有殘欠。」上再三歎息曰：「兩稅蠲減，朕無所惜，若實惠及貧民，雖每年放卻，亦不恨也。今城郭兼并之家，朘削貧民，豪猾之徒，隱漏租賦，此甚弊事，安得良吏規制稱朕之意乎！」

13 初，何承矩至雄州，即建屯田之議。會臨津令黃懋亦上書言：「閩地惟種水田，緣山導泉，倍費功力。今河北州軍陂塘甚多，引水溉田，省功易就，三五年內，公私必獲大利。」因詔承矩往河北諸州按視，復奏，如懋言。三月，壬子，以承矩爲制置河北緣邊屯田使，懋爲大理寺丞、充判官，發雄、莫、霸諸州、平戎、破虜、順安諸軍戍卒萬八千人給其役，興堰六百里，置斗門，引淀水灌溉。河北霜旱，初年，稻不成，懋乃取江東早稻種七月熟者課令種之，是年八月，稻熟。始，承矩建水田之議，沮者頗衆，武臣亦恥於營葺佃作。既而種稻不熟，羣議益甚，幾罷其事。及是承矩載稻穗數車，遣吏送闕下，議者乃息。自是葦蒲、蠃蛤之饒，民賴其利。【考異】李燾曰：實錄於是月甲午先載承矩上言，即命大作水田，及壬子乃以承矩爲制置使，懋爲判官。按上得懋書，又令承矩按視，承矩復奏，然後施行，甲午日未有大作水田之命也。今並從本志。甲午，初六日。壬子，

二十四日●

14 詔權停貢舉。

15 成德節度使田重進，改授永興軍節度使。帝謂陝西轉運使鄭文寶曰：「重進先朝宿將，宣力於國，卿宜善待之。」文寶再拜奉詔。

始，帝在藩邸，愛重進忠勇，嘗令給以酒炙，重進不肯受，使者曰：「晉王賜汝，汝安得拒？」重進曰：「我止知有陛下，不知有晉王。」卒不受。帝嘉其質直，故始終委遇焉。

16 詔：「大理所詳決案牘，卽以送審刑院，勿復經刑部詳覆。」

17 夏，四月，己卯，命諸司奉行公事，不得輒稱聖旨。

18 五月，壬寅，帝謂宰相李昉等曰：「朕觀在位之人，未進用時，皆以管、樂自許，旣得位，乃競爲循默，曾不爲朕言事。朕日夕焦勞，略無寧暇。臣主之道，當如是邪？」昉等惶懼拜伏。帝曰：「事有未至，與卿等言之，亦上下無隱耳。」

19 丙午，張洎赴翰林，帝謂近臣曰：「學士之職，清切貴重，非他官可比，朕嘗恨不得爲之。」

20 丁未，廢京朝官差遣院，令審官院總之，翰林學士錢若水、樞密直學士劉昌言同知審官院，考覆功過以定升降。又以判流內銓、翰林學士承旨蘇易簡、虞部員外郎王旦等同兼知考課院。凡常調選人，流內銓主之；奏舉及歷任有殿累者，考課院主之。旦，祐子也。

21 戊申，詔罷鹽鐵、度支、戶部等使，三司但置使一員、判官六員、推官三員，從殿中丞馬應昌議也。以鹽鐵使魏羽判三司。

22 初，京西轉運副使盧之翰建議，以潩水泛溢，侵許州民田，請自長葛縣開水(校者按：水字衍。)河導潩水分流二十里，合於惠民河。至是役成，之翰以勞加戶部員外郎，爲陝西轉運使。

23 六月，戊午朔，詔中丞已下皆親臨鞫獄。【考異】李燾曰：本志在淳化二年。今從本傳，因還官乃書之。

24 丙寅，吏部侍郎、平章事張齊賢，罷爲尙書左丞。

先是殿中丞朱貽業，參政李沆之姻也，與諸司副使王延德同監京庾。延德託貽業白沆，求補外官，沆以語齊賢，齊賢以聞。帝以延德嘗事晉邸，怒其不自陳而干祈執政，召見，詰責，延德、貽業皆不以實對。齊賢不欲援沆爲證，乃自引咎，遂至罷相，物論美之。【考異】按宋史，當時有兩王延德，一爲東明人，一爲大名人，皆以事晉邸進，而大名之延德嘗以罪貶秩，或即坐此事。長編不著其里居，今亦闕之。

25 壬申，知樞密院事張遜貶右領軍衞將軍，同知院事寇準罷守本官。遜素與準不協，數爭事帝前，帝將罷之。一日，準與溫仲舒同出禁中，道逢狂人迎馬首呼萬歲，右羽林大將軍王賓與遜相厚，又知遜與準有隙，因奏其事。準自辨云：「賓與仲舒同行，而遜令賓獨奏臣。」遜執賓奏斥準，辭意甚厲，因互發其私，帝怒，故貶遜而罷準。

26以涪州觀察使柴禹錫爲宣徽北院使、知樞密院事，樞密直學士劉昌言同知院事，呂端參知政事。昌言驟膺大用，不爲時望所歸，或短之於帝前，且言其辭語難曉，帝曰：「惟朕能曉之。」

27戊寅，命左諫議大夫魏庠、司封郎中、知制誥柴成務同知給事中事，凡制敕有未便，宜準故事封駁以聞，從左諫議大夫魏羽請也。

28先是，帝急召廣南轉運使開封向敏中歸闕，權（擢）工部郎中，一日，御筆飛白書敏中及虞部郎中鄄城張詠姓名付宰相，曰：「此二人，名臣也，朕將用之。」左右因稱其才。秋，七月，癸酉，以向敏中、張詠同知銀臺、通進（通進、銀臺）司，視章奏案牘以稽出入，己酉，並命爲樞密直學士。

29庚戌，雍丘縣尉武程上疏，願減後宮嬪牆（嬙），帝謂宰相曰：「程疏遠小臣，不知宮闈中事。內庭給使不過三百人，皆有掌執，不可去者，卿等固合知之。朕必不學秦皇、漢武作離宮別館，取良家子以充其中，貽萬代譏議。」李昉曰：「陛下躬履純儉，中外所知。臣等家人皆預中參，備見宮闈簡約之事。程微賤，輒陳狂瞽，宜加黜削以懲妄言。」帝曰：「朕曷嘗以言罪人！但念程不知耳。」

30遼境自夏末大雨，至是桑乾、羊河溢，居庸關西害禾稼殆盡，奉聖、南京居民廬舍多墊溺。

31是月，置諸路茶鹽制置使。

32八月，丙辰朔，日有食之。【考異】遼史不書是月日食，契丹國志同，宋史書之。

33帝草書宋玉大言賦賜翰林學士承旨蘇易簡，易簡因擬作大言賦以獻，帝覽賦嘉賞，手詔褒之。他日，易簡直禁中，以水試欹器，屬小黃門宣事密奏，而不識其名。及晚朝，帝曰：「卿所玩得非欹器邪？」易簡曰：「然，乃江南徐遊〔邈〕所作。」卽取至便坐，帝親較試，再三嗟賞。易簡進曰：「臣聞日中則昃，月滿則虧，器滿則覆，物盛則衰。願陛下持盈守成，愼終如始，以固萬世基業，則天下幸甚！」

34通進、銀臺司，舊隸樞密院，凡內外奏覆文字，必關二司，然後進御。外則內官及樞密院吏掌之，內則尙書內省籍其數以下有司，或行或否，得緣而爲姦，禁中莫知，外司無糾舉之職。樞密直學士向敏中，初自嶺南召還，卽具言其事，請別置局，命官專校其簿籍以防壅遏，帝嘉納之。癸酉，詔以宣徽北院廳事爲通進、銀臺司，命敏中及張詠同知二司公事，凡內外章奏案牘，謹視其出入而句稽焉，月一奏課。事無大小，不敢有所留滯矣。

發敕司舊隸中書，尋令銀臺司兼領之。

35初，黃州團練副使王禹偁量移解州，因左司諫呂文仲巡撫陝西，疏言父老，求徙東土，帝即詔禹偁還朝。己卯，授左正言，謂宰相曰：「禹偁文章，獨步當世，然賦性剛直，不能容物，卿等宜召而戒之！」尋命直昭文館。

36九月，乙巳，以給事中封駁隸通進、銀臺司，一應詔敕，並令向敏中、張詠詳酌是否，然後行下。

時泰寧節度使張永德爲幷代都部署，有小校犯法，永德笞之至死，詔按其罪。詠封還詔書，且言：「永德方任邊寄，若以一小校故摧辱主帥，臣恐下有輕上之心。」不從。未幾，果有營兵脅訟軍候者，詠復引前事爲言，帝改容勞之。

37是秋，久雨不止，朱雀、崇明門外積水尤甚，往來浮罌筏以濟，壁壘廬舍多壞，近甸秋稼多敗，流移甚衆。陳、潁、宋、亳間盜賊羣起，商旅不行。帝以陰陽愆伏，罪由公府，切責宰相李昉等曰：「卿等盈車受俸，豈知野有餓殍乎？」昉等慚懼拜伏。

續資治通鑑卷第十七

賜進士及第兵部尚書兼都察院右都御史總督湖北湖南等處地方軍務兼理糧餉世襲二等輕車都尉畢沅編集

宋紀十七 起昭陽大荒落(癸巳)十月，盡閼逢敦牂(甲午)六月，凡九月。

太宗至仁應道神功聖德睿烈大明廣孝皇帝

淳化四年遼統和十一年。(癸巳、九九三)

1冬，十月，甲申朔，遼主如蒲瑰坂。

2庚申，尚書左丞張齊賢出知定州。齊賢自言：「母孫氏年八十五，抱羸疾，不願離左右。」帝許之。

齊賢在相位時，母入謁禁中，帝歎其壽考有令子，多賜手詔存問，別加錫與，搢紳以爲榮。齊賢尋遭母喪，水漿不入口者七日。自是日啖粥一器，終喪止食粗粟飯。

3先是大名府豪民有峙芻茭者，將圖厚利，誘姦人潛穴河隄，歲仍決溢。知府事趙昌言識其故，一日，隄吏告急，昌言命徑取豪家䕺積以給用。由是無敢爲姦利者。

屬河決澶州，西北流入御河，漲溢浸府城。昌言率卒負土塡之，數不及千，乃索禁旅佐其役。或偃蹇不進，昌言怒曰：「府城將墊，人民且溺，汝輩食厚祿，欲坐觀邪？敢不從命者斬！」衆股栗趨事，不浹辰而城完。帝聞而嘉之，壬戌，降璽書獎諭。

4 詔罷諸路提點刑獄司，歸其事於轉運司。

5 詔審官院：「自今京朝官未歷州縣者，不得任知州、通判。」從蘇易簡請也。

6 庚午，從判三司魏羽言，始分天下州縣爲十道，曰河南，河東，關西，劍南，淮南，江南東、西，兩浙東、西，廣南，以京東爲左計，京西爲右計。魏羽爲左計使，董儼爲右計使，中分十道以隸，而各道則署判官以領其事。

7 辛未，右僕射·平章事李昉、給事中·參知政事賈黃中、李沆、左諫議大夫·同知樞密院事溫仲舒，並罷守本官。翰林學士張洎草制，言：「昉任在燮調，陰陽乖戾，宜加黜削以儆具臣。」帝不從，制詞仍以「久壅化源，深辜物望」責之。

是日，以吏部尚書呂蒙正守本官、平章事。

蒙正初爲相時，金部員外郞張紳知蔡州，坐贓免，或言於帝曰：「紳，洛中豪家，安肯求賕！乃蒙正未第時丐索於紳不能如意，致其罪耳。」帝卽命復紳官，蒙正終不自辨。未幾罷相，會考課院得紳舊事實狀，乃黜之。於是蒙正復爲相，帝謂曰：「張紳果實犯贓。」蒙正亦不謝。

以翰林學士承旨蘇易簡爲給事中、參知政事。易簡外若坦率，中有城府。由知制誥爲學士，年未滿三十，在翰林八年，寵遇絕倫，或一日至三召見。李沆後入，在易簡下。及沆參政，乃以易簡爲承旨，錫賚與參政等。帝意欲遵舊制，且俟稔其名望，乃正台席。而易簡以親老，急於進用，因召見，亟言時政闕失；沆等罷，即命易簡代之。易簡母薛氏，嘗入禁中，賜冠帔，命坐，問：「何以敎子？」對曰：「幼則束以禮讓，長則訓以詩書。」帝顧左右曰：「今之孟母也。」

是日，又以樞密都承旨趙鎔、直學士向敏中並同知樞密院事。鎔等入對，帝曰：「昉、黃中等以循默守位，故罷。卿等宜各勠力以副超擢。」

8 壬申，以左諫議大夫寇準出知青州。帝顧準厚，既行，念之，常不樂，語左右曰：「寇準在青州樂否？」對曰：「準得善藩，當以爲樂也。」數日，輒復問，左右對如初。其後有揣帝復召用準者，因對曰：「陛下思準不少忘；聞準日置酒縱飲，未知亦念陛下否？」帝默然。

9 丁丑，以知大名府趙昌言爲給事中、參知政事，命乘疾置以入，即赴中書視事。時京城連雨，昌言請出廐馬分布外郡就秣。言事者或以盛秋備邊，馬不可闕，昌言曰：「塞下積水瀰漫，必無南牧之患。」乃從其議。

10 虞部員外郎、知制誥王旦，趙昌言壻也。昌言既參政，旦以官屬當避嫌，引唐獨孤郁、權德輿故事辭職。癸未，命爲禮部郎中、集賢院修撰；及昌言罷，乃復令知制誥。

11 翰林學士張洎知吏部選事，嘗引對選人，帝顧之，謂近臣曰：「張洎富有辭藻，至今尙苦心讀書，江東士人中之冠也。然搢紳當以德行爲先，苟空恃文學，亦無所取。」呂蒙正曰：「裴行儉不取王、楊、盧、駱，正爲其無德耳。」

12 京畿民有擊登聞鼓訴失豭豚者，詔令賜千錢償其直，因語宰相曰：「細事亦爲聽決，大可笑也。然推此心以臨天下，可以無冤民。」【考異】王得臣麈史誤以此事爲太祖朝，非是，今從長編。

13 閏月，己亥，帝謂輔臣曰：「朕聞孟昶在蜀，亦躬親國政。然於刑獄優游不斷，每有大辟，罪人臨刑，必令人偵伺其言，一言稱屈，卽移司覆勘，至有三五年間不決者，以爲夏禹泣辜，竊效之，而不明古聖之旨。蓋大禹自悲不及堯、舜，致人死法，所以下車而泣。今犯罪之人，苟情理難恕者，朕固不容也。」參知政事蘇易簡、趙昌言對曰：「臣等聞李煜有國之日亦如此，每夏則與罪人張紗廚以禦蚊蚋，冬則給與衾被，恣其安暝。如犯大辟者，仍令術士然燈以卜之，苟數日間燈不滅者，必移司勘劾，恐其冤枉。至有冬月罪人戀其溫燠而不願疏放者。」帝笑曰：「庸暗如此，不亡何待！」

14 己酉，置三司總計度使，以陳恕爲之；凡議論計度，並令恕參預。恕以官司各建，政令互出，難以經久，極言其非便，帝不聽。

15 周太后符氏卒。

16 轉運副使鄭文寶議禁鹽池，用困趙保吉，保吉遂率邊人四十二族寇環州，邊將多爲所敗。

17 十一月，甲寅朔，日南至，御朝元殿受朝。帝孜孜爲治，每旦，御長春殿受朝，聽政罷，即御崇政殿決事，比至日中，尚未御食。己未，金部員外郎謝泌，請自今前殿聽政畢，且進食，然後御便殿決事，不報。既而謂宰相曰：「文王自朝至於日中昃，不遑暇食，此自有故事。然泌此奏，亦臣子愛君之忠也。」又嘗謂左右曰：「寸陰可惜。苟終日爲善，百年之內，亦無幾耳，可不勉乎！」

18 呂蒙正入對，論及征伐，帝曰：「朕比來用師，蓋爲民除暴；苟好功黷武，則天下之民熸滅盡矣。」蒙正對曰：「前代征遼，人不堪命，隋煬帝全軍陷沒，唐太宗身先士卒，終無所濟。蓋治國之道，在內修政事，則遠人來歸。」帝然之。

19 武寧節度使曹彬來朝，丁卯，宴長春殿以勞之，詔翰林學士錢若水、樞密直學士張詠並赴宴，從蘇易簡之請，復舊制也。

易簡數舉翰林中故事。前爲承旨時，帝待若賓友；及參大政，每見帝不復有款接之意，但正色責吏事而已，易簡乃悔其求進之速。

20 癸酉，罷隴州所獻白鷹。

21 先是緣江多盜，詔以內殿崇班楊允恭督江南水運，因捕寇黨。行及臨江軍，擇驍卒，拏輕舟，伺下江賊所止，夜，發軍出城，三鼓，遇賊百餘，拒敵久之，悉梟其首。又趨通州境上躡海賊，賊繫衆舟，張幕，發勁弩短礮，允恭兵刃所向，多爲幕所縈。礮中允恭左肩，流血及袖，容色彌壯，徐遣善泅者以繩連鐵鉤散擲之，壞其幕，士卒爭進，賊赴水死者大半，擒數百人。自是江路無剽掠之患。以功轉洛苑副使，管句江、淮、兩浙都大發運，擘劃茶鹽捕賊事，賜紫袍金帶，錢五十萬。

先是三路轉運使各領其職，或廩庾多積，而軍士舟楫不給，雖以官錢雇丁男挽舟，而土人憚其役，以是歲上供米不過三百萬。允恭盡籍三路舟卒與所運物數，令諸州擇牙吏悉集，允恭乃辨數授之，江、浙所運，止於淮、泗，由淮、泗輸京師。行之一歲，上供者六百萬。

22 十二月，戊申，西川都巡檢使張玘，與王小波戰于江源縣。玘射中小波額，既而玘爲小波所殺，小波亦病創死，衆推其黨李順爲帥。【考異】老學菴筆記云：王小皤之亂，自言：「我土鍋邨民也，豈能霸一方！有李順者，孟大王之遺孤。」初，蜀亡，有晨興過摩訶池上者，見錦箱，錦衾覆一襁褓嬰兒，有片紙在其中，書曰：「國中義士爲我養之。」人知其出於宮中，因收養焉，順是也。蜀人惑而從之。未幾，小皤戰死，衆推順爲王，下令復姓孟。按聞見錄亦言孟昶有子，今爲孟氏不絕，此蜀人懷孟氏舊恩而爲此言。至李順稱孟氏孤，乃詐稱扶蘇之故智耳，今不取。初，小波之黨止百人，州縣失於備禦，所在盜賊爭附之。張玘之死也，其麾下兵四百餘人奔歸西川，轉運使樊知古不受，縱使亡去，賊勢由是日盛，衆至數萬，攻陷蜀、邛諸州，殺官吏無數。

23 是歲，遼放進士石〔王〕熙載等二人。

五年 遼統和十二年。（甲午、九九四）

1 春，正月，癸丑朔，遼瀠陰鎮水，漂溺三十餘邨。遼主命疏舊渠。甲寅，蠲行在五十里內租。戊午，免宜州賦調。

2 戊辰，上元節，帝御樓賜從臣宴，語宰相呂蒙正曰：「晉、漢兵亂，生靈凋喪殆盡，當時謂無復太平之日矣。朕躬覽庶政，萬事粗理，每念上天之貺，致此繁盛，乃知理亂在人。」蒙正避席曰：「乘輿所在，士庶走集，故繁盛如此。臣嘗見都城外不數里，飢寒而死者甚衆，未必盡然。願陛下視近以及遠，蒼生之幸也。」帝變色不言。蒙正侃然復位，同列咸多其伉直。

帝嘗諭中書選人使朔方，蒙正退，以名上，帝不許。他日，三問，三以其人對，帝怒，投其書于地曰：「何太執邪！」蒙正徐對曰：「臣非執，蓋陛下未諒耳。」因固稱：「其人可使，餘人不及，臣不欲用媚道妄隨人主意以害國事。」同列皆惕息不敢動，蒙正搢笏俛而拾其書，徐懷之而下。帝退，謂左右曰：「是翁氣量我不如。」卒用蒙正所選。復命，大稱旨，帝於是益知蒙正能任人。

3 初，右諫議大夫許驤知成都府，及還，言於帝曰：「蜀土雖安，其民浮窳易擾，願謹擇忠厚者爲長吏，使鎮撫之。」時東上閤門使吳元載實代驤爲成都，元載頗尚苛察，民有犯法者，雖細罪不能容，又禁民游宴行樂，人用胥怨。王小波起爲盜，元載不能捕滅。

於是李順搆亂，東上閤門使郭載受命知成都，行至梓州，有日者潛告載曰：「成都必陷，公往亦當受禍，少留數日則可免。」載怒曰：「天子詔吾領方面，阽危之際，豈敢遷延！」遂行。先是李順引衆攻成都，燒西郭門，不利，去攻漢州、彭州，連陷之。載既入城，賊攻愈急。己巳，城陷，載與轉運使樊知古斬關而出，帥餘衆奔梓州。

李順入據成都，僭號大蜀王，改元曰應運，遣兵四出侵掠，北抵劍關，南距巫峽，郡邑皆被其害。

4 寬飢民罪，從蔡州知州張榮等請也。凡因飢持杖劫人家藏粟，止誅爲首者，餘悉以減死論。

5 靈州及通遠軍，皆言趙保吉攻圍諸堡寨，侵掠居民，帝聞之，大怒，決意討之。癸酉，命馬步軍都指揮使李繼隆爲河西兵馬都部署，尙食使尹繼倫爲都監，以討保吉。

6甲戌，帝始聞李順攻劫劍南諸州，命昭宣使、河州團練使王繼恩爲西川招安使，率兵討之，軍事委繼恩制置，不從中覆。

7吏部尙書宋琪上書言邊事曰：「臣頃任延州節度判官，經涉五年，邊境之事，熟於聞聽。大約党項、吐蕃，風俗相類，其帳族有生熟戶，接連漢界，入州城者謂之熟戶，居深山僻遠者謂之生戶。我師如入夏州之境，宜先招到接界熟戶，使爲鄉導。其強壯有爲者，令去官軍三五十里踏白先行，而步卒多持弓弩槍鍬隨之。以三二千人登山偵邏，俟見坦途寧靜，可傳號勾馬，遵路而行，我皆嚴備，保無虞也。党項號爲小蕃，非是勍敵，誠如鷄肋，若得出山布陣，止勞一戰，便可盪除。深入則饋運艱難，窮追則窟穴幽邃，莫若緣邊州鎭，分屯重兵，俟其入界侵漁，方可隨時掩擊，非惟養勇，亦足安邊矣。

又，臣曾受任西川數年，經歷江山，備見形勝要害。利州最是咽喉之地，西過桔柏江，去劍門百里，東南去閬州水陸二百餘里，西北通白水、清州，是龍州入川大路，鄧艾於此破蜀。其外三泉、西縣、興、鳳等州，並爲要衝。請選有武略重臣鎭守之。」奏入，帝密寫其奏，令李繼隆、王繼恩擇利而行。

8左正言、直昭文館王禹偁言：「臣淳化二年任商州團練副使之日，故團練使翟守素兩曾夏州駐泊，守素與臣同看報狀，見李繼遷進奉事，因謂臣曰：『此賊未是由衷，必恐終懷反側。』又言：『繼遷曾被左右暗箭射之，面上創痕尚存。』臣自聞此語，貯於心，以爲此賊不必力除，自可計取。語曰：『重賞之下，必有勇夫。』伏望曉諭蕃戎及部下逼脅之徒，邊上驍雄之士，多署賞賜，高與官資，使左右生心，蕃戎并力，繼遷身首不梟即擒。恐小蕃力所不加，則少以官軍應接，何必苦煩睿略，多舉王師！且自陜以西，歲非大稔，加之餽餉，轉恐凋殘。河北雖是豐登，須修邊備。況此賊通連北敵，朝廷具知，周亞夫所謂擊東南而備西北，正在此時也。不可忽茲小豎，弗顧遠圖。」

9 遼霸州民李在宥，年百三十有三，賜束帛、錦袍、銀帶，月給羊酒，仍復其家。

10 辛巳，詔除兩京諸州淳化三年逋負。

11 二月，甲申朔，帝始聞成都陷，召宰相謂曰：「豈料賊勢猖熾如此，忍令隴、蜀之民陷於塗炭！朕當部分軍馬，旦夕討平之。」遂命少府少監雷有終、監察御史裴莊並爲峽路隨軍轉運使，工部郎中劉錫、職方員外郎周渭爲峽路〔陝府〕西至西川隨軍轉運使，馬步軍都軍頭王杲帥兵趨劍門，崇儀使尹元帥兵由峽路以進，並受招安使王繼恩節度。或言莊蜀人，不宜復遣入蜀，帝益倚信之。

12 李順分遣數千衆北攻劍門，劍門疲兵纔數百，都監開封上官正奮厲士卒，出禦之。會成都監軍宿翰領麾下投劍門，適與正兵合，遂迎擊賊衆，大破之，斬馘幾盡。餘三百人奔還成都，順怒其驚衆，悉命斬於東門外。初，朝廷深以棧路爲憂，正等力戰破賊，自是閣道無壅。甲辰，以正爲劍州刺史，充劍門兵馬部署；翰爲昭州刺史。

13 己酉，以兩川盜賊，徙封益王元傑爲吳王，領淮南、鎭江節度使。

初，考功郎中姚坦爲益王府翊善，好直諫。王嘗作假山，所費甚廣，既成，召僚屬，置酒共觀之，衆皆歎美，坦獨俯首不視。王强使視之，坦曰：「但見血山耳，安得假山！」王驚問其故，對曰：「坦在田舍時，見州縣督稅，里胥臨門，捕人父子兄弟，送縣鞭笞，血流滿身。此假山皆民稅賦所爲，非血山而何？」時帝亦爲假山未成，有以坦言告之，帝曰：「傷民如此，何用山爲！」命亟毁之。

王每有過失，坦未嘗不盡言規正，宮中自王以下皆不喜。左右乃教王稱疾不朝，帝日使醫視疾，逾月不瘳，帝甚憂之，召王乳母入宮問狀。乳母曰：「王本無疾，徒以翊善姚坦檢束王起居，曾不得自便，王不樂，故成疾。」帝怒曰：「吾選端士爲王僚屬者，固欲輔王爲善耳。今王不能用規諫，而又詐疾，欲使朕逐去正人以自便。王年少，未知出此，必爾輩爲之謀。」因命捽之後園，杖之數十。召坦，慰諭之曰：「卿居王宫，爲羣小所嫉，大爲不易。卿但能如此，無患讒言，朕必不聽也。」【考異】李燾曰：石介聖政錄，謂聞坦言亦毁山者眞宗也，蓋誤以元傑此事爲封兗王時故耳。據本傳，乃元傑爲益王時。元傑二十三歲自益改封吳，眞宗初乃自益改封兗，其封益時才十二歲，故太宗云：「王年少，不知出此也。」本傳載此事殊不詳，頗譏坦訐直。蓋眞宗嘗召戒坦令婉詞，非太宗也。本傳但云上，不云眞宗，疑傳亦以上爲太宗也。今並從聖政錄及司馬光記聞所載。然記聞猶以益王爲兗王，今改之。

14 令諸路轉運司：「每歲部內諸州民租轉輸他郡者，通水運處當調官船，不通水運處當計度支給，勿得煩民轉輸。」

15 帝謂宰臣曰：「倖門如鼠穴，何可盡塞！但去其甚者斯可矣。近來綱運之上，篙工、楫師有少販鬻，但不妨公，一切不問，冀得官物至京無侵損耳。」呂蒙正對曰：「水至清則無魚，人至察則無徒。小人情僞，君子豈不知，以大度容之，則庶事俱濟。」

16 三月，甲寅，詔王繼恩：「戒前軍所至，賊黨敢抗王師，卽當誅殺；其偶被脅從而能歸順者，並釋之，倍加安撫。」

17 高麗始用遼年號，丁巳，遣使告行正朔，乞還俘口。遼主許其贖還，遣崇祿卿蕭述管、御史大夫李涴齎詔撫諭之。

18 大理評事陳舜封父隸敎坊爲伶官，坐事黥面流海島。舜封擧進士及第，任望江主簿，轉運使言其通法律，宰相以補廷尉屬。因奏事，言辭捷給，擧止類倡優，帝問誰之子，舜封自言其父，帝曰：「此眞雜類，豈得任清望官！蓋宰相不爲國家澄汰流品之所致也。」遂命改秩爲殿直。

19宋、亳民市牛江、淮間，未至，帝以時雨沾足，慮其耕稼失時。會太子中允武允成獻踏犂，以人力運之，不用牛，帝亟令祕書丞陳堯叟等往宋州，依其制造成以給民，民甚賴焉。

20戊辰，復以國子學爲國子監，改講書爲直講，從判學李至請也。

21趙保忠聞王師來討保吉，乃先攜其母及妻子、卒吏壁野外，上言已與保吉解仇，貢馬五十匹，乞罷兵。帝怒，立遣中使命李繼隆移兵擊保忠。於是繼隆兵壓境，保吉反圖保忠，夜襲之，保忠僅以身免，走還城中，資財器用，保吉悉奪之。

初，保忠遣其指揮使趙光嗣入貢，光嗣頗輸誠款，詔補供奉官，再遷禮賓副使，保忠動靜，光嗣必以聞。及保忠陰結保吉，光嗣潛知之，因出家財，散士卒，誓以效順。保忠既還，光嗣執之，幽於別所，丁丑，開門納我師。繼隆入夏州，擒保忠，檻車送闕下，收獲牛羊鎧甲數十萬。保吉引衆遁去。

裨將侯延廣等議誅保忠及出兵追保吉，繼隆曰：「保忠几上肉耳，當請於天子。今保吉遠竄，千里窮磧，難於轉餉，宜養威持重，未易輕舉也。」延廣等伏其言。【考異】李燾曰：秦翰傳云：王師次延州，翰慮保忠遁逸，即乘驛先往，矯詔安撫，以緩其陰謀。及王師至，翰又諷保忠以地主之禮郊迎，因並驅而出，保忠遂就擒。按保忠先已出次野外，既爲保吉所襲乃還，光嗣遂執之，安得與翰俱迎王師也！

22初，環州民與吐蕃相貿易，多欺奪之，或致鬬訟，官又弗直，故蕃情常怨。及崇儀使柳開知州事，乃命一其物價，平其權量，擒民之欺奪者置於法，部族翕然向化。是春，徙知邠州。時調民送軍儲環州，歲已再運，民皆蕩析產業，而轉運司復督後運。民數千人入州署號訴，且曰：「力所不逮，願就死。」開亟移書轉運使曰：「開近離環州，知其芻粟可支四年。今蠶農方作，再運半發，老幼疲弊，畜乘困竭，柰何又苦之！如不罷，開即馳詣闕下，白於上前矣。」卒罷之。

23夏，四月，壬午朔，詔：「應天下主吏，先逋欠官物，令元差官典及旁親人均酌塡納者，凡四十五萬貫、匹、斤、石，勿復理。自今守藏、掌庾、筦榷等虧欠官物，止令主吏及監臨官均償之。」

24癸未，以吏部侍郎兼祕書監李至、翰林學士張洎、史館修撰張佖、范杲同修國史。先是帝語宰相曰：「太祖朝事，耳目相接，今實錄中頗有漏略，可集史官重撰。」蘇易簡對曰：「近日委學士扈蒙修史，蒙性巽怯，逼於權勢，多所回避，甚非直筆。」帝曰：「史臣之職，固在善惡必書，無所隱耳。昔唐玄宗欲焚武后史，左右以爲不可，使後代聞之，足爲鑒戒。」因言：「太祖受命之際，固非謀慮所及。昔曹操、司馬仲達，皆數十年窺伺神器，先邀九錫，至於易世，方有傳禪之事。太祖盡力周室，中外所知；及登大寶，非有意也。當時本末，史官所記，殊爲闕然，宜令至等別加綴緝。」故有是命。

25甲申，帝聞趙保忠成擒，詔以趙光嗣爲夏州團練使，高文岯爲綏州團練使。削保吉所賜姓名，復爲李繼遷。初，保吉徙綏州民於平夏，文岯擊走之，以綏州內屬，故有是命。【考異】稽古錄載復李繼遷姓名在至道元年九月，與本傳不同，今兩存之。

帝以夏州深在沙漠，本姦雄竊據之地，將墮其城，遷民於銀、綏間，因問宰相夏州建置之始，呂蒙正等對曰：「昔赫連勃勃僭稱大夏，蒸土築城，號曰統萬，頗與關右爲患。若遂廢毀，萬世之利也。」己酉，詔墮夏州故城，遷其民於綏、銀等（州），分給官地，長吏倍加安撫。

26李繼隆聞朝議欲墮夏州，遣其弟洛苑使繼和與監軍秦翰等入奏，以爲「朔方古鎮，賊所窺覦之地，存之可依以破賊，并請於銀、夏兩州南界山中增置保戍以扼其衝，且爲內屬蕃部之蔽，而斷賊糧運。」皆不報。

27丙戌，史館修撰張佖言：「聖朝編年，謂之日曆，惟紀報狀，略敍敕文。至於聖政嘉言，皇猷美事，羣臣之忠邪善惡，庶務之沿革弛張，汗簡無聞，國經曷紀！請置起居院，修左右史之職，以紀錄爲起居注，與時政記逐月終送史館，以備修日曆。」帝覽而嘉之，乃置起居院於禁中，命梁周翰掌起居郎事，李宗諤掌起居舍人事。

28 辛卯，遼主如南京。

29 壬辰，遼以樞密直學士劉恕爲南院樞密使。

30 丙申，以虢州團練使梁勛爲鎭國行軍司馬。

初，王化基治祖吉獄，詢其豪王姓者，云：「吾小民，見州將貧乏，相醵率爲一日之壽，豈知其犯法哉！」悵歎不已。化基詰其前後郡守，王言：「三十年以來，唯梁都官不受一錢，餘無免者。」梁都官，乃勛也，有文詞，太祖嘗欲令知制誥，爲時宰所忌，遂止。化基因言於帝。時勛已老病，不任吏事，特授華州行軍司馬，給郎中俸料。

31 丁酉，掌起居郎事梁周翰，請以所撰每月先進御後降付史館，從之。起居注進御自周翰始。

32 帝嘗謂左右曰：「大凡帝王舉動，貴其自然。朕覽唐史，見太宗所爲，蓋好虛名者也。每爲一事，必預張聲勢，然後行之，貴傳簡策，此豈自然乎！且史才甚難，務摭實而去愛憎，乃爲良史也。」

33 壬寅，王繼恩言破賊於研口寨，北過青強嶺，遂平劍州。【考異】李燾曰：按張洎集，賜王繼恩詔云：「大軍十八日到綿州界。」其取劍州，必又在此數日前，既無可考，姑從實錄，俟奏到乃書之。今按宋史太宗紀云：四月壬午朔，己亥，王繼恩師師過綿州，賊潰走，追殺及溺死者甚衆。庚子，復綿州。內殿崇班曹習破賊於老溪，復閬州。

綿州巡檢使胡正遠帥兵進擊，復巴州。壬寅，西川行營擊賊于研口寨，破之。與長編略有異同。

34 先是陳、滑、蔡、潁、鄆、鄧、金、房州、信陽軍皆不禁酒，太平興國初，京西轉運使程能請榷之，所在置官吏局署，歲計所獲利無幾，而主吏規其盈羨；又，酒多醨，薄不可飲，至課民婚葬，量戶大小令酤。帝知其弊，戊申，下詔募民自釀，輸官錢減常課三之二，使其易辦。民有應募者，檢視其資產，長吏及其大姓共保之，後課不登者，均償之

35 己酉，王繼恩言破賊五千衆於柳池驛；峽路行營言賊三千衆攻廣安軍，擊走之。五月，甲寅，王繼恩言克綿州；又言內殿崇班曹習分兵自葭萌趨老溪，破賊萬餘衆，遂克閬州；又言巡檢使胡正遠率兵破賊，克巴州。

丁巳，王繼恩至成都，引師攻其城，即拔之，破賊十餘萬，斬首三萬，擒賊帥李順。【考異】老學菴筆記云：王師薄城，城且破矣，李順忽飯僧數千人，又度其童子亦數千人，皆就府治削髮衣僧衣，晡後，分東西兩門出，出盡，順亦不知所在，蓋自髡而遯矣。明日，王師入城，捕得一髯士，狀貌類順，遂誅之，而實非也。有帶御器械張舜卿者，因奏事密言：「臣聞順已逸去，所獻首蓋非也。」太宗以爲害諸將之功，叱出，將斬之，已而貸之，亦坐免官。及眞廟天禧初，順竟獲於嶺南，初欲誅之於市，且令百官賀。呂文靖爲知雜御史，以爲不可，但即獄中殺之，人始知舜卿所奏非妄也。按劇盜就擒，賊黨多託言不死，其意在煽惑愚民耳。若李順之久而被獲，則城破時之遯去，似非託言，但宋史及長編俱不載。在宋史固多脫漏，李燾以蜀人記蜀事，何以不載，豈以傳聞之詞不足信邪！今仍從宋史。

36王師之討李繼遷也，府州觀察使折御卿以所部兵來助。趙保忠既擒，御卿又言銀、夏等州蕃、漢戶八千帳族悉歸附，錄其馬牛羊萬計。戊午，授御卿永安節度使，賞其功也。

37丙寅，趙保忠至自夏州，白衫紗帽，待罪崇政殿庭。帝詰責數四，保忠但頓首稱死罪；詔釋之，賜冠帶器幣，令還第聽命，仍勞賜其母。丁卯，以保忠爲右千牛衞上將軍，封宥罪侯。

38己巳，以右諫議大夫張雍爲給事中，仍知梓州；都巡檢、內殿崇班盧斌爲西京作坊使，領成州刺史；通判、將作監丞趙賀爲太子中舍，監軍、供奉官辛規爲內殿崇班，節度掌書記施謂爲節度判官，節度推官陳世卿爲掌書記，榷鹽院判官謝濤爲觀察推官，皆賞勞也。

雍初聞李順亂西川，卽謀爲城守計，訓練城中兵，又募強勇共四千餘，令官屬分主之，輦綿州金帛以實帑藏，銷銅鐘爲箭鏑，伐木爲竿，紉布爲索，守械悉備，遣官請兵於朝。既而斌以十州之衆援成都，弗克而還，雍卽委以監護之任。子城先爲江水所毀，斌諭民掘塹，深丈，引河水注之以環城。

李順遣其黨相貴帥衆二十萬來攻，斌遂突出與賊戰，賊大設梯衝，夜攻城，雍命發機石碎之，火箭雜下，賊稍卻。復治攻具于城西北隅，雍紿曰：「軍士趣治裝，吾將開東門擊賊。」陽遣步騎五百臨東門。賊升牛頭山瞰城中見之，謂雍必出，乃設伏于山之東隅以待。

雍卽召敢死士百輩，縋而下，焚其攻具殆盡。一日，北風晝晦，賊乘風縱火，急攻北門，雍與斌等領兵據門，立矢石間，固守不動，賊不能進。世卿素善射，當城一面，親中數百人。賊寖盛，同幕者皆謀自全，世卿正色謂曰：「食君祿，當委身報國，柰何欲避難爲他圖邪！」亟白雍曰：「此輩皆怯懦，存之適足惑衆，不若遣出求援。」雍從其言。

時賊圍城凡八十餘日，會王繼恩遣內殿崇班石知容分數千兵來救，賊始潰去。斌出兵追擊之，降者二萬餘，又破賊數萬衆，解閬州圍，斬三千人，平蓬州。

於是雍使謂馳騎入奏，帝手詔褒美，自雍以下悉加賞。雍，德州人；世卿，南劍人。

39 以少府少監雷有終爲諫議大夫，知成都府。有終由峽路入蜀，調發兵食，規畫戎事，皆有節制。師行至峽中，遇盜，格鬬，且行且戰。進至廣安軍，賊衆奄至，鼓譟舉火，士伍恐懼，有終安坐櫛髮，神氣自若。賊既合圍，有終引奇兵出其後擊之，賊驚擾，赴水火死者無算。

40 王繼恩之克劍州也，西京作坊使馬知節實爲先鋒，繼恩嫉其不附己，遣守彭州，配以羸兵三百，州之舊卒悉召還成都。賊十萬衆攻城，知節率兵力敵，逮暮，退守州廨，慨然歎曰：「死賊手，非壯夫也！」卽橫槊潰圍而出，休於郊外。黎明，救兵至，復鼓譟以入，賊衆敗去。帝聞而嘉之曰：「賊盛兵少，知節不易當也。」授益州鈐轄。

41時繼恩雖拔成都，郭門十里外，猶爲賊黨所據，僞帥張餘，復嘯聚萬餘衆，攻陷嘉、戎、瀘、渝、涪、忠、萬、開八州，開州監軍江寧秦傳序死之。初，賊衆奄至，傳序督士卒晝夜拒戰。嬰城既久，長吏皆奔竄投賊，傳序謂士卒曰：「盡死節以守郡城，吾之職也，安可苟免乎！」城中乏食，傳序盡出囊橐服玩，市酒肉，犒士卒而勉之，衆皆感泣力戰。既而賊勢日盛，傳序爲蠟丸帛書，遣人間道上言：「臣盡死力戰，誓不降賊。」城既壞，傳序投火死。

賊乘勢攻夔州，列陣西津口，矢石如雨。先是帝遣如京使白繼贇爲峽路都大巡檢，統精卒數千人晨夜兼行，助討遺寇。是月，庚午，繼贇入夔州，出賊不意，與巡檢使解守容腹背夾擊之，賊衆大敗，斬首二萬餘級，流骸塞川而下，水爲之赤。

42辛未，降成都府爲益州。

43壬申，右僕射李昉以司空致仕，大朝會，令綴宰相班，歲時賜予不絕，每遊宴，多召之。

44丙子，磔李順黨八人於鳳翔市。

45六月，壬午朔，白繼贇等捷書聞，帝降詔嘉獎。

秦傳序家寄荆、湘間，其子奭泝峽求其父尸，比至夔州，船覆而死，咸謂父死於忠，子死於孝。奏至，帝嗟惻久之，錄傳序次子煦爲殿直，以錢十萬賜其家。

46辛卯，詔赦李順脅從詿誤。

47賊攻施州，指揮使黃希遜擊走之。

48戊戌，峽西行營破賊于廣安軍，又破賊張罕二萬衆于嘉陵江口，又破于合州西方溪，俘斬甚衆。

49戊申，以侍衞步軍都指揮使高瓊爲鎮州都部署。

50賊攻陵州，知州張旦招集民丁大破之，斬首五千餘級。

51庚戌，高麗國王治以遼師侵掠其境，遣使來乞師。帝以北邊甫寧，不可輕動干戈，厚禮其使而歸之，仍優詔答治。自是高麗朝貢遂絕。

52是日，遼行大明曆，可汗州刺史賈俊所造也。

續資治通鑑卷第十八

賜進士及第兵部尚書兼都察院右都御史總督湖北湖南等處地方軍務兼理糧餉世襲二等輕車都尉畢沅編集

宋紀十八 起閼逢敦牂（甲午）七月，盡柔兆涒灘（丙申）六月，凡二年。

太宗至仁應道神功聖德睿烈大明廣孝皇帝

淳化五年遼統和十二年。（甲午、九九四）

1 秋，七月，辛亥朔，日有食之。【考異】宋史不載是月日食，今從遼史。

2 賊攻眉州，知州李簡等堅守，踰月，賊引去。

3 以戶部員外郎魏廷式同勾當自陝西至益州轉運事。廷式嘗入朝奏事，帝曰：「有事當白中書。」廷式曰：「臣三千七百里外乘驛而至，以機事上聞，願取宸斷，非爲宰相而至也。」帝卽時召對，問方略，稱旨，賜錢五十萬，令還任。

4 先是遼政事令室昉薦韓德讓自代，不許。遼主以其年老苦寒，賜貂皮衾褥，許乘輦入朝。至是病劇，辛酉，遣翰林學士張幹就第授中京留守，【考異】遼史百官志稱昉爲中京留守，治大定府。錢竹汀謂遼中京大定府本奚王牙帳地，統和二十五年，始築城稱中京，不應此時即有留守，當是南京之誤。昉本以南京副留守入參政事，及統和八年請致政，太后令常居南京。至是以病劇，遣使就第拜留守，必是南京，非中京也。但遼史紀、傳及百官志並作中京，今姑從其舊，而兼采錢說，俾後人論定焉。加尚父。旋卒，輟朝二日，贈尚書令。【考異】室昉之沒，徐氏後編繫于九月，今從遼史聖宗紀及室昉傳。以德讓代爲北府宰相，仍領樞密使，監修國史。

5 乙亥，李繼遷遣牙校以良馬來獻，且謝過，猶稱所賜姓名，答詔因稱之。

6 己卯，遼以翰林承旨邢抱朴參知政事。

7 八月，庚辰朔，遼太后命皇太妃領西北路烏古等部兵及永興宮分軍，撫定西邊，以蕭達蘭（舊作撻凜，遼史本紀亦作闥覽。）督其軍事。

8 壬午，帝謂近臣曰：「孝者人倫之重。古之人，三年守墳墓，今臣僚子弟以祖父亡歿，或與敍用，意在繼其後嗣；然有不俟百日便與朝集者，朕每覩之，中心不忍。」趙昌言曰：「陛下如此宣諭，乃敦厚風俗之旨也。」遂詔：「文武百官子孫，因父兄亡歿敍用，未經百日，不得輒赴公參，令御史臺專知糾察；并有冒哀求仕，釋服從吉者，並以名聞。」

9 庚寅，殿中丞建安李虛己，以得御書印紙，上表獻詩，自陳祖母年八十餘，喜聞其孫中循吏之目，帝悅，批紙尾曰：「朕得良二千石矣。」賜以五品服，改知遂州，又別賜錢五十萬以遺其祖母。翼日，對宰相言及之，且曰：「已與五十緡矣。」呂蒙正曰：「前所賜蓋五百緡。」帝曰：「此誤也，然不可追。」

盧己父寅，舉進士，年六十餘，以母老求致仕，得著作郎，有詞學，操行淸苦。盧己亦純孝篤謹，家極貧。雖一時誤恩，人以爲殆天賜也。

10 甲午，詔：「自今京朝、幕職、州縣官等，不得輒獻詩賦、雜文；若指陳時政闕失、民間利害，直言極諫書，卽許通進。其有宏才奧學爲人所稱者，令投獻于中書，宰相第其臧否上之。」

11 乙未，遼下詔戒諭中外官吏。

12 丁酉，遼主命錄囚，雜犯死罪以下釋之。

13 以劍南西川招安使王繼恩爲宣政使、順州防禦使。繼恩有平賊功，中書建議，欲以爲宣徽使，帝曰：「朕不欲令宦官干預政事。宣徽使，執政之漸也。止可授以他官。」宰相力言繼恩功大，非此不足以賞。帝怒，深責宰相等，因議別立宣政使名以授之。

14 左諫議大夫、知審刑院許驤等上重刪定淳化編敕三十卷，詔頒行之。

15 王小波、李順之初作亂也，朝議欲遣大臣慰撫，參知政事趙昌言獨請發兵捕斬，議久不決。賊連陷邛、蜀等州，始命王繼恩等分路進討。繼恩握重兵，久留成都，專以宴飮爲務，每出入，前後奏音樂，又令騎兵持博局、棋枰自隨，縱所部剽掠子女金帛。餘賊迸伏山谷間，郡縣有復陷者。帝屢遣使督戰，意頗厭兵。會昌言攝祭太廟，齋宿中書，因召對滋福殿，昌言卽于帝前指畫攻取之策，帝甚喜。癸卯，命昌言爲川、峽兩路都部署，自繼恩以下並受節度。昌言懇辭，帝不許，厚賜遣行，別賜手札數幅，親授方略焉。

16 峽路行營破賊帥張餘，復雲安軍。

17 李繼遷遣其弟延信奉表待罪，且言違叛事出保忠，願赦勿誅。帝召見延信，面加慰撫，錫賚甚厚。

18 九月，有司詳定大射儀，并圖來上。帝謂宰相曰：「俟弭兵，與卿等行之。」

19 上以蜀寇未平，工部尚書辛仲甫素著恩信，將令與疾招撫，會疾甚，不可遣。先是參知政事蘇易簡，薦樞密直學士、虞部郎中張詠可屬西川事，於是詔詠知益州，得便宜從事。

20 時京兆劇賊焦四等，嘯聚數百人，劫掠居民，爲三輔害，帝令懸賞招募，待以不死。焦四等請罪自歸，各賜錦袍、銀帶、衣服、緡錢，並擢爲龍猛軍使。

21 先是，有峨嵋賊（校者按：賊字衍。）山僧茂貞者，以術得幸，嘗言于帝曰：「趙昌言鼻折山根，此反相也，不宜委以蜀事。」於是昌言行既旬餘，或又奏：「昌言素負重名，又無嗣，今握兵入蜀，恐後難制。」【考異】涑水記聞稱昌言至鳳州，時寇準知州事，密上言：「昌言素有重名，又無子息，不可授以制柄。」太宗大驚曰：「朝廷皆無忠臣，言莫及此，賴有寇準憂國家爾！」乃詔昌言罷政事，知鳳翔；寇準參知政事。按長編，是時準知青州，未嘗知鳳翔，其知鳳翔乃在眞宗初，年月不合，殆因是年九月準有參政之召，故傳會及之耳。記聞兼采僧茂貞、寇準兩說，亦疑而未定之意也。準素剛直，昌言又無大過，不應輒肆讒間。故從長編，不著其姓名。帝亟幸北苑，召宰相謂曰：「蜀賊小醜，昌言大臣，不可輕動，宜令且駐鳳翔，爲諸軍聲援。但遣內侍押班衞紹欽齎手書往指揮軍事，亦可濟矣。」昌言已至鳳州，詔追及之，因留候館。

22 己未，罷諸州榷酤。

23 帝再遣使如遼約和，弗許，於是募人汎海，賂女眞及烏實（舊作兀惹。）等部叛之，二部不從。

24 乙丑，崇儀副使河南王得一求解官，優詔許之。得一以方技進，數召見，錫賚甚厚，未半載，上表自陳不願久當榮遇，幷請舍所居宅爲觀，帝悉嘉納，賜觀名曰壽寧。得一頗敢言外事，又潛述人望，請立襄王爲皇太子焉。

25 壬申，以襄王元侃爲開封尹，改封壽王。帝謂壽王曰：「政教之設，在乎得人心而不擾之，得人心莫若示之以誠信，不擾之無如鎭之以清淨。推是而行，雖虎兕亦當馴狎，況于人乎！書云：『撫我則后，虐我則仇。』信哉斯言也，爾宜戒之！」

26 （乙亥），以左諫議大夫寇準參知政事。帝因謂宰相呂蒙正曰：「寇準臨事明敏，今再擢用，想益盡心。」

呂端爲右諫議大夫，請居準下。丙子，命端爲左諫議大夫，立準上。

27丁丑，帝以蜀寇漸平，下詔罪己。初命翰林學士錢若水草詔，既成，進御，帝命筆親竄數字，皆引咎深切，其略曰：「朕委任非當，燭理不明，致彼親民之官，不以惠和爲政，筦榷之吏，惟用刻削爲功，撓我蒸民，起爲狂寇。念茲失德，是務責躬。改而更張，永鑒前弊，而今而後，庶或警予！」

28是月，張詠始至益州。

先是陝西課民運糧以給蜀師者，相屬于路，詠亟問城中所屯兵數，凡三萬人，而無半月之食。詠訪知民間舊苦鹽貴，而私廩尚有餘積，乃下鹽價，聽民得以米易鹽，民爭趨之，未踰月，得好米數十萬斛，軍士歡騰。

時四郊尚多賊壘，城門晝閉，王繼恩日務宴飲，不復窮討。官支芻粟餇馬，詠但給以錢；繼恩怒曰：「馬豈能食錢邪？」詠曰：「草場焚蕩，芻粟取之民間，公今閉門高會，芻粟何從而出？若開門擊賊，何慮馬不食粟乎！詠已具奏矣。」繼恩乃不敢言。會衞紹欽以書來督捕餘寇，繼恩始令兵四出。紹欽等連破賊衆，遂克蜀州。

繼恩嘗送賊三十餘輩，請詠治之，詠悉遣令歸業，繼恩怒，詠曰：「前日李順脅民爲賊，今日詠與公化賊爲民，何有不可哉！」

繼恩有帳下卒恃勢掠民財，或訴于詠，詠密戒曰：「得卽縛置井中，勿以來也。」吏如其戒。繼恩不敢恨，其黨亦自斂戢云。

繼恩既分兵四出，詠計軍食可支二歲，乃奏罷陝西運糧，帝喜曰：「此人何事不能了，朕無慮矣！」【考異】韓琦作詠神道碑云：「王繼恩縱軍士剽奪民財，詠召繼恩用事吏，面數其過，將斬之，吏股栗求活，詠赦之，因令勸繼恩分屯，繼恩卽自分兵屯鄰州，當還京師者遣之。」此事固善，但恐不然，詠誅繼恩帳下卒，猶不欲與繼恩失歡。若果如此，則嫌隙顯矣。且琦載詠在蜀事，中或先後失序，今不取。

29 募富民出粟濟飢，授爵有差。

30 庚辰，西川行營指揮使張嶙，殺其將王文壽以叛；遣使招撫其衆，遂共斬嶙首以降。

31 冬，十月，（校者按：應移30庚辰前。）丙戌，以楊徽之、畢士安並爲開封府判官，喬維岳、楊礪、夏侯嶠並爲推官。徽之等入謝，帝召升殿，賜坐，諭以輔導之旨。

32 給事中賈黃中，出知澶州，帝諭之曰：「夫小心翼翼，君臣皆當然，若太過，亦失大臣之體。非分之事，己固不爲，又何必如是乎！」黃中頓首謝。帝因謂左右曰：「黃中母有賢德，年七十殊未衰，每與之語，甚明敏。黃中終日憂畏，必先其母老矣。」又顧參知政事蘇易簡曰：「卿母亦然。自古賢婦人不可多得。」易簡曰：「陛下孝治天下，重人之親。臣實何人，老母倍蒙聖獎！此人子之榮也。」

33乙未，楊瓊等復邛州。

34乙巳，改青州平盧軍爲鎮海軍，杭州鎮海軍爲寧海軍。

35十一月，戊申朔，遼命諸部所俘宋人，有官吏儒生抱器能者，諸道軍有勇健者，具以名聞。旋官衞德(升)等六人。

36庚戌，帝遣張崇貴持詔諭李繼遷，賜以器幣、茶、藥、衣服。

37張洎性險詖，尤善事宦官，嘗引唐故事，奏內供奉官藍敏正爲學士使，內侍裴愈副之。帝覽奏，謂曰：「此唐弊政，朕安可踵其覆轍，卿言過矣！」洎慚而退。然以文采清麗，巧于逢迎，帝卒喜之。

38遼命郡縣貢明經茂材異等。甲寅，詔南京決滯獄。

39癸亥，賊攻眉州，崇儀使宿翰等擊敗之。

40丙寅，上幸國子監，賜直講孫奭五品服，令奭講尙書說命三篇。帝意欲切勵輔臣，因歎曰：「天以良弼賚商，朕獨不得邪！」

41丁卯，大雨雪，近臣稱賀。帝因言：「多士盈朝，求一材堪轉運使、三司判官者，了不可得。」乃詔宰相呂蒙正以下至知制誥各舉有器業可任事者一人。蒙正奏曰：「臣備位宰相以進退百官，今獨舉一二人，恐示天下不廣也。」帝曰：「前代亦合有宰相舉官故事，可令史館檢討之。」既而有司具以歷代故事來上，帝復召蒙正等謂曰：「虞丘子舉孫叔敖，崔祐甫舉吏八百，狄仁傑自舉其子光嗣，何謂無也？」因書優孟對楚王錄孫叔敖之嗣故事爲一幅，以賜蒙正，蒙正等退而各舉所知以聞。

42 十二月，戊寅朔，司天言日當食。至是陰雲蒙蔽，自旦及中而散，羣臣稱賀。賀日不食始此。

43 王繼恩御軍無政，其下恃功暴橫，張詠恐軍還日有意外之變，乃密奏，請遣腹心近臣可以彈壓主帥者，亟來分屯師旅。辛巳，命樞密直學士張鑑、西京作坊副使馮守規偕往，召對後苑門，面授方略。鑑曰：「益部新復，卒乘不和，若聞使者驟至，易其戎伍，慮或猜懼，變生不測。請假臣安撫之名。」帝稱善。

鑑之行，帝付以空名宣頭及廷臣數人。鑑至，與詠卽遣部戍兵出境，繼恩麾下使臣亦多遣東還，督繼恩討捕殘寇，而鑑等招輯反側，蜀民始安。

44 戊子，高麗進妓樂于遼，遼主卻之。

45 庚寅，宿翰等引兵趨嘉州，僞知州王文操以城降。

46 乙未，祕書丞、知蒙〔榮〕州張樞，坐降賊棄市。

47辛丑，罷總計使，三司復置使一員，命陳恕等領之。恕出入三司，首尾十八年，帝嘗題于殿柱曰「眞鹽鐵陳恕」。時言稱職者以恕爲首。

恕將立茶法，召茶商數十人，俾各條利害，恕閱之，第爲三等，語副使宋太初曰：「吾觀下等固滅裂無取，上等取利太深，此可行于商賈，不可行于朝廷。惟中等公私皆濟，吾裁損之，可以經久。」于是始爲三法行之，貨財流通。

恕每便殿奏事，帝或形誚讓，恕斂飭，退至殿壁負立，若無所容；俟意稍解，復執前奏，或至三四。帝以其忠，多從之。

48是歲，遼放進士呂德懋等二人。

至道元年　遼統和十三年。（乙未、九九五）

1春，正月，戊申朔，改元，赦京畿繫囚，蠲諸州逋租。

2丙辰，上清宮成，總千二百四十二區，車駕卽日往謁焉。

3辛酉，帝御乾元門樓觀燈，賜宴。

4度支判官陳堯叟、梁鼎上言：「自漢、魏、晉、唐以來，於陳、許、鄧、潁暨蔡、宿、亳至於壽春，用水利墾田，陳迹具在。望選稽古通方之士，分爲諸州長吏，兼管農事，大開公田，以通水利。發江、淮下軍散卒及募民以充役，每屯十人，人給牛一頭，治田五十畝；雖古制一夫百畝，今且墾其半，俟久而古制可復也。畝約收三斛，歲可得十五萬斛，凡七州之間，置二十七屯，歲可得三百萬斛。因而益之，數年，必致倉廩充實，可省江、淮漕運。其民田之未闢者，官爲種植；公田之未墾者，募民墾之，歲登所取，其數如民間主客之例，此又敦本勸農之要道也。」帝覽奏嘉之，卽遣大理寺丞皇甫選、光祿寺丞何亮乘傳往諸州按視，經度其事。

5始命司門員外郎孫蠙爲皇姪、皇孫教授，故涪陵悼王廷美諸子之在京者，皆令肄業焉。

6癸亥，參知政事趙昌言罷爲戶部侍郞，知鳳翔府。

7遼招討使韓德威，率數萬騎自振武南侵，永安節度使折御卿率親騎邀之，大敗其衆于子河汊，悉委其輜重而遁。捷聞，帝謂左右曰：「契丹輕進易退，朕常誡邊將勿與爭鋒，待其深入，分兵以邀其歸，必無遺類。今果如吾言。」

8端拱末，詔以興道坊宣祖舊第建宮，乙丑成，賜名曰洞眞。

9初，趙贊自京兆罷歸，纔數月，帝復令贊鉤校三司簿領。會改創三司官屬，以贊爲西京作坊副使、度支都監。有鄭昌嗣者，亦起三司走吏，與贊親比，累遷至西上閤門副使、鹽鐵都監。二人既得聯職，益橫恣不法。丁卯，詔削奪贊官爵，其家配隸房州，昌嗣責授唐州團練副使；既行數日，並於所在賜死。

10 戊辰，以翰林學士錢若水爲右諫議大夫，同知樞密院事；樞密副使劉昌言罷爲給事中。

11 二月，甲申，命宰相、羣官禱雨。又命中使分祀五岳，故事，御署祝版以遣之。翰林學士王禹偁上言：「準禮，五岳視三公，今雖加王爵，猶人臣爾。天子稱名，恐非古制。請自今更不御署。」帝親批其紙尾曰：「朕爲萬民祈福，桑林之禱猶無憚，至於親署，又何損乎！」

12 丙午，宿翰等至嘉州，函賊帥張餘首送西川行營，其黨悉平。

13 令節度至刺史勿與金穀、刑獄，止委通判及判官。

14 三月，丁未朔，詔以官倉菽數十萬石貸京畿及內郡民爲種。有司言請量留以供國馬，帝曰：「但竭廩以給之，國馬食以芻藁可矣。」

15 庚申，詔諸路轉運司：「告諭部下幕職、州縣官等，一應公私利害，並許上聞，送中書舍人閱視可否。」

16 李繼遷遣銀州五部押衙張浦來貢。己巳，帝令衞士數百輩射於崇政殿庭，召浦觀之。先是李延信還，帝賜繼遷勁弓三，皆力一石六斗，繼遷意欲威示戎裔，非有人能輓也。至是士皆引滿平射有餘力，浦大駭。帝笑問浦：「戎人敢敵否？」浦曰：「蕃部弓弱矢短，不敢敵也。」帝因謂浦曰：「戎無可戀，繼遷何不束身自歸，永保富貴！」

17詔權停貢舉。

18.夏，四月，己卯，遼參知政事邢抱朴，以母憂去官。抱朴母陳氏，少通經義，以孝睦稱，有六子，親教以經，抱朴及弟抱質並致通顯，至是卒。太后聞之嗟悼，贈魯國夫人，遣使賜祭。旋詔抱朴起復。

19癸未，吏部尚書、平章事呂蒙正，罷爲右僕射，以參知政事呂端爲戶部侍郎、平章事。帝謂蒙正曰：「僕射師長百僚，朕以中書多務，與卿均勞逸耳。」又謂端曰：「廟堂之上固無虛授，但能進賢退不肖，使爲稱職，卿宜勉之。」

端歷官僅四十年，至是驟被獎遇，帝常恨任端之晚。端爲相，持重識大體，以清淨簡易爲務。奏事帝前，同列多異議，端罕所建明。一日，內出手札戒諭：「自今中書事必經呂端詳酌，乃得奏聞。」端謙讓不敢當。【考異】呂誨補正惠公傳改本史語「罕所建明」作「端笏卻立候顧問」，蓋飾辭，今但用本語。

20宣徽北院使、知樞密院事柴禹錫，罷爲鎭寧節度使。

21參知政事蘇易簡，罷爲禮部侍郎，以翰林學士張洎爲給事中、參知政事。洎與易簡嘗同在翰林，不協。及易簡遷中書，洎多攻其失，易簡去位，洎因代之。

初，寇準知吏部選事，洎掌考功，準年少新進，思欲老儒附己，洎夙夜坐曹視事，每冠帶候準出入於省門，揖而退，不交一談，準益重焉，極口薦洎於帝。帝亦欲用洎，第知其在江表日多讒毁良善，李煜殺潘祐，洎嘗預謀，心疑焉。翰林待詔尹熙古等皆江表人，洎嘗善待之。帝一夕召熙古等侍書禁中，因從容問以佑得罪之故，熙古言：「李煜忿佑諫説太直耳，非洎謀也。」自是遂洗然，而準又數薦洎不已。既同執政，洎奉準愈謹，政事一決於準，無所參預，專修時政記，甘言善柔而已。

22 甲申，以宣徽北院使、同知樞密院事趙鎔知樞密院事。

23 乙酉，遼師侵雄州，知州何承矩擊敗之。

24 戊子，詔參知政事與宰相分日知印、押班，遇宰相、使相視事及議軍國大政，並得升都堂，從呂端之請也。先是趙普獨相，太祖特置參知政事以佐之，其後復有釐革。呂端初與寇準同列，及先任宰相，慮準不平，乃上言：「臣兄餘慶任參知政事日，悉與宰相同，願復故事。」帝特從其請，亦以慰準意云。

25 丙申，賜布衣潘閬進士第；未幾，追還詔書，以閬狂妄故也。

26 開寶皇后疾甚，遷於故燕國長公主故第，甲辰，崩，權殯于普齊〔濟〕佛舍，謚孝章皇后。

27 五月，帝召三司孔目官李溥等二十七人對于崇政殿，問以計司錢穀之務。溥等條上利害七十一事，中書參校其可行者四十四事，遂著于籍。

28翰林學士王禹偁兼知審官院及通進、銀臺、封駁司，制敕有不便，多所論奏。開寶皇后之喪，羣臣不成服，禹偁對賓客言：「后嘗母天下，當遵用舊禮。」或以告，帝不悅。甲寅，坐輕肆，罷爲工部郞中、知滁州。【考異】涑水記聞稱至道初，孝章皇后崩，喪禮頗不備，禹偁上書論之，坐出知滁州。宋史及長編但云禹偁與賓客言，是未嘗上章也，今從之。

禹偁嘗爲李繼遷草制，繼遷送馬五十匹，禹偁以狀不如式，卻之。及在滁州，閩人鄭褒徒步來謁，禹偁愛其才，及別去，爲買一馬。或言其買馬虧價者，帝曰：「彼能卻繼遷五十匹馬，顧肯虧價哉！」

29癸亥，帝語及三司，因謂侍臣曰：「前代帝王昏弱，天下十分財賦，未有一分入于王室。唐德宗在梁、洋，公私窘乏，韓滉專制鎭海，積聚財貨，德宗遣其子皋往求，得百萬斛斗，以救艱危，卽時朝廷時勢可見矣。朕今收拾天下遺利，以贍軍國，以濟窮困；若豪戶猾民，望毫髮之惠，不可得也。」

30丁卯，召三司使陳恕等，責以職事曠弛，恕等對曰：「今國用、軍須，所費浩瀚，諸州凡有災沴，必盡蠲其租，臣等每舉權利，朝廷以侵民爲慮，皆格而不行，縱使耿壽昌、桑弘羊復生，亦所不逮。臣等才力駑下，惟盡心簿領，終不足上裨聖理。」帝曰：「卿等淸而不通，專守繩墨，終不能爲國家度長絜大，剖煩析滯。只如京城倉庫主吏當改職者，簿領中一處節目未備，即十年、五年不與決斷，以至貧無資給，轉死溝壑，此卿等之過也，豈不傷和氣哉！」恕等頓首稱罪。

31 六月，己卯，詔重造州縣二稅版籍，頒其式於天下。

32 乙酉，遣內侍裴愈乘傳往江南諸州購募圖籍，願送官者給其直；不願者借本，于所在州命吏繕寫，仍以舊本還之。

33 李繼遷上表乞禁邊盜掠，詔從之。丙戌，遣閤門使馮訥持詔以繼遷爲鄜州節度使，繼遷不奉詔。

34 遼以昌平、懷柔等縣民請墾荒地，著爲業。

35 樞密使韓德讓奏：「三京諸鞫獄官吏，多因請託，曲加寬貸，或妄行搒掠，乞行禁止。」遼主從之。又表奏任賢去邪，太后喜曰：「進賢輔政，眞大臣之職！」優加賜賚。

36 丁亥，以張浦爲鄭州刺史，充本州團練使。

37 丁酉，詔：「許民請佃諸州曠土，便爲永業，仍蠲三歲租，三年外輸三分之一。州縣官吏勸民墾田，悉書其數於印紙，以俟旌賞。」

38 秋，七月，遼以烏實舊作兀惹，今改。烏昭度，渤海燕頗等侵鐵驪，遣奚王耶律籌寧、東京留守蕭恆德討之。

39 八月，乙亥朔，荆湖轉運使何士宗上言：「自今執政大臣出領外郡，應合申轉運使公事，只署通判以下姓名。」帝謂宰相曰：「大臣品位雖崇，若臨外藩，卽轉運使所部，要繫州府，不繫品位，此朝廷典憲，未可輕改也。」

40 壬辰，以開封尹壽王元侃爲皇太子，改名恆，大赦天下。詔皇太子兼判開封府。

初，參知政事寇準自青州召還，入見，帝足創甚，自褰衣以示準，且曰：「卿來何緩？」準曰：「臣非召，不得至京師。」帝曰：「朕諸子孰可以付神器者？」準曰：「陛下爲天下擇君，謀及婦人、宦官，不可也，謀及近臣，不可也，惟陛下擇所以副天下之望者。」帝俛首久之，屏左右曰：「元侃可乎？」對曰：「知子莫若父，聖慮既以爲可，願卽決定。」帝遂以元侃爲開封尹，改封壽王，至是立爲太子。廟見還，京師之人擁道喜躍曰：「少年天子也。」帝聞之，不懌，召準謂曰：「人心遽屬太子，欲置我何地？」準再拜賀曰：「此社稷之福也。」帝入語，后嬪六宮皆前賀。帝復出，延準飲，極醉而罷。

準嘗奏事切直，帝怒而起，準攀帝衣請復坐，事決乃退。帝嘉歎曰：「此眞宰相也！」又語左右曰：「朕得寇準，猶唐太宗之得魏徵也！」【考異】三朝聖政錄謂準牽帝請決事，乃爲員外郎時，蓋誤也，今從本傳。

41遼命修山澤祠宇、先哲廟貌，以時祀之。於是諸州孔子廟及奉聖之黃帝祠、儒州之舜祠，並得修繕。

42癸巳，以尙書右丞李至、禮部侍郎李沆並兼太子賓客，見太子如師傅之儀，太子見，必先拜。至等上表懇讓，詔不許。帝謂至等曰：「太子仁孝賢明，正賴卿等輔之以道，事或未當，必須力言，勿順從也。」

43癸卯，禁緣邊諸州民與內屬戎人婚娶。

44丙午，西南蕃牂牁諸蠻來貢，詔封西南蕃主龍漢璪爲歸化王。

45丁卯，御朝元殿，册皇太子，陳列如元會之儀。皇太子自東宮常服乘馬赴朝元門外幄次，改服遠游冠，朱明衣，三師、三少導從入殿，受册寶，太尉率百官奉賀。皇太子易服乘馬還宮，百官常服詣宮參賀。庚午，皇太子具鹵簿謁太廟五室。既而皇太子讓宮遼〔僚〕稱臣，許之。

46淸遠軍言李繼遷入寇，率兵擊走之。

47九月，（校者按：應移44丙午前。）戊午，遼以南京太學生員寖多，特賜水磑莊一區。

48冬，十月，乙亥，遼詔諸道置義倉，每歲秋社，民隨所獲出粟庤倉，社司籍其目，歲儉，發以賑民。

49 乙酉，帝出新製琴阮示近臣。琴七絃，今增爲九，曰君、臣、文、武、禮、樂、正、民、心。阮四絃，今增爲五，曰金、木、水、火、土。因命待詔朱文濟、蔡裔齎琴阮詣中書彈新聲，詔宰相以下皆聽。由是中外獻歌詩頌者數十人。

初，帝欲增琴阮絃，文濟以爲不可增，裔以爲增之善。及新製琴阮成，召文濟撫之，辭以不能，帝怒，面賜裔緋衣，文濟班裔上，獨衣綠，欲以此激文濟，終守前說。及遣中使押送中書，文濟不得已，取琴中七絃撫之。宰相問曰：「新曲何名？」文濟曰：「古曲風入松也。」帝嘉其有守，亦賜緋衣。

50 戊子，烏賓請納款于遼，遼主詔諭之。

51 十一月，己未，帝閱武於便殿，衞士挽弓有及一石五斗者，矢二十發而綽有餘力，因謂近臣曰：「寰海無事，美材間出，悉在吾彀中矣。」又令騎兵、步兵各數百，東西列陣，挽强彀弩，視其進退，發矢如一，容止中節。帝曰：「此殿庭間數百人耳，猶兵威可觀，況堂堂之陣，數萬成列者乎！」

52 置轉運司承受公事，選朝官及三班爲之，每路二員，常事與轉運聯署施行，非常事許乘驛入奏。帝以遠民有事不能自達，故置此職。

53 召王繼恩還，以峰州團練使上官正、右諫議大夫雷有終並爲西川招安使。

54 高麗連歲貢於遼，遼主遣翰林學士張幹等册王治爲高麗國王，治遣其童子十人往習契丹語。

55 十二月，甲戌，羣臣奉表加上尊號曰法天崇道上聖至仁皇帝，凡五上，不許。

56 己卯，鐵驪貢鷹馬於遼。

57 庚辰，銅渾儀、候儀成，秋官正韓顯符所造也。詔於司天監築臺置之。【考異】李燾曰：張思訓及韓顯符並有渾儀，本志但記張思訓所作，而顯符所作則略之，獨著其候儀法，不知何也。

58 永安節度使折御卿被病，遼諜知之，韓德威復爲李繼遷所誘，遂率衆入邊，以報子河汊之役。御卿輿疾而行，德威聞其至，頓兵不敢進。會疾甚，其母遣親信召御卿歸就醫藥，御卿曰：「世受國恩，強寇未滅，御卿之罪也，臨敵安可棄士卒自便！死于軍中，乃其分耳。爲白太夫人，無念我，忠孝豈得兩全！」言訖，泣下。翼日卒。帝聞，痛悼久之，贈侍中，以其子惟正爲洛苑使、知府州事。御卿累世邊將，習知蕃夷情狀，常欲立功以報恩，朝廷亦以鱗、府逼近戎夷，倚爲一面捍蔽，自子河汊之戰，邊部喪氣，不敢深入。

59 戊戌，斬澄州刺史孫贊。帝謂宰相曰：「贊近請往河西效用，及與蕃賊接戰，違主將令，陷卻百餘人，朕已遣使臣就斬之。似玆將領稍失律不與寬貸，則偏裨行伍，安敢更不用命也！」

60 初，汴河歲運江、淮米三百萬石，非水旱蠲租，未嘗不及數。是歲，運米至五百八十萬石。

61 遼放進士王用極等二人。

二年 遼統和十四年。（丙申、九九六）

1 春，正月，己酉，親享太廟。辛亥，合祭天地于圜丘，大赦天下。帝以文物仗衞之盛，詔有司畫爲南郊圖。

2 丁巳，遼蠲三京及諸州稅賦。

3 二月，壬申朔，司空致仕李昉卒，贈司徒，謚文正。【考異】謚法有「貞」字，無「正」字。宋避仁宗嫌名，改「貞」爲「正」。如李昉、王旦謚文正，呂端、馬知節謚正惠，高保融謚正懿，皆在眞宗以前，當用「貞」字，史臣避諱追改，非其本稱，然相承已久，今亦不復更易，考古者不可不知也。元、明以後，「貞」「正」兩字兼用，蓋禮官沿襲之誤。或謂「正」美于「貞」，則失之不考矣。

昉寬厚無城府，與人多恕，在相位，雖無赫赫稱，然小心循謹，動持大體，不市恩威。參知政事時，帝一日語侍臣曰：「朕何如唐太宗？」左右互辭以贊，獨昉無言，微誦白居易七德舞詞曰：「怨女三千放出宮，死囚四百來歸獄。」帝遽興曰：「朕不及，朕不及，卿言警朕矣！」

4庚辰，以李昌齡爲給事中、參知政事。帝謂昌齡曰：「中書政本，當進用善良，博詢衆議，以正道公議臨之，即怨謗無由生矣。」

5三月，壬寅，高麗國王王治請婚於遼，遼許以東京留守蕭恆德女字之，高麗遣其臣韓彥卿如遼納幣。既而王治殂，遼人還其幣。

6甲子，遼命安集朔州流民。

7帝初命白守榮護送芻粟四十萬於靈州，李繼遷邀擊於浦洛河，守榮衆潰，運餉盡爲繼遷所奪。帝怒，夏，四月，甲戌，以李繼隆爲環、慶十州都部署，將兵討之。

8先是，遣使訪川、峽諸州守貳之能否，知夔州袁逢吉、知遂州李虛己、通判查道、知忠州邵煒、知雲安軍薛顏等七人以稱職聞，戊子，皆賜詔書奬諭。

道，休寧人，元方之子也，以進士除館陶尉，性廉介，與妻采野蔬雜米爲薄粥以療飢。稅過期不辦，州召縣吏悉枷之，既出門，他吏皆脫去，道獨荷之下鄉督稅。鄉之富民盛具酒饌以待，道不食，杖其富民，於是餘民皆驚，逋稅立辦。都運使樊宗古素知道節行，欲薦之，辭以與其主簿葉齊。【考異】司馬光日記以查道爲主簿，葉齊爲縣令，今從長編。宗古曰：「齊素不識也。」道曰：「公不薦齊，道亦不欲當公薦。」宗古不得已兩薦之，齊緣是得改光祿寺丞、直史館。

道尋自遂州徙知果州。時餘盜何彥忠等集二百餘衆，止西充之大木槽，詔書招諭未下，咸請發兵殄之。道曰：「彼懼罪欲延數刻命耳，其黨豈無詿誤邪！」即微服單馬，數僕不持矢刃，直趨賊所，諭以詔意。或識之曰：「郡守也，是寧害我者！」乃相率投兵，羅拜請罪，悉給券歸農，驛奏之。賜詔書獎諭。

9 己亥，遼主鑿大安山，取劉仁恭所藏錢散諸五計司，兼鑄太平錢，新舊互用，由是錢幣充溢。【考異】薛居正舊五代史僭僞傳云：劉仁恭以墐泥爲錢，令部內行使，盡斂銅錢，于大安山巔鑿穴以藏之，藏畢，即殺匠人以滅其口。冊府元龜亦云：劉仁恭禁使銅錢，自以膠和墐土爲泥錢，其銅錢峻法賦斂，鑿大安山爲石穴以藏之。是大安山之錢，實仁恭所藏也。遼史聖宗紀云：鑿大安山，取劉守光所藏錢，食貨志亦作劉守光，蓋傳聞之誤。今改正。

10 乙未，詔：「自今五品以上官任子，止賜同學究出身，依例赴選集，不得濫授攝官。」

11 五月，辛丑朔，令開封府判官楊徽之等按行管內諸州民田，旱甚者蠲其租。

12 李繼遷帥萬餘衆寇靈州，圍城歲餘，地震二百餘日，城中糧糗皆絕。中使竇神寶，潛遣人市糴河外，宵運以入，間出兵擊賊，卒全其城。

13 司天中官正韓顯符言：「熒惑犯輿鬼，秦、雍之分，國家當有兵在西北。」冬官正趙昭益言：「犯輿鬼中積尸，秦分野有兵，人民災害之象。」帝語宰相等曰：「天文讁見如此，秦地民罷其災，朕旦夕念之，不遑寧處。李繼隆等兵馬已到環、慶，賊聞王師之至，固已破膽，其如靈州救援未及，萬一不守，城中皆漢民，必盡屠戮。」因嗟歎久之。

辛亥，詔輔臣陳靈州事宜。帝以靈州孤絶，救援不及，令宰相呂端、知樞密院事趙鎔等各述所見利害，端等請共爲一狀，張洎越次曰：「呂端等備位輔弼，上有所詢，乃緘默而不言，深失謀謨之體。」端曰：「洎有所言，不過揣摩陛下意耳！」帝默然。壬子，洎上疏請棄靈州。帝初亦有此意，既而悔之，及覽洎奏，不悅，卻以付洎曰：「卿所陳，朕不曉一句！」洎惶恐流汗而退。帝乃召同知樞密院事向敏中謂曰：「張洎上言，果爲呂端所料。」

14 己未，詔西京作坊使、敍州刺史石普下御史府按問，坐爲西川巡檢，擅離本部入奏事故也。既而召見，赦其罪，復爲西川都提舉捉賊使。時賊黨王鸕鷀復聚集剽略，僞稱邛南王。普因言：「蜀之亂，由賦斂急迫，使農民失業，不能自存，並入於賊。望一切蠲其租賦，令自爲生，則不討自平矣。」帝許之。普既還，揭榜告諭，蜀民無不感悅，部內以安。

15 是月，遼奚王耶律籌寧、東京留守蕭恆德等，以討烏實不克削官。改諸部令衮國語解云：令衮，官名。爲節度使

16 六月，庚辰，永嘉陳侃，事親至孝，五世同居，詔旌表門閭，賜其母粟帛。

17 己丑，高麗遣使問遼主起居，時遼主避暑于炭山也。後以爲常。

18 乙未，以祕書丞濟陰任中正爲江南轉運副使。初至，歲大稔，發運使王子輿欲轉羨粟餉京師。中正曰：「今雖有餘，後或小歉，則數不登，將急取吾民乎？」子輿乃止。

續資治通鑑卷第十九

賜進士及第兵部尚書兼都察院右都御史總督湖北
湖南等處地方軍務兼理糧餉世襲二等輕車都尉　畢　沅　編集

宋紀十九　起柔兆涒灘（丙申）七月，盡強圉作噩（丁酉）十二月，凡一年有奇。

太宗至仁應道神功聖德睿烈大明廣孝皇帝

至道二年　遼統和十四年。（丙申、九九六）

1 秋，七月，己亥朔，命殿前都指揮使王超爲夏、綏、麟、府州都部署。

2 遼太妃之領兵撫定西邊也，委軍事於招討使蕭達蘭。舊作撻覽，今改。達蘭留意人才，時耶律昭坐兄國留事流西北部，達蘭與語，愛之，禮致門下，欲召用，以疾辭。達蘭問曰：「今三邊晏然，惟準布舊作阻卜，今改。伺隙而動，討之則路遠難至，縱之則邊民被掠，增戍兵則糧餉不給；欲苟一時之安，不能終保無變，計將安出？」昭以書答曰：「夫西北諸部，每當農時，一夫爲偵候，一夫治公田，二夫給糺（糾）官之役，大率四丁無一室處。芻牧之事，仰給妻孥，一遭寇掠，貧窮立至。春夏賑卹，吏多雜以糠粃，重以掊克，不過數月，又復告困。且畜牧者，富國之本 有司防其隱没，聚之一所，不得各就水草善地。兼以逋亡戍卒，隨時補調，不習風土，故日瘠月損，馴至耗竭。爲今之計，莫若賑窮薄賦，給以牛種，使遂耕穫。置游兵以防盜掠，頒俘獲以助伏臘，散畜牧以就便地，期以數年，富強可望。然後練簡精兵，以備行伍，何守之不固，何動而不克哉！然必去其難制者，則餘種自畏。若舍大而謀小，避強而攻弱，非徒虛費財力，亦不足以服其心。此二者，利害之機，不可不察。昭聞古之名將，安邊立功，在德不在衆，故謝玄以八千破苻堅十萬，休格舊作休哥，今改。以五隊敗曹彬十萬，良由恩結士心，得其死力也。閣下膺非常之遇，專方面之寄，宜遠師古人，以就勳業，上觀乾象，下盡人謀，察地形之險易，料敵勢之虛實，慮無遺策，利施後世矣。」達蘭從其言，卒能成功。【考異】遼史耶律昭傳云：欲召用，以疾辭。蕭達蘭傳：林牙耶律昭蓋雖辭達蘭之召，後仍起用而爲文學侍從官也。遼史未詳載。又此書不繫年月，今附書。

8 庚申，太常博士直史館陳靖上言：「古者強榦弱枝之法，必先富實於內。今京畿周環二三十州，幅員數千里，地之墾者十才二三，稅之入者又十無五六，國用不充，民食不足。望澤〔擇〕大臣一人有深識遠略者，兼領大司農事，典領於中；又於郎吏中選才智通明、能撫民役衆者爲副，執事於外。自京東、西擇其膏腴未耕之處，申以勸課，借閑曠之地，募游惰之民，別置版圖，便宜從事，酌民力之豐寡，相農畝之磽瘠，均配畀之，無煩督課。耕桑之外，更課令益種雜木蔬果，孳畜羊犬雞豚。俟至三五年間，生計成立，有家可戀，有土可懷，卽計戶定征，量田輸稅，斯實敦本化人之弘略也！」帝覽奏，召對獎諭，令條奏以聞。尋以靖爲勸農使，按行陳、許、蔡、潁、襄、鄧、唐、汝等州，勸民墾田，以大理寺丞皇甫選、光祿寺丞何亮副之。未幾，三司以爲費官錢，多水旱，恐遂散失，其事遂寢。

4 丙寅，參知政事寇準，罷爲給事中。先是郊祀行慶，中外官吏皆進秩，準遂率意輕重，其素所喜者多得臺省清秩，所惡及不知者卽敍退之。廣州左通判、左正言馮拯轉虞部員外郎，右通判、太常博士彭惟節乃轉屯田員外郎。拯嘗與準有隙，準故抑之。惟節自以素居拯下，章奏列銜皆如舊不易，準怒，以堂帖升惟節於拯上。帝切責拯，仍特免勘罪，拯憤極，言準擅權，并及嶺南官吏除拜不均數事。嶺南東路轉運使康戩，亦言呂端、張洎、李昌齡皆準所引，端德之，洎曲奉準，昌齡畏懦，皆不敢與準抗，故得以任胸臆，亂經制。帝大怒，召責端等，端曰：「準性剛自任，臣等不欲數爭，慮傷國體。」因再拜請罪。既而準入對，帝語及馮拯事，準抗辯，帝曰：「若廷辯，失執政之體。」準猶力爭不已，帝歎曰：「雀鼠尚知人意，況人乎！」翼日，準猶抱中書簿領論曲直，帝益不悅，罷知鄧州

5 是月，以丁惟清知西涼府。

涼州周回二千里，東界原州，南界雪山、吐谷渾、蘭州，西界甘州，北界吐蕃，領姑臧、神

烏、番禾、昌松、嘉麟五縣，戶二萬五千有奇，城周四十五里，李軌所築，久不內屬，至是請帥，從之。

6 汴水決穀熟縣。

7 閏月，庚寅，詔：「江、浙、福建民貧人錢沒入男女者，還其家，敢匿者有罪。」

8 九月，戊寅，右僕射宋琪卒，贈司空，謚惠安。琪素有文學，尤通吏術，頗知人情僞。在相位日，百執事有求請，多面折之，以是取怨於人。

9 己卯，夏州、延州行營言，兩路合勢破賊於烏白池，斬首五十級，生擒二千餘人，賊首李繼遷遁去。

先是帝部分諸將攻討，李繼隆自環州，范廷召自延州，王超自夏州，容州觀察使丁罕自慶州，錦州刺史張守恩自麟（鄜）州，凡五路，率兵抵烏白池，皆先授以方略。守恩，令鐸子也。師已有期，銀夏鈐轄盧斌求對，懇言曰：「蕃族馬驕兵悍，來往無定，敗則走他境，疾戰沙漠，非大兵所利。不若堅保靈州，於內地多積芻粟，以師援送，苟其至也，會兵首尾擊之。庶幾無枉費，且不失固圉之策。」帝不從，改授斌環慶鈐轄，領兵二萬爲繼隆前鋒。斌謂繼隆曰：「靈州趨烏白池，月餘方至，若自環州橐駝路，才十里程耳。」繼隆因遣其弟繼和馳驛上言：「赤檉路回遠乏水，請自淸（青）岡峽直抵繼遷巢穴。」不及援靈州。帝怒，召繼和於便殿，詰之曰：「汝兄如此，必敗吾事矣！」因手書切責繼隆，命引進使瀛州周瑩詣軍前督之。瑩至，繼隆已便宜發兵矣。

既而與罕兵合，行數十日不見賊，引軍還；張守恩見賊不擊，率兵歸本部；獨超、廷召至烏白池，與賊大小數十戰；雖頻克捷，而諸將失期，士卒困乏，終不能擒賊焉。及進時超子德用，年十七，爲先鋒，部萬人戰鐵門關，斬首十三級，俘掠畜產以萬計。進師烏白池，賊銳甚，超不敢進，德用請乘之，得精兵五千，轉戰三日。賊既卻，德用曰：「歸師迫險，必亂。」乃領兵距夏州五十里先絕其險，下令曰：「敢亂行者斬！」一軍肅然，超亦爲之按轡。敵躡其後，望見隊伍嚴整，不敢近，超撫其背曰：「王氏有子矣！」

10 丙戌，秦、晉諸州地晝夜十二震。

11 甲午，詔：「壽寧節賜翰林學士、兩省五品、尚書省四品以上一子出身。」先是近臣因誕節或以疏屬求蔭補，至是始爲限制，非其子孫及親兄弟，多寢而不報。

12 冬，十月，丙辰，遼命劉遂教南京神武軍士劍法，賜袍帶、錦幣。

13 己未，以池州新鑄錢監爲永豐監，歲增鑄錢數十萬緡。

14 甲子，併三司句院爲一，工部員外郎袁州劉式專領之。帝面命式曰：「以汝一人當三人之職，宜勉副所望。」式久居計司，深究簿領之弊，江、淮間舊有橫賦，積逋至多，式奏免之。

然檢校過峻，卒爲下吏所訟，免官。

15 十一月，丁卯朔，司天冬官正楊文鑑上言，請於新曆六十甲子外更增六十年，事下有司。判司天監苗守信等議，以爲無所稽據，不可行用。帝曰：「支干相承雖止於六十，但兩周甲子，共成上壽之數，期頤之人，得見所生之歲，不亦善乎！」因詔有司，新曆以百二十甲子爲限。

16 甲戌，遼詔諸軍官毋非時畋獵妨農。

17 乙酉，遼奉安景宗及太后石像於乾州。

18 是月，回鶻乞婚於遼，不許。

19 十二月，乙巳，禮部侍郎、知陳州蘇易簡卒。

易簡才思敏贍，在翰林八年，眷遇夐絕，遂參大政。性嗜酒，帝親書勸酒、戒酒二詩以賜，令對其母讀之，自是每入直不敢飲。帝聞其死，曰：「易簡竟以酒敗，深可惜也！」贈禮部尚書。

20 辛亥，有司言，鳳州出銅鑛，定州出銀鑛，請置官掌其事，帝曰：「地不愛寶，當與衆庶共之。」不許。

21 甲寅，遼以南京道新定稅法太重，減之。

22 戊午，詔：「自今州縣官部內流民及亡失租調什之一者，並書下考。」

23 甲子，遼招討使蕭達蘭以準布部長阿魯端舊作阿魯敦，今改。叛而復降，桀驁難制，誘其黨六十人斬之以獻，用耶律昭之言也。達蘭封蘭陵郡王，兼侍中。

24 遼主如南京，以駙馬都尉蕭恆德爲行軍都部署，伐富勒莫多部。恆德有膽略，數從南伐，太后多其功，征東高麗還，賜號啓聖竭力功臣。旋以從征烏實，（舊作兀惹。）恆德利其俘獲，倡議深入，比還，道遠糧竭，士馬死傷甚衆，削功臣號。太后念其舊勞，故有是命。既而富勒莫多部人戶多歸附，恆德還。

25 是歲，大有年。

26 遼放進士張儉等三人。

三年遼統和十五年。（丁酉、九九七）

1 春，正月，庚午，遼主如延芳淀。

2 丙子，以戶部侍郎溫仲舒、禮部侍郎王化基並參知政事，給事中李惟清同知樞密院事。化基寬中有度量，所在僚屬或慢于禮者，不以介意。時邊境多事，帝欲相仲舒而罷呂端，會不豫，乃止。

參知政事張洎罷爲刑部侍郎。

3 遼以河西党項叛，詔韓德威討之。

4 庚辰，遼命諸道勸民種樹。

5 乙酉，葬孝章皇后於永昌陵。

6 辛卯，以步軍都虞候傅潛爲延州路都部署，殿前都虞候王昭遠爲靈州路都部署，戶部使張鑑調陝西諸州軍儲。鑑上疏曰：「伏見關輔之民，數年以來，併有科役，畜產蕩盡，室廬頓空，今若復有差率，益致流亡，縱使驅迫而前，復恐逗撓而潰。願陛下特垂詔旨，無使重勞，因茲首春，俾務東作。況靈州一方，僻居塞外，雖曰西垂之要地，實爲中夏之蠹區，竭物力以供須，困甲兵而援送，事當慮深，患宜預防。若待川決而後隄，火熾而方戢，則焚溺之患深矣，雖欲拯救，其可得乎！」

7 己丑，遼命南京決滯囚。乙未，免流民稅。

8 二月，丙申朔，遼主如長春宮。

9 靈州行營破李繼遷，繼遷遁。

10 戊戌，遼以品部多貧民，勸富民出錢以贍之。

11 庚子，遼徙梁門、遂城、秦〔泰〕州、北平民於內地。

12 辛丑，帝不豫，始決事於便殿。

13 甲辰，除京畿死罪，囚流以下釋之。

14 丙辰，遼將韓德威奏破党項捷。

15 丁巳，遼命品部曠地募民耕種。

16 三月，戊辰，遼募民耕灤州荒地，免其租賦十年。

17 己卯，遼封李繼遷爲西平王。

18 壬午，遼免南京逋賦及義倉粟，仍禁諸軍官非時畋牧妨農。

19 甲申，河西党項乞歸附於遼，遼太妃旋遣人奏西邊捷，由是遼之西路拓地益遠。【考異】遼太妃領西北路兵，本紀所載甚略，疑太妃後以罪死，當時沒其戰功耳。今據蕭罕嘉努（舊作韓家奴。）傳存其事蹟。

20 壬辰，帝不視朝。癸巳，崩于萬歲殿。參知政事溫仲舒宣遺制，令皇太子即位于柩前。

初，帝不豫，宣政使王繼恩忌太子英明，與參知政事李昌齡、知制誥胡旦等【考異】宋史呂端傳：內侍王繼恩陰與參知政事李昌齡、殿前指揮使李繼勳、知制誥胡旦謀立元佐。東都事略及長編俱不言繼勳與謀，今刪去。謀立楚王元佐，頗間太子。宰相呂端問疾禁中，見太子不在旁，疑有變，乃以笏書「大漸」字，令親密吏趣太子入侍。及帝崩，繼恩白后至中書召端，議所立。端前知其謀，即紿繼恩，使入書閣檢太宗先賜墨詔，遂鎖之，亟入宮。后謂曰：「宮車晏駕，立嗣以長，順也，今將奈何？」端曰：「先帝立太子，正爲今日，豈容有異議邪！」后默然。太子既即位，端平立殿下不拜，請捲簾，升殿審視，然後降階，率羣臣呼萬歲。【考異】杜大圭名臣集所載呂正惠公傳本於隆平集，不言其鎖王繼恩迎立眞宗諸事，長編據呂誨集正惠公補傳書之。宋史呂端傳云：太宗不豫，端日與太子問起居，而不言其鎖繼恩。東都事略云，鎖繼恩于閤內，使人守之而入，與長編同，今從之。

夏，四月，乙未朔，尊皇后爲皇太后。大赦天下，常赦所不原者咸除之。制曰：「先朝庶政，盡有成規，務在遵行，不敢失墜。宜拔茂異之才，開諫諍之路。」京朝官衣緋綠及二十年，並與改服色。官未升朝亦聽敍賜緋紫自此始。

戊戌，始見羣臣于崇政殿西序。

21 遼主命錄囚。壬寅，發義倉賑南京。

22 癸卯，宰相呂端加右僕射。

23 改封弟元份雍王，元傑兗王，元偓封彭城郡王，元偁封安定郡王。

24 甲辰，以太子賓客李至爲工部尚書，李沆爲戶部侍郎，並參知政事。

25 丁未，中外羣臣進秩一等。

26 己酉，遼主如南京。

27 工部侍郎郭贄出知大名府。翼日，求對，懇辭，帝曰：「魏地重寄，卿宜亟去。」贄退，帝召輔臣問曰：「郭贄願留，如何？」對曰：「近例亦有之。」帝曰：「朕初嗣位，命贄治大藩而不行，則何以使人！」卒遣之。

28帝謂宰相曰：「朝行中頗有淹滯者，如梁周翰夙負詞名，三十年屈于衆僚；朕在宮府，多令楊億草牋奏，文理精當，宜即加擢。」辛亥，以工部郎中、史館修撰周翰爲駕部郎中、知制誥，著作郎、直集賢院億爲左正言，館職並如故。故事，入西閣皆中書召試制誥三篇，惟周翰不召試而命焉。

29李應機者，嘗知咸平縣。帝尹開封時，遣散從以帖下縣，有所追捕，散從恃王勢，讙呼縣廷，應機怒曰：「汝所事者王也，我所事者王之父也，父之人可以笞子之人。」杖之二十。散從泣訴於王，王不答而默記其名。及即位，擢應機通判益州，召登殿，謂曰：「朕方以西蜀爲憂，故除卿與〔此〕官，此未足爲大任也。有便宜事，密疏以聞。」

應機至州，未幾，有走馬入奏事，前一日，知州錢之，應機故稱疾不會，走馬心已不平。及暮，應機又謂走馬曰：「應機有密疏，欲附入奏，明日未可行也。」走馬不知其受帝旨，愈怒，强應曰：「諾。」明日，使謂應機曰：「某且行矣，願得所齎疏。」應機曰：「疏不可與人傳也，當自來受。」走馬雖怒甚，意欲積其驕橫狀訴於帝，乃詣應機廨舍，受疏以行。既至，帝迎問曰：「李應機無恙乎？有疏乎？」走馬愕然失據，即對曰：「有。」探懷出之，帝周覽稱善。因問：「應機治行如何？」走馬踧踖，轉辭稱譽。帝曰：「汝還語應機，所言事皆善，已行矣。

更有意見，盡當以聞。蜀中無事，行召卿矣。」頃之，召入，遷擢，數歲中至顯官。

應機爲吏強敏，而貪財，多權詐，後帝察其爲人，浸疏之。

30 進封交趾郡王黎桓爲南平王。

31 辛酉，知制誥胡旦責授安遠節度行軍司馬。旦與王繼恩等邪謀既露，帝新卽位，未欲窮究，而旦草行慶制詞，頗恣胸臆，多所溢美，語復訕上，故先黜之。

32 五月，甲子朔，日有食之。【考異】宋史不書日食，此從遼史。

33 丙寅，從羣臣請，始御正殿視朝，退，御後殿閱事，如常儀。

34 丁卯，詔諭內外文武羣臣：「自今人君有過，時政或虧，軍事否臧，民間利害，並許直言極諫，抗疏以聞。」

35 己巳，遼詔平州決滯獄。

36 庚午，詔三司：「及歲稔，市糴以實倉廩。」

37 壬申，罷江淮發運使、諸路轉運使司承受公事朝臣、使臣，悉召歸闕。帝初聽政，務從簡易也。

38 甲戌，參知政事李昌齡，責授忠武節度行軍司馬；宣政使王繼恩，責授右監門衞將軍，均州安置；胡旦削籍，流潯州。

太宗之卽位也，繼恩有力焉；自是寵遇莫比，乘間言事或薦外朝臣，故士大夫輕薄好進者輒與往來，每以多寶僧舍爲期。潘閬得官，亦繼恩所薦也；閬傾險士，嘗說繼恩乘間勸立儲貳。【考異】湘山野錄及筆談載潘閬與盧多遜同謀立秦王，蓋誤以王繼恩爲多遜，楚王爲秦王也。李仁甫已辨之，今不取。且言：「南衙自謂當立，立之將不德我；卽議所立，宜立諸王之不當立者。」南衙，謂帝也。繼恩信其說，頗惑太宗，太宗訖立帝。閬尋坐狂妄黜。太宗疾革，繼恩與昌齡及旦更起邪謀，賴呂端覺之，謀不得逞。帝既卽位，加恩百官，繼恩又密託旦爲褒詞。旦已先坐黜，於是并逐三人。籍繼恩家貲，多得蜀土僭侈之物。尋詔：「中外臣僚曾與繼恩交結通疏書者，一切不問。」後二年，繼恩死於貶所。

39 甲申，帝謂輔臣曰：「宮中嬪御頗多，幽閉可憫，朕已令給事歲深者悉放出。」呂端等曰：「踐阼初首行此令，哲王之懿範也。」

40 丁亥，立秦國夫人郭氏爲皇后。帝在儲位，每事謙讓，郭氏未嘗正妃號也。

41 庚寅，追尊母隴西夫人李氏爲賢妃。妃，眞定人，乾州防禦使英之女，帝及楚王元佐，皆妃所生也。

42 是月，遼迪里部舊作敵烈，今改。殺詳袞（舊作詳穩。）而叛，遁於西北荒，蕭達蘭率輕騎追之，獲部族之半，因討準布之未服者。諸蕃歲貢方物充於國，自後往來若一家焉。達蘭以諸部叛服不常，上表乞建三城以絕邊患，從之。

43 六月，戊戌，追復皇叔涪王廷美爲秦王，贈皇兄魏王德昭太傅，岐王德芳太保。

44 帝謂宰相曰：「諸州多獻珍獸異禽祥瑞之物，此甚無益。但令稼穡豐稔，且得賢臣，乃爲瑞也。」辛丑，詔天下勿復獻珍禽異獸及諸祥瑞。

45 南康軍建昌縣民洪文撫，六世同居，就所居雷湖北創書院，舍來學者，詔旌表其門閭。

46 甲辰，以皇兄元佐爲左金吾衞上將軍，復封楚王，聽養疾不朝。帝始欲幸元佐第，元佐固辭以疾，曰：「雖來，不敢見也。」由是終身不復見。

47 罷鹽鐵、度支、戶部副使。

48 乙巳，追册莒國夫人潘氏爲皇后。

49 工部侍郎、同知樞密院事錢若水，罷爲集賢院學士，判院事。

先是太宗謂若水曰：「士遭時得位，紆金拖紫，延賞宗族，豈得不竭誠報國乎？」若水對曰：「高尙者不以名位爲光寵，忠貞之士亦不以窮達易志。若以爵祿榮遇之故效忠于上，中人以下所爲也。」太宗然其言。及劉昌言罷，太宗問趙鎔等曰：「見昌言涕泣否？」對曰：「與臣等言，多至涕泣。」太宗曰：「大率如此。進用時不悉心補職，斥去卽汍瀾涕泗。」若水曰：「昌言實未嘗涕泣，鎔等迎合上意耳。」呂蒙正罷，太宗又謂若水曰：「蒙正望復位目穿矣。」若水對曰：「蒙正雖登顯貴，然其風望不爲忝冒；僕射師長百僚，非寂寞之地，且蒙正固未嘗以退罷鬱悒。當今巖穴高士，不求榮爵者甚多，如臣等輩，苟貪官祿，誠不足重。」太宗默然。若水因念人主待輔臣如此，蓋未嘗有秉節高邁，不貪名勢，能全進退之道者以感動之也。將移疾，會太宗晏駕，不果。

帝卽位，若水以母老請解機務，章再上，乃得請。召謝便殿，命坐，問：「近臣誰可大用者？」若水言：「中書舍人王旦有德望。」帝曰：「此朕心所屬也。」若水好汲引後進，推賢重士，士大夫宗慕之。【考異】杜大圭名臣集載錢若水傳云：眞宗卽位，屢求解職務，不允。以親年高，請益堅，乃罷爲集賢殿學士。又云：評人貴賤壽夭多驗，自知不壽，故懇辭益力。東都事略與名臣集同。宋史若水傳直云：精術數，知年壽不永，故懇避權位，是沒其恬退之節而以爲術數之計矣。今從談苑書之，年月則從長編。

50 帝居憂日，對輔臣于禁中，每見呂端等，必肅然拱揖，不以名呼。端等再拜請，帝曰：「公等顧命元老，朕安敢上比先帝！」又以端肩體洪大，宮庭階陛頗峻，命梓人皆爲納陛焉。

51 秋，七月，乙丑，御崇政殿，召呂端等，訪以軍國大事經久之制。端陳當世急務，皆有條理，帝嘉納。

52 丙寅，令諸路轉運使更互赴闕，詢民間利病。【考異】宋史作乙丑，今從長編。

53 吏部郎中、直集賢院田錫應詔上疏，言陝西數十州苦於靈、夏之役，生民重困，帝爲之戚然。他日，謂呂端等曰：「近詔中外直言，羣臣多及瑣細事，惟田錫、康戩陳詞不繁，指事尤切；張齊賢頗留意民政。」乃出其疏示端等曰：「卿等詳酌行之。」

54 辛未，遼禁吐谷渾別部鬻馬於宋。

55 先是遼蕭恆德尙越國公主，太后第三女也，性沈厚，太后於諸女中尤愛之，故恆德屢膺重任。公主甚得婦道，不以寵貴自驕。會有疾，太后遣宮人侍之，恆德私與宮人通，公主恚而卒。太后怒，賜恆德死。恆德女許字高麗國王，丙子，高麗遣其臣韓彥敬弔公主之喪。恆德臨死，上書遼主，言其姪柳才可用。柳多知能文，膂力絕人，旋詔入侍衞。

56 辛卯，遼詔南京疾決獄訟。

57 八月，己亥，趙鎔罷爲壽州觀察使，李惟清罷爲御史中丞。以曹彬爲樞密使兼侍中，以戶部侍郎・同知樞密院事向敏中、給事中夏侯嶠並爲樞密副使。帝謂曰：「近密之司，必端亮謹厚者處之。彬以耆舊冠樞衡之首，敏中及嶠佽助之，兵機邊要，有所望矣。」敏中明辨有才略，先是西北用兵，敏中專主謀議，至於二邊道路斥堠走集之所，莫不周知。嶠仕藩府最舊，故首加擢用。

58 丁酉，遼主獵于平地松林，太后誡曰：「前聖有言，欲不可縱。吾兒爲天下主，馳騁田獵，萬一有銜蹶之變，適遺予憂。其深戒之！」遼舊俗，其富以馬，其強以兵。縱馬於野，弛兵於民，有事而戰，彍騎介夫，卯命辰集。馬逐水草，人仰湩酪，挽強射生，以給日用，糗糧芻茭，不煩挽運。以是制勝，所向無前。遼主歲時射獵，以示不忘本俗，雖奉太后命誡，不能改。

59先是，帝以漢、唐封乳母爲夫人、邑君故事付中書，因問呂端等曰：「斯禮可行否？」端等曰：「前代或加以大國，或益之美名，事出宸衷，禮無定制。」己酉，詔封乳母齊國夫人劉氏爲秦國延壽保聖夫人。

60是月，西川戍卒劉盱〔旴〕叛，攻掠蜀、漢等州，益州鈐轄馬知節領兵三百追擊之。招安使上官正，飛書召知節還成都計議，知節曰：「賊已數千，少緩之，勞費必倍，不如急擊，破之必矣。」卽率所部前進。正亦尋至，共擊斬旴，其黨悉平。旴自起至滅凡十日。

正始無出兵意，知益州張詠以言激正，將行，仍盛爲供帳餞之，酒酣，舉爵謂諸軍校曰：「爾輩俱有親屬在東，蒙國厚恩，無以報，此行當亟殄賊，無使越逸。若師老曠日，卽此地爲死所矣！」正由是倍道力戰。及凱旋，詠迎勞，大出金帛行賞，衆皆悅服。

61九月，丙寅，遼罷東邊戍卒。

62庚午，遼主如饒州，祭太祖廟。

63丙子，帝因言西川叛卒事，輔臣或曰：「蜀地無城池，所以失制禦。」帝曰：「在德不在險。儻官吏得人，善綏撫，使樂業，雖無城可也。」

64戊寅，以長葛縣令孔延世爲曲阜縣令，襲封文宣公，並賜九經及太宗御書、祭器，加銀帛而遣之，詔本道轉運使、本州長吏待以賓禮。延世，孔子四十五世孫也。

65壬午，左正言孫何表獻五議：一參用儒將，二申明太學，三釐革遷轉，四議復制科，五舉行鄉飲。帝稱善。

66監察御史王濟上疏陳十事，其目曰：擇左右，分賢愚，正名品，去冗食，加俸祿，謹政敎，選良將，分兵戎，修民事，開仕進。

67刑部員外郎合肥馬亮上疏言：「陛下初政，軍賞宜速，而所在不時給，請遣使分往督視。又，州縣逋負至多，赦書雖蠲除，而有司趣責如故，非所以布恩宣澤也。國朝故事，以親王判開封府，地尊勢重，疑隙易生，非保親全愛之道。契丹仍歲內侵，河朔蕭然，請修好以息邊民。」凡四事。帝善其言。

68庚寅，閤門奏：「每月朔望，羣臣赴萬歲殿哭臨。十月朔在壬辰，請改用九月晦。」帝問呂端曰：「此何禮也？」端曰：「陰陽家以辰日爲哭忌。」帝曰：「哀疚之情，寧有所避乎！」不許。

69冬，十月，壬辰朔，遼主駐駝山，罷奚王諸部貢物。乙未，賜宿衞時服。丁酉，禁諸山寺毋濫度僧尼。戊戌，弛東京道漁濼之禁。戊申，以上京獄訟繁宂，詰其主者。辛酉，錄囚。

70陳、宋州並言：「先貸民錢千萬令市牛，價納外所負尚多，許隨來歲夏秋稅輸送。」詔悉除之。

71李繼遷寇靈州，合河都部署楊瓊擊走之。

72己酉，葬神功聖德文武皇帝于永熙陵，廟號太宗。

十一月，甲子，祔神主於太廟，以懿德皇后配；又祔莊懷皇后於別廟。帝初踐阼，告天地宗廟，有司請署祝版，帝涕泗交下，不能署者久之。靈駕發引，帝與諸王徒步號慟，從至乾元門。禮官具儀，遣奠畢改吉服，帝不忍，哭踊盡哀，縗服還宮。及神主至京，迎拜涕咽，觀者莫不歔欷。先是帝謂參知政事李至等曰：「神主至京，朕欲親導及拜辭，于禮可乎？」至曰：「此禮前代所闕，陛下行之，足爲萬世法。」卽具儀以聞。時有請增損舊政者，帝曰：「先帝賜名之日，撫朕背曰：『名此，欲我兒有常德，久于其道也。』罔極之訓，朕何敢忘！」

73丙寅，德音降兩京死罪以下囚；緣山陵役民，賜租有差。

74復分三司句院爲三，命官各判之。以太常丞新喻王欽若判三司都催欠憑由司。

欽若初爲亳州判官，監倉，天久雨，倉司以穀濕不爲受，民自遠來輸租，倉穀且盡，不得輸。欽若悉命輸之倉，且奏不拘年次，先支濕穀，卽不至朽敗。太宗大喜，手詔褒答，因識其姓名。

及開封府以歲旱蠲十七縣民租，時有言按田官司蠲放不實者，御史臺請遣使覆實，詔東西諸州選官閱視。亳州當按太康、咸平二縣，州遣欽若覆按甚詳，抗疏言：「田實旱，開封止放七分，今乞全放。」既而他州所遣官並言諸縣放稅過多，悉追收所放稅物，人皆爲欽若危之。至是擢用，帝以其事語輔臣曰：「當此時，朕亦自懼。欽若小官，獨敢爲百姓伸理，此大臣節也。」

欽若既爲三司屬，虞部員外郎毋賓古謂欽若曰：「天下宿逋，自五代迄今，理督未已，民病不能勝，僕將啓而蠲之。」欽若卽夕命吏治其數，翼日上之。帝大驚曰：「先帝顧不知邪？」欽若徐曰：「先帝固知之，殆留與陛下收天下人心耳。」

75 己巳，詔工部侍郎、集賢院學士錢若水修太宗實錄。若水擧官同修起居，舍人李宗諤與焉。帝曰：「自太平興國八年以後，皆李昉在中書日事。史憑直筆，若子爲父隱，何以傳信于後！」除宗諤不可，餘悉許之。

76 是日，同句當審官院、通進銀臺司封駁事田錫上疏曰：「今地震之災漸見，下動之象已萌。臣見銀臺司諸道奏報，自九月初至冬節前，申奏賊盜不少，今不一一具奏，且據其可言者言之：九月四日，施州奏羣賊四百餘人驚劫人戶；十月七日，滑州奏有賊四十餘人過河北；十五日，衞州奏有賊七十餘人過河北；十九日，絳州奏垣縣賊八十餘人殺縣尉；西京奏十月二十三日，有賊一百五十人入白波兵馬都監廨署，并劫一十四家，至午時，奪舟往垣曲，至河陽、鞏縣界；濮州奏羣賊入鄄城縣；單州奏羣賊入歸恩指揮營；濟州奏羣賊劫金鄉、鉅野縣郭十九家；永興軍奏虎翼軍賊四十餘人劫永興南莊；今月二日，西京奏王屋縣賊一百餘人，白高渡潰散軍賊六十餘人；七日，陝府奏集津鎭羣賊六十餘人，並驚劫人戶，至午時乘船下去峽石縣，羣賊自河北渡過河南；八日，西京奏草賊見把截土壕鎭，官私往來不得。豈有京師咫尺而羣盜如此，邊防寧靜而叛卒如是！臣爲陛下憂之。廟堂之上，必有嘉謨。若言小小寇盜，不勞聖意憂虞，只令使臣捕逐，如此，則羣盜終難翦滅。若賊徒得聚二三千人，徑度淮南，往保吳、越，則運糧綱船不至京師矣。若賊徒取得一二州郡，扼據要衝，則上供錢帛不充國用矣。人心必有向背，軍情豈無動搖！當此之時，北塞輒來騷邊，陛下不得不憂；西戎輒來犯邊，大臣不得不懼。臣今所言激切，不爲身謀，所慮安危，實爲國計。」

77先是，西鄙運糧，詔以諸軍代民輓送。己卯，士卒亦令放歸，仍賜緡錢，苦寒故也。

78帝御便殿，閱殿前指揮使內殿直騎射鬪槊，擢精銳者十餘人，遷其職。

79丙戌，遼主如顯州。戊子，謁顯陵；庚寅，謁乾陵。

80有司言：「冬至祀圜丘，孟夏雩祀，夏至祭方丘，請奉太宗配；上辛祈穀，秋季大饗明堂，奉太祖配；上辛祀感生帝，孟冬祭神州地祇，奉宣祖配；其親郊圜丘，奉太祖、太宗並配。」詔可。

81是月，高麗國王王治卒，從子誦立。誦遣兵校徐遠來請命，不得達而還，後遂絕。高麗亦遣使告于遼。

82十二月，甲午，錢若水等言：「修太宗實錄，請降詔旨，許臣等於前任、見任宰相、參知政事、樞密院（校者按：院字衍。）使、三司使等處移牒求訪，以備闕文。」許之。

83丙申，追尊母賢妃李氏爲皇太后。后喪先殯於普安院，於是議改卜園陵，立忌建廟。有司言：「周禮春官大司樂之職，奏夷則，歌仲呂，以饗先妣。先妣，姜嫄也，是帝嚳之妃，后稷之母，特立廟名曰閟宮。晉簡文宣后以不配食，築室于外，歲時享祭。唐先天元年，始祔昭成、肅明二后於儀坤廟，又玄宗元獻楊后立廟於太廟之西。稽於前文，咸有明據。望令宗正寺於后廟內修奉廟室，爲殿三間，設神門、齋房、神廚，以備薦饗。」從之。

84辛丑，詔諸路轉運使申飭令長，勸課農桑。

85 先是帝訪宰輔以靈武事，參知政事李至上疏，以爲靈州不可堅守，望釋李繼遷之罪，厚推賜與，降詔綏懷，反覆言之甚切。至是繼遷遣使修貢，求備藩任，帝雖察其變詐，方在諒闇，姑務寧靜，因從其請，復賜姓名、官爵。甲辰，以銀州觀察使趙保吉爲定難節度使，遣內侍右班都知張崇貴齎詔賜之。甲寅，遣張浦還。

86 己酉，遼主駐駝山。甲寅，遣使祭高麗國王治，詔誦權知國事。丙辰，錄囚。

87 初，刑部郎中、知揚州王禹偁準詔上疏言五事：其一曰：「謹防邊，通盟好，使輦運之民有所休息。方今北有契丹，西有繼遷，戍兵餽餉，固難寢停，關輔之民，倒懸尤甚。宜敕封疆之吏，致書遼人，請尋舊好。下詔赦繼遷罪，復與夏臺，彼必感恩內附，且使天下知陛下屈己而爲人也。」

其二曰：「減冗兵，倂冗吏，使山澤之饒稍流於下。當乾德、開寶之時，土地未廣，財賦未豐，然而擊河東，備北鄙，國用亦足，兵威亦強。自後盡取東南數國，又平河東土地，財賦可謂廣矣，而兵威不振，國用轉急，其義安在？兵冗而不盡銳，將衆而不自專故也。臣愚以爲急經制兵賦如開寶中，則可高枕而治矣。開寶中設官至少，一州止有刺史一人，司戶一人，當時未嘗闕事。自後有團練推官一人，又有通判、副使、判官、推官，而監庫、監酒、榷稅算又增四員，曹官之外，更益司理；問其租稅，減于曩日也，問其人民，逃于昔時也，冗吏耗于上，宂兵耗于下，此所以盡取山澤之利而不能足也。夫山澤之利，不可棄也，亦不可盡。卽如茶法，從古無稅，唐元和中以用兵齊、蔡，始建其法，唐史稱是歲得錢四十萬貫，東師以濟。今則數百萬矣，民何以堪！」

(其)三曰：「艱難選舉，使入官不濫。太祖之世，每歲進士不過三十八人，經學五十人，諸侯不得奏辟，士大夫罕有資蔭，故有終身不獲一第，沒齒不獲一官者。先帝在位將逾二紀，登第殆近萬人，不無俊秀之才，亦有容易而得。臣愚以爲數百年之艱難，故先帝濟之以泛取；二十載之霈澤，陛下宜糾之以舊章。望以舉場還有司如故事。至于吏部銓官，亦非帝王躬親之事，太祖以來始令後殿引見，因爲常例，以至先朝，調選之徒，多求僥倖。宜以吏部還有司，依格敕注擬。」

其四曰：「沙汰僧尼，使民無耗。漢明之後，佛法流入中國，度人造寺，歷代增加，不蠶而衣，不耕而食，是五民之外又益一而爲六矣。假使天下有萬僧，日食米一升，歲用絹一匹，是至儉也，猶月費三千斛，歲用萬縑　何況五七萬輩哉！又，富者窮極口腹，一齋一衣，貧民百家未能供給，不曰民蠹，其可得乎！願深鑒治本，亟行沙汰。如以嗣位之初，未欲驚駭此輩，且可一二十載不度人修寺，使自銷鑠。」

其五曰：「親大臣，遠小人，使忠良謇諤之士知進而不疑，姦憸傾巧之徒知退而有懼。」

疏奏，卽召禹偁還朝，既用其策，以夏、綏、銀、宥、靜五州賜趙保吉。翼日，命禹偁守本官，復知制誥。

88遼南院宣徽使蕭巴雅爾舊作排押，今改。加政事令，遷東京留守。巴雅爾爲政寬裕而善斷，諸部畏愛，民以殷富。

89是歲，始分天下爲十五路：一曰京東路，二曰京西路，三曰河北路，四曰河東路，五曰陝西路，六曰淮南路，七曰江南路，八曰荆湖南路，九曰荆湖北路，十曰兩浙路，十一曰福建路，十二曰西川路，十三曰峽路，十四曰廣南東路，十五曰廣南西路。

90遼放進士陳鼎等二人。